弟子箴言校注

〔清〕胡达源 原著
〔清〕胡林翼 原校
〔清〕吴大澂 手批
冯一 校注

中州古籍出版社
·郑州·

图书在版编目（CIP）数据

弟子箴言校注 /（清）胡达源原著；（清）胡林翼原校；（清）吴大澂手批；冯一校注. —郑州：中州古籍出版社，2021.5（2022.1 重印）
ISBN 978-7-5348-9626-2

Ⅰ. ①弟… Ⅱ. ①胡… ②胡… ③吴… ④冯… Ⅲ. ①箴言-汇编-中国 Ⅳ. ①H136.3

中国版本图书馆 CIP 数据核字（2021）第 083691 号

DIZI ZHENYAN JIAOZHU
弟子箴言校注

策 划 人	吴　浩
责任编辑	李晓文　翟　楠
责任校对	李瑞瑞
装帧设计	曾晶晶

出 版 社	中州古籍出版社（地址：郑州市郑东新区祥盛街 27 号 6 层 邮编：450016　电话：0371-65723280）
发行单位	河南省新华书店发行集团有限公司
承印单位	洛阳和众印刷有限公司
开　　本	710mm×1000mm　1/16
印　　张	24.5
字　　数	417 千字
版　　次	2021 年 5 月第 1 版
印　　次	2022 年 1 月第 2 次印刷
定　　价	96.60 元

本书如有印装质量问题，请与出版社调换。

胡林翼遗像

曾国藩遗像

左宗棠遗像

吴大澂遗像

目　录

弟子箴言校注说明 …………………………………………………… 1
弟子箴言序（吴大澂）………………………………………………… 1
重刻弟子箴言序（吴大澂）…………………………………………… 5
重刊弟子箴言叙（但湘良）…………………………………………… 7
签跋（文素松）………………………………………………………… 9
弟子箴言序（胡达源）………………………………………………… 10
卷一　奋志气 ………………………………………………………… 13
卷二　勤学问 ………………………………………………………… 39
卷三　正身心 ………………………………………………………… 57
卷四　慎言语 ………………………………………………………… 79
卷五　笃伦纪 ………………………………………………………… 97
卷六　睦族邻 ………………………………………………………… 121
卷七　亲君子 ………………………………………………………… 138
卷八　远小人 ………………………………………………………… 160
卷九　明礼教 ………………………………………………………… 188
卷十　辨义利 ………………………………………………………… 212
卷十一　崇谦让 ……………………………………………………… 230
卷十二　尚节俭 ……………………………………………………… 251
卷十三　儆骄惰 ……………………………………………………… 271
卷十四　戒奢侈 ……………………………………………………… 291
卷十五　扩才识 ……………………………………………………… 311
卷十六　裕经济 ……………………………………………………… 334

附录 ·················· 366
  箴言书院记（胡林翼）·················· 366
  箴言书院记（曾国藩）·················· 368
  箴言书院记（左宗棠）·················· 370
征引书目 ·················· 372
后跋 ·················· 378

弟子箴言校注说明

《弟子箴言》十六卷,清胡达源著,胡林翼校。

胡达源(1777—1841),字清甫,号云阁,晚清"中兴四臣"之首——湖北巡抚胡林翼之父。嘉庆二十四年,中殿试一甲三名进士,授翰林院编修,累官至詹事府少詹事,入《清史列传·儒林传》。

《弟子箴言》初刻本为胡达源在世时刊印的道光十五年(乙未)闻妙轩本。后胡达源之子胡林翼在板荡乱世中振起,尽瘁事国,中道病卒。名臣勋业使《弟子箴言》备受褒奖推崇,后世连续翻刻,直至民国。存世主要版本有:道光十五年闻妙香轩刻本、同治九年吴门覆刻本、光绪七年津河广仁堂刻本、光绪十四年山西解州书院刻本、光绪二十一年蒲圻但氏湖南粮储道署刻本、光绪二十四年京都官书局刻本、光绪二十八年柏香书屋刻本、民国七年成都志古堂刻本、民国二十三年师古堂刻本等。

同治九年本为吴大澂约友人集资刊行于吴门的覆刻本,由吴作序并书篆文"弟子箴言"。至光绪二十一年,时吴大澂已任湖南巡抚,属官蒲圻但湘良曾为胡林翼幕僚,其父但文恭为胡林翼乡试时担任阅卷荐举的房师,两代之谊深厚,但氏遂将吴大澂手批本重刻以广其传,吴大澂在时隔二十五年之后以惓惓之心又作序。

此次点校作注,以《中国公共图书馆古籍文献珍本汇刊》影印吴大澂手批同治九年覆刻本为底本。辑录胡林翼、曾国藩、左宗棠三篇

《箴言书院记》以志事之本末、书之功用。补入同治九年本吴大澂之序、光绪二十一年本吴大澂之序、光绪二十一年本但湘良之叙及文素公签跋，以资考其源流、识其版本。以道光十五年闻妙轩本和同治九年本（非手批本）作为参校。除全文标点外，凡例如下：

（一）改底本竖排繁体字为横排简体字。通假字不改动，异体字、明显错字径予改正，不出校记。

（二）底本中确系错字、别字，或所记明显有误，出校记，据以改正。

（三）冷僻难明之字、词出注训释，并举例；难读字同时标以汉语拼音。

（四）凡所引经、史、子、集原文及先贤言论均注明出处，以便考览。古奥难解章句援引经典注疏。

（五）历史人物依据史书列传、方志等文献出注简介。

（六）注释列于当页正文之下，校记附于每卷之后。

（七）批语部分加粗字体，以示区别，并按批语内容插入相应正文。句前冠以"吴大澂批语"，避免与正文混同。

（八）体例、分段悉照原文，不减字、删字，以存其貌。

（九）文前刊印胡林翼、曾国藩、左宗棠、吴大澂四公遗像，以旌其功。

弟子箴言序

　　天地间刚明清淑之气①必旁薄②郁积而后发，蓄之在数十年前，征之在数十年后。惟明者见微而识远，贤智者引其端而启其绪，风气所移，有开必先，不于其身，必于其子孙。自古名臣大儒，魁人杰士，其先必有潜德，子若孙起而承之，不相因而若相感。其蓄之也正，则成光明磊落之器，出为社稷民人所倚赖，其蓄之也或偶不出于正，则偏倚驳杂之气乘之，发为文章，施之政事，非不傲岸一时，而其所就③卒④褊⑤浅而不宏。

　　近数十年封疆重臣海内所仰望，儿童走卒无不知其姓氏者，首推

---

①刚明清淑之气：乾道纯阳之德。刚明者，中正健盛也；清淑者，清虚和煦也。乾纲一立，正万事之纲纪，利万物之性命，其气恒舒而毕通，于有形无形皆彻焉，扫尽阴霾污浊，其用和煦而靡不胜。

②旁薄：亦作"旁礴""旁魄""磅礴"。广博，宏伟。《文选·挽歌诗》："旁薄立四极，穹隆放苍天。"

③就：成就。王充《论衡·实知》："人才早成，亦有晚就。"

④卒：终，毕。《韩非子·解老》："人始于生而卒于死。"

⑤褊（biǎn）：衣带或衣服窄小。王充《论衡·自纪》："夫形大，衣不得褊。"引申为狭隘、狭窄。

益阳胡文忠公①。公之学术吏治具见奏议书牍中，寸简尺札争相传播，而公之所以成大名者或不尽知。公尝建箴言书院②，自述其先人宫詹公③家贫植学，课徒取士必讲求器识上下古今之变，毋徒恃文艺为猎取科名之具。盖宫詹公以所著《弟子箴言》教公，公即本此意以造士育材，又因以名其乡之书院也。古者弟子八岁入小学，洒扫应对，进退之节，礼、乐、射、御、书、数之文，莫不有教，所以收其放心④而养其德性者，豫⑤也。

---

①胡文忠公：胡林翼（1812—1861），字贶生，号润之，湖南益阳人。道光十六年进士，授编修，先后充会试同考官、江南乡试副考官。历安顺、镇远、黎平知府及贵东道，咸丰四年迁四川按察使，五年调湖北按察使，擢湖北布政使、署巡抚。六年以督师克复武昌实授湖北巡抚，赏头品顶戴。十一年，攻克安庆，加太子太保衔，给骑都尉世职，八月卒于任，赠总督，谥"文忠"。纂《读史兵略》四十六卷、《读史兵略续编》十卷，所遗奏稿、书牍辑入《胡文忠公遗集》。

②箴言书院：清咸丰三年（1853），湖北巡抚胡林翼于其故里湖南益阳之瑶华山麓、志溪河畔建箴言书院，以其父胡达源著有《弟子箴言》，故名。惜工未成而卒（1861），至同治二年（1863）始成。有大门、先圣祠（祀孔子）、宫詹公祠（祀达源）、大堂、书楼、半学、志道、据德、依仁诸斋等，共四进96间。院规为胡氏生前所定，设山长、监院、首事、掌管、司书等督办院务。1904年书院改为校士馆，1906年改为箴言学堂。1912年立为县立第二高等小学。抗战时，长沙私立育才中学迁入。1954年益阳县第一初级中学迁此。2001年，学校定名为益阳市箴言中学。

③宫詹公：胡达源（1777—1841），字清甫，号云阁，胡林翼之父。嘉庆二十四年殿试一甲第三名。授翰林院编修，晋国子监司业，充实录馆纂修。道光八年任贵州学政，授侍讲学士，累官至詹事府少詹事。清沿明制，于顺治元年设詹事府，原为辅导东宫太子之职院，太子詹事称宫詹。故以胡达源所任最高官职而尊称其为宫詹。

④收其放心：《孟子·告子上》："人有鸡犬放，则知求之；有放心，而不知求。学问之道无他，求其放心而已矣。"谓收其放逐物欲之心。

⑤豫：先事为备。《周易·既济》："君子以思患而预防之。"

自世教衰，师道不立，童年诱掖①之方委之口耳，章句之士而父兄不之督、美恶不之问，其能操觚②为时艺取功名者则群嗟叹以为贤子弟，其子弟亦遂自贤而不知复有所谓学，虽有忠信，其不为利欲所熏汩者几希。然则风教之兴必自童子始，格言至论盈耳充腹以先入者为主，庶不为习俗所移。吾培养一子弟，其子弟卓然有以自立，又推而培养人之子弟，始一人而化至十百千万人，其风教皆由弟子基之。嘉言懿行之辑有功于世教，不其重欤？

文忠勋业，世啧啧称道之，不知宫詹教家之训、务本之学，其所由来者渐，其所蓄积者深而正也。是书原版藏益阳而传之未广。去冬彭芍亭③少冏卿④自都中归，携示此本用，偕同志重付剞劂⑤，愿世之为父兄者慎其所教，为弟子者慎其所习，立志以端其初，勤学以持其

①诱掖：引导和扶助。《诗经·陈风·衡门序》：＂《衡门》，诱僖公也。愿而无立志，故作是诗以诱掖其君也。＂郑玄笺：＂诱，进也。掖，扶持也。＂孔颖达疏：＂诱掖者，诱谓在前导之，掖谓在傍扶之，故以掖为扶持也。＂

②操觚：执简，谓作文。觚，古人书写所用木简。陆机《文赋》：＂或操觚以率尔，或含毫而邈然。＂

③彭芍亭：彭祖贤（1819—1885），字兰者，号芍庭（亭），长洲（今苏州）人，彭蕴章四子。咸丰五年举人，由户部主事议叙员外郎，升郎中。历鸿胪寺少卿、通政司参议，迁太仆寺少卿。同治十二年迁顺天府尹，光绪四年授江西布政使，六年擢湖北巡抚，八年兼署湖广总督，卒于任。纂修《顺天府志》，续修《湖北通志》，辑刻《长洲彭氏家集》。

④少冏卿：太仆寺少卿。《尚书·冏命序》：＂穆王命伯冏为周太仆正。＂后称太仆寺卿为冏卿。

⑤剞劂（jī jué）：刻刀。《楚辞·哀时命》：＂握剞劂而不用兮，操规矩而无所施。＂补注：＂应劭曰：'剞，曲刀；劂，曲凿。'＂后泛称书籍雕版为剞劂。

志，力行以实其学，体裕而用广，俗美而化成，此则宫詹著书之意也夫！

同治九年岁次庚午冬十一月　吴县后学吴大澂①谨序

（板存苏州临顿路起首毛上珍酉记，刷印装钉不误）

---

①吴大澂（chéng）（1835—1902）：初名大淳，字止敬，又字清卿，号恒轩，晚号愙斋，清江苏吴县人。同治六年进士，授翰林院编修，出为陕甘学政。光绪四年授河北道，七年授太仆寺卿，十年迁左副都御史，十二年擢广东巡抚，十四年以郑州治河之功实授河道总督、赏头品顶戴。以母丧归，十八年授湖南巡抚。二十年（1894年甲午），中日开衅，奏请从军，二十一年以襄办东征军务出关，带湘勇北上，战不利，二十三年以兵败革职。吴大澂善篆籀，有才气，著有《说文古籀补》《愙斋集古录》《恒轩古金录》等。《清史稿》有传。

重刻弟子箴言序

　　益阳胡宫詹所著《弟子箴言》十六卷,始于"奋志气""勤学问",终以"扩才识""裕经济"。其名为小学之书,其实乃大人之事也。余于同治壬戌入都,应京兆试,得见此书于彭文敬公^①家,访诸厂肆,竟鲜传本,乃约同人集资覆刻于吴门^②,视学关中时,曾以给诸生之好学者。光绪癸巳春,由长沙赴常德诸郡,校阅营伍,道出益阳,谒胡文忠公祠,访知书版尚存箴言书院,省中各书院肄业生鲜知之者,余于公余之暇,时加省览,默诵而深思之,与三十年前之所见又有不同者,反之身心,证之阅历,验之风俗人心,言愈浅者旨愈深,玩索而有得焉则识之于眉端^③,诸生之从余学者相与讲明而劝勉之。自念抚湘三年,兢兢不敢暇逸者,得《箴言》之裨益良多,如服药然,方之传于古人者无不可疗吾之病,但取其对证者服之,必有神效也。但少村^④观察^⑤与文忠公有

---

①彭文敬公:彭蕴章,字咏莪,清长洲(今苏州)人,尚书彭启丰之孙,道光十五年进士。咸丰四年,擢工部尚书,六年,拜文渊阁大学士。同治元年卒,谥"文敬"。

②吴大澂于同治元年壬戌(1862)得见此书,遂约同人集资覆刻于吴门。案前序所记,时为同治九年庚午(1870)。

③识之于眉端:于书页上端加以批注。眉端,书页上方。

④但少村:但湘良,字少村,湖北蒲圻人。胡林翼任湖北巡抚时保荐其为湖南粮储道,历任湖南盐运司、湖南辰沅永靖道、湖南长沙道、湖南布政使等职。

⑤观察:清代尊称道员(道台)为观察。

旧，请重刻之以广流传，并以余所识者附刻焉，以此为幼学之梯阶也，可以此为吏治之津梁也亦无不可。同时周君笠西、李君幼梅重刻张悫敬公①《课子随笔钞》②，皆有功世教之书，与少村有同志云。

  光绪二十一年岁在乙未秋七月 吴县后学吴大澂序

---

  ①张悫（què）敬公：张师载，字又渠，清河南仪封人，礼部尚书张伯行之子。以父荫补户部员外郎，累官至河东河道总督，卒赠太子太保，谥"悫敬"。
  ②《课子随笔钞》：张师载辑《课子随笔钞》六卷，有道光四年刻本存世。

重刊弟子箴言叙

　　天下之治乱系乎人才，人才之消长系乎教化，设教者必端其始基则异日之人才于是乎出。古之人未必生而贤圣也，自其为弟子时即教以身心性命之要，才识学问具有本原，扩而充之，处为名儒，出为名臣，皆自为弟子之日讲求有素，然后臻此。古昔盛时人才之所以多而天下之所以治也，后世教弟子者屑屑于占毕①之术、声病对偶之文，以期合乎有司之程度为猎取科名计耳，其于本原之地固未尝兢兢而考察之也。师以是授弟子，弟子又转而为师，学问日卑，风气日下，及倖处高位，不过一委琐②阘茸③之夫已耳，又安望人才之日盛哉？益阳胡云阁宫詹手辑《箴言》一书以教弟子，为目凡十六，始"奋志气""勤学问"，而以"扩才识""裕经济"终之，其于本原之地孜孜讲求，以

---

①占毕：亦作"占哔"，谓经师不解经义，但视文字诵读以教人，后亦泛称诵读。佔，同占。乾隆《御题〈意林〉三绝句》之三："六经万古示纲常，诸子何妨取所长。节度岂徒务占毕，要知制事有良方。"

②委琐（wěi suǒ）：细碎琐屑，后谓拘泥小节，品格才智卑下。王闿运《罗熙赞传》："常患诸军多轻佻委琐之将，以战事为儿戏。"

③阘茸（tà róng）：阘，庸碌，卑下。茸，鹿茸，细毛。喻人品卑劣或庸碌无能。《盐铁论·利议》："诸生阘茸无行，多言而不用，情貌不相副。"

期异日为有用之人才，而不蹈俗学之弊，意良厚也。吴县愙斋尚书①服膺此书，以为有裨世教，公余省览有得则评识于眉端，大旨与宫詹之意互相发明，俾读是书者如瞽之有相，夜行之有烛，裨益后学盖非浅鲜。宫詹嗣君文忠公为先公门下士②，其治军湖北时湘良以通家之谊从事幕府，见其措置施设，无一不本宫詹之教，盖得力于是书为多。及官湖南，值尚书来巡抚是邦，以评本见示，取而读之则知尚书学问经济，亦无不以是书为本，名臣勋业后先辉映而湘良皆得身厕其间，默证是书一一符合，快何如也！因取尚书评本叙而刊之，后之读者知文忠公渊源之所自与尚书致力之所由，鉴乎前轨以启后贤，则天下之人才安知不与古若也。

      光绪二十一年乙未秋九月　蒲圻但湘良③谨叙

---

  ①愙斋尚书：吴大澂，晚号愙（kè）斋，见前注。吴大澂于光绪二年督学陕甘，在长安得一周鼎，鼎腹有铭文"周愙"诸文字，遂称此鼎为"愙鼎"，又因鼎而名斋，故称"愙斋"。

  ②胡林翼《呈父达源公》札："此次乡试，恭逢皇太后万寿恩科，男幸中式第四十名举人。房师为零陵县知县蒲圻但公文恭，座师为刑部直隶司郎中固始王公庭兰、翰林院修撰吴县吴公钟骏。"

  ③但湘良：见前注。

签　跋

　　民国十九年十月，见吴愙斋先生手批《弟子箴言》一书于武昌书肆，前后凡五百条、几二万言，皆做人处世之道也，可与胡清甫先生《箴言》相媲美。亟以重金致之，拟付影印，供诸同好并以自励耳。

萍乡文素松谨识

弟子箴言序

匠者之有规矩，不易之法也；儒者之有教令，不易之理也。浸灌乎仁义中正之理，以范乎准绳规矩之中，要必自弟子始。程子曰："人之幼也，心知未有所主，则当以格言至论日陈于前，使皆盈耳充腹，若固有之后，虽有谗说摇惑，不能入也。"① 然则教弟子者，岂可以不豫哉！达源方六岁，先祖襟江公②教之读书，于古人嘉言善行，随时指授，辄有所感触于心。稍长，侍家大人讲席，督策益严。凡掖之使进于善、杜之使远于恶者，引据古今，旁通互证，津津焉不倦于口。弱

---

①《二程文集》卷六"伊川先生文二"之"上太皇太后书"："人之幼也，知思未有所主，便当以格言至论日陈于前，虽未晓知，且当薰聒，使盈耳充腹，久自安习，若固有之，虽以他言惑之，不能入也。"

②襟江公：案《益阳麦田胡氏族谱》，胡多吉，字襟江，为胡达源祖父，胡林翼曾祖父。梅英杰《胡文忠公年谱》卷一："曾祖讳多吉，字襟江，以端正著闻，妣杨氏。《益阳县志》本传云：'胡多吉才识倜傥，制行端正，乡里有争诘者，皆不敢以姓名相告。'"

冠游岳麓，受业于罗慎斋①夫子，凡十年。通籍②后，益得闻绪论于大人长者之前。盖其提撕③警觉，莫不精微洞透，劝戒恻然。此达源所夙夜秉承，而不敢放逸怠惰以自暴弃者也。顾尝窃念生平志向有定，庶几循序而渐进焉者，既已备承父师之教，独不思推衍绪余为弟子诲乎？况弟子浑然之天性甚易漓④、宽然之岁月甚易逝乎？于是撮举旧闻往复告语，引伸之以畅其义，曲喻之以达其情，或援经以明得失之几，或证史以立是非之鉴，辞归明显，意寓箴规，其所以奖劝而儆惕者盖亦略具于此，乃汇辑而类分之，次为十六卷。士莫先于奋志气，而学问则择执⑤之功，莫切于正身心，而言语则荣辱之主，修其彝伦⑥族党之谊，谨其直谅便佞⑦之闲⑧，严其礼教范围之防，辨其义利公私之界。谦让节俭，善之修也；骄惰奢侈，恶之戒也。德备而才全，体明而用适，故以扩才识、裕经济终焉。夫今日之弟子，异日之成材也。栋梁宜广厦之施，舟楫致大川之用，即其所以表见于世，卓然共称为天下

---

①罗慎斋：罗典，字徽五，号慎斋，湖南湘潭人。乾隆十二年举乡试第一，十六年中进士，授编修，擢御史，历吏部和工部给事中、四川学政，官至鸿胪寺少卿。后辞官，四十七年任岳麓书院山长，掌教二十七年，年九十一卒。有《凝园读〈易〉管见》《凝园读〈诗〉管见》《凝园读〈书〉管见》《凝园读〈春秋〉管见》及诗文集行世。

②通籍：指进士初及第。刘禹锡《谢元九院长江陵见寄》诗："金门通籍真多士，黄纸除书每日闻。"

③提撕：扯拉，提引。引申为提醒、振作。《颜氏家训·序致》："业已整齐门内，提撕子孙。"

④漓：本作"醨"，薄，指风俗浇薄。司马光《交趾献奇兽赋》："道途之人，耻争而喜让；闾阎之俗，弃漓而归厚。"

⑤择执：选择善事而执着行之。《礼记·中庸》："诚之者，择善而固执之者也。"

⑥彝伦：常道、伦常。《尚书·洪范》："我不知其彝伦攸叙。"

⑦直谅：正直诚信。便佞：巧言善辩，阿谀逢迎。《论语·季氏》："益者三友，损者三友。友直，友谅，友多闻，益矣。友便辟，友善柔，友便佞，损矣。"

⑧闲：范围。《论语·子张》："大德不逾闲，小德出入可也。"

之材，抑知天地山泽之气旁礴郁积，发为英奇，大匠工师复正之以绳墨，范之以规矩，而后栋梁之施始著，舟楫之用始彰。材之成就，夫岂易易也哉！吾故曰："教弟子者不可以不豫也。"呜呼！导之则从，禁之则止，孰不乐其弟子之贤，而虑其弟子之恶哉？矧①吾惓惓之意，所责望于弟子者尤远且大乎！弟子苟鉴于是而知勉焉，奋发果毅，笃实践履，毋好奇，毋自是，毋畏难苟安，以圣贤为必可学，以道德为必可行，时敏日新，无少间断，其有不臻于德崇而业广者鲜矣。则是编也，岂非弟子成材之助哉！

　　道光十五年乙未正月丁卯　　云阁胡达源序于京都寓斋之闻妙香轩

---

①矧（shěn）：况。《诗经·小雅·伐木》："相彼鸟矣，犹求友声。矧伊人矣，不求友生？"

卷一　奋志气

益阳胡达源清甫

人当幼学之时，即具大人之事。孟子曰"尚志"，志于仁①，充其恻隐之心，可以仁育万物矣；志于义，充其羞恶之心，可以义正万民矣。② 居仁由义，体用已全，此士之志也，此士之事也，此大人之事也。

吴大澂批语：立志为学者第一要义。立志为圣贤、为名臣、为循吏，有此志乃有此事，如射者之有的，志在中的也。中与不中，则功力之浅深判焉，学问之道亦如是。

孟子养气之说③，发前圣所未发。浩然之气，至大而无限量，至刚不可屈挠，盖天地之正气，而人得之以生者也。惟能直养无害，则合

---

①《孟子·尽心上》："王子垫问曰：'士何事？'孟子曰：'尚志。'曰：'何谓尚志？'曰：'仁义而已矣。杀一无罪非仁也，非其有而取之非义也。居恶在？仁是也；路恶在？义是也。居仁由义，大人之事备矣。'"

②《孟子·告子上》："恻隐之心，人皆有之；羞恶之心，人皆有之；恭敬之心，人皆有之；是非之心，人皆有之。恻隐之心，仁也；羞恶之心，义也；恭敬之心，礼也；是非之心，智也。仁义礼智，非由外铄我也，我固有之也，弗思耳矣。"

③《孟子·公孙丑上》："'敢问夫子恶乎长？'曰：'我知言，我善养吾浩然之气。''敢问何谓浩然之气？'曰：'难言也。其为气也，至大至刚，以直养而无害，则塞于天地之间。其为气也，配义与道；无是，馁也。是集义所生者，非义袭而取之也。行有不慊于心，则馁矣。我故曰，告子未尝知义，以其外之也。必有事焉而勿正，心勿忘勿助长也。'"

乎道义以为之助，而其行之勇决无所疑惧矣。人皆有是气，亦贵夫养之而已。吾谓学圣人者，当自此始。

吴大澂批语：志，气之帅也；气，体之充也。张子谓："天地之塞吾其体，人人皆有此浩然之气，若不能配夫道义，则流而为血气之勇，非至大至刚之气也。"

知言养气，孟子绝大本领、绝大学问。朱子曰："惟知言，则有以明夫道义，而于天下之事无所疑；养气，则有以配夫道义，而于天下之事无所惧。所以当大任而不动心也。"① 此孟子接引后学，将一生得力处现身指点，学者急须领取。

平旦之气，良心自存，当保养于萌蘖②发生之际。赤子之心，大人不失，惟扩充其纯一无伪之天，一则完其固有，一则救其梏亡③，大人固足尚矣，若已至于梏亡，则惟于夜气清明之时，实用其操存之力，岂此几希者，遂不可以复哉！

吴大澂批语：平旦之气，为一日之初，未与物欲相交，此早气也。赤子之心，为一生之初，未与人欲相杂，亦早气也。早气最可惜、最可宝。

---

①《四书集注·孟子·公孙丑上》："知言者，尽心知性，于凡天下之言，无不有以究极其理，而识其是非得失之所以然也。……盖惟知言，则有以明夫道义，而于天下事无所疑；养气，则有以配夫道义，而于天下之事无所惧。此其所以当大任而不动心也。"

②萌蘖（méng niè）：喻指事物之开端。萌，开始发芽；蘖，老枝旁新出之芽。《清史稿·李菡传》："粤西逆匪，萌蘖在十数年之前，使抚臣早为奏闻，何难根株立绝？"

③梏（gù）亡：指为利欲束缚而丧失本心。梏，刑具，手械；利欲之制善，使不得为，犹梏之制手。严复《救亡决论》："乃今者，当其做秀才之日，务必使之习为剿窃诡随之事，致令羞恶是非之心，旦暮梏亡，所存濯濯。"

"闻伯夷之风者，顽夫廉，懦夫有立志"①。"闻柳下惠之风者，薄夫敦，鄙夫宽"②。奋乎百世之上，百世之下闻者莫不兴起。圣人固百世之师也，乃其兴起者，即圣人之徒也。有兴起之志气，即有兴起之学问。果毅奋发，孜孜不已，何患不到圣贤地步？

富贵子弟，易于骄淫，苟能脱去纨绔气习，勉强学问，卓然树立，即孟子所谓"富贵不能淫"。贫贱子弟，易于委靡，苟能竖起寒酸脊梁，洒落风尘，卓然振拔，即孟子所谓"贫贱不能移"。③ 此两种人，扩而充之，岂非大丈夫哉！吾爱之敬之。

或谓富贵子弟，有所赖而树立，较贫贱子弟似为稍易，吾谓不然。试观世间多少富贵子弟，怙侈④性成，自甘暴弃，一蹶不能复振，而大学问、大经济⑤类皆起于贫贱，何也？有所赖者，志气荡而易流；无所赖者，志气困而易奋也。固处富贵者，如下峻坂之马，步步控勒，庶免蹉跌；处贫贱者，如驾上滩之舟，步步支撑，庶免奔驶。二者皆杰士也。

吴大澂批语：生于忧患而死于安乐，此富贵之所以不如贫贱也。

---

①《孟子·万章下》："孟子曰：'伯夷目不视恶色，耳不闻恶声。非其君不事，非其民不使。治则进，乱则退。横政之所出，横民之所止，不忍居也。思与乡人处，如以朝衣朝冠坐于涂炭也。当纣之时，居北海之滨，以待天下之清也。故闻伯夷之风者，顽夫廉，懦夫有立志。'"

②《孟子·万章下》："柳下惠不羞污君，不辞小官；进不隐贤，必以其道。遗佚而不怨，厄穷而不悯。与乡人处，由由然不忍去也：'尔为尔，我为我，虽袒裼裸裎于我侧，尔焉能浼我哉？'故闻柳下惠之风者，鄙夫宽，薄夫敦。"

③《孟子·滕文公下》："居天下之广居，立天下之正位，行天下之大道。得志，与民由之；不得志，独行其道。富贵不能淫，贫贱不能移，威武不能屈，此之谓大丈夫。"

④怙侈：放纵奢欲。颜真卿《谢浙西节度使表》："九州天险之地，六代帝王之都，是以魏文兴嗟，甘从南北之限；苻坚怙侈，爰丧百万之师。"

⑤经济：经国济民。《晋书·殷浩传》："简文答书：'足下沈识淹长，思综通练，起而明之，足以经济。'"

若贫贱子弟而歆慕富贵，是谓之无志。

告以义而欣然色喜者，善心之所发也；责以正而赧然色惭者，耻心之所动也。耻者，吾所固有羞恶之心，此心一动，踔厉①风发，勇往直前，无为其所不为，无欲其所不欲，便可进于圣贤。甚矣，耻之于人大矣。

责人之甘为庸愚则怒，教人之学圣贤则惊。抑思吾人不学圣贤，便是庸愚，不肯受庸愚之名，而甘蹈庸愚之实，何怒之有？若肯学圣贤之道，即便是圣贤之徒，何惊之有？孟子道性善，称尧舜，明示以尧舜可为，又引成覸、颜渊、公明仪之言，鼓其奋迅勇猛之气。② 有为者亦若是，岂欺我哉！

吴大澂批语：今人不以圣贤之道责己，而专以圣贤之道责人，宜其格不相入也。圣不自圣，贤不自贤，用功在自反、在暗修，方为切实学问。

---

①踔（chuō）厉：腾跃之貌，形容精神振奋，见识高远。踔，跳跃。韩愈《柳子厚墓志铭》："议论证据今古，出入经史百子，踔厉风发，率常屈其座人。"

②《孟子·滕文公上》："滕文公为世子，将之楚，过宋而见孟子。孟子道性善，言必称尧舜。世子自楚反，复见孟子。孟子曰：'世子疑吾言乎？夫道一而已矣。成覸谓齐景公曰："彼，丈夫也；我，丈夫也，吾何畏彼哉？"颜渊曰："舜，何人也？予，何人也？有为者亦若是。"公明仪曰："文王，我师也；周公岂欺我哉！"今滕，绝长补短，将五十里也，犹可以为善国。'"成覸（jiàn），人姓名。公明仪，鲁贤人，案《礼记·檀弓上》："子张之丧，公明仪为志焉"，公明仪为子张弟子。

尧、舜君民，伊尹之志也①；克己复礼，颜子之学也②。周子曰："志伊尹之所志，学颜子之所学，过则圣，及则贤，不及则亦不失于令名。"③熊敬修④先生曰："志伊尹之所志，当自一介⑤始；学颜子之所学，当自四勿⑥始。"希⑦贤之士当于此实下工夫。

学者立志，必要做第一等事，必要做第一等人。程子曰："言学便以道为志，言人便以圣为志。"⑧

---

①《孟子·万章上》："汤使人以币聘之。嚣嚣然曰：'我何以汤之聘币为哉？我岂若处畎亩之中，由是以乐尧、舜之道哉？'汤三使往聘之，既而幡然改曰：'与我处畎亩之中，由是以乐尧、舜之道，吾岂若使是君为尧、舜之君哉？吾岂若使是民为尧、舜之民哉？吾岂若于吾身亲见之哉？天之生此民也，使先知觉后知，使先觉觉后觉也。予，天民之先觉者也。予将以斯道觉斯民也。非予觉之而谁也？'"

②《论语·颜渊》："颜渊问仁。子曰：'克己复礼为仁。一日克己复礼，天下归仁焉。为仁由己，而由人乎哉？'颜渊曰：'请问其目。'子曰：'非礼勿视，非礼勿听，非礼勿言，非礼勿动。'颜渊曰：'回虽不敏，请事斯语矣。'"

③《周敦颐集》卷二《通书·志学第十》："志伊尹之所志，学颜子之所学。此言'士希贤'也。过则圣，及则贤，不及则亦不失于令名。"

④熊敬修：熊赐履，字敬修，湖北孝感人，清初理学名臣。顺治十五年进士。康熙十四年授武英殿大学士兼刑部尚书，三十八年授东阁大学士兼吏部尚书。卒赠太子太保，谥"文端"。《清史稿》有传。

⑤一介：喻微小之物。《孟子·万章上》："伊尹耕于有莘之野，而乐尧舜之道焉。非其义也，非其道也，禄之以天下弗顾也；系马千驷弗视也。非其义也，非其道也，一介不以与人，一介不以取诸人。"

⑥四勿：非礼勿视，非礼勿听，非礼勿言，非礼勿动。见本卷《论语·颜渊》注。

⑦希：仰慕，希望，企求。《后汉书·卢植传》："御下者，请谒希爵，一宜禁塞。"

⑧《河南二程全书·遗书》卷十八"伊川先生语四"："问：'学者须志于大，如何？'曰：'志无大小。且莫说道，将第一等让与别人，且做第二等。才如此说，便是自弃，虽与不能居仁由义者差等不同，其自小一也。言学便以道为志，言人便以圣为志。自谓不能者，自贼者也；谓其君不能者，贼其君者也。'"

孔子"不得中行而与之，必也狂狷乎"①，朱子曰："看来这道理，须是刚硬，立得脚住，方有所成。孔子晚年方得曾子，曾子得子思，子思得孟子，都如此刚果决烈，若慈善柔弱的，终不济事。然其工夫，只在自反常直，仰不愧，俯不怍，则自然如此，不在他求也。"② 按此言，人必刚硬果决，乃能肩荷得重大担子。要只在自反常直，此道义之助，刚大之本体也。不然，只是血气之强耳，奚足贵哉！

吴大澂批语：无欲则刚，即不愧不怍之谓也。

"惟有志不立，直是无著力处，须反复思量，见病痛起处，勇猛奋发，不复作此等人，一跃跃出。"③ 此朱子为学者特地提醒，须知道勇

---

① 《论语·子路》："不得中行而与之，必也狂狷乎！狂者进取，狷者有所不为也。"朱熹《四书集注》注："狷，音绢。行，道也。狂者，志极高而行不掩。狷者，知未及而守有余。盖圣人本欲得中道之人而教之，然既不可得，而徒得谨厚之人，则未必能自振拔而有为也。故不若得此狂狷之人，犹可因其志节，而激厉裁抑之，以进于道，非与其终于此而已也。孟子曰：'孔子岂不欲中道哉？不可必得，故思其次也。如琴张、曾皙、牧皮者，孔子之所谓狂也。其志嘐嘐然，曰："古之人！古之人！"夷考其行而不掩焉者也。狂者又不可得，欲得不屑不洁之士而与之，是狷也，是又其次也。'"

② 《朱子语类》卷第五十二之"孟子二"："孔子曰：'不得中行而与之，必也狂狷乎！'看来这道理，须是刚硬，立得脚住，方能有所成。只观孔子晚年方得个曾子，曾子得子思，子思得孟子，此诸圣贤都是如此刚果决烈，方能传得这个道理。若慈善柔弱底，终不济事。如曾子之为人，语孟中诸语可见。子思亦是如此。如云：'摽使者出诸大门之外。'又云：'以德，则子事我者也，奚可以与我友！'孟子亦是如此，所以皆做得成。学圣人之道者，须是有胆志。其决烈勇猛，于世间祸福、利害、得丧不足以动其心，方能立得脚住。若不如此，都靠不得。况当世衰道微之时，尤用硬著脊梁，无所屈挠方得。然其工夫只在自反常直，仰不愧天，俯不怍人，则自然如此，不在他求也。"

③ 《宋元学案》卷四十八"晦翁学案上"之"语要"："书不记，熟读可记；义不精，细思可精。惟有志不立，直是无著力处。只如而今，贪利禄而不贪道义，要作贵人而不要作好人，皆是志不立之病。直须反复思量，究见病痛起处，勇猛奋跃，不复作此等人，一跃跃出，见得圣贤所说千言万语，都无一事不是实语，方始立得此志。就此积累工夫，迤逦向上去，大有事在。"

猛奋发，有沉舟破釜工夫，一跃跃出，便是超凡入圣境界。

"只从今日为始，随时提撕，随处收拾，随物体究，随事讨论，则日积月累，自然纯熟，自然光明。"① 按朱子"只从今日为始"一语，要人奋励向前，不可稍有等待，而又随时、随处、随物、随事，皆有一段精神贯注，更无松懈，如此工夫，何患不纯熟？何患不光明？

"中庸说细处，只是谨独谨言谨行，大处是武王、周公达孝。经纶天下，须是谨言谨行，从细处做起，方能充得如此大。"② 朱子之意，谓学者志向以远大为归，工夫以切近为要，有切近处，乃能有远大处。

"为天地立心，为生民立命，为往圣[一]继绝学，为万世开太平。"③ 何等志气？何等学问？此横渠先生担荷斯道之言，千载下读之，令人兴起。

吴大澂批语：大贤任道之勇，有此志气，不以出处穷达论也。若身居高位，有斯世斯民之责而不能以此立志，岂不可愧可恨？

修曰自修，强曰自强，是立心寻向上去。暴曰自暴，弃曰自弃，是甘心堕落下来。全在自己主张，总要学"君子上达"④。

人无百年不衰之筋骸，而有百年不衰之志气。血气用事，嗜欲梏亡，则筋力易衰；志气清明，义理充裕，则精神自固。故曰："不学便老而衰。"⑤ 恐嗜欲之梏亡⑥也。

物闲则蠹，人闲则废。此身在家庭，伦纪之事系焉；此身在天下，

---

① 见《晦庵集》卷六十之"答周南仲"。
②《朱子语类》卷八："《中庸》说细处，只是谨独谨言谨行；大处是武王、周公达孝，经纶天下，无不载。小者便是大者之验。须是要谨行谨言，从细处做起，方能克得如此大。"
③《张子全书》卷十四："为天地立心，为生民立命，为往圣继绝学，为万世开太平。"
④《论语·宪问》："子曰：'君子上达，小人下达。'"
⑤《河南二程全书·遗书》卷第七"二先生语七"："不学便老而衰。"
⑥梏（gù）亡：见本卷前注。

民物之事系焉。为闲人者，即废人也，此心安乎？

吴大澂批语：好闲而百事废弛，直为天地间一废人耳。若终日勤动之人，事事就理而此身仍觉甚闲，亦有真学问者不能到此地位。

"贞固足以干事"①，具有全副精神。精神生于志气，志气奋乎道义。

德之慧，术之智，皆从疢疾②中奋发振起出来。故经锻炼者为精金，经磨砺者为良士。

顶天立地的人，泛言之，是戴高履厚之俦；实言之，有经天纬地之事。三才者，天地人，切莫轻看此"人"字。

每念程子"大其心使开阔"③，岂徒托之空言、高望远志而已乎？后来将《大学》《中庸》《论语》《孟子》，切实读去，方见得道理包罗、规模宏远，心思便自开阔。

吴大澂批语：心中不著一事，自然开阔，此即廓然大公、物来顺应之气象。若终日扰扰，无非私意，此心如乱丝之不可理，故"养心者莫善于寡欲"。

朱子编辑《小学》④，又何以切近如此？只为聪明子弟不从小学培

---

①《周易·乾》："《文言》曰：元者，善之长也；亨者，嘉之会也；利者，义之和也；贞者，事之干也。君子体仁足以长人，嘉会足以合礼，利物足以和义，贞固足以干事。君子行此四德者，故曰：'乾，元、亨、利、贞。'"王夫之《周易内传》卷一上："贞固者，体天之正而持之固，心有主而事无不成，所谓信以成之也。"

②疢（chèn）疾：泛指疾病，此喻灾患。《孟子·尽心上》："人之有德慧术知者，恒存乎疢疾。"朱熹集注："疢疾，犹灾患也。"

③《河南二程全书·遗书》卷第二"元丰己未吕与叔东见二先生语"："须是大其心使开阔，譬如为九层之台，须大做脚须得。"

④《小学》：朱熹所著蒙学读物。全书六卷，分内外两篇。内篇重说理，分立教、明伦、敬身、稽古四卷；外篇重实证，分嘉言、善行两卷。

壅①根基，志气浮荡，终鲜成就，故步步引入规矩，使他志定气凝，后来便是颠扑不破。

父生之，师教之，君成之，可以对君父师友而无惭愧之心，其识趣何如，其建树何如。

君子所贵，世俗所羞；世俗所贵，君子所贱。吾志乎君子所贵焉而已。

见患难而避，遇得失而动者，其志气先自靡也。君子知命守义，不为害怵②，不为利昏。

吴大澂批语：志气从学问中磨炼而成，乃有撼山不动之概。

计较者，必趋于苟贱不廉之地；圆熟者，必流为阿谀巧便之人。君子大中至正，以道义自处，并以道义处人。

东汉名节③，可以厉畏葸退缩之风；西晋清谈④，适足长浮薄虚忝之习。君子于名节有取焉。

脚跟站定，如磐石砥柱，不可动摇；眼界放开，如黄鹄高举，见天地方员⑤。

---

①培壅（péi yōng）：培植养护。《宋史·仁宗本纪》："君臣上下恻怛之心，忠厚之政，有以培壅宋三百余年之基。"

②怵（chù）：恐惧，担心。晋陆机《文赋》："虽杼轴于予怀，怵他人之我先。"

③东汉名节：当东汉之时士人尚名节，崇廉耻，言必信，行必果，已诺必诚，生死常置之度外，为后世所推崇。桓帝、灵帝之时有三君、八俊、八顾、八及、八厨等，一时称盛。

④西晋清谈：当西晋之时士人崇尚清谈，坐而论道，虚假清高，不以国事为务，浮华放诞。一时名流有何晏、王弼、王衍等。

⑤员：通"圆"。《孟子·离娄上》："不以规矩，不能成方员。"

诸葛武侯之气象甚大，唐之陆宣公①、宋之范文正②，亦皆杰出之才，当其草茅坐论，器识宏远，一旦举而措之，裕如也。"穷则独善其身，达则兼善天下"③，其抱负岂偶然哉！

吴大澂批语：平日无此器识，一旦出而用世，妄以古名臣自许，亦见其空言无补耳。

为一乡不可少之人，非必才高一乡也；为天下不可少之人，非必才高天下也。有果锐之气以运其才，才无不用处，即才无不到处。

范文正公作事必要尽其力，曰："为之在我者当如是，其成与否，则有不在我者。虽圣贤不能必，吾岂苟哉？"④ 此可见文正沉毅之气。

---

①陆宣公：陆贽，字敬舆，唐苏州嘉兴（今浙江嘉兴）人，中唐贤相。年十八登进士第，德宗在东宫时素知其名，召为翰林学士。藩镇叛乱，朱泚谋逆，从德宗避乱出走，劝服德宗下诏罪己，使武夫悍卒无不挥涕感激，革心向化。贞元七年，拜兵部侍郎；八年，拜中书侍郎同平章事。是年主持科考，贾棱、韩愈、欧阳詹、李观等二十三人登第，皆天下选，时称"龙虎榜"。十年，遭裴延龄谮毁，贬忠州别驾。卒年五十二，谥曰"宣"。陆贽长于制诰政论，雄文藻思，为后世所称，有《陆宣公翰苑集》存世。在忠州十年，闭关静处，集古方纂成《陆氏集验方》五十卷。新《唐书》、旧《唐书》有传。

②范文正：范仲淹，字希文，唐宰相范履冰之后，北宋名臣。幼年丧父，勤学不辍，大中祥符八年，登进士第。康定元年，与韩琦分领陕西路安抚、经略、招讨使，开府泾州。庆历三年，以参知政事开"庆历新政"，后知邠州，徙邓州。年六十四卒，赠兵部尚书，谥"文正"。《宋史》有传。

③《孟子·尽心上》："孟子谓宋句践曰：'子好游乎？吾语子游。人知之，亦嚣嚣；人不知，亦嚣嚣。'曰：'何如斯可以嚣嚣矣？'曰：'尊德乐义，则可以嚣嚣矣。故士穷不失义，达不离道。穷不失义，故士得己焉；达不离道，故民不失望焉。古之人，得志，泽加于民；不得志，修身见于世。穷则独善其身，达则兼善天下。'"

④《欧阳修全集》卷二十一之"资政殿学士户部侍郎文正范公神道碑铭"："常自诵曰：'士当先天下之忧而忧，后天下之乐而乐也。'其事上遇人，一以自信，不择利害为趋舍。其所有为，必尽其力，曰：'为之自我者当如是，其成与否，有不在我者，虽圣贤不能必，吾岂苟哉！'"

是非正，天理明，三纲五常①立，清其大本大原，庶几君子之归乎！

"刚则常伸于万物之上，欲则常屈于万物之下。自古有志者少，无志者多。"② 此谢上蔡③所以致慨也。

志如大将，气如三军，大将指挥，三军雷动，未有志奋而力不足者。

吴大澂批语：胡文忠公一生本领，只是以志运气[二]，志所能及之处，即气所能到之处。

"风烈则雷迅，雷激则风怒，二物相益者也。"④ 君子以见善则迁，有过则改，两"则"字可想其勇决迅速之神。

"洊雷，震，君子以恐惧修省。"⑤ 人当平安之日，每存恐惧之心，

---

①三纲五常：三纲，即君为臣纲、父为子纲、夫为妻纲，合称三纲。班固《白虎通·三纲六纪》："三纲者，何谓也？谓君臣、父子、夫妇也。"五常，即仁、义、礼、智、信。董仲舒《贤良策一》："夫仁、谊、礼、知、信五常之道，王者所当修饬也。"谊：通"义"。

②《四书集注·论语集注》之"公冶长第五"："谢氏曰：'刚与欲正相反。能胜物之谓刚，故常伸于万物之上；为物掩之谓欲，故常屈于万物之下。自古有志者少，无志者多。宜夫子之未见也。'"

③谢上蔡：谢良佐，字显道，北宋寿春上蔡（今河南）人，人称谢上蔡。师从二程，与游酢、吕大临、杨时在程门，号"四先生"。登进士第，建中靖国初，官京师，忤旨去，监西京竹木场，坐口语罪，废为民。有《论语说》《上蔡语录》行于世。《宋史》有传。

④《易程传》卷三："盛衰损益如循环，损极必益，理之自然。益，所以继损也，为卦巽上震下。雷风二物，相益者也。风烈则雷迅，雷激则风怒，两相助益，所以为《益》。此以象言也。"

⑤《周易·震》："《象》曰：'洊雷，震。君子以恐惧修省'"。洊（jiàn），屡次，接连。王夫之《周易内传》卷四上："洊，频仍也。君子之震，非立威以加物，亦非张皇纷扰而不宁，乃临深履薄，不忘于心，复时加克治之功，以内省其或失，震于内，非震于外也。内卦始念之忧惕为恐惧，外卦后念之加警为修省，象洊雷之叠至。"

未有不吉者也。即当恐惧之时，而加修省之力，未有不亨者也。故曰：乾以惕无咎①，震以恐致福②。

"山下出泉，蒙，君子以果行育德。"③ 泉之出也，惟其果决必行，故能流而成川。山之静也，惟其渟涵不竭，故能出之有本，动静交修，养正之道也。要其得刚中之道，成发蒙之功④，吃紧则在一"果"字。

吴大澂批语：学者志不立，只是不果。

艮上巽下为蛊。巽则无奋迅之志，止则无健行之才，因循苟且，积渐而至于坏，此致蛊之由也⑤。必须奋发刚毅，大力斡旋，有"振民育德"之功⑥，而《蛊》可治矣。不植不立，不振不起，吃紧则在一"振"字。

吴大澂批语：自己力量振不起，不过与世浮沉而已，安有干蛊之

---

①《周易·乾》："九三，君子终日乾乾，夕惕若厉，无咎。"

②《周易·震》："《象》曰：'震，亨。震来虩虩，恐致福也。笑言哑哑，后有则也。'"虩（xì），恐惧之貌。

③《周易·蒙》："《象》曰：'山下出泉，蒙。君子以果行育德。'"王夫之《周易内传》卷一下："泉者，水始出之细流，故于山下之水，不言水而言泉。泉方出山，而放乎四海，无所止息，果矣。曲折萦回，养其势而合小为大，育也。君子之行，成于勇决，而德资于涵养。勇决则危行而不恤利害，涵养则成章而上达天德。"

④要其得刚中之道，成发蒙之功：蒙卦，艮上坎下，初六为阴，九二为阳。王夫之《周易内传》卷一下："九二虽有刚中之德，而为初之所桎梏，必奋然决断，绝私昵而施之以威，乃可说桎梏而往正乎五。"《周易·蒙》："六五，童蒙，吉。"

⑤王申子《大易缉说》卷四："蛊，坏也，事也，坏乃有事也。为卦巽下艮上，巽懦而艮止，事之所以坏也。"又："蛊在文为虫皿，皿之有虫，其蛊坏也可知。"

⑥《周易·蛊》："《象》曰：山下有风，蛊，君子以振民育德。"王申子《大易缉说》卷四："山下有风，物皆挠坏，蛊之象也。君子以之于民俗之颓坏者振起而作兴之，使坏者复饬；已德之未坏者养育而培成之，使不至于坏。亦饬其已坏，防其将坏之事也。"

才？

《儒行》① 凡十七条，言自立者二，曰："夙夜强学以待问，怀忠信以待举，力行以待取。"② 又曰："忠信以为甲胄，礼仪以为干橹，戴仁而行，抱义而处。"③ 言特立者二，曰："委之以货财，淹之以乐好，见利不亏其义，劫之以众，沮之以兵，见死不更其守。"④ 又曰："澡身而

---

①《儒行》：《礼记》第四十一篇，以鲁哀公与孔子之问答阐述儒者之行。

②《礼记·儒行》："哀公命席，孔子侍，曰：'儒有席上之珍以待聘，夙夜强学以待问，怀忠信以待举，力行以待取。其自立有如此者。'"陈澔《礼记集说》注："席上之珍，自贵而待贾者也。儒者讲学于闲燕，从容乎席上，而知所以自贵以待天下之用也。强学以待问，怀忠信以待举，力行以待取，皆我自立而有待也。德之可贵者人必礼之，学之博者人必问之，忠信可任者人必举之，力行可使者人必取之。故君子之用于天下，有所待而不求焉。"

③《礼记·儒行》："儒有忠信以为甲胄，礼仪以为干橹。戴仁而行，抱义而处。虽有暴政，不更其所。其自立有如此者。"陈澔《礼记集说》注："郑氏曰：'甲，铠；胄，兜鍪也。干、橹，小楯大楯也。'吕氏曰：'忠信则不欺，不欺者人亦莫之欺也。礼者敬人，敬人者人亦莫之侮也。忠信礼义，所以御人之欺侮，犹甲胄、干橹可以捍患也。行则尊仁，居则守义，所以自信者笃，虽暴政加之，有所不变也。自立之至者也。首章言自立，论其所学所行足以待天下之用而不穷。此章言自立，论其所信所守足以更天下之变而不易，二者皆自立也，有本末先后之差焉。'"

④《礼记·儒行》："儒有委之以货财，淹之以乐好，见利不亏其义。劫之以众，沮之以兵，见死不更其守。鸷虫攫搏不程勇者，引重鼎不程其力，往者不悔，来者不豫。过言不再，流言不极。不断其威，不习其谋。其特立有如此者。"陈澔《礼记集说》注："过言出于己之失，知过则改，故不再。流言出于人之毁，礼义不僭，故不极。极，犹终也，言不终为所毁也。不断其威者，言其威容不可得而挫折也。不习其谋者，言其谋必可成，不待尝试而后见于用也。郑氏曰：'淹，谓浸渍之。劫，胁也。沮，恐怖之也。鸷虫，猛鸟兽也。'方氏曰：'鸷猛之虫，当攫搏之，不程量其勇而后往，此况儒者勇足以犯难而无顾也。引重鼎不程其力，又以况儒者材足以任事而有所胜也。往者不悔，非有所吝而不改也，为其动则当理而未尝至于悔。来者不豫，非有所忽而不防也，为其机足以应变而不必豫耳。过言则失其正，流言则失其原，过言不免乎出，然一之为甚也，矧可再而二乎？流言不免乎闻，必止之以智也，讵可极而穷乎？'"

浴德，陈言而伏，静而正之，上弗知也。粗而翘之，又不急为也。不临深而为高，不加少而为多。同弗与，异弗非也。"① 夫卓然拔俗，不假扶植而自立；翘然出众，独标风节而特立者，诚不愧于儒矣。学者果践其言，不亦君子儒哉？

吴大澂批语：自立特立，有绝无依傍之气概，皆儒者立身之大要。

居处而侈溢②，饮食而浓溽③，在庸人为之，则为徇欲，在君子视之，则为害义。吾心正大清明，将以求人之安也，断不以四肢之安而侈其愿；将以给人之欲也，断不以口腹之欲而肆其情。《儒行》曰：

---

①《礼记·儒行》："儒有澡身而浴德，陈言而伏，静而正之，上弗知也。粗而翘之，又不急为也。不临深而为高，不加少而为多。世治不轻，世乱不沮。同弗与，异弗非也。其特立独行有如此者。"陈澔《礼记集说》注："翘，与'招其君之过'招字同，举也，举其过而谏之也。吕氏曰：'惟大人能格君心之非，在我者未正，未有能正人者也，故澡身浴德者，所以正己也。陈言而伏者，入告嘉谋而顺之于外也。静而正之者，将顺其美，匡救其恶，常在于未形也。故曰上弗知也。'方氏曰：'静而正之者，隐进之也。粗而翘之者，明告之也。静而正之，既不见知，然后粗而翘之，然亦缓而不失节，故曰不急为也。其行之高，皆自然而已，不必临深以相形，然后显其为高。其文之多，皆素有而已，不必加少以相益，然后成其为多。世治而德常见重，故曰不轻。世乱而志常自若，故曰不沮。与其所可与，不必同乎己也。非其所可非，不必异乎己也。'应氏曰：'治不轻进，若伯夷不仕于武王；乱不退沮，若孔子历聘于诸国。非但处而特立于一身，亦出而独行于一世。'"

②侈溢：奢侈过度。《宋书·本纪·顺帝》："今车服仪制，实宜约损，使徽章有序，勿得侈溢。"

③溽（rù）：味浓厚。《礼记·儒行》："其居处不淫，其饮食不溽。"

"其居处不淫，其饮食不溽，其刚毅有如此者。"① 居处饮食，本属小事，然而有制有节，则非刚毅不能，况其大者乎？

浮躁者不可以穷理，无沈毅之气以入之也；委靡者不可以任事，无奋发之气以出之也。

吴大澂批语：一出一入，如人呼吸之气，与天地之气相贯通，养气者即养此天地之正气。

悠久，天地之所以成物也，春夏秋冬，四时之运行以渐；恒久，君子之所以成业也，藏修游息，一心之贞固有常。

有立志者，怠志不足以乘之；有定志者，歧志不足以摇之。有真气者，客气②不足以动之；有正气者，邪气不足以犯之。要其纯实坚确、浩乎沛然，不外集义工夫，非所以袭取也③。

---

①《礼记·儒行》："儒有可亲而不可劫也，可近而不可迫也，可杀而不可辱也。其居处不淫，其饮食不溽，其过失可微辨而不可面数也。其刚毅有如此者。"陈澔《礼记集说》注："吕氏曰：'儒者之立，立于义理而已。刚毅而不可夺，以义理存焉。以义交者，虽疏远必亲。非义加之，虽强御不畏。故有可亲、可近、可杀之理，而不可劫、迫、辱也。淫，侈溢也。溽，浓厚也。侈其居处，厚其饮食，欲胜之也，欲胜则义不得立；不淫不溽，所以立义也。其过失可微辨而不可面数，此一句尚气好胜之言，于义理未合。所贵于儒者，以见义必为，闻过而改者也，何谓可微辨不可面数？待人可矣，自待则不可也。子路闻过则喜，孔子幸人之知过，成汤改过不吝。推是心也，苟有过失，虽怨詈且将受之，况面数乎？'"

②客气：外气。客，自外侵入。《素问·玉机真藏论》："今风寒客于人，使人毫毛毕直。"

③《孟子·公孙丑上》："曰：'我知言，我善养吾浩然之气。''敢问何谓浩然之气？'曰：'难言也。其为气也，至大至刚，以直养而无害，则塞于天地之间。其为气也，配义与道；无是，馁也。是集义所生者，非义袭而取之也。'"朱熹《四书集注》注："集义，犹言积善，盖欲事事皆合于义也。袭，掩取也，如齐侯袭莒之袭。言气虽可以配乎道义，而其养之之始，乃由事皆合于义，自反常直，是以无所愧怍，而此气自然发生于中，非由只行一事，偶合于义，便可掩袭于外而得之也。"

体懈神昏，未可以更新矣；志轻气浮，未可以图成矣。君子自爱自重，有振作，断无因循，希圣希贤，愈奋发，亦愈坚忍。

相者谓吾富贵，信乎？必有所以致富贵之理。命者谓吾贫贱，信乎？必有所以处贫贱之道。尽其在我，乃有人事；听其在天，必有天理。

吴大澂批语：张子云："富贵福泽，将厚吾之生也。贫贱忧戚，庸玉汝于成也。"① **此二语，最为透彻，见得此理，可富、可贫、可贵、可贱。**

天下之大，何地无才？才固不择地而生也，即不能因地而限也。自古英贤硕彦，或产僻壤穷乡，而翘然独出乎众者，其志趣广大，其见识高远，及至功德成就，乡里生光，人岂限于地哉？

人不尽死于安乐，而安乐之可死者多矣；人不尽生于忧患，而忧患之可生者多矣。古今大圣大贤，困穷拂郁，耐人之所不能耐，忍人之所不能忍，及其担当大任，即在此中磨砺出来。其困也，天默相之；其顺也，天玉成之。不因境而挫者，未有不因境而成者也，人岂限于境哉？

吴大澂批语：树木不经冬则不能发生，田土不积雪则不能肥美，大器必由盘错而成，乃天地自然之理。

读经史足以增长志气，亲师友足以激厉志气，周览名山大川足以开拓志气，趋跄清庙明堂足以整齐志气。有感而兴起，其偶也；天君自主持，其常也。

《贤良三策》②，开汉室儒学之先者，董子也。"勉强学问，则闻见

---

①见张载《西铭》篇。
②《贤良三策》：亦称《天人三策》。汉武帝建元元年，诏举贤良方正直言极谏之士，上问以古今治道，三下策问而董仲舒三作对策以应之。见《汉书·董仲舒传》。

博而知益明;勉强行道,则德日起而大有功"①,此言天德工夫。"正心以正朝廷,正朝廷以正百官,正百官以正万民,正万民以正四方"②,此言王道本领。"渐民以仁,摩民以义"③"兴太学,置明师,以养天下之士"④,此言教化规模。"诸不在六艺之科、孔子之术者,皆绝其道,

---

①《汉书·董仲舒传》:"仲舒对曰:'陛下发德音,下明诏,求天命与情性,皆非愚臣之所能及也。臣谨案《春秋》之中,视前世已行之事,以观天人相与之际,甚可畏也。国家将有失道之败,而天乃先出灾害以谴告之,不知自省,又出怪异以警惧之,尚不知变,而伤败乃至。以此见天心之仁爱人君而欲止其乱也。自非大亡道之世者,天尽欲扶持而全安之,事在强勉而已矣。强勉学问则闻见博而知益明;强勉行道则德日起而大有功。此皆可使还至而立有效者也。《诗》曰'夙夜匪解',《书》云'茂哉茂哉',皆强勉之谓也。'"

②《汉书·董仲舒传》:"《春秋》深探其本,而反自贵者始。故为人君者正心以正朝廷,正朝廷以正百官,正百官以正万民,正万民以正四方。四方正,远近莫敢不壹于正,而亡有邪气奸其间者。是以阴阳调而风雨时,群生和而万民殖,五谷孰而草木茂,天地之间被润泽而大丰美,四海之内闻盛德而皆徕臣,诸福之物可致之祥,莫不毕至,而王道终矣。"

③《汉书·董仲舒传》:"古之王者明于此,是故南面而治天下,莫不以教化为大务。立太学以教于国,设庠序以化于邑,渐民以仁,摩民以谊,节民以礼,故其刑罚甚轻而禁不犯者,教化行而习俗美也。"颜师古注:"渐,谓浸润之也。摩,谓砥砺之也。"

④《汉书·董仲舒传》:"夫不素养士而欲求贤,譬犹不琢玉而求文采也。故养士之大者,莫大乎太学。太学者,贤士之所关也,教化之本原也。今以一郡、一国之众,对亡应书者,是王道往往而绝也。臣愿陛下兴太学,置明师,以养天下之士,数考问以尽其材,则英俊宜可得矣。"

勿使并进"①，此言学术一则治术自一。蔡闻之②先生谓是语足定汉家四百年天下之基，岂溢美哉！

吴大澂批语： 天德王道合学术治术而为一，此董子之学，古圣贤之教也。王者本此以治天下，自可定万年有道之基。

《原道》③一篇，韩子扶翼道统而作也，孟子而后，第一大文字，第一大见识，非体道有得者不能也。韩子之时，异端并起，大道晦塞，而独尊尧、舜、禹、汤、文、武、周公、孔、孟，为斯道之正传。独称孟子之功不在禹下，独排斥释氏，滨于死而不顾。此等大纲大节，皆卓然有见，自具眼孔，发前贤所未发，使天下后世学者，有所闻而兴起，可谓豪杰之士矣。

吴大澂批语： 韩子谓孟子之功不在禹下，吾谓韩子之功不在孟子下。当释老盛行、正教衰微之日，天下滔滔，微韩子则道将息矣。

《西铭》④一篇，横渠⑤先生以天地父母之心为心，胸中浑然，万

---

①《汉书·董仲舒传》："春秋大一统者，天地之常经，古今之通谊也。今师异道，人异论，百家殊方，指意不同，是以上亡以持一统，法制数变，下不知所守，臣愚以为诸不在六艺之科、孔子之术者，皆绝其道，勿使并进。邪辟之说灭息，然后统纪可一而法度可明，民知所从矣。"

②蔡闻之：蔡世远，字闻之，号梁村，清漳浦县人。祖父蔡而煜，师从明末理学名臣黄道周。世远于康熙四十八年中进士，雍正元年，特召授编修，直上书房，侍诸皇子读。五年，迁少詹事，再迁内阁学士。六年，迁礼部侍郎，雍正十二年卒。乾隆即位，追赠礼部尚书，谥"文勤"，所著《二希堂集》，御制序弁首。特召之前执掌福州鳌峰书院，以正学教士，因世居漳浦梁山，世称梁山先生，《清史稿》有传。

③《原道》：韩愈所作古文名篇，意在复古崇儒、攘斥佛老。

④《西铭》：张载尝题字于学堂双牖，左书"砭愚"，右书"订顽"。程颐见后，将《砭愚》改称《东铭》，《订顽》改称《西铭》。《砭愚》《订顽》二文见《张载集·正蒙》之"乾称篇第十七"。

⑤横渠：张载，字子厚，长安人，北宋理学名臣。进士及第，拜祁州司法参军，云岩令。熙宁初，诏为崇文院校书。学古力行，为关中士人宗师，世称横渠先生。与周敦颐、邵雍、程颐、程颢合称"北宋五子"。

物一体，生生之意，充满无间，此求仁之要旨也。吾之体性，得于天地父母，皆可以为圣为贤。彼汩于私欲者，自为悖子耳、自为贼子耳、自为不才子耳！必要为圣为贤，尽天地之性，充天地之体，斯为肖子。熟味此文，如许恺恻①，如许阔大，所谓以天下为一家，中国为一人，参天地、赞化育者，具见于此。先生闻生皇子甚喜，见饿莩②者食便不美，即此意也。③

吴大澂批语：罗忠节公④生平，得力于《西铭》一篇，以此教生徒，以此练勇营，是谓经天纬地之才，惟胡文忠知公有此本领。

---

①恺恻（kǎi cè）：和乐恻隐。恺，和乐。《庄子·天道》："中心物恺，兼爱无私，此仁义之情也。"恻，恻隐，恳切。《孟子·告子上》："恻隐之心，人皆有之。"

②莩（piǎo）：饿死。《资治通鉴·唐纪三十七》："谷价腾踊，饿莩相望。"

③《宋元学案》卷十八"横渠学案下"之"附录"："张子厚闻皇子生，喜甚；见饿莩者，食便不美。"

④罗忠节公：罗泽南，字仲岳，号罗山，湖南湘乡（今双峰县）人，湘军将领。以理学经世，讲学乡里。咸丰二年，太平军犯长沙，在籍倡办团练，转战江西、湖北，因功累迁至布政使衔，卒于武昌之役。著有《小学韵语》《西铭井义》《周易附说》等诸书，学者称其为罗山先生，所教弟子从军多成名将。《清史稿》有传。

朱子①道承孔、孟，学契周②、程③，其《周子赞》曰："道丧千载，圣远言湮。不有先觉，孰开我人？书不尽言，图不尽意。风月无边，庭草交翠。"《程伯子赞》曰："扬休山立，玉色金声。元气之会，浑然天成。瑞日祥云，和风甘雨。龙德正中，厥施斯普。"《程叔子赞》曰："规圆矩方，绳直准平。允矣君子，展也大成。布帛之文，菽粟之味。知德者稀，孰识其贵？"《张子赞》曰："早阅孙吴，晚逃佛老。勇撤皋比，一变至道。精思力践，妙契疾书。《订顽》④之训，示我广居。"其《自赞》曰："从容乎礼法之场，沉潜乎仁义之府，是予盖将有意焉，而力莫能与也。佩先师之格言，奉前烈之余矩，惟阉然而日修，或庶几乎斯语。"按此五赞⑤，各抒精诣，妙契真传，往复读之，恍如亲炙。学者有志于圣贤之道，其潜心体察焉。

吴大澂批语：周、程、张子之学，惟朱子能融会而贯通之故，其赞语亲切而有味，非他人所能道。

---

①朱子：朱熹，字元晦，又字仲晦，号晦庵，晚称晦翁，徽州婺源人，南宋儒学集大成者，世称朱子。绍兴十八年中进士第。乾道五年，知南康军。淳熙十四年，除提点江西刑狱。绍熙初，知漳州。庆元初，拜焕章阁待制兼侍讲。卒年七十一，谥曰"文"。淳祐元年正月，诏以周、张、二程及熹从祀孔子庙。《宋史》有传。

②周：周敦颐，字茂叔，道州营道（今湖南省道县）人，北宋理学名臣，宋儒开山之祖。以恩荫入仕，官至广东提点刑狱。家居庐山莲花峰下有濂溪，世称濂溪先生。著有《通书》《太极图说》《爱莲说》等。《宋史》有传。

③程："二程"，程颢、程颐兄弟。程颢，字伯淳，号明道，河南洛阳人，北宋嘉祐年间进士。与其弟程颐受学于名儒周敦颐，讲学行道，开程朱理学之先，世称明道先生，与程颐并称"二程"。程颐，字正叔，程颢之胞弟，治平、元丰间，屡荐不起。平生于多地讲学，著书立言，名重天下，因其为洛阳伊川人，世称伊川先生。《宋史》有传。

④《订顽》：见本卷《西铭》注。

⑤五赞：《周子赞》《程泊子赞》《程叔子赞》《张子赞》和朱子《自赞》合计五赞，见张伯行《续近思录》卷十四。

魏鹤山①曰："濂溪先生，奋自南服②，超然独得，以上承孔孟垂绝之绪，曰诚、曰仁、曰太极、曰性命、曰阴阳、曰鬼神、曰义利，纲条彪列，分限晓然，学者始有所准的，而知其身之贵，果可以位天地、育万物，果可以为尧舜、为周孔，而其求端用力，又不出乎暗室屋漏之隐，躬行日用之近也。"③按濂溪开导学者，乃知其身之贵，果可以位天地、育万物、为尧舜、为周孔。人惟视其身最贵，斯其志最大，而其学最切且近，则所诣岂不远哉！

吴大澂批语：人有此身，人人皆能为圣为贤，孟子所谓良贵，乃天之所予，人不得而夺之，人亦不得而贱之。

真西山④先生曰："天之生斯人也，与物亦甚异矣，而孟子以为几希⑤，何哉？盖所贵乎人者，以其有是心也。是心不存，则人之形虽具，而人之理已亡矣；人之理亡，则其与物何别哉？故均是人也，尽其道之极者，圣人之所以参天地也；违其理之常者，凡民之所以为禽

---

①魏鹤山：魏了翁，字华父，号鹤山，邛州蒲江（今属四川）人，南宋理学名臣。庆元五年进士，因父忧解官守丧，筑室白鹤山下讲学，使蜀人尽知义理之学。理宗朝以端明殿学士、同金书枢密院事督视京湖军马，寻改资政殿学士、福建安抚使。卒赠太师，谥"文靖"。所著有《鹤山集》《九经要义》《周易集义》等。《宋史》有传。

②南服：古时王畿以外地区分为五服，称南方为"南服"。《文选·谢瞻〈王抚军庚西阳集别作〉诗》："祗召旋北京，守官反南服。"李善注："南服，南方五服也。"

③见《宋名臣言行录》外集卷一之"周敦颐濂溪先生元公"。

④真西山：真德秀，字景元，号西山，宋福建浦城（今浦城县仙阳镇）人。本姓慎，因避孝宗讳改姓真。庆元五年进士及第，中博学宏词科。累官起居舍人，兼太常少卿。理宗即位，擢礼部侍郎，后被劾落职。起知泉州，端平元年，召为户部尚书，乃以《大学衍义》进，上嘉纳之。次年拜参知政事，寻卒，赠银青光禄大夫，谥"文忠"，《宋史有传》。

⑤几希：无几，甚少。《孟子·尽心上》："舜之居深山之中，与木石居，与鹿豕游，其所以异于深山之野人者，几希。"

犊也。圣愚之分，其端甚微，而其末甚远，岂不大可惧耶？"① 又曰："吾党之士，傥有志于圣贤之学，则当反躬内省，于人道之当然者，有一毫之未至，必将皇皇然如渴之欲饮、馁之欲食也，凛凛然如负针芒而蹈茨棘②也。"③ 先生苦口婆心，悃悃④欸欸⑤，招引天下有志之士，学者当悚然而起矣。

吴大澂批语：孟子谓人与禽兽相去几希，其言至沉痛矣，其理则至真切，尽其道则与天地合德，违其理则与禽兽同归。西山先生之言，真是发人猛省。

范淳甫⑥先生曰："刚有血气之刚，有志气之刚；勇有匹夫之勇，有天下之勇。此二者不可不察也。始盛而终衰，壮锐而老消，此血气之刚也；其静也正，其动也健，此志气之刚也。血气之刚可得而挫也，志气之刚不可得而挫也。不度其可而为之，不虑其后而发之，此匹夫之勇也。居之以德，行之以义，此天下之勇也。匹夫之勇可得而怯也，

---

①见《西山文集》卷第三十三《潭州示学者说》。

②茨棘（cí jí）：蒺藜与荆棘，喻困苦之境。《后汉书·王充王符仲长统传》："而清絜之士，徒自苦于茨棘之间，无所益损于风俗也。"

③《西山文集》卷第三十三《潭州示学者说》："吾党之士，苟无意于圣贤之学则已，傥有志焉，则反躬内省，于人道之当然者有一毫之未至，必将皇皇然如渴之欲饮、馁之欲食也，凛凛然如负针芒而蹈茨棘也。"

④悃悃：诚恳貌。清陈确《与吴裒仲书》："独此悃悃之愚，至不能见谅于同学，尚可以为人乎？"

⑤欸（ǎi）欸：叹惜声。唐皮日休《卒妻怨》诗："其夫死锋刃，其室委尘埃。其命即用矣，其赏安在哉！岂无黔敖恩，救此穷饿骸。谁知白屋士，念此翻欸欸。"

⑥范淳甫：范祖禹，字淳甫，北宋成都华阳人。嘉祐间中进士甲科，从司马光编修《资治通鉴》，在洛十五年，不事进取。元丰七年书成，除秘省正字。哲宗即位，修《神宗实录》，迁著作郎兼侍讲，累官礼部侍郎，拜翰林学士。哲宗亲政，乞外任，以龙图阁学士知陕州。寻遭弹劾，坐罪修《神宗实录》诋诬，连贬武安军节度副使、昭州别驾，安置永州、贺州，再徙宾州、化州，年五十八卒，入元祐党籍。著有《唐鉴》《帝学》等，《宋史》有传。

天下之勇不可得而怯也。"① 此论义理精粹，实本于孟子"养气""大勇"之说而推阐之，然则直养之功、集义之说②，岂可不急讲哉！

吴大澂批语：浩然之气至大至刚，人之所得于天地者，本无血气、志气之别，但无学问以涵养之故，流为血气之刚、匹夫之勇耳。学问之道无他，孟子所谓集义是也。

胡明仲寅③，文定公④长子，朱子谓公议论英发，人物伟然，向尝侍之坐，见其数杯后，歌孔明《出师表》，诵陈了翁《奏状》等，可谓豪杰之士也。《读史管见》乃岭表所作，当时并无一册文字随行，只是记忆。⑤ 按公当绍兴之际，其所歌诵，慨然有恢复之志，可谓抱负非常。其《读史管见》词严义正，即本于安国《春秋》，有刚大正直之气。公真豪杰矣哉！

---

①《唐鉴》卷十六"德宗五"："臣祖禹曰：'德宗初有削平藩镇之志，其明断似刚，其不畏似勇，然非实能刚勇也。夫刚有血气之刚，有志气之刚；勇有匹夫之勇，有天下之勇。此二者不可不察也。始盛而终衰，壮锐而老消，此血气之刚也；其静也正，其动也健，此志气之刚也。血气之刚可得而挫也，志气之刚不可得而挫也。不度其可而为之，不虑其后而发之，此匹夫之勇也。居之以德，行之以义，此天下之勇也。匹夫之勇可得而怯也，天下之勇不可得而怯也。是故至刚与大勇人君不可不养也。德宗之初欲有为者，血气之刚，匹夫之勇也。其出之也易，则其屈也必深。其发之也轻，则其挫也必亡。是以其终怯畏如此之甚也。'"

②见本卷《孟子·公孙丑上》注。

③胡明仲寅：胡寅，字明仲，北宋建宁崇安人，胡安国之侄。宣和三年进士，靖康初除秘书省校书郎。高宗时召为起居郎，迁中书舍人、礼部侍郎，卒后谥"文忠"，世称致堂先生，著有《论语详说》《读史管见》。《宋史》有传。

④文定公：胡安国，字康侯，号青山，建宁崇安（今福建省武夷山市）人，北宋绍圣四年进士，师从"二程"，勤学行道，所著《春秋传》为世所重。卒谥"文定"，世称武夷先生。《宋史》有传。

⑤《朱子语类》卷第一百一"程子门人 胡康侯"："胡致堂议论英发，人物伟然。向尝侍之坐，见其数杯后，歌孔明《出师表》，诵张才叔《自靖人自献于先王义》，陈了翁《奏状》等，可谓豪杰之士也。《读史管见》乃岭表所作，当时并无一册文字随行，只是记忆。"

陆象山①先生，初读书至"宇宙"二字，忽大省曰："宇宙内事，即己分内事；己分内事，即宇宙内事。"又曰："四方上下曰宇，古往今来曰宙。宇宙便是吾心，吾心即是宇宙。千万世之前，有圣人出焉，同此心、同此理也；千万世之后，有圣人出焉，同此心、同此理也。东海有圣人出焉，同此心、同此理也；西海有圣人出焉，同此心、同此理也"②云云。先生此论，自少时发之，见得此心与宇宙最阔大、最亲切，参赞经纶，自是吾人分内事。

辛未春，达源以优贡③试礼部，其秋南归，侍家大人④朝夕讲诵。

---

①陆象山：陆九渊，字子静，抚州金溪（今江西省金溪县）人，南宋理学名臣，开宋明"心学"一派之先。乾道八年进士，绍熙二年，知荆门军，三年卒，谥"文安"。尝结精舍于贵溪之象山，自号象山翁，学者称象山先生，因书斋名"存"，又称存斋先生。《宋史》有传。

②见《宋名臣言行录》外集卷十五之"陆九渊 象山先生文安公"。

③优贡：清制，各省学政三年任满，于府、州、县之学生员中选取文行俱优者，会同总督、巡抚核定数名，大省六人，中省四人，小省二人，贡入京师国子监，学生称为优贡生。发榜中试者入京朝考，一等任知县，二等任教职，三等任训导，三等以外者罢归。与岁贡、恩贡、拔贡、副贡合称"五贡"。清陈康祺《郎潜纪闻》卷七："嘉善谢金圃侍郎墉，乾隆十六年以优贡应南巡召试列第一，赐举人，授内阁中书。"

④家大人：对他人称自己父亲。此指胡显韶，胡达源之父、胡林翼祖父。《益阳县志》（同治）卷十四："胡显韶，原名徽，字嗣音，号律臣，十九里长冈村人。赠光禄大夫多吉次子，县学生，孝敬性成，友爱至笃。平居博览经史，非明道经世之书不读，训子弟必命展视《小学》、《近思录》、性理《大学衍义》等书，建紫筠书屋，与从弟显璋分教里中子弟，以身体力行为主，故及门成材者多……初以长子达源贵，累封中宪大夫；继以长孙林翼贵，累赠光禄大夫，卒年八十。同治四年祀乡贤祠。"

乙亥，四弟达澍①充补宗学教习，达源则肄业成均②，戊寅举京兆③，己卯进士及第，前后留京五载。大人手书前贤粹语，再三督策，大旨以奋励志气为先。书曰："挺特刚介之志常存，则有以起偷惰而胜人欲。一有颓靡不立之志，则甘为小人，流于卑污之中，而不能振拔矣。"

吴大澂批语：读此数语，可使顽廉懦立。

又曰："丈夫处世，即甚寿考，不过百年。百年中除老穉④之日，见于世者，不过三十年。此三十年，可使其人重于泰华，可使其人轻于鸿毛。是以君子慎之。"又曰："以虚心逊志，精探仁义道德之奥；以刚肠强力战胜纷华靡丽之交。"

吴大澂批语：家训如此警切，宜乎明德之后有达人也。

又曰："学者须要竖得这身子起，志不可放倒，身不可放弱。"又曰："战战兢兢，是不敢有些子放肆；戒慎恐惧，是不敢有些子惰慢。"又曰："尝默念为此七尺之躯，费却圣贤多少言语，于此而不能修其身，可谓自贼之甚矣。"又曰"每至夕阳，检点一日所为，若不切实煅炼，身心便虚度一日。流光如驶，良可惊惧"云云。达源每得一书，反复诵读，如亲承提命⑤，顿觉精神振刷，志气激扬。迩年来，大人年

---

①据《益阳麦田胡氏族谱》载，胡达澍，"清道光间历任湖南华容、绥宁县教谕，辰州府教授，掌教沱江龙洲虎溪书院"。曾国荃《湖南通志》（光绪）卷一百八十"人物二十一"："胡达澍，字时甫。嘉庆丁卯举人。官华容教谕，晚年主讲龙洲书院。训士有方，博学通经，工诗、古文词，门下多知召士。"

②成均：古之大学。《周礼·春官·宗伯》："大司乐掌成均之法，以治建国之学政，而合国之子弟焉。"后指官设学校。

③举京兆：指入朝考试。

④穉（zhì）：同"稚"，指幼小。杜甫《观公孙大娘弟子舞剑器行·序》："开元五载，余尚童稚。"

⑤提命：耳提面命，谓恳切教诲。《诗经·大雅·抑》："匪面命之，言提其耳。"清郑日奎《与邓卫玉书》："固未尝亲炙其人，受其提命者也。"

益高，神明愈健，家书络绎，蝇头小楷皆属名言至论，夙夜省览，敢不谨守而实践之耶？大人熟于前贤语录，特撮举以示训，故未详其姓氏云。

男林翼校字

【校记】

［一］往圣：原作"前圣"，据《张子全书》卷十四改。

［二］以志运气：《孟子·公孙丑上》："夫志、气之帅也；气，体之充也。夫志至焉，气次焉。"原书批注作"以气运志"，误，据《孟子》及上下文意，正之。

卷二　勤学问

益阳胡达源清甫

《文言》曰："君子学以聚之，问以辨之。"① 盖理具于心，而散于事物，必博学周知，俾②万理皆聚，而无所遗；必审问剖决，俾万理皆辨，而无所惑。此君子进德之要也。

《大畜》乾体刚健，艮体笃实。③ 人惟能刚健笃实，则所畜自大，充实有光辉，德乃日新矣④。故曰："君子以多识前言往行，以畜其德。"⑤ 即前言为准绳，以明其德之所由入；即往行为模范，以策其德之所由成，非徒资闻见也，所以蓄德也。

---

①《周易·乾》："君子学以聚之，问以辨之，宽以居之，仁以行之。《易》曰'见龙在田，利见大人'，君德也。"王夫之《周易内传》卷一上："学博，则聚古今之理于心。问审，则择善而辨所宜从。宽谓容物而不自矜。仁则推爱之理而顺乎人情。"

②俾（bǐ）：使。《尚书·大禹谟》："帝曰：'俾予从欲以治，四方风动，惟乃之休。'"

③大畜卦为艮上乾下。

④《周易·大畜》："《彖》曰：'大畜，刚健笃实辉光，日新其德。'"王夫之《周易内传》卷二下："刚健，乾之德也。笃实辉光，艮之德也。艮所以为笃实者，阴道敛而质，静而方，止于内而不宄，则务本敦信之道也。乾之刚健，力行不倦，而艮以静敛之，又以光昭之志，著见于外，使乾信其诚，而益务进修，日畜而日新矣。"

⑤《周易·大畜》："《象》曰：'天在山中，大畜。君子以多识前言往行，以畜其德。'"

吴大澂批语：多识前言往行，以资闻见，此口耳之学也，吃重在"蓄德"二字，善学者能体会此意，便有切实工夫。

义者，是非得失之权也，以义制事，则事有裁制而得其宜；礼者，规矩准绳之则也，以礼制心，则心有范围而得其正。推其本，则归诸能自得师，好问则裕。圣人且然，况其次焉者乎？

"日就月将，学有缉熙于光明"①。有缉熙不已之功，则物欲不能蔽矣。"佛时仔肩，示我显德行"②，有明白开示之助，则进修为有据矣。责于己者纯密而无间，资于人者恳切而至诚，此学问之实功也。

"人求多闻，时惟建事，学于古训，乃有获。"③ 真西山④先生曰："古者学与事为一，故精义所以致用[一]，利用所以崇德，本末非二致也。后世学与事为二，故求道者以政事为粗迹，任事者以讲学为空言，不知天下未尝有无理之事、无事之理。老庄言理而不及事，是有无事

---

①《诗经·周颂·敬之》："日就月将，学有缉熙于光明。"孔颖达《毛诗正义》注："将，行也。……日就月行，言当习之以积渐也。且欲学于有光明之光明者，谓贤中之贤也。"又疏："正义曰：'《释诂》云：缉熙，光也。'故为光明。……日就，谓学之使每日有成就，月将，谓至于一月，则有可行，言当习之以积渐也。"

②《诗经·周颂·敬之》："日就月将，学有缉熙于光明。佛时仔肩，示我显德行。"孔颖达《毛诗正义》疏："郑读'佛'为辅弼之'弼'。时，是。《释诂》云：'肩，胜也'，即堪任之意，故为任也。……以贤者必有光明之德，故以光明表贤也。身方学之，未堪为政，故辅弼是任，示导我以显明之德行，欲使辅弼之人示语己也。"

③《尚书·说命下》："说曰：'王，人求多闻，时惟建事，学于古训，乃有获。事不师古，以克永世，匪说攸闻。'"孔颖达《毛诗正义》注："王者求多闻以立事，学于古训乃有所得。事不法古训而以能长世，非说所闻，言无是道。"《说命》记商王武丁命傅说之言。

④真西山：真德秀，见卷一注。

之理也；管商言事而不及理，是有无理之事也。"① 深味傅说②之言，则古先王圣王之正传，可以识矣。盖人惟多闻，则理自明，理明则事达。西山之说，足阐傅说之旨，此所谓有用之学也。

吴大澂批语：日以古训充积于胸中，久之则融会贯通，遇事自有定识。有定识乃有定力，否则书自书而我自我，虽多亦奚以为？

"惟学逊志，务时敏。"③ 冲虚其心，自得资深之趣，沈静其气，绝无助长之情，此逊志也；有闻即行，不以迟回④旷其业，程功⑤无阙⑥，不以作辍怠其修，此时敏也。为学之道，只此二端，"厥修乃来"，所必然矣。"允怀于兹"⑦，道不积于躬乎？

---

①《西山文集》卷二十五之"铅山县修学记"："盖古者学与事一，故精义所以致用，而利用所以崇德。后世学与事二，故求道者以形器为粗迹而图事者以理义为空言，此今古之学所以不同也。自圣门言之，则洒扫应对即性命道德之微，致知格物即治国平天下之本，体与用未尝相离也。自诸子言之，则老庄言理而不及事，是天下有无用之体也；管、商言事而不及理，是天下有无体之用也。"

②傅说：《史记·殷本纪》："帝武丁即位，思复兴殷，而未得其佐。三年不言，政事决定于冢宰，以观国风。武丁夜梦得圣人，名曰说。以梦所见视群臣百吏，皆非也。于是乃使百工营求之野，得说于傅险中。是时说为胥靡，筑于傅险。见于武丁，武丁曰是也。得而与之语，果圣人，举以为相，殷国大治。故遂以傅险姓之，号曰傅说。"

③《尚书·说命下》："惟学逊志，务时敏，厥修乃来。"孔颖达《毛诗正义》疏："正义曰：'人志本欲求善，欲学顺人本志，学能务是敏疾，则其德之修乃自来。言务之既疾，则德自来归己也。'"

④迟回：迟疑，犹豫。《魏书·郭祚传》："高祖叹谓祚曰：'卿之忠谏，李彪正辞，使朕迟回不能复决。'"

⑤程功：衡量功绩。程，估量、衡量。《礼记·儒行》："儒有内称不辟亲，外举不辟怨，程功积事，推贤而进达之。"

⑥阙：通"缺"。

⑦《尚书·说命下》："惟学逊志，务时敏，厥修乃来。允怀于兹，道积于厥躬。""允怀于兹，道积于厥躬"，孔颖达《毛诗正义》注："信怀此学志，则道积于其身。"

子曰"后生可畏"①，以其年富力强，足以积学也。然或自安玩愒②，荏苒光阴，转瞬之间，已伤老大，而有用之岁月虚度矣，有用之精神消磨矣。老而无闻，悔将何及？是以圣人论学，曰"日新"③，无一日之可旷也；曰"时习"④，无一时之不勉也，可不儆哉？

吴大澂批语：后生年富力强者读此，可以坚其志。稍一蹉跎，日月逝矣，岁不我与，可惧可惧！

"吾见其进，未见其止"⑤，何孜孜不已乎？以能问于不能，以多问于寡，何歉⑥然不足乎？颜子，百世之师也。

学如不及，犹恐失之，此心可谓悚惶。朱子曰："如救火，如追亡。"⑦则工夫更为紧迫。若悠悠忽忽，济得甚事？

---

①《论语·子罕》："后生可畏，焉知来者之不如今也？"

②玩愒（kài）：贪图安逸，旷废时日。李纲《靖康传信录下》："宜一新政事，以慰天下之望，而朝廷玩愒，日复一日，未闻有所变革。"愒，荒废。《左传·昭公元年》："玩岁而愒日。"

③《礼记·大学》："苟日新，日日新，又日新。"

④《论语·学而》："学而时习之，不亦说乎？"

⑤《论语·子罕》："子谓颜渊曰：'惜乎！吾见其进也，未见其止也。'"

⑥歉：不满足。叶梦得《石林家训》："然盛夏帐中亦须读数卷书，至极困，乃就枕；不尔，胸次歉然若有未了事。"

⑦《朱子语类》卷八："立志要如饥渴之于饮食，才有悠悠便是志不立。为学须是痛切恳恻做工夫，使饥忘食、渴忘饮，始得。这个物事要得不难，如饥之欲食，渴之欲饮，如救火，如追亡，似此年岁间，看得透，活泼泼地在这里流转，方是。"

学之不固，由于不重。《松阳讲义》①云："学必深沉而后能固，不重则浮；学必镇静而后能固，不重则躁。"②此说得之。

吴大澂批语：浮躁之病，以"重"字为良药。

"博学之，审问之，慎思之，明辨之，笃行之。有弗学，学之弗能，弗措也；有弗问，问之弗知，弗措也；有弗思，思之弗得，弗措也；有弗辨，辨之弗明，弗措也；有弗行，行之弗笃，弗措也。人一能之，己百之；人十能之，己千之。果能此道矣，虽愚必明，虽柔必强。"③按诚身之道，莫要于择善固执④；择执之道，莫切于学问、思辨、笃行，此圣人示天下万世学者一定不易之课程也。吾辈工夫，未有不由困而知、由勉而行者，必须百倍其功，而后愚者可明，柔者可强矣。此经古本合为一节，朱子分为三节。

吴大澂批语：困知勉行，用己百己千之功，何事不可做？惜学者不肯下此一段工夫耳。自以为明则终于愚矣，自以为强则终于柔矣。

张横渠⑤先生曰："读书少则无由考校义理，盖书以维持此心，一

---

①《松阳讲义》：《松阳讲义》十二卷，清陆陇其撰。《四库提要》云："盖朱子一生之精力尽于《四书》，陇其一生之精力尽于《章句集注》。故此编虽得诸簿书之余，而抒所心得以启导后生，剀切详明，有古循吏之遗意。较聚生徒、刻语录以博讲学之名者，其识趣固殊焉。"陆陇其，字稼书，浙江平湖人，清理学名臣。康熙九年进士，十四年授嘉定知县，官至四川道监察御史，三十一年卒。雍正二年，入祀孔子庙。乾隆元年，特谥"清献"，加赠内阁学士兼礼部侍郎。著有《困勉录》《松阳讲义》《三鱼堂文集》等。《清史稿》有传。

②《松阳讲义》卷四之"子曰君子不重章"："盖学必深沉而后能固，不重则浮；学必镇静而后能固，不重则躁。读书穷理之功，必随得而随失；省察克治之念，必乍密而乍疏。在初学之士，必难成就。即积学之士，亦且多走作。"

③见《中庸》第二十章。

④《中庸》："诚之者，择善而固执之者也。"

⑤张横渠：张载，见卷一注。

时放下，则一时德性有懈。读书则此心常存，不读书则终看义理不见。"① 按书中之义理，吾心之德性也。见得一分义理，即全得一分德性。故读书者，断不可一时放下。

吴大澂批语：以书中之义理养吾心之德性，读书方为有用。**多读则获益必多矣**。

又曰："书须成诵精思，多在夜中或静坐得之。"② 按书不成诵，无以致其思索之功；书不精思，又无以究其义理之趣。二者不可偏废。

又曰："观书者，释己之疑，明己之未达，每见每知新益，则学易进矣。于不疑处有疑，方是进。"③ 此言更为切至，何也？义理本自无穷，见识渐加开扩，假如今日观书，卤莽解去，似无可疑，至明日细心看来，觉得昨日说的不是，因而更加推勘，又有可疑，如此往复寻绎④，而其疑释矣，而其学进矣。

吴大澂批语：用心不深则疑不生，见理不精则疑不释。**由无疑处看出有疑，再由有疑处勘到无疑，此中自有循序渐进之功，非可以一蹴几也**。

又曰："义理有疑，即濯去旧见，以来新意。"⑤ 此言学者有自是之见，不知其缪于圣贤；有先入之言，不知其误于歧异，皆旧见害之也。

---

①《张子全书》卷六"经学理窟三"："读书少则无由考校得义精，盖书以维持此心，一时放下，则一时德性有懈。读书则此心常在，不读书则终看义理不见。书须成诵精思，多在夜中或静坐得之，不记则思不起，但通贯得大原后，书亦易记。所以观书者释己之疑，明己之未达，每见每知所益，则学进矣。于不疑处有疑，方是进矣。"

② 见前条注。

③ 见前条注。

④ 寻绎：推求，探索。《旧唐书·吕才传》："太宗尝览周武帝所撰《三局象经》，不晓其旨。……乃召才，使问焉。才寻绎一宿，便能作图解释。"

⑤《张子全书》卷七"经学理窟四"："义理有疑，则濯去旧见，以来新意。心中苟有所开，即便札记，不思则还塞之矣。"

旧见去，新意来矣。

朱子曰："通一书而后及一书，首尾次第，各有序而不可乱。量力所至，约其程课而谨守之。字求其训，句索其旨，未得乎前，不敢求乎后；未通乎此，不敢求乎彼。如是则志定理明，而无疏易陵躐之蔽矣。"① 此谓学者患在贪多，而泛为涉猎，究之彼此俱无所成，患在躐等，而急于步趋，究之前后两不相及。则循序渐进之法，不可不遵也。

又曰："横渠教人读书，必须成诵，真为学第一义。遍数已足，而未成诵，必欲成诵；遍数未足，虽已成诵，必满遍数。但百遍时，自是强五十遍时；二百遍时，自是强一百遍时。"② 此谓学者于经传之文辞，必精熟于口，义味之通贯，须融洽于心，则熟读精思之法，不可不遵也。

吴大澂批语：熟读则味愈出，精思则理愈通。义理融贯于胸中，方可与身心有益，否则为口耳之学耳。

又曰："庄子云：'吾与之虚而委蛇。'既虚了，又要随他曲折去。读书便是虚心方得，圣贤一字是一字，自家只平着心去秤停他，都使不得一毫杜撰。"③ 此谓学者从容玩索，自有超然会悟之时。若穿凿强

---

① 《宋元学案补遗》卷四十九"晦翁学案补遗下"之"读书之要"："曰：'然则请问循序渐进之说。'曰：'以二书言之，则先《论》而后《孟》。通一书而后及一书。以一书言之，则其篇章文句、首尾次第亦各有序而不可乱。量力所至，约其程课而谨守之。字求其训，句索其旨，未得乎前，则不敢求其后；未通乎此，不敢志乎彼。如是循序渐进焉，则意定理明，而无疏易凌躐之患矣。是不惟读书之法，是乃操心之要，尤始学者之不可不知也。'"

② 《宋元学案》卷八十七"静清学案"之"集庆路江东书院讲义"："朱子曰：'荀子说"诵数以贯之"，见得古人诵书亦记遍数。乃知横渠教人读书，必须成诵，真道学第一义。遍数已足，而未成诵，必欲成诵；遍数未足，虽已咸诵，必满遍数。但百遍时，自是强五十遍时；二百遍时，自是强一百遍时。'"

③ 《宋元学案》卷八十七"静清学案"之"集庆路江东书院讲义"："朱子曰：'庄子说"吾与之虚而委蛇"，既虚了，又要随他曲折去。读书须是虚心方得，圣贤一字是一字，自家只平著心去秤停他，都使不得一毫杜撰。'"

求，必多涁然扞格①之处。则虚心涵泳②之法，不可不遵也。

又曰："学者读书，须要将圣贤言语，体之于身，如'克己复礼''出门如见大宾'等事，须就自家身上体验。实能克己复礼、主敬行恕否？件件如此，方有益。"③ 此谓学者于圣贤之堂奥，未易窥也，则以言语示之阶。言语之指陈，亦非泛也，必以践履尽其实。则切己体察之法，不可不遵也。

吴大澂批语：存之于心，体之于身，方是知行并进工夫。

又曰："宽著期限，紧著课程，为学要刚毅果决，悠悠不济事。且如'发愤忘食、乐以忘忧'，是甚么精神！甚么筋骨！"④ 此谓学者期限不可太迫，譬如千里之路，断不能一日奔驰；课程不可稍松，譬如上水之船，断不敢一篙放缓。则著紧用力之法，不可不遵也。

吴大澂批语：循序渐进，又不令一日放松，程途虽远，岂有不到之理？

又曰："程先生云：'涵养须用敬，进学则在致知。'此最精要，方无事时，敬心自持，心不可放入无何有之乡。须是收敛在此，及应事时，敬于应事，读书时，敬于读书，便自然该贯动静，心无不在。"⑤ 此谓学者之心横放，甚于溃川，惟敬可以堤防而不决；志之骤逸，迅

---

①扞格（hàn gé）：抵触，格格不入。扞，护卫、遮挡。宋苏轼《策略五》："器久不用而置诸箧笥，则器与人不相习，是以扞格而难操。"

②涵泳：沉浸，领会。《宋史·程颐传》："故学《春秋》者，必优游涵泳，默识心通，然后能造其微也。"

③见《宋元学案》卷八十七"静清学案"之"集庆路江东书院讲义"。

④《宋元学案》卷八十七"静清学案"之"集庆路江东书院讲义"："朱子曰：'宽著期限，紧著课程，为学要刚毅果决，悠悠不济事。且如"发愤忘食，乐以忘忧"，是甚么精神！甚么筋骨！今之学者，全不曾发愤。直要抖擞精神，如救火治病然，如撑上水船，一篙不可放缓。'"

⑤见《宋元学案》卷八十七"静清学案"之"集庆路江东书院讲义"。程先生：程端礼，号畏斋，治朱子之学，撰《集庆路江东书院讲义》。

于奔驷，惟敬可以衔辔而不驰。则居敬持志之法，不可不遵也①。

居敬穷理②，自程子始，即孔门之博文约礼③也。博文约礼，自孔子始，即虞廷④之"惟精惟一"⑤也。圣学舍此，别无路入。朱子曰："学者工夫，两项都不相离。"⑥

吴大澂批语：居敬工夫一刻不可离，见到几分须做到几分，程朱之学于居敬穷理说得十分透澈，后人无须推广，其义只要实力做去，自有体验。

朱子与吕东莱⑦先生，纂集周子、二程子、张子⑧之言，为《近思录》十四卷。尝谓学者曰："四书者，五经之阶梯；《近思录》者，四

---

① 以上读书六法。《集庆路江东书院讲义》云："其门人与私淑之徒，会萃朱子平日之训，而节取其要，定为读书法六条：曰循序渐进，曰熟读精思，曰虚心涵泳，曰切己体察，曰著紧用力，曰居敬持志。"

② 《宋名臣言行录》外集卷三："张栻曰：'二先生所以教学者，不外于居敬穷理二事。取其书反覆读之，则可以见。盖居敬有力，则其所穷者愈精；穷理浸明，则其所居益有地。二者实互相发也。'"

③ 《论语·雍也》："君子博学于文，约之以礼，亦可以弗畔矣夫。"朱熹《四书集注》注："约，要也。畔，背也。君子学欲其博，故于文无不考；守欲其要，故其动必以礼。如此，则可以不背于道矣。程子曰：'博学于文而不约之以礼，必至于汗漫。博学矣，又能守礼而由于规矩，则亦可以不畔道矣。'"

④ 虞廷：亦作"虞庭"，指虞舜之朝。《明史·郑洛书传》："洛书言：'陛下眷礼大臣，此虞廷赓歌之风也。愿推此心以念旧。'"

⑤ 惟精惟一：精纯专一。《尚书·大禹谟》："人心惟危，道心惟微，惟精惟一，允执厥中。"

⑥ 《朱子语类》卷九之"论知行"："涵养中自有穷理工夫，穷其所养之理。穷理中自有涵养工夫，养其所穷之理，两项都不相离，才见成两处，便不得。"

⑦ 吕东莱：吕祖谦，字伯恭，世称东莱先生。吕夷简六世孙、吕大器之子，伯祖吕本中。隆兴元年，登进士第。著书立说，开婺学一派，与朱熹、张栻齐名，并称"东南三贤"，早卒，年四十五。

⑧ 周子、二程子、张子：周敦颐，程颢、程颐兄弟，张载。见卷一注。

书之阶梯也。"① 汪星溪②先生增辑朱子之言，合为《五子近思录》，其说更为完备。

圣贤只是一个正理，讲学只遵一个正论。有一种刚愎自用、立异矜奇，诡于中庸之道，另辟隐怪之门，而已自外于名教，自误其身心，贻害于后世，而不自觉，殊可惜也。朱子曰："吾侪讲学，欲上不得罪于圣贤、中不误一己、下不为害于将来。"③

朱子曰："昔陈烈④先生，苦无记性。一日，读《孟子》'学问之道无他，求其放心而已矣'，忽悟曰：'我心不曾收得，如何记得书？'遂闭门静坐，不读书百余日，以收放心；却去读书，遂一览无遗。"⑤ 又："福州陈正之极鲁钝，每读书，只读五十字，必二三百遍方熟，积习读去，后来却无书不读。"⑥ 按此教人读书之法，只贵熟读，不患记性之差，而贵放心之求耳。

气质之偏，禀于天者也；学问之道，尽于人者也。以学问之道，

---

①《朱子语类》卷一百五之"近思录"："《近思录》好看。四子，六经之阶梯；《近思录》，四子之阶梯。"

②汪星溪：汪佑，号星溪。何绍基《重修安徽通志》（光绪）卷二百十九："汪佑，字启我，休宁人。为学以'实心穷实理，实功成实修'二语自警。著有《诗传阐要》《易传阐要》《礼记问答》《大乐嘉成》《四书讲录》《五子近思录》《明儒通考》《星溪文集》《家礼》《仪节补订》诸书。"

③《朱子语类》卷一百七之"杂记言行"："某尝言，吾侪讲学，正欲上不得罪于圣贤、中不误于一己、下不为来者之害，如此而已，外此非所敢与。"

④陈烈：字季慈，北宋侯官人。元祐初，部使者申荐之，以宣德郎致仕。与陈襄、周希孟、郑穆为友，相与倡道于海滨，谓之四先生。文章渊深洗练，通达博学，有《孝报经》三卷，世称季甫先生。《宋史》有传。

⑤见《朱子语类》卷十一之"读书法下"。

⑥《朱子语类》卷八十之"论读诗"："福州陈正之极鲁钝，每读书，只读五十字，必三二百遍而后能熟；积习读去，后来却赴贤良。要知人只是不会耐苦耳。凡学者要须做得人难做底事，方好。若见做不得，便不去做，要任其自然，何缘做得事成？切宜勉之。"

救气质之偏，如泥在钧①，如金在镕，人事尽而天性亦渐淳矣。

吴大澂批语：学问所以变化气质，犹药之治病，病根之所在自己知之，则服药自有效验，讳疾忌医，亦学者之一病也。

时过难学，此果于自弃者之言。见得圣贤可学，发愤做去，虽四十、五十，未必无补。朱子曰："只据而今地头，便立定脚根做去，栽种后来根株，填补前日欠缺。"②

静亦学，动亦学，无可间也。然形过用则疲，神过劳则困，故学问之道，省外事为要耳，有省约处，乃有凝聚处，未有精神专一而至道不凝者也。

吴大澂批语：动静交相养，无处非学问也。然有静时之学，方有动时之学。无动非静，乃有真得力处。

吾心之理，本自完全，根柢自六经培之，生意自六经发之。六经之理与吾心之理贯通浃洽，则根柢深矣。六经之理与吾心之理触类引伸，则生意畅矣。

工夫只怕一个"待"字。今日待来日，来日又待来日，则与"日知其所无"者异矣；前月待后月，后月又待后月，则与"月无忘其所能"者又异矣③。悠忽蹉跎，终身无可进步。朱子曰："只今便要做去，

---

①钧：制陶器所用转轮。《淮南子·原道训》："钧旋毂转，周而复匝。"
②《言行龟鉴》卷一："晦庵先生朱熹，字仲晦，曰：'今人不曾做得小学工夫，一旦学《大学》，是以无下手处。今且当自持敬始，只据而今地头，便立定脚跟做去，栽种后来根株，补填前日欠缺。如二十岁觉悟，便从二十岁立定脚跟做去；三十岁觉悟，便从三十岁立定脚跟做去。便年八九十岁觉悟，亦当据定见，立定硬寨做去。'"
③《论语·子张》："子夏曰：'日知其所亡，月无忘其所能，可谓好学也已矣。'"

断以不疑，鬼神避之。需者，事之贼也。"①

吴大澂批语："待"字乃学者通病，四十、五十而无闻焉，皆为悠忽蹉跎所误，然至四十、五十而能立志向学，断然不疑，何不可为晚成之大器耶？

工夫只要一个"熟"字。经籍纷纶，名言至论，须令胸中烂熟，则心与理一矣。不时展览则眼生，不时诵读则口生，不时思索则心生，愈隔阂愈难理会，安有怡然理顺、涣然冰释之时？朱子曰："圣贤之言，常将来眼头过、口头转、心头运。"②

"欧阳文忠公曰：'立身以力学为先，力学以读书为本'。今取《孝经》、《论语》、《孟子》、六经，以字计之，《孝经》一千九百三字，《论语》一万一千七百五字，《孟子》三万四千六百五十八字，《周易》二万四千一百七字，《尚书》二万五千七百字，《诗》三万九千二百三十四字，《礼记》九万九千一十字，《周礼》四万五千八百六字，《春秋左传》一十九万六千八百四十五字。止以中才为准，若日诵三百字，不过四年半可毕。或资钝减中人之半，亦九年半可毕。其余触类而长之，虽书卷浩繁，第能加日积之功，何患不至？"③ 按文忠计字之法，除七八岁启蒙不计外，从九岁起，以每日读三百字为断，十三岁时，诸经已为精熟，即以减半计之，十七岁时可矣；又或事故迁延，二十一、二岁时亦可精熟，尚未为晚；且或再有迁延，在三十岁以内，犹可按日计程，寸寸积累，穷经致用，不无裨补，过此以往，愿学未能，始悔从前旷误，抑已迟矣，可不慎哉！

---

① 《朱子语类》卷八之"总论为学之方"："学者只今便要做去，断以不疑，鬼神避之。需者，事之贼也。"需：等待，迟疑。《左传·哀公十四年》："子行抽剑曰：'需，事之贼也。谁非陈宗？所不杀子者，有如陈宗！'"

② 《朱子语类》卷十之"读书法上"："圣贤之言，须常将来眼头过、口头转、心头运。"

③ 见光绪乙未冬柏经正堂刊《父师善诱法》（附区田成法）之"童子读注法"。

由经史穷理可得性道之精，以经史论治可知经济之大。吴朝宗①先生曰："杨墨老佛诸书，六经之贼也；管商申韩诸书，治道之贼也；遗事、外传，史氏之贼也；芜词蔓说，文章之贼也。悉取其书而禁绝之，然后读者得以专其力于圣贤之言、精其志于身心之学、玩其意于国家得失成败之数。考其实于古今治乱兴亡之迹，如是则学正而道明矣。"②

吴大澂批语：但就经史而论，已一生读不尽，一生用不尽。若以异端邪说分其心力，聪明才智日消耗于无益之书，此学者之自误也。

吕新吾③先生曰："世间事无巨细，都有古人留下底法程。才行一事，便思古人处这般事如何；才处一人，便思古人处这般人如何。至于起居、言动、语默，无不如此。久则古人与稽，而动与道合矣。"④吾谓古今之事万变，古今之人万殊，其所以定于一者，理而已矣。有道理斯有法程，有轨度斯有辙迹。故必读古人之书，乃能合古人之辙。

吴大澂批语：见得理明，自然动与古会。古人有此法程，吾可遵而行之。叩古人无此处置，吾亦可变而通之，只要信得理真耳。

---

①吴朝宗：吴海，字朝宗，元末明初闽县人，绝意仕进，以学行称世，后学宗仰之。有《闻过斋集》行世。入《明史·隐逸传》。

②《闻过斋集》卷四之"书祸"："夫杨墨老佛诸书，六经之贼也；管商申韩诸书，治道之贼也；遗事、外传，史氏之贼也；芜词蔓说，文章之贼也。窃意上之人有王者作，将悉取其书而禁绝之，然后读书者得以专其力于圣贤之言、精其志于身心之学、玩其意于国家得失成败之数、考其实于古今治乱兴亡之迹，如是则学正而道明，而书为有益于世，不然者日盛一日、世滋一世，夫岂有穷哉？"

③吕新吾：吕坤，字叔简，号新吾、抱独居士，明归德府宁陵（今河南商丘宁陵）人。万历二年进士，历襄垣知县、户部主事、户部郎中、山东参政、山西按察使、陕西右布政使、右佥都御史，巡抚山西三年，召为左佥都御史，升副都御史，官至刑部侍郎。著有《闺范图说》《吕公实政录》《呻吟语摘》等。《明史》有传。

④见《呻吟语》卷二之"问学"。稽：合，同。《礼记·儒行》："儒有今人与居，古人与稽。"

陆清献公①《示子弟帖》云："古人教人读书，是欲将圣贤之语身体力行，非欲其空读也。凡日间一言一动，须自省察，曰：'此合于圣贤之言乎？不合于圣贤之言乎？'苟有不合，须痛自改易，如此方是真读书人。至若《左传》一书，其中有好、不好两样人在内，读书务要分别。见一好人，须起爱慕的念，我必欲学他；见一不好的人，须起疾恶的念，我断不可学他，如此方是真读《左传》的人。这便是学圣贤工夫。"② 按此即朱子切己体察之说，意义甚为周至。先生云"年来为诸生讲书，句句欲引入他身心上去"③，亦此意也。

吴大澂批语：诸生用功，能句句从身心上体贴一番，即不能为圣为贤，亦终身不失于令名。

又《示席生帖》云："科场一时未能得手，此不足病，因此奋发自励，焉知将来不冠多士？但患学不足，不患无际遇也。目前用功，不比场前要多作文，须以看书为主，每日应将四书一二章，潜心玩味，不可一字放过。先将白文理会一番，次看本注，次看大全，次看蒙引，次看存疑，次看浅说，如此做工夫，一部四书既明，读他书便势如破竹。"④ 又云："圣贤之学，不贵能知，而贵能行，须将《小学》一书，逐句在自己身上省察，日间动静，能与此合否？少有不合，便须愧耻，不可以俗人自待。在长安中，尤不宜轻易出门，恐外边习气不好，不知不觉被其引诱也。胸中能浸灌于圣贤之道，则引诱不动矣。"⑤ 按此于读书做人之法，尤为切至。呜呼，浸灌圣道，其言可会哉！

吴大澂批语：《小学》一书，不止教童子之法，余读《弟子箴言》，

---

①陆清献公：陆陇其，见本卷《松阳讲义》注。
②见《三鱼堂文集》卷六尺牍之《示三儿宸征》。
③《三鱼堂文集》卷七尺牍之《寄赵生鱼裳旗公》："人生学问正当在失意磨炼出来，勿为境累也。不佞年来为此间诸生讲书，句句欲引入他身心上去。"
④见《三鱼堂文集》卷六尺牍之《与席生汉翼汉廷》。
⑤见《三鱼堂文集》卷六尺牍之《与席生汉翼汉廷》。

岂止教弟子之法乎？

又《示席生帖》云："读近作甚快，虽间有出入，然大体都在范围中，熟之而已，无他法也。所望者，要将圣贤道理身体力行，不要似世俗只做空言耳。《小学》不止是教童子之法[二]，人生自少至老，不可须臾离，故许鲁斋①终身敬之如神明。《近思录》乃朱子聚周、程、张四先生之要语，为学者指南，一部性理精华皆在此书。时时玩味此二书，人品学问自然不同。"② 按此数条，皆是句句引入身心上去，读书做人，不是两件事，学者知之。

张杨园③先生《东庄约语》："学问之道，固尚从容，一任悠游，难希自得。举其通病，不出五闲。"④ 按学者用功，思虑必要专一，精神常须提起，闲且不可，况五闲乎？五闲者，闲思虑、闲言语、闲出入、闲涉猎、接闲人与闲事也。

吴大澂批语：精神不能专一，皆不出此五闲。每日以此自省，即是收束身心之一法。

---

①许衡：字仲平，号鲁斋，怀州河内人，元理学名臣。从柳城姚枢得伊洛程氏及新安朱氏书，大有得益，遂为名儒。宪宗四年，召为京兆提学。至元八年，以集贤大学士兼国子祭酒领太史院事，十七年修成《授时历》，颁行天下。年七十三卒，大德二年，赠荣禄大夫、司徒，谥"文正"。皇庆二年，诏从祀孔子庙。《元史》有传。

②见《三鱼堂文集》卷七尺牍之《答席生汉翼汉廷》。

③张杨园：张履祥，字考夫，浙江桐乡人，明季诸生。世居杨园村，学者称为杨园先生。七岁丧父，长而受业山阴刘宗周之门，初讲宗周慎独之学，晚乃专意程朱，大要以为仁为本，以修己为务，而以中庸为归。康熙十三年卒，年六十四。著有《愿学记》《读易笔记》《读史偶记》《言行见闻录》《初学备忘》《近古录》诸篇。《清史稿》有传。

④见《杨园先生全集》之"学规第八 东庄约语"。

唐翼修①先生曰："父子之间，不过不责善而已，然致功之法，与所读之书，不可不自我授也。孔子于伯鱼，亦有学诗学礼之训②。今怠荒之父兄，不能设立善法，教其子弟，事事委之于师，不知我既无谆切教子弟之心，师窥我意淡漠，恐亦不尽心训诲矣。"③又曰："父兄于子弟课程，必宜详加检点。书文，间时当令其面背；文艺④，间时当面课之。始知所学之虚实。"⑤按此则学问之功，责在子弟，而教诲之道，实由父兄，固不可以烦扰侵师长之权，亦不可以怠荒废子弟之业也。

弟子学问，须是收敛此心，紧束此身，运精进之力，加奋迅之功，勤勤恳恳，寻向上去，具此一副果力精心，断无难做底事。惟有"懒散"二字，委顿不前，神昏气弱，百事无成，此学者之大戒也。

吴大澂批语：懒散是学者大病，当以果毅之方药之。

性分之所固有，职分之所当为。知得一分，只还得一分；行得一件，只还得一件。知行并进，无可驻时，稍有满假⑥之处，便是退心，再无长进，故自勉自责者歉然不足，毅然不倦，如此便有进机。

---

①唐翼修：唐彪，字翼修，清初浙江瀫水（今属金华）人。致力于学，司铎武林（杭州），课徒讲学，以所著学规二书《读书作文谱》《父师善诱法》（旧名《家塾教学法》）最为知名。

②《论语·季氏》："陈亢问于伯鱼曰：'子亦有异闻乎？'对曰：'未也。尝独立，鲤趋而过庭。曰："学诗乎？"对曰："未也。""不学诗，无以言。"鲤退而学诗。他日又独立，鲤趋而过庭。曰："学礼乎？"对曰："未也。""不学礼，无以立。"鲤退而学礼。闻斯二者。'陈亢退而喜曰：'问一得三：闻诗，闻礼，又闻君子之远其子也。'"孔鲤，字伯鱼，孔子之子。

③见唐彪《家塾教学法·父师善诱法》上卷"父兄教子弟之法"。

④文艺：指文章写作。艺，才技。

⑤唐彪《家塾教学法·父师善诱法》："父兄于子弟课程，必宜详加检点。书文，间时当令其面背；文艺，间时当面课之。如己不谙于文，当转质之于人，始知所学之虚实也。"

⑥满假：自满自大。《尚书·大禹谟》："克勤于邦，克俭于家，不自满假。"孔传："满，谓盈实；假，大也。"

吴大澂批语：终身无自满之日，即终身有长进之功。不进便退，一满便亏，圣贤尚且歉然不足，况吾侪乎！

同里段密林①先生，笃志力行，经义深邃，尝谓孔子以老者不教，幼者不学，为俗之不祥。与胡氏比邻三世矣，登其堂，见其人，老者谆谆②，幼者恂恂③，诗书之气，充溢门闾，其一乡之瑞与？家大人④与达源同入县学，先生赠诗云："骅骝开道驹千里，桧柏参天桂一枝。"属望拳拳，极为深远，凡子弟忝⑤预科名者，皆以诗旌之。至达源及第时，先生已前卒矣。犹忆丁巳春，大人课达源兄弟于先生之密林书屋，三月上巳⑥，大人赴里中文课，先生独步至斋，指架上四子书曰："此已熟读乎？"对曰："然。""此皆知身体力行乎？"对曰："愿学。"曰："能如是，则六经皆我有矣。"维时暮春天气，小阑花韵，满径苔香，林鸟调声，盆鱼辣尾。先生曰："可能从我游乎？"则皆起立，惟先生杖履是瞻。山光映碧，清芬袭人，溪水环门，活泼泼地。先生随意指点，觉别有一番境界，别有一番生意。顾谓达源等曰："周茂叔吟风弄

---

①《益阳县志》（同治）卷十六"人物志中 学行"载："段科，字符士，一字密林，逾冠游庠，乾隆甲寅科赐副榜。生平端悫谨厚，嗜学穷经，至老不倦，卒年七十七。同里胡詹事达源隆其学问，编入《弟子箴言》。子立恪，庠生；立枢，监生。"

②谆（zhūn）谆：忠谨诚恳貌。《后汉书·卓茂传》："劳心谆谆，视人如子，举善而教，口无恶言。"

③恂恂：恭顺貌。《论语·乡党》："孔子于乡党，恂恂如也，似不能言者。"

④家大人：见卷一注。

⑤忝：羞辱，有愧于。《尚书·尧典》："否德，忝帝位。"多用作自谦之辞。

⑥上巳：农历每月上旬的巳日。三月"上巳"，为古时节日。汉以前，"上巳"必取巳日，但不必三月初三。魏晋以后，习用三月初三，但不必取巳日。《后汉书·礼仪志上》："是月上巳，官民皆絜于东流水上，曰洗濯，祓除去宿垢疢为大絜。"

月①,程明道万物静观皆自得②,吾于今日见之。"

吴大澂批语:有舞雩归咏③气象,可知段先生亦笃行君子也。

男林翼校字

【校记】

〔一〕致用:原作"利用",据《西山文集》卷二十五改。

〔二〕《小学》不止是教童子之法:《三鱼堂文集》卷七作"《小学》不止是教童子之书"。

---

①黄庭坚《豫章集·濂溪诗序》:"春陵周茂叔,人品甚高,胸怀洒落,如光风霁月。"

②程颢《秋日偶成》诗:"闲来无事不从容,睡觉东窗日已红。万物静观皆自得,四时佳兴与人同。道通天地有形外,思入风云变态中。富贵不淫贫贱乐,男儿到此是豪雄。"

③《论语·先进》:"子曰:'何伤乎?亦各言其志也。'曰:'莫春者,春服既成,冠者五六人,童子六七人,浴乎沂,风乎舞雩,咏而归。'夫子喟然叹曰:'吾与点也。'"

卷三　正身心

益阳胡达源清甫

身者，家国天下之本也，完得此身分量，只靠着一"修"字；心者，身之所主也，全得此心本体，只靠着一"正"字。心正则身正，身正则家国天下无不正矣。①

吴大澂批语： 心乃种树之果根，由果生枝叶，亦由果出果，心则无根，安有枝叶哉？

---

①《礼记·大学》："古之欲明明德于天下者，先治其国；欲治其国者，先齐其家；欲齐其家者，先修其身；欲修其身者，先正其心；欲正其心者，先诚其意；欲诚其意者，先致其知；致知在格物。物格而后知至，知至而后意诚，意诚而后心正，心正而后身修，身修而后家齐，家齐而后国治，国治而后天下平。自天子以至于庶人，壹是皆以修身为本。"

"天君泰然，百体从令。"① 孔子谓"操则存、舍则亡"②，孟子言存心、言养心、言收放心，岂可听其出入而不加保守哉！范氏曰："往古来今，孰无此心？心为形役，乃兽乃禽。"③ 吁可畏也。

孟子特指出心之四端④，为学者导引其绪；特揭出"扩充"⑤ 二字，为学者开示其功。苟能充之，足以保四海；苟不充之，不足以事父母。关系如此，令人神悚。

吴大澂批语：四端易见，有扩充之功则四端可恃。

---

①《四书集注·孟子·告子上》注："范浚《心箴》曰：'茫茫堪舆，俯仰无垠。人于其间，眇然有身。是身之微，太仓稊米。参为三才，曰惟心耳。往古来今，孰无此心？心为形役，乃兽乃禽。惟口耳目，手足动静。投间抵隙，为厥心病。一心之微，众欲攻之。其与存者，呜呼几希。君子存诚，克念克敬。天君泰然，百体从令。"天君：指心，古人以心为五种感官之主宰。《荀子·天论》："心居中虚，以治五官，夫是之谓天君。"范浚，字茂名，宋婺州兰溪人，理学名士，世称"香溪先生"，《宋史》有传。《心箴》，见《香溪集》卷五。

②《孟子·告子上》："孔子曰：'操则存，舍则亡；出入无时，莫知其乡。'惟心之谓与！"朱熹《四书集注》注："孔子言心，操之则在此，舍之则失去，其出入无定时亦无定处如此。孟子引之，以明心之神明不测，得失之易而保守之难，不可顷刻失其养。学者当无时而不用其力，使神清气定常如平旦之时，则此心常存，无适而非仁义矣。"

③见前条《四书集注·孟子·告子上》注。

④心之四端：《孟子·公孙丑上》："恻隐之心，仁之端也；羞恶之心，义之端也；辞让之心，礼之端也；是非之心，智之端也。人之有是四端也，犹其有四体也。"

⑤《孟子·公孙丑上》："凡有四端于我者，知皆扩而充之矣，若火之始然，泉之始达。苟能充之，足以保四海；苟不充之，不足以事父母。"朱熹《四书集注》注："四端在我，随处发见。知皆即此推广而充满其本然之量，则其日新又新，将有不能自已者矣。能由此而遂充之，则四海虽远，亦吾度内，无难保者。不能充之，则虽事之至近而不能矣。"

先立乎其大者，尊之曰"天与"①，推之曰"大人"②，看此心何等郑重。

"指不若人，则知恶之；心不若人，则不知恶。"③桐梓则知养之，身则不知所养④。曰不知，岂竟不知耶？曰弗思，岂竟弗思耶？

独中不戒惧，以独之无人知耳。抑知外面有许多监察者乎？十目所视，十手所指⑤，曾子提撕紧切，不啻大声疾呼，森然可畏哉！

吴大澂批语：以独处为共见共闻之地，正可于此处实下戒慎恐惧工夫。

揜⑥其不善而著其善，谓且欺谩得过去，不料视己者如见其肺肝

---

①《孟子·万章上》："万章曰：'尧以天下与舜，有诸？'孟子曰：'否。天子不能以天下与人。''然则舜有天下也，孰与之？'曰：'天与之。''天与之者，谆谆然命之乎？'曰：'否。天不言，以行与事示之而已矣。'"

②《孟子·尽心下》："孟子曰：'说大人则藐之，勿视其巍巍然。堂高数仞，榱题数尺，我得志，弗为也。食前方丈，侍妾数百人，我得志，弗为也。般乐饮酒，驱骋田猎，后车千乘，我得志，弗为也。在彼者，皆我所不为也；在我者，皆古之制也。吾何畏彼哉？'"朱熹《四书集注》注："赵氏曰：'大人，当时尊贵者也。藐，轻之也。巍巍，富贵高显之貌。藐焉而不畏之，则志意舒展，言语得尽也。'"

③《孟子·告子上》："孟子曰：'今有无名之指，屈而不信，非疾痛害事也。如有能信之者，则不远秦、楚之路，为指之不若人也。指不若人，则知恶之；心不若人，则不知恶，此之谓不知类也。'"朱熹《四书集注》注："信，与伸同。为，去声。无名指，手之第四指也。恶，去声。不知类，言其不知轻重之等也。"

④《孟子·告子上》："拱把之桐、梓，人苟欲生之，皆知所以养之者。至于身，而不知所以养之者。岂爱身不若桐、梓哉？弗思甚也！"朱熹《四书集注》注："拱，两手所围也。把，一手所握也。"桐（tóng）、梓（zǐ）：桐木与梓木，皆良材。

⑤《礼记·大学》："故君子必慎其独也。小人闲居为不善，无所不至，见君子而后厌然，揜其不善，而著其善。人之视己，如见其肺肝然，则何益矣。此谓诚于中，形于外，故君子必慎其独也。曾子曰：'十目所视，十手所指，其严乎？'"

⑥揜：通"掩"，掩盖。《礼记·聘义》："瑕不揜瑜，瑜不揜瑕，忠也。"

然，直如冷水浇背、热油灌顶，更从何处躲闪？

异端①虚无寂灭，能令此心清净，究竟空渺而无实用，便是块然。学者之心，须令湛然虚明，随感而应，得其正耳。故忿懥②、恐惧、好乐、忧患，即此四者之发，见得存养，见得省察。

吴大澂批语：存养、省察须从忿懥、恐惧、好乐、忧患上时刻提防，吾心之累不外此四者而已。

如鉴③之空，好丑无所遁其形；如衡④之平，轻重不能违其则。有此虚明之心，为一身之主，则五官百骸，莫不听命，而动静语默，无不中礼，此身心相关之道也。

心若不存，一身便无主宰，"视而不见，听而不闻，食而不知其味"⑤，确有此仿佛光景，朱注补出"敬以直之"⑥，是正心要法，最宜深省。

敬者，千古学圣之宗旨也。敬则内无妄思，常提醒此心，凝一虚明，虽百邪纷扰，自有主而不淆，则心无不正矣。敬则外无妄动，常检摄此身，整齐严肃，虽万感沓来，自有主而不乱，则身无不正矣。故"敬"字是彻上彻下工夫。

吴大澂批语："内无妄思""外无妄动"二语是居敬切实工夫，程

---

①异端：古代儒家称不合正统者为异端。《论语·为政》："子曰：'攻乎异端，斯害也已。'"朱熹《四书集注》注："异端，非圣人之道，而别为一端，如杨墨是也。"此指释家。

②忿懥（fèn zhì）：发怒。《礼记·大学》："所谓修身在正其心者，身有所忿懥，则不得其正。"

③鉴：铜镜。《梦溪笔谈·器用》："古人铸鉴，鉴大则平，鉴小则凸。"

④衡：秤杆。《荀子·礼论》："衡诚悬矣，则不可欺以轻重。"

⑤《礼记·大学》："心不在焉，视而不见，听而不闻，食而不知其味。此谓修身在正其心。"

⑥《四书集注》注："心有不存，则无以检其身，是以君子必察乎此而敬以直之，然后此心常存而身无不修也。"

朱言敬，句句从身心上体验得来。吾辈只要着实做去，不为口耳之学，自然与古人有一二印合处。

朱子《敬斋箴》曰："正其衣冠，尊其瞻视。潜心以居，对越上帝。足容必重，手容必恭。择地而蹈，折旋蚁封。出门如宾，承事如祭。战战兢兢，罔敢或易。守口如瓶，防意如城。洞洞属属，毋敢或轻。不东以西，不南以北。当事而存，靡他其适。勿贰以二，勿参以三。惟精惟一，万变是监。从事于斯，是曰持敬。动静弗违，表里交正。须臾有间，私欲万端。不火而热，不冰而寒。毫厘有差，天壤易处。三纲既沦，九法亦斁①。于乎小子，念哉敬哉。墨卿②司戒，敢告灵台③。"此箴发明持敬之方，合内外，贯动静，可谓详密精切之至矣。学者存养省察，舍是曷由乎哉？

吴大澂批语：意固精密，文亦详明，朱子此箴可与程子《四箴》④并读。

无事时提策此心，不令其虚悬无著；有事时镇定此心，不令其纷乱无主。心常惺惺，便觉一身气脉紧凑强固，无昏惰懈弛之弊，及应事接物，整肃周详，表里如一矣。

一语一默，一坐一行，事无大小，皆不可苟，处之必尽其道。程子作字甚敬，曰："只此是学。"⑤盖事有大小，理无大小，大事谨而小事不谨，则天理即有欠缺间断，故作字必敬者，所以存天理也。

吴大澂批语：执事敬一语，事之所包者广，无一事之不敬，乃无

---

①斁（dù）：败坏。《诗经·大雅·云汉》："耗斁下土，宁丁我躬。"

②墨卿：文人别称。叶适《徐道晖墓志铭》："发今人未悟之机，回百年已废之学，使后复言唐诗自君始，不亦词人墨卿之一快也！"

③灵台：谓心。《庄子·庚桑楚》："不可内于灵台。"郭象注："灵台者，心也。"

④《四箴》：程颐所撰视、听、言、动四箴。

⑤《河南二程全书·遗书》卷第三："某写字时甚敬，非是要字好，只此是学。"

时之不敬，敬则心常存而不放。

身心若要勤紧收拾，须将"整齐严肃"① 四字，时悬于心目之间。

学者以九容②范其身，则身在规矩中矣；以九思③范其心，则心在规矩中矣。此持敬之要法也。朱子曰："九容九思，便是涵养。"④

---

①《朱子语类》卷十二："问敬。曰：'一念不存，也是间断；一事有差，也是间断。'问：'敬何以用功？'曰：'只是内无妄思，外无妄动。''心走作不在此，便是放。夫人终日之间，如是者多矣。博学、审问、慎思、明辨、力行，皆求之之道也。须是敬。'问敬。曰：'不用解说，只整齐严肃便是。'持敬之说，不必多言，但熟味'整齐严肃''严威俨恪''动容貌整思虑''正衣冠，尊瞻视'此等数语，而实加工焉，则所谓直内，所谓主一，自然不费安排，而身心肃然，表里如一矣。"

②九容：古时君子修身处世崇尚的九种姿容。见《礼记·玉藻》，陈澔《礼记集说·玉藻》注："庙中齐齐，朝廷济济翔翔。（齐齐，收持严正之貌。济济，威仪详整也。翔翔，张拱安舒也。）君子之容舒迟，见所尊者齐遫。（舒迟，闲雅之貌。齐，如虁虁齐栗之齐。遫者，谨而不放之谓。见所尊者故加敬。齐，音斋。遫，音速。）足容重，手容恭，（重，不轻举移也。恭，无慢弛也。）目容端，口容止，（无睇视，不妄动。）声容静，头容直，（无或哕咳，欲其静也。无或倾顾，欲其直也。哕，一决切。咳，音孩，又音概。）气容肃，（似不息者），立容德，（旧说以为如有所予于人，其义难通。应氏谓中立不倚，俨然有德之气象。此说近之。）色容庄，坐如尸。（庄，矜持之貌也。坐如尸，见《曲礼》。）"案《礼记·曲礼》："若夫坐如尸，立如齐。礼从宜，使从俗。"陈澔集注："疏曰：'尸居神位，坐必矜庄，坐法必当如尸之坐。人之倚立，多慢不恭，虽不齐，亦当如祭前之齐。'"

③《论语·季氏》："孔子曰：'君子有九思：视思明，听思聪，色思温，貌思恭，言思忠，事思敬，疑思问，忿思难，见得思义。'"朱熹《四书集注》注："视无所蔽，则明无不见。听无所壅，则聪无不闻。色，见于面者。貌，举身而言。思问，则疑不蓄。思难，则忿必惩。思义，则得不苟。程子曰：'九思各专其一。'谢氏曰：'未至于从容中道，无时而不自省察也。虽有不存焉者，寡矣，此之谓思诚。'"后指反复思考。

④《朱子语类》卷八十七："问：'《礼记》九容，《论语》九思，一同本原之地，固欲存养；于容貌之间，又欲随事省察。'曰：'即此便是涵养本原。这里不是存养，更于甚处存养？'"

虽至鄙至陋处，皆当存谨畏之心而不可忽。工夫愈精密，身心愈谨严。

矫轻警惰，轻则浮躁，惰则弛慢，轻者必惰，惰者必轻，二者常相因也。惟一"敬"字，可以矫之警之。薛敬轩①先生曰："矫轻警惰，只当于心志言动上用功。"②

吴大澂批语：此张子用功得力语，可为"敬"字注脚。

心之光明，不欺于屋漏；事之正大，不愧于妻子。非主敬存诚，不能有此精密，如此乃可谓真实工夫。

吴大澂批语：常存不欺之心，庶无可愧之事。省察愈严，工夫愈密。光明正大，须如明镜之高悬，时时拂拭，不使一尘之掩盖，更是人欲净尽之境，岂易言哉，岂易言哉！

诚者，天理之本然，真实无妄者也。既无虚假，又无间断，故可以尽其性，可以尽人物之性，可以赞天地之化育。推其极，大莫能名；要其本，只是不虚假、不间断。郑氏曰："大人无诚，万物不生；小人无诚，则事不成。"③ 是故君子诚之为贵。

吴大澂批语："诚"字乃万物万事之根本，故曰"不诚无物"。

诚之者，择善而固执之者也。择执之中，有学知利行一等，又有

---

①薛敬轩：薛瑄，字德温，号敬轩，明山西河津（今山西省河津市）人，理学名臣。永乐十九年中进士。父丧服满，擢授御史，景泰二年，推为南京大理寺卿。英宗复辟，拜礼部右侍郎兼翰林学士。天顺八年卒，年七十有六，赠礼部尚书，谥"文清"。隆庆六年，从祀孔庙。所学一本程、朱，修己教人以复性，著有《读书录》二十卷，平易简切，学者宗之。《明史》有传。

②见《明儒学案》卷七"河东学案上"之"读书录"。

③《礼记正义》卷五十三："诚者，物之终始，不诚无物。"注："物，万物也，亦事也。大人无诚，万物不生。小人无诚，则事不成。"《礼记正义》，汉郑玄作注，唐孔颖达作疏。

百倍其功者，则困可以知，勉可以行，诚固非夐绝①不可及之境也。诚身有道，岂限于困勉哉！

诚，《说文》：信也，《广雅》：敬也，《增韵》：纯也、无为也，《乐记》著诚去伪，礼之经也。学者勿视为高远，只道居处恭、执事敬非诚乎？言忠信、行笃敬非诚乎？且从此进步，便是至诚。

吴大澂批语：去伪便是诚，无一毫虚假之念，便是至诚。此心一动，当自省察，是真是伪，是实是虚，此便是存诚工夫。

"静虚则明"②，周子之教也。静前工夫，少不得知止有定；静时存养，少不得戒慎恐惧；静后效验，则古今之事理无不悉，天下之情变无不明。故曰："惟天下之静者，乃能见微而知著。"③

吴大澂批语：求静求虚，而不用存养省察之功，不免流于禅学。吾儒之异于释教者以此。

水澄清可以鉴毫发，镜虚澈可以数须眉，静而已矣。心常交感万物，而有主则静焉，其理定而不淆，其气清而不杂，其处事接物、言动威仪，适中其节而止于符。

朱子教人半日静坐，半日读书，如此三年，无不进者。④ 静坐之法，唤醒此心卓然常明，志无所适而已。初入静者，不知摄持之法，惟体贴圣贤切要之言，常自警策，勿令懒散。饭后必徐行百余步，不可多食酒肉，致令昏浊；卧不得解衣，欲睡则卧，乍醒即起。静坐至

---

①夐（xiòng）绝：寥远，犹迥绝。夐，远。《南齐书·竟陵文宣王子良传》："交州夐绝一垂，寔惟荒服，恃远后宾，固亦恒事。"

②《周敦颐集》卷二之"通书·圣学第二十"："'圣可学乎？'曰：'可。'曰：'有要乎？'曰：'有。''请问焉。'曰：'一为要。一者无欲也，无欲则静虚、动直，静虚则明，明则通；动直则公，公则溥。明通公溥，庶矣乎！'"

③《邵氏见闻录》卷十二："事有必至，理有固然，惟天下之静者，乃能见微而知著。"

④《朱子语类》卷一百一十六之"训门人四"："人若逐日无事，有见成饭吃，用半日静坐，半日读书，如此一二年，何患不进？"

七日，则精神充溢矣。久之无少间断，妙用无穷。

吴大澂批语：禅家以诵经为习静之方，吾儒以体贴圣贤言语为摄心之要，其理则一，其功用则不同矣。

静亦非徒寂守而已，即有时临事匆忙，应接不暇，而其神闲识定，条理秩然，此是何等静镇，语云"石破天惊，神色不变"，盖从涵养得来。

吴大澂批语：静时做得工夫，当于动时验之，非真有心得者不能道此。

浮躁浅率，褊窄迫促，德不足才亦不足；凝重宽厚，广大从容，德有余福亦有余。

吾身心浩然之气，充塞天地。孟子说不动心，工夫在养气；说养气，工夫在持志集义。① 朱子曰"人须是有盖世之气"②，即孟子所谓浩然之气也。此气无一时不保养，无一刻不充塞，最为切要。

吴大澂批语：浩然之气不为物欲所挠，斯至大至刚而无馁。

"言有教，动有法；昼有为，宵有得；瞬有养，息有存。"③ 此张

---

①见卷一《孟子·公孙丑上》注。

②《朱子语类》卷五十二之"问夫子加齐之卿相"："问'塞乎天地之间'。曰：'天地之气无所不到，无处不透，是他气刚，虽金石也透过。人便是禀得这个气无欠缺，所以程子曰："天人一也，更不分别。浩然之气，乃吾养也，养而无害，则塞乎天地。一为私意所蔽，则慊然而馁，却甚小也。"'又曰：'浩然之气，只是气大敢做。而今一样人，畏避退缩，事事不敢做，只是气小。有一样人未必识道理，然事事敢做，是他气大。如项羽"力拔山兮气盖世"，便是这样气。人须是有盖世之气方得。'又曰：'如古人临之以死生祸福而不变，敢去骂贼，敢去徇国，是他养得这气大了，不怕他。又也是他识道理，故能如此。'"

③《张载集·正蒙》之"有德篇第十二"："德主天下之善，善原天下之一。善同归治，故王心一；言必主德，故王言大。言有教，动有法；昼有为，宵有得；息有养，瞬有存。"

子①示人以乾乾惕厉②之学，修省之极功也。自古圣贤无不从朝乾夕惕中来，吾辈正须学此。

吴大澂批语：张子说到瞬存息养工夫之缜密，至矣。

李延平③先生曰："爱身明道，修己俟时。"④此八字如许担当，如许涵养。

克己者自全其心，而无疚于内，故能仰不愧天，俯不怍人⑤。正己者自尽其道，而无求于人，故能上不怨天，下不尤人⑥。

吴大澂批语：内无疚于心，外无求于人，纯是为己之学。圣人告子夏，只说为己为人，言简而意该。

暗室屋漏之隐，凝一而不杂以私，况其显者乎！夫妇居室之近，整齐⑦而不参以妄，况其远者乎！

问："颜子地位，有甚非礼处？"曰："只心术间微有些子非礼处，须用净尽截断了。"又曰："克己别无巧法，譬如孤军猝遇强敌，只是

---

①张子：张载，见卷一注。

②《周易·乾》："九三：君子终日乾乾，夕惕若厉，无咎。"乾乾，勤笃貌。惕厉，戒惧貌。

③李延平：李侗，字愿中，南宋南剑州剑浦（属今福建南平）人，世称延平先生。师从罗从彦，为程颐之二传弟子，退居山田，谢绝世故四十余年。朱熹受业其门，为之述《延平问答》。《宋史》有传。

④《延平答问·补录》："李先生曰：'受形天地，各有定数。治乱穷通，断非人力。惟当守吾之正而已，然而爱身明道，修己俟时，则不可一日忘于心。此圣贤传心之要法，或者放肆自佚，惟责之人、不责之己，非也。'"

⑤《孟子·尽心上》："孟子曰：'君子有三乐，而王天下不与存焉。父母俱存，兄弟无故，一乐也；仰不愧于天，俯不怍于人，二乐也；得天下英才而教育之，三乐也。'"怍（zuò），惭愧。

⑥《礼记·中庸》："在上位不陵下，在下位不援上，正己而不求于人，则无怨。上不怨天，下不尤人。故君子居易以俟命，小人行险以徼幸。"尤，怨恨、归咎。

⑦整齐：有秩序、有条理。《商君书·赏刑》："当此时也，赏禄不行，而民整齐。"

尽力舍死向前而已。"①朱子此说，见得颜子工夫，并见得学者工夫。

吴大澂批语：克己之克，以"四勿"②字截断之，非有大勇不能。

是非者，天下之定理，差之毫厘，谬以千里。审求其是，决去其非，则皆天理之正、人生之直矣。

"几者动之微，吉之先见者也。"③周子只说"几"字，言当辨之于微也。④豫者，事理素定于内，而顺行于外也。张子每说"豫"字，言当辨之于早也。⑤存天理，遏人欲，⑥合二子之言乃备。

吴大澂批语：君子用功，须于人所不见不闻之地惩忿窒欲，皆当辨之于微，辨之于早。燎原之火不灭，将自焚也。

---

①《朱子语类》卷四十一之"颜渊问仁"："或问：'颜子地位，有甚非礼处？何待下此"四勿"功夫？'曰：'只心术间微有些子非礼处，也须用净尽截断了。他力量大，圣人便教他索性克去。譬如贼来，颜子是进步与之厮杀。教仲弓以敬恕，是教他坚壁清野，截断路头，不教贼来。'"。

②四勿：见卷一《论语·颜渊》注。

③《周易·系辞下》："几者，动之微，吉之先见者也。"孔颖达《周易正义》注："几者，去无入有，理而无形，不可以名寻，不可以形睹者也。唯神也，不疾而速，感而遂通，故能朗然玄昭，鉴于未形也。合抱之木，起于毫末；吉凶之彰，始于微兆，故为吉之先见也。"又疏："此释几之义也。几，微也，是已动之微，动谓心动、事动。初动之时。其理未著，唯纤微而已。若其已著之后，则心事显露，不得为几；若未动之前，又寂然顿无，兼亦不得称几也。几是离无入有，在有无之际，故云动之微也。若事著之后，乃成为吉，此几在吉之先，豫前已见，故云吉之先见者也。此直云吉不云凶者，凡豫前知几，皆向吉而背凶，违凶而就吉，无复有凶，故特云吉也。请本或有凶字者，其定本则无也。"

④《周元公集》卷一之"通书"："'几者动之微'，善恶之所由分也。盖动于人心之微，则天理固当发见，而人欲亦已萌乎其间矣。此阴阳之象也。"

⑤《张载集·正蒙》之"神化篇第四"："'精义入神'，事豫吾内，求利吾外也。"王夫之《张子正蒙注》："察事物所以然之理，察之精而尽其变，此在事变未起之先，见几而决，故行焉而无不利。"

⑥《朱子语类》卷十二："《书》曰：'人心惟危，道心惟微，惟精惟一，允执厥中。'圣贤千言万语，只是教人明天理，灭人欲。"又卷十三："学者须是革尽人欲，复尽天理，方始是学。"

"衣锦尚䌹",君子之闇然退藏于密①,圣人之寂然,惟无一点矜夸,乃有无穷蕴蓄。谢上蔡②与伊川相别一年,只去得一个"矜"字,可谓切己体察。③

吴大澂批语:"矜"字最难去,不去"矜"字,学问皆长傲之苗。

学者更须去得一个"争"字。心平气和,可以辨古今之理,可以论天下之事。盖事理非一人之私,不可有人之见,亦不可有我之见。虚怀公论,方于事理有济。

吴大澂批语:争有不必争者,有不得不争者。无益之辨、不急之争,君子不为也。

更须去得一个"偏"字。性情之偏,见于好恶;好恶之偏,见于措施;措施之偏,害于家国。化其执拗之私,适于平正之道,此中煞有工夫。

吴大澂批语:"偏"字流弊最大,至于执拗而祸及家国天下,则是偏之为害也。

更须去得一个"忌"字。人才关系最大,其心好之,实能容之,造福无穷矣;媢④疾恶之,实不能容,害可胜言哉!"忌"字病痛甚多,不独人才为然,类而推之,凡在人者,皆作在我者观,可以无忌矣。

吴大澂批语:忌者皆私心耳,只有"公"字可以克"忌"字。

更须去得一个"伪"字。立心制行,处己接物,近在家庭乡党,远在朝廷绝域,皆当真实无妄,不假安排布置。在己则无愧于心,在

---

①《中庸》:"《诗》曰:'衣锦尚䌹',恶其文之著也。故君子之道,闇然而日章,小人之道,的然而日亡。"衣锦尚䌹:锦衣外面再加单衣。䌹,禅衣,单层罩衣。尚,加。朱熹《四书集注》:"䌹之袭于外也,不厌而文且理焉,锦之美在中也。小人反是,则暴于外而无实以继之,是以的然而日亡也。"

②谢良佐:见卷一注。

③《宋史·谢良佐传》:"与程颐别一年,复来见,问其所进,曰:'但去得一"矜"字尔。'颐喜,谓朱光庭曰:'是子力学,切问而近思者也。'"

④媢(mào):嫉妒。汉王充《论衡·论死》:"妒夫媢妻,同室而处。"

人则深信于我。推而行之，无不利也。若有一毫伪念，人便看破，事便难行，断不能掩饰弥缝。作伪心劳日拙，尚其儆之。

吴大澂批语："伪"字只可自欺，不能欺人，非必诪张为幻①**也。只有一毫不真不实之念，便是伪莠之不能乱苗，为其无实也。**

更须去得一个"难"字。自古有担当的人，学问事功，皆无畏难苟安之见，故能有志竟成。倘曰苟如是，是亦足矣，将进是，不亦难乎？明知可为，靡焉退缩，此等人断无长进。懦夫有立志，愿起而振之。

以才智陵②人，以言语先人者，皆客气③也。客气用事，断无进机。能消磨得客气，有一段谦下虚受之心，可以进学矣。诗曰："温温恭人，维德之基。"④

吴大澂批语：客气是学者之大病，学问骄人，尤甚于富贵之骄人也。

威仪，德之符也。有诸内者敬慎之心，形诸外者退让之节。外貌斯须⑤不庄不敬，则慢易之心入之矣。诗曰："抑抑威仪，维德之

---

①《尚书·周书·无逸》："周公曰：'呜呼！我闻曰：古之人，犹胥训告，胥保惠，胥教诲，民无或胥诪张为幻。'"孔颖达《尚书正义》注："诪张，诳也。君臣以道相正，故下民无有相欺诳幻惑也。"

②陵：侵犯，欺侮。《礼记·中庸》："在上位，不陵下；在下位，不援上。"

③客气：一时之意气，偏激之情绪。司马光《赵滋札子》："今滋数乘客气以傲使人，争小胜以挑强胡。"

④见《诗经·大雅·荡之什·抑》。"温温恭人，维德之基"：孔颖达《毛诗正义》注："宽柔之人温温然，则能为德之基，止言内有其性，乃可以有为德也。"

⑤斯须：须臾，片刻。《礼记·祭义》："礼乐不可斯须去身。"郑玄注："斯须，犹须臾也。"

隅。"①

庄子云："为不善于显明之中者，人得而非之；为不善于幽暗之中者，鬼神得而责之。"② 君子无人非，亦无鬼责。诗曰："相在尔室，尚不愧于屋漏。"③

刚善为严毅，刚恶为强梁；柔善为慈祥，柔恶为懦弱。有善而无恶者，得刚柔之中也。或偏于强梁，或偏于懦弱，则气质未变，有不得其正者矣。诗曰："维仲山甫，柔亦不茹，刚亦不吐。不侮矜寡，不畏强御。"④

吴大澂批语：刚柔之由于气质者，性情之偏也。刚柔之根乎学问者，时措之宜也。

---

①见《诗经·大雅·荡之什·抑》。"抑抑威仪，维德之隅"：孔颖达《毛诗正义》注："抑抑，密也。隅，廉也。"又："古之贤者，道行心平，可外占而知内，如宫室之制，内有绳直则外有廉隅。"

②《庄子·庚桑楚》："为不善乎显明之中者，人得而诛之；为不善乎幽闲之中者，鬼得而诛之。明乎人，明乎鬼者，然后能独行。"

③见《诗经·大雅·荡之什·抑》。"相在尔室，尚不愧于屋漏"：孔颖达《礼记正义·中庸》注："相，视也。室西北隅谓之屋漏。视汝在室独居者，犹不愧于屋漏。屋漏非有人也，况有人乎。"《毛诗正义》注："心不惭愧于屋漏，有神见人之为也。"

④见《诗经·大雅·荡之什·烝民》。"维仲山甫，柔亦不茹，刚亦不吐。不侮矜寡，不畏强御"：孔颖达《毛诗正义》疏："人亦有俗谚之常言，说'人之恒性莫不柔濡者则茹食之，坚刚者则吐出之'。喻见前敌寡弱者则侵侮之，强盛者则避畏之。言凡人之性，莫不皆尔。维有仲山甫则不然，虽柔亦不茹，虽刚亦不吐，不欺侮于鳏寡孤独之人，不畏惧于强梁御善之人。不侮不畏，即是不茹不吐。既言其喻，又言其实以充之。茹者，啖食之名，故取菜之入口名为茹。"仲山甫，又作仲山父，周太王古公亶父之后裔，相周宣王，因封地为樊，又称樊侯。

"吉凶者，失得之象也；悔吝者，忧虞之象也。"① 悔便是吉之几②，吝便是凶之渐③。

吴大澂批语："悔"字有转凶为吉之象，故曰"吉之几"。

"忧悔吝者存乎介，震无咎者存乎悔。"④ 善恶将动而未形，辨之于纤介之际，得失已分而可救，补之于悔悟之余。

身不行道，不行于妻子，故家人之爻曰"反身"⑤。行有不得者，皆反求诸己，故蹇之象曰"反身修德"⑥。

---

①《周易·系辞上》："是故吉凶者，失得之象也。悔吝者，忧虞之象也。"王夫之《周易内传》卷五上："得失，以理言，谓善不善也。虞，虑也。《易》不为小人谋诡至之吉凶，于其善决其吉，于其不善决其凶，无不自己求之者，示人自反，而勿侥幸、勿怨尤也。悔者，行焉而必失，则宜忧。吝者，求行而不遂，则宜虑。故言悔吝者，以著其当忧虞也。"

②几：隐微，多指事物之迹象、先兆。《周易·系辞下》："几者，动之微，吉之先见者也。"

③渐：开端，起始。徐渭《代云南策问》之一："骄子诼母，此渐不可长也。"

④《周易·系辞上》："忧悔吝者存乎介，震无咎者存乎悔。"王夫之《周易内传》卷五上："此言《易》之存乎辞者，其示人之意深切也。介，善不善之间也。本善也，一有小疵，而即成乎不善，故告之以'悔吝'，使人于此忧之，以慎于微而早辨之。动而有过曰震，本有咎而告之故，使人知悔其前之过而补之，则犹可以免无咎。《易》之所以警惕夫人而奖劝之于善者至，非但诏以吉凶而已。"介，处于二者之间。

⑤《周易·家人》："《象》曰：'威如'之吉，反身之谓也。"王夫之《周易内传》卷三上："父道尊而不渎，身正而威自立，家人男女各正其位，又有初九之闲，则所谓威者，不在挞责。反身，尽道而教自行矣。"闲，"初九"爻辞注："御其邪而护之使正也。"

⑥《周易·蹇》："《象》曰：山上有水，蹇。君子以反身修德。"王夫之《周易内传》卷三上："山上之水，幽细淳凝，旋以润山，而不急于流行。君子之修德，取法于此。为之难，言之讱，阙疑而慎言其余，阙殆而慎行其余，欿然若不足，意诚而身自润矣。"

损,德之修也。所当损者,惟忿与欲而已。① 兑之说,故以惩其忿;艮之止,故以窒其欲②。

有乾之刚健,则足以胜其私;有震之奋迅,则足以鼓其气。故大壮之象,"君子以非礼弗履"。③

恶甚微而将长,不可不谨其微;阴始生而渐进,不可不防其渐。《姤》之初,一阴方生,而柔道之牵,势将难遏,"系于金柅"④,所以制羸豕之蹢躅也。⑤ 圣人之戒严矣。

一部《易经》,只消"惧以终始"四字,便可包括。惧以始,当防微杜渐;惧以终,当持盈守成。朱子云:"危惧故得平安,慢易则必倾

---

①《周易·损》:"《象》曰:山下有泽,损;君子以惩忿窒欲。"

②损卦艮上兑下,兑由乾变,艮由坤变。乾阳刚武,亢而成忿;坤阴柔顺,靡而成欲。损阳之外发者以虚,乾之阳爻一变而成兑,悦则忿息;益阴之将衰者以刚,坤之阴爻一变而成艮,止则欲遏。《周易·兑》:"《象》曰:兑,说也。刚中而柔外,说以利贞。"柔外故说。说,通"悦"。《周易·艮》:"《象》曰:艮,止也。"

③大壮卦震上乾下,《周易·大壮》:"《象》曰:雷在天上,大壮。君子以非礼弗履。"王夫之《周易内传》卷三上:"地以上皆天也,故有雷在天上之象。雷本阳气之动,亲乎天,非但震物。君子之壮,壮于己,非壮于人也。积自强之道而不馁者,惟礼而已,孟子谓之集义。礼者,义之显于事物者也。道义充而节文具,浩然之气自塞乎两间,如雷上于天,阴不能遏。若助长以凌人,其壮必槁,非大壮也。"

④《周易·姤》:"《象》曰:'系于金柅',柔道牵也。"王夫之《周易内传》卷三下:"柔之道,以制于刚为正。小人顺于君子,夷狄宾于中国,女子制于丈夫,皆道之固然,故以系而止之为贞。"

⑤《周易·姤》:"初九,系于金柅,贞吉;有攸往,见凶,羸豕孚蹢躅。"王申子《大易辑说》卷七:"姤之成卦,在此一爻,或吉或凶,亦判于此,何则?有以制之则吉,无以制之则凶。柅,止车之物,以金为之,坚强之至也。而又系之、止之固也,固止之使不得进,则阳刚贞正之道庶乎其吉。设不止之,使之有所往,则必浸长而害乎阳,是见凶也。圣人既设此两端,使君子知所戒矣,又设羸豕之象,使君子不以阴之微而忽之。豕,阴物也,谓今日之阴虽微如羸弱之豕,而异日蹢躅之害将可必也,若忽其微而不信,使至蹢躅,则不可制矣。"

覆。《易》之道也。"①

吴大澂批语：始以防微杜渐，终以持盈守成，圣人寡过之学，一"惧"字尽之矣。

三风十愆②，儆于有位，而具训于蒙士，盖童蒙始学之士，则详悉以是训之，欲其知所儆也。且曰"作善降之百祥；作不善降之百殃"③，以天命、人事、祸福申戒之，总其大旨，不外"祗厥身"④[一]三字，能敬则风愆俱泯，不敬则风愆俱至。《伊训》之言，可谓切要，不独警动太甲⑤，而亦万世之炯戒⑥也。

坐以待旦，孜孜为善之心也。始见于《书》之言汤，再见于孟子之言周公。⑦盖圣人忧勤惕厉，其检于身者，惟恐不及；其施于事者，惟恐未遑。故身无不修，事无不理，况在学者，尤宜刻自鞭策。

---

①见朱熹《周易本义·系辞下传》。
②《尚书·伊训》："曰：'敢有恒舞于宫，酣歌于室，时谓巫风。敢有殉于货色，恒于游畋，时谓淫风。敢有侮圣言、逆忠直、远耆德、比顽童，时谓乱风。惟兹三风十愆，卿士有一于身，家必丧；邦君有一于身，国必亡。'"
③《尚书·伊训》："呜呼！嗣王祗厥身，念哉！圣谟洋洋，嘉言孔彰。惟上帝不常，作善降之百祥；作不善降之百殃。尔惟德罔小，万邦惟庆；尔惟不德罔大，坠厥宗。"
④祗（zhī）厥身：《尚书·伊训》："呜呼！嗣王祗厥身，念哉！"孔颖达《尚书正义》注："言当敬身，念祖德。"祗，敬、恭敬。
⑤太甲：《伊训》："成汤既没，太甲元年，伊尹作《伊训》《肆命》《徂后》。"孔颖达《尚书正义》注："太甲，太丁子，汤孙也。太丁未立而卒，及汤没而太甲立，称元年。"《史记·殷本纪》："汤崩，太子太丁未立而卒，于是乃立太丁之弟外丙，是为帝外丙。帝外丙即位三年，崩，立外丙之弟中壬，是为帝中壬。帝中壬即位四年，崩，伊尹乃立太丁之子太甲。太甲，成汤适长孙也，是为帝太甲。帝太甲元年，伊尹作《伊训》，作《肆命》，作《徂后》。"
⑥炯戒：明白的鉴戒。汉班固《幽通赋》："既讯尔以吉象兮，又申之以炯戒。"
⑦《尚书·太甲上》："先王昧爽丕显，坐以待旦。"《孟子·离娄下》："仰而思之，夜以继日；幸而得之，坐以待旦。"

"不矜细行,终累大德;为山九仞,功亏一篑。"① 此慎德工夫,虽一颦一笑、一动一作,皆应仔细修省。以小处为宽,将有不止于小处者,故流金烁石,而一阴生,寒于此始;堕指折胶②,而一阳生,暑于此萌。萌芽一分,即增长一分;怠忽一分,即欠缺一分,可不戒哉!

吴大澂批语:勿以善小而不为,勿以恶小而为之,两"小"字足见武侯一生谨慎工夫。

《酒诰》③ 饮酒之事有三,祭祀用酒、父母庆用酒、养老用酒,一则曰"德将无醉"④,再则曰"克永观省,作稽中德"⑤。呜呼!反观内省,身心不敢放肆,谨于酒者如是,何忧其沉湎哉!

---

①《尚书·周书·旅獒》:"呜呼!夙夜罔或不勤,不矜细行,终累大德。为山九仞,功亏一篑。"矜,谨守、慎重。仞,古代长度单位,八尺或七尺为一仞。篑,盛土之筐。

②堕指折胶:喻冬秋严寒天气。堕指,谓冻掉手指。《汉书·高帝纪下》:"上从晋阳连战,乘胜逐北,至楼烦,会大寒,士卒堕指者什二三。"折胶,胶为制弓材料之一,喜燥恶湿,至秋季则劲而可折,弓弩可用。后以折胶指秋天。夏竦《和太师相公秋兴》:"原上西风马力生,折胶时候正凄清。"

③见《尚书·周书》。孔颖达《尚书正义》注:"康叔为卫侯,周公以王命戒之,作《康诰》《酒诰》《梓材》三篇之书也。其《酒诰》《梓材》亦戒康叔,但因事而分之。然《康诰》戒以德刑,又以化纣嗜酒,故次以《酒诰》,卒若梓人之治材为器,为善政以结之。"康叔,又称卫康叔,周文王之子,周武王之弟。成王时封于卫,为卫国第一任国君。

④德将无醉:《酒诰》之辞。孔颖达《尚书正义》注:"以德自将,无令至醉。"将,扶助。

⑤克永观省,作稽中德:《酒诰》之辞,孔颖达《尚书正义》注:"汝能长观省古道,为考中正之德,则君道成矣。"省,反省。作,举动,行动。稽,合乎,符合。中德,中正之德。

方正学①先生《幼仪杂箴》云:"酒之为患,俾谨者荒,俾庄者狂,俾贵者贱,而存者亡。有家有国,尚慎其防。"②此语最为警切。

刚大之气,足以干事;浮躁之气,足以败事。吾辈火气易动,往往发不中节,处事多乖。故理胜者,有真气干得事来;私胜者,皆火气,却不济事。

吴大澂批语:真气与火气之别,只在理胜、私胜上辨之。

治怒为难,治惧亦难。克己可以治怒,明理可以治惧。盖怒者,气之盈也,气怒而不可遏,惟克己者,只见己之不是,便不与人校③,而忿怒之私自消。惧者,气之怯也,气怯而不能充,惟明理者,实见理之至正,便自反而直,而怯懦之心自振。薛敬轩④先生曰:"二十年治一'怒'字,尚未消磨得尽,以是知克己最难。"⑤

吴大澂批语:怒为气盈,当虚其心以平之。惧为气怯,当实其理以充之。

---

①方正学:方孝孺,字希直,一字希古,明浙江宁海人。幼警敏,读书日盈寸,长从宋濂学。洪武二十五年,任汉中教授。蜀献王闻其贤,聘为世子师,名其庐为"正学",后学遂称其为正学先生。及惠帝即位,召为翰林侍讲,迁侍讲学士,国家大政辄咨之。修《太祖实录》及类要诸书,孝孺皆为总裁。燕王兵起,诏檄皆出其手。京城破,被执下狱,以拒为成祖草诏,殉于难,时年四十有六,宗族亲友前后坐诛者数百人。孝孺工文章,醇深雄迈。每一篇出,海内争相传诵。永乐中,藏孝孺文者罪至死,门人王稌潜录为《侯城集》,后人又有增辑,定名为《逊志斋集》。《明史》有传。

②见《逊志斋集》卷一《幼仪杂箴》。

③校:计较。《论语·泰伯》:"曾子曰:'有若无,实若虚,犯而不校。'"

④薛敬轩:薛瑄,见本卷前注。

⑤见《明儒学案》卷七"河东学案上"之"读书录"。

儒有不陨获于贫贱，无所慕于外也；不充诎于富贵，无所满于中也。① 立得定时，便觉浩浩落落，至于"货色"二字，须脱然无累，乃有进步工夫。朱子曰："学者不于富贵贫贱上立得定，则是入门便差了。"② 又曰："吾辈于货色两关打不透，更无话可说。"③

吴大澂批语：货色为人之大欲，孟子言养心只说到寡欲，则无欲之难也，人欲净则纯乎天理矣。

饮食男女，人之大欲存焉，然而无节，则断送一生矣。故敬身者于欲之所不能无、情之所不能止者，一拨便醒，以明镜照之；一醒便断，以慧剑斩之。

医方四物所以养血也，四君所以养气也④。然人之血气，全在自己保养，火不动而水常足，则血无耗矣；怒有节而神不伤，则气无损矣。吕新吾⑤先生曰："清心寡欲，不服四物；省事休嗔，不服四君。"⑥ 修于内者，无待于外，此至足之道也。

吴大澂批语：病之由外入者，寒热之所感也。病之由内生者，气

---

①《礼记·儒行》："儒有不陨获于贫贱，不充诎于富贵，不慁君王，不累长上，不闵有司，故曰儒。"陈澔《礼记集说》注："郑氏曰：'陨获，困迫失志之貌；充诎，欢喜失节之貌。慁，犹辱也。累，犹系也。闵，病也。'"慁（hùn），忧虑，扰乱。

②《朱子语类》卷十三："学者不于富贵贫贱上立定，则是入门便差了也。"

③见《晦庵集》卷四十九之"答王子合（己酉闰五月十八日）"："大抵吾辈于货色两关打不透，便更无语可说也。《大学》解义平稳，但诸生听者须时时抽摘问，难审其听后果能反复寻绎与否？近觉讲学之功不在向前，只在退后，若非温故不能知新，盖非惟不能知新，且并故者亦不记得，日用之间，便成相忘。虽欲不放其良心，不可得矣。"

④四物、四君：中药名。四物指熟地、归身、白芍、川芎，合在一起之方剂名"四物汤"；四君指人参、白术、茯苓、甘草，合在一起之方剂名"四君子汤"。

⑤吕新吾：吕坤，见卷二注。

⑥见吕坤《续小儿语》之"杂言"。

血之所累也。外感易祛，内患不易治，治之之方清心、寡欲、省事、休嗔四味而已。

波靡①之中，难言品行；势利之内，岂有圣贤？习俗之移人也，可畏矣哉！惟能于千万庸众之中，克自振拔，不至陷溺，俨如鹤立鸡群，斯为君子。

一念善恶，天人之分也。持之斯须，则已登于道岸；失之斯须，则且坠于深渊。持守之几甚暂，得失之界甚危，尚其慎此一念哉！

吴大澂批语：一念初发，即用持守之功，辨之不可不早也。

事有益于身心者，则奋迅以行之；物有害于身心者，则果决以绝之。何也？吾身心苟受其益，虽黾勉赴之犹恐不及；苟受其害，虽探汤视之，尚恐不严。一念因循，百端丛脞②，须有斩钉截铁手段。

吴大澂批语：圣人许子路可以从政③，只一"果"字，"果"字中有许多力量。

进退出处，超然无累，此等境界，须是本源清、学守定。

李光弼④治军，虽敌所不至，亦巡逻不懈，何等严密！"撼山易，

---

①波靡：随波而散，顺风而倒，比喻倾颓之世风流俗。清戴名世《〈蔡瞻眠文集〉序》："独立于波靡之中，而物诱不足以动其心，富贵不足以易其节。"

②丛脞（cuǒ）：烦琐，细碎。《尚书·益稷》："元首丛脞哉，股肱惰哉，万事堕哉。"孔传："丛脞，细碎无大略。"

③《论语·雍也》："季康子问：'仲由可使从政也与？'子曰：'由也果，于从政乎何有？'"仲由，字子路，鲁国卞人，孔子门徒，"孔门十哲"之一。

④李光弼：唐营州柳城（今辽宁省朝阳）人。父李楷洛，契丹酋长，武后时入朝，累官左羽林大将军，封蓟国公。光弼善骑射，严毅沉果，起家左卫郎。天宝八年，任节度副使。安禄山乱，因郭子仪荐，以云中太守摄御史大夫知河东节度事，后策敌制胜，战功赫赫，推为中兴第一，被赐丹书铁券，绘像凌烟阁。与郭子仪齐名，世称"李郭"。因遭宦官鱼朝恩、程元振嫉恨，不敢奉诏入朝，畏祸迁延，忧惧而卒，时年五十七。卒赠太保，谥"武穆"。《旧唐书》《新唐书》有传。

撼岳家军难"①，何等武毅！此便是两人小心敬畏处，先儒以此释瑟僴②之义，盖其心战兢恐惧，无稍疏懈，则严密者，欲自不能入；武毅者，欲自不能屈。吾窃以《淇澳》之诗"切磋琢磨"工夫极细，而"瑟僴"二字，尤为学者之要道也。

吴大澂批语：防欲如防敌，理不胜则欲即乘之，所谓"人心惟危"也，一"危"字最警切。

炼识炼胆，昔人有是言也。识可炼乎？凡经权常变之理，皆体会于心，则识定矣。识定者，权衡有准。胆可炼乎？凡道义刚大之气，皆充足于心，则胆定矣。胆定者，雷霆不惊。

吴大澂批语：识炼成能决大疑，胆炼足能当大事。

男林翼校字

【校记】

［一］祗厥身：原作"祇厥身"，误，据《尚书·伊训》改。

---

①《宋史·岳飞传》："善以少击众。欲有所举，尽召诸统制与谋，谋定而后战，故有胜无败。猝遇敌不动，故敌为之语曰：'撼山易，撼岳家军难！'"

②见《诗经·卫风·淇澳》。《礼记·大学》："《诗》云：'瞻彼淇奥，绿竹猗猗。有匪君子，如切如磋，如琢如磨。瑟兮僴兮，赫兮喧兮。有匪君子，终不可谖兮。''如切如磋'者，道学也。'如琢如磨'者，自修也。'瑟兮僴兮'者，恂栗也。'赫兮喧兮'者，威仪也。'有匪君子，终不可谖兮'者，道盛德至善，民之不能忘也。"朱熹《四书集注》："瑟，严密之貌。僴，武毅之貌。"僴（xiàn），通"僴"。喧（xuān），通"烜"，光明、显耀。谖（xuān），通"谖"，忘记。

卷四　慎言语

益阳胡达源清甫

孔子观于后稷之庙，有金人焉，三缄其口，而铭其背曰："古之慎言人也，戒之哉！无多言，无多事，多言多败，多事多害。勿谓何伤，其祸将长；勿谓何害，其祸将大。勿谓不闻，神将伺人；焰焰弗灭，炎炎若何。涓涓不壅，终为江河。绵绵不绝，或成网罗。毫末不折，将寻斧柯。诚能慎之，福之根也。口是何伤[一]，祸之门也。强梁者不得其死，好胜者必遇其敌。君子知天下之不可上也，故下之；知众人之不可先也，故后之。江海虽左，长于百川，以其卑也。天道无亲，常与善人。戒之哉！"孔子既读斯文也，顾谓弟子曰："此言实而中，情而信。诗云：'战战兢兢，如临深渊，如履薄冰。'行身如此，岂口过患哉！"① 盖尝三复是篇，金人铭辞有"戒慎卑下"之意，孔子引诗有"临深履薄"之心。然则慎言之道，非徒守口而已也。

吴大澂批语：惟君子能下人、能后人，自卑者无好胜之心，自谦者无盈满之患，金人刻辞为千古箴铭之祖。

颐卦上艮下震，上下二阳，中含四阴。上止而下动，外实而中虚，颐之象也。君子观其象，慎言语，以养其德；节饮食，以养其体②。谚云："祸从口出，病从口入。"颐之所系，岂不重哉！

吴大澂批语：颐之训为养，善养者不外言语、饮食，以谚语解《易》，最为切当。

言行，君子之枢机也。枢动则户开，机动则矢发，小则招荣辱，大则动天地，可不慎乎？子曰："出其言善，则千里之外应之，况其迩

---

①《说苑》卷十："孔子之周，观于太庙。右陛之前，有金人焉，三缄其口，而铭其背曰：'古之慎言人也，戒之哉！戒之哉！无多言，多言多败；无多事，多事多患。安乐必戒，无行所悔。勿谓何伤，其祸将长；勿谓何害，其祸将大；勿谓何残，其祸将然；勿谓莫闻，天妖伺人。荧荧不灭，炎炎奈何？涓涓不壅，将成江河；绵绵不绝，将成网罗；青青不伐，将寻斧柯。诚不能慎之，祸之根也。口是何伤，祸之门也。强梁者不得其死，好胜者必遇其敌。盗怨主人，民害其贵，君子知天下之不可盖也，故后之下之，使人慕之，执雌持下，莫能与之争者，人皆趋彼，我独守此。众人惑惑，我独不从，内藏我知，不与人论技。我虽尊高，人莫害我。夫江河长百谷者，以其卑下也。天道无亲，常与善人。戒之哉！戒之哉！'孔子顾谓弟子曰：'记之，此言虽鄙，而中事情。诗曰："战战兢兢，如临深渊，如履薄冰。"行身如此，岂以口遇祸哉？'"

②《周易·颐》："《象》曰：山下有雷，颐。君子以慎言语，节饮食。"王申子《大易辑说》卷五："上止下动，中含四阴，颐口之象也。震于山下，物随而生，颐养之义也。君子观此，以时止则止之艮，慎其可出而不可复入之言语焉；以发动有节之震，节其可入而不可复出之饮食焉。此皆养生之切用，至近而至大者，故以取象。"案颐卦，艮上震下，艮为山，有止象；震为雷，有动象。故曰"上止下动"。颐卦六爻，上下两阳爻，中间四阴爻，故曰"中含四阴"。

者乎？出其言不善，则千里之外违之，况其迩者乎？"① 感应之速如此。

人之招祸，惟言为甚。密于言语，则是非不形而祸可免矣。子曰："乱之所生也，则言语以为阶。君不密则失臣，臣不密则失身，几事不密则害成，是以君子慎密而不出也。"② 节初九曰："不出户庭，无咎。"③

"将叛者其辞惭，中心疑者其辞枝，吉人之辞寡，躁人之辞多，诬善之人其辞游，失其守者其辞屈。"④ 此六者，皆人之情著于辞而不可掩也。人之辞以情迁，《易》之辞亦以情迁，明于吉凶之道，审于利害之几，可以知所谨矣。

吴大澂批语：修辞立其诚，诚于中则形于外，不诚之辞愈掩愈著，学者不必于辞令上用工夫，却于辞令上见工夫。

---

①《周易·系辞上》："'鸣鹤在阴，其子和之。我有好爵，吾与尔靡之。'子曰：'君子居其室，出其言善，则千里之外应之，况其迩者乎？居其室，出其言不善，则千里之外违之，况其迩者乎？言出乎身，加乎民；行发乎迩，见乎远。言行，君子之枢机。枢机之发，荣辱之主也。言行，君子之所以动天地也，可不慎乎！'""鸣鹤在阴，其子和之。我有好爵，吾与尔靡之"，又见《周易·中孚》爻辞。

②《周易·系辞上》："'不出户庭，无咎。'子曰：'乱之所生也，则言语以为阶。君不密则失臣，臣不密则失身，几事不密则害成，是以君子慎密而不出也。'"

③《周易·节》："初九：不出户庭，无咎。"王夫之《周易内传》卷四下："时方在室内而未行，道宜缜密。阳刚下实，防阴之流，慎之于内而不使出，涵其有余以待不足，虽过于慎，而自无咎。"

④见《周易·系辞下》。王申子《大易辑说》卷十："然欲知其情者又在知言，彼歉于中者必愧于外，故将叛者其辞惭；疑于中者必泛其说，故中心疑者其辞枝；基德之人见理直，故其辞寡；躁竞之人急于售，故其辞多；诬善类者必深匿其迹而阴寓其忮，故其辞游；失其守者必见义不明而内无所主，故其辞屈。观卦爻之辞，亦犹是也。人而知此则知《易》之情矣，是亦待衰世之意也。"

《楚语》左史倚相①曰:"昔卫武公②年数九十有五矣,犹箴儆于国,曰:'自卿以下至于师长士,苟在朝者,无谓我老耄而舍我,必恭恪于朝夕以交戒我。在舆有旅贲③之规,位宁④有官师⑤之典,倚几有诵训之谏,居寝有亵御⑥[二]之箴,临事有瞽史之道,宴居有师工之诵,史不失书,蒙不失诵,以训御之。'于是作《懿戒》⑦以自儆。"⑧ 吾尝读诗,窃叹武公晚年箴戒之词,夙兴夜寐,笃志力行,既惓惓于威仪,复凛凛于言语,其曰"慎尔出话"⑨,而惧其玷之无可磨,"无易由言"⑩,而虑其雠之无不报。再三申戒,战兢自持。呜呼!武公之学于是为已密矣,故其没也,谓之"睿圣武公"。

---

①左史倚相:倚相,倚氏,名相。《国语》韦昭注:"倚相,楚左史也。"周代史官分左史和右史,左史记行,右史记言。

②卫武公:姬姓,卫氏,名和,卫厘侯之子,卫共伯之弟。《国语》韦昭注:"武公,卫僖公之子,共伯之弟,武公和也。"

③旅贲:《国语》韦昭注:"旅贲,勇力之士。掌执戈盾,夹车而趋,车止则持轮。"

④位宁:《国语》韦昭注:"中庭之左右谓之位。门屏之间谓之宁。"

⑤官师:官吏之长。《国语》韦昭注:"师,长也。"

⑥亵御(xiè yù):近侍。《诗经·小雅·雨无正》:"曾我亵御,憯憯日瘁。"毛传:"亵御,侍御也。"

⑦懿戒:《国语》韦昭注:"《懿戒》,书也。昭谓《懿》,《诗·大雅·抑》之篇也,懿读曰抑,毛诗叙曰:'《抑》,卫武公刺厉王,亦以自儆也。'"

⑧《国语·楚语上》:"昔卫武公年数九十有五矣,犹箴儆于国,曰:'自卿以下至于师长士,苟在朝者,无谓我老耄而舍我,必恭恪于朝,朝夕以交戒我。闻一二之言必诵志而纳之,以训道我。在舆有旅贲之规,位宁有官师之典,倚几有诵训之谏,居寝有亵御之箴,临事有瞽史之道,宴居有师工之诵,史不失书,蒙不失诵,以训御之。'于是乎作《懿戒》以自儆也。及其没也,谓之睿圣武公。"

⑨《诗经·大雅·荡之什·抑》:"慎尔出话,敬尔威仪,无不柔嘉。白圭之玷,尚可磨也;斯言之玷,不可为也!"柔嘉,柔安嘉善,谓话善言。

⑩《诗经·大雅·荡之什·抑》:"无易由言,无曰苟矣,莫扪朕舌,言不可逝矣。无言不雠,无德不报。惠于朋友,庶民小子。"无易由言,勿得轻易于此言语。莫,无。扪,持。

吴大澂批语：武公年愈九十，犹好学不倦，今人未至武公之年，自以为岁月已晚，追悔无及，仍不免自弃耳。

人之易其言也，无责耳矣。见责于君子，犹可为鉴戒之益；见责于小人，则不免耻辱之加，且不独耻辱而已，语言之恨，机伏戈矛。《书》曰"惟口兴戎"①，《诗》曰"无言不雠"②，然则易言之责，岂小也哉！

隐恶扬善，圣人之心也；荐贤举能，君子之道也。蔽贤之言，上则病国，下则病民。言无实不祥，不祥之实蔽，贤者当之，可以鉴矣。

吴大澂批语：以蔽贤为大病，自汲汲以荐贤为己任，古圣人之用心如此，古大臣之用心如此。

仲弓居敬行简③，简以御天下之烦，而况于言乎？言简而当，而取于佞④乎？佞者，一事无不尽之言；简者，一言无不尽之理。

审确而和缓者，言之有伦也，而心有以主之；轻浮而躁急者，言之不慎也，而心先已淆之。程子曰："心定者其言重以舒，不定者其言轻以疾。"⑤

---

①《尚书·大禹谟》："惟口出好兴戎，朕言不再。"孔颖达《尚书正义》注："好谓赏善，戎谓伐恶，言口荣辱之主，虑而宣之，成于一也。"

②见上条"《诗经·大雅·荡之什·抑》"注。

③《论语·雍也》："子曰：'雍也可使南面。'仲弓问子桑伯子。子曰：'可也简。'仲弓曰：'居敬而行简，以临其民，不亦可乎？居简而行简，无乃大简乎？'子曰：'雍之言然。'"雍，冉雍，字仲弓，孔子弟子，春秋时鲁国人。

④佞（nìng）：奸巧谄谀，花言巧语。《论语·先进》："是故恶夫佞者。"

⑤见《河南二程全书·外书》卷第十一。

甲辰启蒙后，祖父襟江公①手示曾祖映塘公②所书小楷一册，笔画精妙，似《黄庭》《洛神》，时置案头，爱其字之工，不知其言之切也。戊申春，颇省辞义，另行钞出，有《劝孝弟》《睦族邻》《慎言语》《崇谦让》数诗，警切沉挚，足垂法守。其《慎言语》诗曰："缄口金人训，兢兢恐惧身。出言刀剑利，积怨鬼神瞋。简默③应多福，吹嘘④总是春。白圭宜三复⑤，此意可书绅⑥。"盖谓出言利于刀剑，积怨及于鬼神，惟简默可滋厚福，即吹嘘皆属仁言。呜呼！兢兢恐惧，公之省察克治可想矣。而"吹嘘总是春"五字，尤见天地生物气象，所谓仁人之言，其利溥⑦也，我后人其敬听之。

---

①襟江公：胡多吉，见《弟子箴言序》（胡达源）注。
②映唐公：胡民典，字圣书，号映塘，胡达源之曾祖父。清曾国荃《湖南通志》（光绪）卷一百八十："胡民典，字圣书，性笃孝。亲没，绝意仕进，手著《孝经义疏》以志哀慕。工书翰，著有《书法指南》。"严树森《胡文忠公年谱》："四传至公高祖映塘公，讳民典，事亲孝，色养无违，著《孝经疏义》《书法指南》行世。"
③简默：简约静默。叶梦得《石林燕语》卷十："夷叟简默寡言笑，虽家居独坐一室，或终日不出。"
④吹嘘：吹气使冷，嘘气使暖，吹冷嘘热可使万物枯荣。《后汉书·郑泰传》："孔公绪清谈高论，嘘枯吹生。"李贤注："枯者嘘之使生，生者吹之使枯，言谈论有所抑扬也。"
⑤《论语·先进》："南容三复白圭，孔子以其兄之子妻之。"朱熹《四书集注》注："《诗·大雅·抑》之篇曰：'白圭之玷，尚可磨也；斯言之玷，不可为也。'南容一日三复此言，事见《家语》，盖深有意于谨言也。此邦有道所以不废，邦无道所以免祸，故孔子以兄子妻之。范氏曰：'言者行之表，行者言之实，未有易其言而能谨于行者。南容欲谨其言如此，则必能谨其行矣。'"后以"三复白圭"谓慎于言行。
⑥书绅：将牢记之话写在绅带上，后亦称牢记他人之话为书绅。《论语·卫灵公》："子张书诸绅。"邢昺疏："绅，大带也。子张以孔子之言书之绅带，意其佩服无忽忘也。"
⑦溥（pǔ）：广大。《诗经·大雅·公刘》："瞻彼溥原，乃陟南冈。"

吴大澂批语："吹嘘总是春"五字，何等气象，文忠公心术、学问不愧家学渊源，言为心声，勿以寻常诗句视之。

一言而造无穷之福，一言而去无穷之害，在朝廷可也，在乡党亦可也；一言而断天下之疑，一言而定天下之业，在治功可也，在学术亦可也。"太上立德，其次立功，其次立言。"① 立言所以补功德之不足也。

人有恻隐之心，我以言成之；人有暴戾之心，我以言化之，此长善救恶于未然者也。既有恻隐之事，我以言充之；既有暴戾之事，我以言解之，此长善救恶于已然者也。呜呼！感人以言，虽属浅事，而苦口婆心，总期同归于善，其所济岂浅鲜②哉！

吴大澂批语：教人以善谓之忠，化之于未然、救之于已然、有风化之责者不能委之于空言无补，无补者心不诚耳。至诚而不动者，未之有也，孟子之言，岂欺我哉？

闻人之善而疑，闻人之恶而信，非君子之心也；疑人之善而附会以败之，信人之恶而指引以证之，则小人之尤也。善即可疑，群焉推许，为善者益奋，而善人多矣；恶即可信，代为掩覆，为恶者自惭，而恶人寡矣。子曰"乐道人之善"③"无攻人之恶"④，皆当铭诸座右。

吴大澂批语：隐恶扬善，大舜犹如此存心。今学者好言人过，不

---

①《左传·襄公二十四年》："豹闻之，'太上有立德，其次有立功，其次有立言'，虽久不废，此之谓三不朽。"

②浅鲜：微薄。《战国策·韩策二》："政乃市井之人，鼓刀之屠，而严仲子乃诸侯之卿相也，不远千里，枉车骑而交臣。臣之所以待之至浅鲜矣，未有大功可以称者。"

③《论语·季氏》："孔子曰：'益者三乐，损者三乐。乐节礼乐，乐道人之善，乐多贤友，益矣。乐骄乐，乐佚游，乐宴乐，损矣。'"

④《论语·颜渊》："樊迟从游于舞雩之下，曰：'敢问崇德，修慝，辨惑。'子曰：'善哉问！先事后得，非崇德与？攻其恶，无攻人之恶，非修慝与？一朝之忿，忘其身，以及其亲，非惑与？'"

言人善，轻薄之风，有志者宜力矫之。

一言而坏风俗，一言而损名节，一言而发人阴私，一言而启人仇怨，其害甚大，其祸甚速，断断不可言也。或人有可疵，尽言以翘其过；人有可责，微言①以谏其非，其意未尝不善，要必深知其人之能受其言而吾言之实有所济乃可耳。不然，吾愿三复白圭不置矣。

誉我则喜，毁我则怒，人情之常也。然我因誉而喜，因毁而怒，独不思可誉者何在、可毁者何在乎？王昶②《诫子书》曰："人或毁我，当退而求之于身，若己有可毁之行，则彼言当矣；若己无可毁之行，则彼言妄矣。当则无怨于彼，妄则无害于身，又何反报焉？"③ 斯言可以为法。

吴大澂批语：反覆思之，怒自平矣。

人可以毁誉加于我，我不可以毁誉加于人。昔伏波将军戒其兄子云："闻人之恶，如闻父母之名，耳可得而闻，口不可得而言也。"④ 闻人之恶，且不可言，况无端而毁之乎？

---

①微言：密语、密商。《吕氏春秋·精喻》："白公问于孔子曰：'人可与微言乎？'孔子不应。"

②王昶：字文舒，三国曹魏太原晋阳县（今山西太原）人。魏文帝在东宫，昶为太子文学，迁中庶子。文帝践阼，徙散骑侍郎，为洛阳典农，迁兖州刺史。明帝即位，加扬烈将军，赐爵关内侯。正始年间，迁征南将军，假节，都督荆、豫诸军事。以平毌丘俭之功，进位骠骑将军。诸葛诞作反而伏诛，以军功迁至司空，持节、都督如故。甘露四年卒，谥"穆侯"。《三国志》有传。

③见《三国志·魏书·王昶传》。

④见《三国志·魏书·王昶传》，王昶《诫子书》引马援语，其本事见《后汉书·马援传》。

与清者称伯夷①可也，与贪者言，则涉于讥矣；与和者称柳下②可也，与鄙者言，则疑于诮矣。吾即以无心出之，人未必不有心听之；人若以有心责之，吾岂能以无心谢之乎？

吴大澂批语：言者无心，闻者有心，群居闭口，可无失言。

喜谈闺阃③，此天下之大恶也。无稽之语，得自传闻，自我播之，甚于枉杀；自我止之，胜于理冤。吕新吾先生云："只管你家门户，休说别个女妻。第一伤天害理，好讲闺门是非。"④

吴大澂批语：新吾先生语，可为学者座右铭。

口中雌黄，有出于轻躁者，有出于险刻者，未闻齿牙之奖厉，徒惊舌剑之锋芒。辱人颜面，既不能堪；恨入心怀，必将思逞。此等罪过，较之谈人闺阃，其轻重不相远矣。

唇齿之伤，甚于猛兽之害；刀笔之烈，惨于酷吏之刑。一言耳，辱其身，并辱其祖父，并辱其子孙，伤惨之情，积憾数世，在人心固所必报，即天理亦所不容。出尔反尔，岂不大可惧哉！

---

①伯夷：伯夷、叔齐，商孤竹君之二子。父欲立叔齐，及父卒，叔齐让伯夷，伯夷逃去，叔齐亦不肯立而逃之。武王伐纣，伯夷、叔齐叩马谏阻，武王诛纣，天下宗周，伯夷、叔齐隐于首阳山，采薇而食，不食周粟而亡。《孟子·万章下》："伯夷目不视恶色，耳不听恶声。非其君不事，非其民不使。治则进，乱则退。横政之所出，横民之所止，不忍居也。思与乡人处，如以朝衣朝冠坐于涂炭也。当纣之时，居北海之滨，以待天下之清也。故闻伯夷之风者，顽夫廉，懦夫有立志。"又："孟子曰：'伯夷，圣之清者也。'"

②柳下：柳下惠，春秋时鲁国贤大夫展禽，字季，因食邑柳下，谥惠，故称柳下惠。《孟子·万章下》："柳下惠不羞污君，不辞小官。进不隐贤，必以其道。遗佚而不怨，厄穷而不悯。与乡人处，由由然不忍去也。'尔为尔，我为我，虽袒裼裸裎于我侧，尔焉能浼我哉？'故闻柳下惠之风者，鄙夫宽，薄夫敦。"又："柳下惠，圣之和者也。"

③闺阃：内室，妇女居室，此指闺房内事。清林则徐《定期放告颁发状式告示》："或加人恶名，或诋人闺阃。"

④见吕坤《续小儿语》之"六言"。

侈口①曰无人才，此妄言也。人各有才，才不必奇，能修其业，能举其职，即才也；才不必全，矜其所短，用其所长，即才也。且高才硕德，或深自韬晦，阻于见闻，以管窥天，而曰天尽是乎？惟即侪伍②之中，奖其清俊之彦，培植得一人，即成就得一人。乐育之心，陶镕不倦，好善之士，鼓舞奋兴。何地无才？生之在天，成之在我。岂敢以鄙夷之言，轻量天下士乎？

吴大澂批语：天下有已成之才，有待成之才。已成者吾敬之、慕之，力能汲引则汲引之；待成者吾培之、植之，鼓舞而作兴之。所谓用人用其所长，教人教其所短，何患天下无人才哉？

狃③偏见以论古今之理，挟小智以谈天下之事；见于此未见于彼，知其一不知其二，揆诸事理，有断断不可通者，且嚣然自是，坚其执拗之私，逞其刚愎之论，是谓狂言。其言不用，而是非既谬，已为心术之忧；其言若用，则措置失宜，更为天下之害。

吴大澂批语：狂言宜戒。

---

①侈口：大口，引申为夸口。清冯桂芬《复庄卫生书》："蒙读书为文三四十年，所作实不少，而才力荼靡不能振，天实限之，亦何敢侈口论文？顾独不信义法之说。"

②侪伍（chái wǔ）：做伙伴，与同列。郑观应《盛世危言·禁烟上》："严定科条，一挂烟籍，即不得侪伍平民。"

③狃（niǔ）：习以为常，引申为因袭、拘泥。曾巩《永州军事推官孙君墓志铭》："君于学问，好其治乱得失之说，不狃近卑。"

萋菲，小文也，可以成贝锦，比谮①人者，因细小而文致人之大罪②；哆侈，微张也，可以成南箕，比谮人者，因疑似而巧构人之实罪③。"捷捷幡幡"④，情状百出，是谓谗言。"投畀豺虎，豺虎不食"⑤，巷伯⑥恶之⑦。

吴大澂批语：谗言宜戒。

①谮（zèn）：诬陷、中伤他人。冯梦龙《东周列国志》第五十七回："日夜搜赵氏之短，谮于景公。又厚结栾、郤二家，以为己援。"

②《诗经·小雅·巷伯》："萋兮斐兮，成是贝锦；彼谮人者，亦已大甚！"萋斐，花纹错杂貌。孔颖达《毛诗正义》注："萋斐，文章相错也。贝锦，锦文也。"又疏："正义曰：'女工集彼众采而织之，使萋然兮、斐然兮，令文章相错以成是贝文，以为其锦也。以兴谗人集己诸过而构之，令过恶相积，故成是愆，状以为己罪也。实无罪而谮之，使得重刑。'"后以萋斐比喻谗言。《北齐书·幼主纪》："忠信不闻，萋斐必入。"斐，《毛诗正义》注："斐，孚匪反，本或作菲。"

③《诗经·小雅·巷伯》："哆兮侈兮，成是南箕。彼谮人者，谁适与谋？"孔颖达《毛诗正义》注："哆，大貌。南箕，箕星也。"又："笺云：'适，往也。谁往就汝谋乎？怪其言多且巧。'"古人以星象附会人事，箕星主口舌，夏秋之间见于南方，故称南箕。

④《诗经·小雅·巷伯》："捷捷幡幡，谋欲谮言。"孔颖达《毛诗正义》注："捷捷，犹缉缉也。幡幡，犹翩翩也。"缉缉，巧言貌。翩翩，反复翻动貌。

⑤《诗经·小雅·巷伯》："取彼谮人，投畀豺虎；豺虎不食，投畀有北。有北不受，投畀有昊！"投畀（bì）豺虎，弃给豺虎。畀，给以。孔颖达《毛诗正义》疏："正义曰：'豺虎若不肯食，当掷予有北太阴之乡，使冻杀之。若有北不肯受，则当掷予昊天自制其罪，以物皆天之所生，天无推避之理，故止于昊天也。豺虎之食人、寒乡之冻物，非有所择，言不食、不受者，恶之甚也。'"

⑥巷伯：孔颖达《毛诗正义》疏："巷伯，阉官，言阉人为此官也。……正义曰：'巷伯，是内官也，其官用阉上士四人为之，其职掌王后之命。'"指掌管宫内之事的宦官。毛诗序曰："《巷伯》，刺幽王也，寺人伤于谗，故作是诗也。"寺人遭人谗毁，发愤而作，巷伯为寺人之官名，因以名篇。

⑦《礼记·缁衣》："子曰：'好贤如《缁衣》，恶恶如《巷伯》。'"陈澔《礼记集说》注："《缁衣》，《郑风》首篇，美郑武公之诗；《小雅·巷伯》，寺人刺幽王之诗。"

无羞恶之心，而为阿媚之态；工逢迎之计，而习善柔之辞，是谓巧言。孔子以"巧言"对"令色"①，不过致饰于外，务以悦人耳。诗曰"巧言如簧"②，则指谗贼之口，为鬼为蜮③，其情尤可畏矣。

吴大澂批语：巧言宜戒。

一语当其理，便如的④破冰开；一语当其情，便如肝披胆露；一语当其时，便如惊雷迸笋；一语当其事，便如拨云见天。言者怡然，闻者豁然，相悦以解矣。不审是非而强聒之，不达权变而渎⑤陈之，不知其厌听而视缕⑥之，是谓多言。多言者，既失于己，无济于人。

吴大澂批语：多言宜戒。

百世之下，非古之道者，古圣之罪人也；生今之世，反古之道者，今圣之罪人也。此其刚愎成性，辩论甚雄，所谓愚而自用、贱而自专，灾及其身，有固然而无疑者。

古之立言者，六经也；今之立言者，词章也。六经之言惟其常，常故有典有则，而皆得其平；词章之言惟其变，变故愈趋愈歧，而多失其正。

---

①《论语·学而》："子曰：'巧言令色，鲜矣仁。'"
②《诗经·小雅·巧言》："蛇蛇硕言，出自口矣。巧言如簧，颜之厚矣。"
③《诗经·小雅·何人斯》："为鬼为蜮，则不可得。有腼面目，视人罔极。"孔颖达《毛诗正义》注："蜮，状如鳖，三足。一名射工，俗呼之水弩。在水中含沙射人，一云射人影。"蜮（yù），传说中的一种害人动物。
④的（dì）：靶心。《晋书·王济传》："一发破的。"
⑤渎（dú）：轻慢，亵渎。《周易·蒙》："初筮告，再三渎，渎则不告。"
⑥视（luó）缕：委曲、原委。此指委曲陈述。柳宗元《寄许京兆孟容书》："虽欲秉笔视缕，神志荒耗，前后遗忘，终不能成章。"

简淡如太羹①元酒②,使人味之而弥永者,古圣之质言也;甘美如珍馐脍炙,使人含咀而餍饫③者,古圣之嘉言也。惟于此探讨其味中之味,乃能阐发其言外之言。

吴大澂批语: 六经中至理名言可以省身、可以劝世,箴、砭、药、石,取之不尽,无待外求也。古圣人之言,淡而弥永,拟之太羹元酒,其信然与?

怀仁抱义,尽性明伦,训世之言也;忠君爱国,济人利物,经世之言也。守其常则布帛之文,菽粟之味;达其变则金石可贯,鬼神可通。须有此一段精神见识,始可与立言,不然皆辞费也。

吴大澂批语: 可出、可处、可常、可变,皆此一段精神见识。充溢于其中,胡文忠一生本领,实不外此数言。

家大人④尝谓达源兄弟曰:"朱子《小学近思录》,启迪谆谆,扶植后进;西山先生⑤《大学衍义》,琼山先生⑥《大学衍义补》,惓惓于诚正修齐,切切于家国天下。一缕精心,诚实恳到,可谓体要之言。宜于经史外,分日展览,裨益良多。"

---

① 太羹:古祭祀时所用肉汁,原味,不加盐菜。《礼记·乐记》:"大飨之礼,尚玄酒而俎腥鱼,大羹不和,有遗味者矣。"

② 元酒:玄酒,上古祭祀作酒用之水。《礼记·礼运》:"故玄酒在室,醴盏在户。"陈澔《礼记集说》注:"太古无酒,用水行礼,后王重古,故尊之名为玄酒。"

③ 餍饫(yàn yù):口腹饱足。金王琢《雨夕感寓》诗:"餍饫贪夫腹,翻腾乐岁谣。"

④ 家大人:见卷一注。

⑤ 西山先生:真德秀,见卷一注。

⑥ 琼山先生:丘浚,字仲深,明广东琼山人,理学名臣,后世称琼山先生。幼颖悟勤学,过目成诵。景泰五年进士,官至礼部尚书,弘治四年加太子太保兼文渊阁大学士入内阁,参与机务。八年卒于任,赠太傅,谥"文庄"。参修《英宗实录》《宪宗实录》《续通鉴纲目》,著有《大学衍义补》《朱子学的》等。《明史》有传。

语言正大，消得人多少邪心；语言恺恻①，长得人多少善念；语言浑厚，养得人多少和气；语言奖劝，成得人多少德行。满腔是与人为善之心，开口即与人为善之道，存得此心，何敢容易说话？

吴大澂批语：与人为善，有此心乃有此语。语言之有益于己、有益于人如此，可不慎哉？

与人言义，义定则有当为之事，有不当为之事；与人言命，命定则有自致之福，有不可妄致之福；与人言法，法定则有自免之道，有不可幸免之道。知法之不可犯，即君子怀刑②之心也；知命之不可强，即君子俟命③之心也；知义之不可违，即君子喻义④之心也。此中大有感触，大有转机，吾言未必无补。

家庭之言，天伦恩义之所系也，断不可有偏好、偏恶之心。一涉乎偏，则家道必乖，何以对吾亲？堂陛⑤之言，天下安危之所系也，断不可存私喜、私怒之见。一涉乎私，则治术必坏，何以对吾君？

吴大澂批语：在家无偏好偏恶之心，居官自无私喜私怒之见。家政与国政理本相通，情无二致，但观其平日学问工夫何如耳。

与同等者言，直而当；与位尊者言，和而诤。其理直，其辞直，

---

①恺恻：见卷一注。

②《论语·里仁》："君子怀德，小人怀土。君子怀刑，小人怀惠。"朱熹《四书集注》注："怀刑，谓畏法。怀惠，谓贪利。君子、小人趣向不同，公私之间而已矣。"

③《礼记·中庸》："上不怨天，下不尤人。故君子居易以俟命，小人行险以徼幸。"

④《论语·里仁》："子曰：'君子喻于义，小人喻于利。'"朱熹《四书集注》注："喻，犹晓也。义者，天理之所宜。利者，人情之所欲。"

⑤堂陛：庙堂和官殿台阶，借指朝廷。苏轼《赐试户部侍郎赵瞻陈乞便郡不允诏》："庶前后相继，朝不乏人，则堂陛自隆，国有所恃。"

侃侃如也；其辞婉，其理直，訚訚如也。① 学者须识得圣人气象，自然合宜，在朝在乡，事上接下，可以类推。

吴大澂批语：圣人在朝在乡事上接下之气象，记者曲意形容之，学者当细心体察之。

有廓然大公之心，斯有廓然大公之论。自私自利者伤天下之元气，抑天下之人材，恬然不以为可惜。若此心廓然，如鉴之空，如衡之平，绝不以己私与焉，则"平正通达"，至理名言，我身与天下为公矣。

吴大澂批语：伤元气、抑人才，为千古之罪人。王荆公，一流人是也。

规过之言，须令人有悔悟意。不甚其过，所以示可转之机；不斥其过，所以作自新之气。劝善之言，须令人有歆动②意。引以易从，明指其趋向之路；导以不倦，并生其鼓舞之心。

以古事证今言，我有据而人易信；以浅言道俗事，辞不费而人易从。故知泛而无征者，非典要之语；隐而求深者，非平易之情。

宽厚之言，包涵一切，是非却极分明，不可以徇私夺理；姑息之言，苟且一时，是非却没分晓，适足以长恶遂非。

吴大澂批语：宽厚与姑息，似是而非。包涵者为有容之量，苟且者为违心之论。

言者心之声也，诚于中形于外，不可以伪为也。最怕满口是圣贤说话，满腔是庸众心肝，纵然好听，而体察践履处却少，以此感人，其能动乎？

礼义廉耻，人之大防也，只可峻其防，不可溃其防。一言而溃之，

---

①《论语·乡党》："朝，与下大夫言，侃侃如也；与上大夫言，訚訚如也。"朱熹《四书集注》注："许氏《说文》：'侃侃，刚直也。訚訚，和悦而诤也。'"訚（yín），和悦而能直言。

②歆动：触动、惊动。王夫之《读通鉴论》卷二："且夫言者，机之所自动也。吴、楚、淮南闻斯语而歆动其妄心，则虽欲扑之而不得。"

罪孰大焉？声色货利，性之大贼也，只可御其贼，不可纵其贼。一言而纵之，罪孰大焉？

当幼学时，得一言感动，便终身不忘，谨守教训，其所入者早也；在错路上，得一言唤醒，便回头不走，急就康庄①，其所悔者真也。以言教人者，宜因其幼而感之，因其错而醒之。

吴大澂批语：先入之言，当从蒙养始，提撕警觉，事半而功倍。

推奖君子，不妨其言之详，非要誉②也，所以彰君子之德，而树小人之型；屏斥小人，不妨其言之少，非示宽也，所以回小人之心，而消君子之祸。

怒多横语，喜多狂言，此时有定，可以见其涵养。家庭多率语，卑贱多慢言，此时不差，可以见其慎密。

做宽厚事，有严厉语，严以成其宽也；有宽容语，做刻薄事，宽以济其刻也。可以严成宽，不可以宽济刻。

吴大澂批语：以宽济刻，尤足坏人心术。

清议③，公论也。挟其诡僻之私，快其侮慢之说，则为处士④横议⑤。是非倒置，邪正混淆，而世道人心，有败坏不可收拾者矣。正人心，息邪说，孟子所为深惧而力救之与！

---

①康庄：宽阔平坦，通常指四通八达之大道。唐白居易《和松树》诗："漠漠尘中槐，两两夹康庄。"

②要（yāo）誉：求取荣誉。要，求、谋取。《孟子·公孙丑上》："今人乍见孺子将入于井，皆有怵惕恻隐之心，非所以内交于孺子之父母也，非所以要誉于乡党朋友也。"

③清议：东汉后期，士大夫阶层出现了品评人物之风，对时政起到了一定的激浊扬清作用，被称为清议。《艺文类聚》卷二十二引三国魏曹羲《至公论》："厉清议以督俗，明是非以宣教者，吾未见其功也。"

④处士：未仕或不仕之士。《孟子·滕文公下》："圣王不作，诸侯放恣，处士横议，杨朱、墨翟之言盈天下。"

⑤横议：恣意议论，非难。岳飞《奏乞以恩例补张所男宗本文资状》："若张所实先意两河，而身未北渡，已遭横议。"

吴大澂批语：如何为清议，如何为横议，好直言者当详辨之。

以鸟鸣春，以虫鸣秋，物之鸣感于其时矣。大叩则大鸣，小叩则小鸣，钟之鸣，应于其人矣，不失其时、不失其人者，言之则也。

圣人论事，有经①有权②。权所以适其平也，故能平天下之不平，而聪明自用者，动以"权"字行一己之私，饰一己之罪，而不思其言之谬于圣人也。学者立言，且只守经，未可率意道个"权"字。

吴大澂批语：行权则流弊多，守经则流弊少。通权达变，贤者犹不免有过当处，况学者未能守经，固不可以轻言权也。

小人怀诈之言，其情必露，诈由于矫揉，情发于不觉，见于眉睫之间，动于口颊之际，未有不肺肝如见者也。明理以烛其几，随事以惩其过，庶几有饰辞、无败事。

诐、淫、邪、遁③，言之病也；蔽、陷、离、穷④，心之失也。"生于其心，害于其政；发于其政，害于其事。"⑤非心通于道而明于天下之理者，其何以知天下之言而无所疑哉？故君子慎言，尤贵知言。

男林翼校字

吴大澂批语：光绪癸巳年十二月十一日读竟，十二日携至求贤馆，

---

①经：常法，原则。《汉书·五行志》："礼，王之大经也。"
②权：权宜，变通。柳宗元《断刑论》："经非权则泥，权非经则悖。"
③诐、淫、邪、遁：见下条《孟子·公孙丑上》注。
④蔽、陷、离、穷：见下条《孟子·公孙丑上》注。
⑤《孟子·公孙丑上》："'何谓知言？'曰：'诐辞知其所蔽，淫辞知其所陷，邪辞知其所离，遁辞知其所穷。生于其心，害于其政；发于其政，害于其事。圣人复起，必从吾言矣。"朱熹《四书集注》注："诐，偏陂也；淫，放荡也；邪，邪僻也；遁，逃避也。四者相因，言之病也。蔽，遮隔也；陷，沉溺也；离，叛去也；穷，困屈也。四者亦相因，则心之失也。人之有言，皆本于心。其心明乎正理而无蔽，然后其言平正通达而无病。苟为不然，则必有是四者之病矣。即其言之病，而知其心之失，又知其害于政事之决然而不可易者如此，非心通于道而无疑于天下之理，其孰能之？"诐（bì），偏颇。

手录先生训俗语六条，交裕守刻之，颁示各书院肄业诸生。大澂识。

【校记】

［一］口是何伤：原作"曰是何伤"，据向宗鲁《说苑校证》改。

［二］蓺御：原作"赘御"，误，据《国语·楚语上》改。

卷五　笃伦纪

益阳胡达源清甫

《书》曰："天叙有典"，"天秩有礼"①。叙者，君臣、父子、兄弟、夫妇、朋友之伦叙；秩者，尊卑、贵贱、等级、隆杀②之品秩，皆本于天理之自然也。舜使契为司徒，教以人伦，则曰："父子有亲，君臣有义，夫妇有别，长幼有序，朋友有信。"③五者，天下之达道也。

吴大澂批语：圣人与天合德，事事皆本乎天理，故人伦即天伦也。为政之道，纯乎天理，即可上契天心。人心即天心也，天人之感应其理至微、其机亦至捷。

《论语》垂教万世，开口提一"学"字④，指示入道之门、进德之要。学莫切于为人，为人莫先于孝弟⑤。孝弟行于家，而后仁爱及于

---

①《尚书·皋陶谟》："天叙有典，敕我五典五惇哉！天秩有礼，自我五礼有庸哉！"孔颖达《尚书正义》疏："天次叙人伦，使有常性，故人君为政，当敕正我父、母、兄、弟、子五常之教，教之使五者皆惇厚哉。天又次叙爵命，使有礼法，故人君为政，当奉用我公、侯、伯、子、男五等之礼，接之使五者皆有常哉。"

②隆杀：谓大小、高下。《礼记·乡饮酒义》："至于众宾，升受，坐祭，立饮，不酢而降，隆杀之义别矣。"郑玄注："尊者礼隆，卑者礼杀，尊卑别也。"

③《孟子·滕文公上》："圣人有忧之，使契为司徒，教以人伦。父子有亲，君臣有义，夫妇有别，长幼有序，朋友有信。"契，商代先祖，子姓。

④《论语·学而第一》开篇："子曰：'学而时习之，不亦说乎？有朋自远方来，不亦乐乎？人不知而不愠，不亦君子乎？'"

⑤弟：通"悌"。

物，所谓亲亲而仁民也。弟子一章，曰谨信，曰亲爱，而以孝弟为先，即子夏文学之科，必从贤、亲、君、友上切实用功①。伦纪既修，万事举矣；伦纪有乖，百行隳矣。

吴大澂批语：四科以德行为首，然言语、政事、文学皆不能与德行离而为二，后世分义理之学、词章之学、经济之学、训诂之学，隐与圣门四科相似，而皆不离乎义理而言学。

"进思尽忠，退思补过，将顺其美，匡救其恶"②，故能上下相亲，此夫子示人以事君之道也。夫进思尽己之忠，退思补君之过，无一时之不爱君也；有善则顺成之，有恶则匡正之，无一事之不爱君也。臣忠爱以亲其君，君诚信以亲其臣，上下相亲，同心同德，此唐虞③三代之隆也。

吴大澂批语：进思尽忠，非为名也。退思补过，亦非为名也。一有好名之心，则诚不足，不积诚则不能感格君心，故事君之道以爱君为本。

欲其君为尧舜之君者，尊君之大也；恐其君陷于有过之地者，敬君之至也。孟子曰："责难于君谓之恭，陈善闭邪谓之敬。"④ 与孔子

---

①《论语·学而》："子曰：'弟子入则孝，出则悌，谨而信，泛爱众，而亲仁。行有余力，则以学文。'"又："子夏曰：'贤贤易色；事父母，能竭其力；事君，能致其身；与朋友交，言而有信。虽曰未学，吾必谓之学矣。'"

②《孝经·事君章第十七》："子曰：'君子之事上也，进思尽忠，退思补过，将顺其美，匡救其恶。'"退思补过，《孝经正义》注："君有过失，则思补益。"

③唐虞：唐尧与虞舜，指尧舜时代。唐尧，帝喾之子，姓伊祁，名放勋，初封于陶，又封于唐，号陶唐氏。以子丹朱不肖，传位于舜。虞舜，姚姓，有虞氏，名重华。尧命舜摄政三十年，天下大治。受禅继尧位，在位四十八年，南巡，崩于苍梧之野。

④《孟子·离娄上》："责难于君谓之恭，陈善闭邪谓之敬，吾君不能谓之贼。"朱熹《四书集注》注："范氏曰：'人臣以难事责于君，使其君为尧、舜之君者，尊君之大也。开陈善道，以禁闭君之邪心，惟恐其君或陷于有过之地者，敬君之至也。谓其君不能行善道而不以告者，贼害其君之甚也。'"

"尽忠补过"之言，同一忠爱恳切之意，窃谓经传所称事君之道备矣，要莫切于此言。学者深思事君以忠之义，务致引君当道之诚，庶乎得其要矣。

食毛践土①，皆君恩也，鼓腹②以乐其天，献曝③以申其爱，使小民皆知此义，则有良民，断无乱民。抱关击柝④，皆君事也，尽心以共其位，竭力以守其官，使小臣皆知此义，则有称职，断无废职。

吴大澂批语：君臣有义，君民亦有义。有义即有恩，恩义之入人深者固结而不可解。为大臣者宣上德而通下情，当使小民感君恩而我不居其功，使小臣感君遇而我不受其德。

《孝经》言天子、诸侯、卿大夫之孝备矣，而士之孝，则曰："以孝事君则忠，以敬事长则顺，忠顺不失以事其上，然后能保其禄位而守其祭祀。"⑤庶人之孝，则曰："用天之道，分地之利，谨身节用以养父母，学者其知所从事焉。"⑥

---

①食毛践土：所食之物与所居之地皆君王所有，对君王感恩戴德之辞。毛，五谷。《左传·昭公七年》："封略之内，何非君土；食土之毛，谁非君臣？"

②鼓腹：凸起肚子，谓饱食。《庄子·马蹄》："夫赫胥氏之时，民居不知所为，行不知所之，含哺而熙，鼓腹而游，民能以此矣。"

③献曝（xiàn pù）：谓所献之物菲薄，但出于至诚。《列子·杨朱》："昔者宋国有田夫，常衣缊黂，仅以过冬。暨春东作，自曝于日，不知天下之有广厦隩室，绵纩狐狢。顾谓其妻曰：'负日之暄，人莫知者，以献吾君，将有重赏。'"

④抱关击柝（tuò）：守关巡夜。抱关：守关；击柝，击梆巡夜打更。柝，巡夜者打更用之梆子。《孟子·万章下》："辞尊居卑，辞富居贫，恶乎宜乎？抱关击柝。"

⑤见《孝经·士章第五》。

⑥见《孝经·庶人章第六》。

事亲者色难①,故《礼》曰"下气怡声"②"婉容愉色"③。尽孝者养志,故《礼》曰"听于无声,视于无形"。④

吴大澂批语:孔子以色难言孝,孟子以养志言孝,皆得孝子委曲真挚之心。

孝莫大于守身⑤,守身莫要于敬事。一事不敬,小则辱亲,大则祸亲,敢不敬乎?

菽水⑥承欢,不必三牲之奉养;椎牛⑦致祭,不如鸡黍之亲尝,故孝子爱日⑧。

爱敬之情,父母为重。世有爱妻子而薄父母者,有厚朋友而慢父母者,悖逆之心,不可问矣。孔子曰:"不爱其亲,而爱他人者,谓之

---

①色难:孝敬父母,以和颜悦色为难。《论语·为政》:"子夏问孝,子曰:'色难。有事,弟子服其劳;有酒食,先生馔,曾是以为孝乎?'"

②《礼记·内则》:"及所,下气怡声,问衣燠寒。"

③《礼记·祭义》:"有深爱者必有和气,有和气者必有愉色,有愉色者必有婉容。"

④见《礼记·曲礼上》。陈澔《礼记集说》注:"疏曰:'虽听而不闻父母之声,虽视而不见父母之形,然常于心想象,似见形闻声,谓父母将有教使己然。'"

⑤《孟子·离娄上》:"孟子曰:'事孰为大?事亲为大。守孰为大?守身为大。不失其身而能事其亲者,吾闻之矣。失其身而能事其亲者,吾未之闻也。孰不为事?事亲,事之本也。孰不为守?守身,守之本也。'"

⑥菽水:豆与水,指粗茶淡饭,形容生活清苦。《礼记·檀弓下》:"子路曰:'伤哉!贫也!生无以为养,死无以为礼也。'孔子曰:'啜菽饮水尽其欢,斯之谓孝。'"后喻晚辈对长辈之供养。

⑦椎(chuí)牛:杀牛。椎,棒槌。《史记·冯唐传》:"五日一椎牛,飨宾客军吏舍人。"

⑧孝子爱日:指珍惜与父母共处之时光,及时行孝。汉扬雄《法言·孝至》:"事父母自知不足者,其舜乎?不可得而久者,事亲之谓也。孝子爱日。"李轨注:"无须臾懈于心。"

悖德；不敬其亲，而敬他人者，谓之悖礼。"①

吴大澂批语：交友者必观其内行，内行有亏，必非益友。

"官怠于宦成，病加于小愈，祸生于懈惰，孝衰于妻子"②，四者人情之所不免也。然因妻子而孝衰，则尤为人伦之害，故必慎终如始。

父母之恩，天地覆载之恩也。不孝父母，则是天不覆地不载之人，罪孰大焉？孔子曰："五刑之属三千，罪莫大于不孝。"③

孟子曰："不得乎亲，不可以为人；不顺乎亲，不可以为子。舜尽事亲之道，而瞽瞍厎豫。瞽瞍厎豫，而天下化。瞽瞍厎豫，而天下之为父子者定。"④ 罗仲素曰："只为天下无不是厎父母。"陈了翁曰："惟如此而后天下之为父子者定。"⑤ 夫仁人孝子之心，惟尽事亲之道，不见父母之非耳。舜处顽父、嚚母、傲弟之间，积诚以通之，且能谐和感化，顾吾所以事亲者，未若舜耳，无不可事之亲也。无不可事之亲，乃可以为人，乃可以为子。

吴大澂批语：家庭骨肉之间有处顺、处逆之不同。舜处至逆之境而能顺其亲，故为千古大孝，为千古为人子者立一事亲之榜样。

---

①见《孝经·圣治章第九》。

②《说苑》卷第十"敬慎"："官怠于宦成，病加于小愈，祸生于懈惰，孝衰于妻子。察此四者，慎终如始。诗曰：'靡不有初，鲜克有终。'"

③见《孝经·五刑章第十一》。邢昺《孝经注疏》注："五刑，谓墨、劓、剕、宫、大辟也。"

④《孟子·离娄上》："孟子曰：'天下大悦而将归己。视天下悦而归己，犹草芥也，惟舜为然。不得乎亲，不可以为人；不顺乎亲，不可以为子。舜尽事亲之道，而瞽瞍厎豫。瞽瞍厎豫，而天下化。瞽瞍厎豫，而天下之为父子者定。此之谓大孝。'"朱熹《四书集注》注："厎，致也。豫，悦乐也。"又："李氏曰：'舜之所以能使瞽瞍厎豫者，尽事亲之道，其为子职，不见父母之非而已。昔罗仲素语此云："只为天下无不是厎父母。"了翁闻而善之曰："惟如此而后天下之为父子者定。彼臣弑其君、子弑其父者，常始于见其有不是处耳。""厎（dǐ），致。

⑤罗、陈之语见上条注。

王祥①性孝，继母朱氏不慈，数谮之，由是失爱于父，每使扫除牛下，祥愈恭谨。母尝欲生鱼，时天寒冰冻，祥解衣将剖冰求之，冰忽自开，双鲤跃出；母又思黄雀炙，复有雀数十飞入其幕，复以供母。乡里惊叹，以为孝感所致②。王览③，祥异母弟也。览年数岁，见祥被楚挞，辄涕泣抱持；朱以非理使祥，览辄与祥俱；虐使祥妻，览妻亦趋而共之。祥丧父之后，渐有时誉，朱深疾之，密使酖祥，览知之，径起取酒，祥疑其有毒，争而不与，朱遽夺反之。自后朱赐祥馔，览辄先尝，朱惧览致毙，遂止④。呜呼，祥、览兄弟孝友，吾无间然矣！尝考祥年八十有五，览年七十有三，福禄令终，门施行马⑤，其子孙贵显数百年⑥，岂非孝友纯笃善气所积哉！

吴大澂批语：论孝友之道，原不必言祸福感应，然和气致祥，乖气致戾，其理自在。孝友之门，子孙未有不昌盛者，故曰："孝弟为人瑞。"

---

①王祥：字休征，东汉琅琊临沂（今山东临沂）人。幼丧亲，继母朱氏虽不慈，然侍奉极孝，以"卧冰求鲤"名列《二十四孝》。祥隐居三十余年，曹魏时，先后任别驾、县令，累迁大司农，拜司空，转太尉，加侍中，封睢陵侯。西晋立，拜太保，进封睢陵公。泰始五年卒，时年八十五，谥"元"。《晋书》有传。

②见《晋书·王祥列传》。

③王览：字玄通，王祥异母弟。孝友恭恪，名亚于兄。历仕曹魏及西晋，官至太中大夫，后转光禄大夫。咸宁四年卒，时年七十三，谥贞。《晋书》有传。

④见《晋书·王祥（弟览）列传》。

⑤行马：官署前所设木栅，以交叉木条制成，阻拦人马通行，古称椺桓（bì hù）。李商隐《九日》诗："郎君官贵施行马，东阁无因再得窥。"

⑥琅琊王氏为魏晋名门，奕世多贤才，兴于江左。览之长子王裁，为东晋开国元勋王导之父；二子王基，为东晋大将军王敦之父；四子王正，为"书圣"王羲之祖父。

唐崔瑄①昆弟、子孙最盛，曾祖母长孙夫人，年高无齿，祖母唐夫人事姑孝，每日栉、縰、笄②，拜于阶下，即升堂乳其姑，长孙夫人不粒食数年而康强。一日疾病，长幼咸萃，宣言："无以报新妇恩，愿新妇有子有孙，皆得如新妇孝敬。"③呜呼！妇事舅姑，子事父母，其理一也，然而为妇者往往难之。唐夫人尽爱尽养，至以乳哺其姑，可谓孝矣；而其姑遂以子孙孝敬许之，其食报也宜哉！

吴大澂批语：妇孝其姑尤难于人子之孝父母，唐夫人之乳姑，为古今第一贤妇，故朱子《小学》亦采入焉。

先民有言："父母有事，譬如少生兄弟一人；父母分财，譬如多生兄弟一人。"此古今之至论也。嘉庆甲子元旦，家大人④以此示教，迄今道光甲午，又三十年，大人与伯父、叔父皆已年近八十，邕邕⑤秩秩⑥，五代同堂，盖其所由来，非偶然也。

吴大澂批语：身亲历之故，言之亲切而有味。

"人皆可以为尧舜"，而尧舜之道，不外乎孝弟。其立说最近，且

---

①崔瑄：字右玉，唐清河武城（今河北清河）人。父崔鄯，官至左金吾卫大将军。鄯之昆弟六人仕官皆至三品。瑄，大中二年进士，预修《续唐历》，咸通朝官至谏议大夫。

②栉（zhì）、縰（xǐ）、笄（jī）：泛指侍奉父母起居。栉，梳子，引申为梳发；縰，束发之帛，引申为束发；笄，发簪，以簪挽发。《礼记·内则》："子事父母，鸡初鸣，咸盥漱，栉縰笄总。"

③见《二十四孝》之"乳姑不怠"。

④家大人：见卷一注。

⑤邕（yōng）邕：和乐貌。通"雍"。嵇康《游仙诗》："临觞奏《九韶》，《雅歌》何邕邕。"

⑥秩秩：肃敬顺序之貌。《荀子·仲尼》："贵贱长少秩秩焉，莫不从桓公而贵敬之。"

指"徐行后长者谓之弟"①，其言更属平易无难，抑思外面只见得徐行后长，里面有多少谦恭友爱，由徐行而充之，则可以为悌弟，可以为孝子，可以为尧舜，亦为之而已矣。

吴大澂批语：庸行本极浅近，人多以其浅近而忽之，独孟子说得阔大，实见得孝弟之道，真有可以为尧舜之理。

爱敬者良知良能也，有父母而后有兄弟，父母之爱，兄弟之敬，同体同气，天性自然，故曰："亲亲，仁也，敬长，义也，达之天下也。"②

《常棣》③八章，反复曲尽。死丧之威，兄弟怀之；急难之事，兄弟救之；外侮之来，兄弟御之。平安之后，兄弟岂不如友生④乎？笾豆⑤之陈，兄弟岂不当燕乐乎？熟思而深味之，友爱之心，自油然而生

---

①《孟子·告子下》："曹交问曰：'人皆可以为尧舜，有诸？'孟子曰：'然。''交闻文王十尺，汤九尺，今交九尺四寸以长，食粟而已，如何则可？'曰：'奚有于是？亦为之而已矣。有人于此，力不能胜一匹雏，则为无力人矣；今日举百钧，则为有力人矣。然则举乌获之任，是亦为乌获而已矣。夫人岂以不胜为患哉？弗为耳。徐行后长者谓之弟，疾行先长者谓之不弟。夫徐行者，岂人所不能哉？所不为也。尧舜之道，孝弟而已矣。子服尧之服，诵尧之言，行尧之行，是尧而已矣。子服桀之服，诵桀之言，行桀之行，是桀而已矣。'"

②《孟子·尽心上》："孟子曰：'人之所不学而能者，其良能也；所不虑而知者，其良知也。孩提之童无不知爱其亲也，及其长也，无不知敬其兄也。亲亲，仁也；敬长，义也；无他，达之天下也。'"

③《诗经·小雅·常棣》："常棣之华，鄂不韡韡。凡今之人，莫如兄弟。死丧之威，兄弟孔怀。原隰裒矣，兄弟求矣。脊令在原，兄弟急难。每有良朋，况也永叹。兄弟阋于墙，外御其务。每有良朋，烝也无戎。丧乱既平，既安且宁。虽有兄弟，不如友生？傧尔笾豆，饮酒之饫。兄弟既具，和乐且孺。妻子好合，如鼓瑟琴。兄弟既翕，和乐且湛。宜尔家室，乐尔妻帑。是究是图，亶其然乎？"

④友生：友人，朋友。生，助词，无义。唐李华《云母泉诗》："共恨川路永，无由会友生。"

⑤笾豆（biān dòu）：祭祀用礼食之器，竹制曰笾，木制曰豆。后以笾豆代指祭祀。《论语·泰伯》："笾豆之事，则有司存。"

吴大澂批语： 世风不古，兄弟之不睦者多，遂觉友爱之风可贵矣。不然，孝弟为人人所当尽，何以有旌表之典？

髫龀①之年，其兄弟相爱者，天性未漓②也；婚姻之后，其兄弟多隙者，妇言有间也。惟能不以妇言间其天性，并以大义开示妇人，则所全者多矣。

吴大澂批语： 不听妇言，中人以上皆可勉之。以大义开示妇人，而使之潜移默化，此中自有学问工夫。

妻子好合，兄弟既翕③，此是家庭和气，则父母安乐、福禄聿臻④矣；夫妻反目，兄弟阋墙⑤，此是家庭戾气，则父母忧愁，灾祸随至矣。感应之机，捷如影响。

曰兄弟，天伦之序也，有埙篪⑥之应焉，有手足之爱焉；曰长幼，年齿之序也，有雁行之节焉，有肩随之礼焉。亲疏自有差等，而恭敬可以类推。

曾祖映唐公⑦性行敦笃，人无间言，诱掖⑧后进，孳孳不倦，每日

---

①髫龀（tiáo chèn）：谓幼年。髫，童子下垂之发；龀，幼儿换齿。《后汉书·董卓传》："其子孙虽在髫龀，男皆封侯，女为邑君。"

②漓：薄，浇薄。司马光《交趾献奇兽赋》："道途之人，耻争而喜让；闾阎之俗，弃漓而归厚。"

③见《诗经·小雅·常棣》。翕（xī）：相合，和顺。

④聿臻：聿，语助词，无义。臻，至，来到。《宋史·钱俶列传》："朕深惟勋旧，俾就养颐，爰出殿于大邦，庶聿臻于眉寿。"

⑤兄弟阋墙：兄弟在墙内争斗。阋（xì），争吵、争斗。《诗·小雅·常棣》："兄弟阋于墙，外御其务。"

⑥埙篪（xūn chí）：喻兄弟。埙，吹奏乐器，陶土烧制，有六孔，最上一孔为吹孔。篪，横吹竹管乐器，类笛，有八孔。《诗经·小雅·何人斯》："伯氏吹埙，仲氏吹篪。"

⑦映唐公：胡民典，见卷四注。

⑧诱掖：见《弟子箴言序》（胡达源）注。

将孝子悌弟、嘉言善行，以素纸楷书，计五百字为准，分给子弟，使知观感，盖数十年未尝以寒暑辍也。里中有某姓者，少无状，因公教督，遂为孝友。属纩①之日，指床头一箧曰："吾非此不有今日。"启视，则皆公所书嘉言善行也，其子孙至今宝之。

  吴大澂批语：先儒格言可为身世准绳者不知凡几，学者往往读不终卷，惟以楷书手录之子弟，所以能观感也。

  教人以善谓之忠，嘉言善行之足以感动人心，真有明效大验，胡氏之积德累仁，非一朝一夕之故矣。

  汉薛包②弟子求分财异居，包不能止，乃中分其财。奴婢引其老者，曰："与我共事久，若不能使也。"田庐取其荒顿者，曰："吾少时所理，意所恋也。"器物取其朽败者，曰："我素所服食，身口所安也。"弟子或破其产，辄复赈给。吾每称薛包友爱推让，分财者，未尝不为之感动，且有能赈其兄弟之贫乏者。顾考薛包被逐于父母，日夜号泣不忍去，不得已庐于舍外，又庐于里门，然且晨昏不废，父母惭而还之，可谓孝矣。③ 未有孝而不友者也。

  吴大澂批语：薛包之父母，如此其不慈。同居之弟子又如此其不顺，他人处此恐不能自全其孝友矣，故孤臣孽子，天之所以激厉其忠孝也。

---

  ①属纩（zhǔ kuàng）：人将死，在口鼻上放丝棉，以观察有无呼吸，谓属纩，后称病重将死为属纩。纩，新丝棉，质轻，遇气即动。《礼记·丧大记》："属纩以俟绝气。"

  ②薛包：字孟尝，东汉汝南人，好学笃行，丧母，安帝时以孝友称。建光中，公车特征，拜侍中。年八十余，以寿终。

  ③见《后汉书·刘赵淳于江刘周赵列传》。

隋吏部尚书牛宏①，弟弼好酒而酗，射杀宏驾车牛。宏还宅，其妻曰："叔射杀牛。"宏答曰："作脯。"坐定，其妻又曰："叔射杀牛，大是异事。"宏曰："已知。"颜色自若，读书不辍②。夫以弟之酗酒杀牛，可谓异矣，将责其弟乎？则视牛太重；将许其弟乎？则于理亦乖。除却"作脯"二字，别无开消，虽其妻再告，亦姑听之，亦姑知之云尔。谨录之以为薄兄弟而听妇言者儆焉。

吴大澂批语：家庭骨肉有为难事，置若罔闻，所谓以不理理之也。何等涵养，何等气度！

唐英公李勣③，其姊病，亲为煮粥，火焚其须，曰："岂为无人耶？顾姊年老，勣亦老，虽欲数为姊煮粥，复可得乎？"④ 宋司马温公⑤，

---

①牛宏：当为牛弘，字里仁，安定鹑觚（今甘肃省灵台）人，性宽裕，好学博闻。北周时，专掌文书，修起居注。隋开皇初，授散骑常侍、秘书监。开皇三年，拜礼部尚书，奉敕修撰《五礼》百卷，后授大将军，拜吏部尚书，大业二年，进位上大将军，三年，改右光禄大夫。受隋两朝皇恩，荣宠当世，大业六年卒，时年六十六，谥"宪"。

②见《隋书·牛弘传》。

③李勣（jì）：原名徐世勣，字懋功，唐曹州离狐（今山东菏泽）人。高祖李渊以其功赐姓李，又避太宗讳单名李勣。隋大业末，翟让于瓦岗寨起事，勣从之。后随李密归附大唐，从太宗平窦建德、降王世充，太宗即位，拜并州都督，大破突厥，封英国公。高宗即位，召拜洛州刺史，加开府仪同三司令同中书门下，参掌机密。总章元年，以辽东道行军总管远克高丽，攻陷平壤。二年，加太子太师，是年卒，帝为之举哀，辍朝七日，赠太尉、扬州大都督，谥"贞武"。李勣与卫国公李靖并称，名列凌烟阁二十四功臣。《旧唐书》《新唐书》有传。

④见《隋唐嘉话》上。

⑤司马温公：司马光，字君实，号迂叟，宋陕州夏县涑水乡（今山西夏县）人，世称涑水先生。宝元元年，进士及第，累迁翰林学士。神宗时反对王安石变法，以判西京御史台归洛，凡十五年，编成《资治通鉴》，加资政殿学士。神宗崩，召起知陈州，改门下侍郎，元祐元年拜尚书左仆射，是年卒，追赠太师、温国公，谥"文正"。著有《温国文正司马公文集》《稽古录》《涑水记闻》等。《宋史》有传。

其兄伯康,年将八十,公奉之如严父,保之如婴儿,每食少顷,问曰:"得无饥乎?"天少冷,则拊其背曰:"衣得无薄乎?"① 夫桑榆景迫,年力日衰,友爱之情,老而弥笃,揆之人情,大抵然也。顾世所传如英公、温公者,盖不罕觏,岂非爱敬之心尚多有未尽者乎?

吴大澂批语:人待姊妹兄弟,当以二公为法。

宋王文正公旦②,母弟傲不可训。一日遇冬至祠家庙,列百壶于堂前,弟皆击破之,家人惶骇,文正自外入,见酒流满地,不可行,并无一言,但摄衣步入。其后弟感悟为善,终亦不言③。夫家庙所以奉先也,百壶之酒所以将敬也,无故而击破之,至酒流满地,殊堪骇人,文正乃寂然若无所见者。呜呼,此弟之所以感悟为善与?

吴大澂批语:忍人所不能忍,非有真学问不能如此。然所以感悟之道,不仅一忍字而已。

《昏礼》:"父醮④子,命之曰:'往迎尔相,承我宗事,勖⑤帅⑥以敬。'""父送女,命之曰:'戒之敬之,夙夜无违命。'母施衿⑦结帨⑧,

---

①见顾栋高《司马光年谱》之"遗事一卷"。

②王文正公旦:王旦,字子明,宋大名莘县(今属山东)人,其父王祐官至尚书兵部侍郎,为宋太祖、宋太宗时名臣。太平兴国五年,旦进士及第。景德三年,累官至工部尚书、同中书门下平章事。旦为北宋名相,死后赠太师、尚书令、魏国公,谥"文正"。《宋史》有传。

③见《宋名臣言行录》前集卷二之"王旦 魏国文正公"。

④醮(jiào):古时冠礼或婚礼时尊者给卑者酌酒的一种仪礼。钱玄《三礼名物通释·饮食之礼》:"酌而无酬酢者,用醴曰醴,用酒曰醮。均为尊者对卑者之礼。"

⑤勖(xù):勉励。《尚书·牧誓》:"勖哉夫子!"

⑥帅:通"率",带领、引导。《管子·问篇》:"上帅士以人之所戴。"

⑦衿(jīn):衣襟。《诗经·郑风·子衿》:"青青子衿,悠悠我心。"

⑧帨(shuì):佩巾。《诗经·召南·野有死麇》:"无感我帨兮,无使尨也吠。"

曰：'勉之敬之，夙夜无违宫事。'"① 夫之道，在敬身，以帅其妇；妇之道，在敬身，以承其夫。故父醮子曰"勖帅以敬"，父母之送女曰"勉之敬之"，夫妇之道，尽于此矣。

吴大澂批语：夫妇之道，不外一敬字，故曰："相敬如宾。"

夫妇之际，人道之大伦。《易》基乾坤，《诗》首《关雎》，所以著生民之始、万福之原也。匡衡②曰："情欲之感，无介乎容仪；宴私之意，不形乎动静。"③ 此言为得其本矣。

家人之道，利在女贞，女正则家道正矣。然成家之道，要在正身④。"上九"以刚居上，曰孚则以诚为本，曰威则以严为用⑤。大《象》曰："言有物，行有恒。"⑥ 皆反身之道，探本之论也。

吴大澂批语：家人亦有贤愚之不等，惟正身可以化之。有在家之贤女，既嫁而变为不贤者；或在家不闻有贤名，既嫁而称为贤妇者。或以为家运之盛衰，非也，夫为妻纲，乾纲正则坤德随之，其责在家

---

① 见《仪礼·士昏礼》。

② 匡衡：字稚圭，汉东海郡承县人，父世务，家贫好学，有"凿壁偷光"故事。以善说《经》著称于诸儒。元帝初，荐为郎中，迁博士、给事中。帝好儒术，匡数上疏，言多法义，累迁。建昭三年，拜为丞相，封乐安侯。成帝时，衡之子匡昌为越骑校尉，醉杀人，有司又奏衡"专地盗土"，因劾被免为庶人。《前汉书》有传。

③《前汉书·匡衡传》之"上成帝疏"："故《诗》曰：'窈窕淑女，君子好逑。'言能致其贞淑，不贰其操，情欲之感无介乎容仪，宴私之意不形乎动静，夫然后可以配至尊而为宗庙主。此纲纪之首，王教之端也。"宴私，安逸私昵。《后汉书·翟酺传》："愿陛下亲自劳恤，研精致思，勉求忠贞之臣，诛远佞谀之党，损玉堂之盛，尊天爵之重，割情欲之欢，罢宴私之好。"

④《周易·家人》："家人：利女贞。《彖》曰：'家人，女正位乎内，男正位乎外。男女正，天地之大义也。'"

⑤《周易·家人》："上九：有孚威如，终吉。"王夫之《周易内传》卷三上："初九以刚严闲之于内，上九复刚正以莅其上，威不渎而家自正。"案家人卦初爻、上爻皆为阳，阳德为刚。孚，信服。闲，限制。

⑥《周易·家人》："《象》曰：'风自火出，家人。君子以言有物而行有恒。'"

长。

嗃嗃①者，严厉之象，然人心敬畏，内外整齐，犹为家之福也；嘻嘻②者，佚乐之象，然法度已废，纲纪日淆，岂非家之羞乎？与其情胜乎义，不若义胜乎情。故曰："女正位乎内，男正位乎外。"③"正"字是居家第一义。

夫妇有别，居室则限其出入，言语则严其内外。礼法常谨，渎慢不生。消匿僻④于未形，而身范以正；靖爱憎于不觉，而家范以端。故圣人于好合之中，特示一"别"字，其旨深矣。

嫡妾⑤者，阃内之大闲也。嫡能逮下，则为仁之周；妾能敬上，则为义之正。以溺情长其骄志，以私昵溃其大防，夫之过也，非家之福也。

吴大澂批语：嫡庶有分，犹夫妇之有别也。溺情则失其正，失其正而越分，岂妇人之过哉？

---

①嗃（hè）嗃：众口愁怨声。《周易·家人》："九三，家人嗃嗃，悔厉，吉；妇子嘻嘻，终吝。"王申子《大易缉说》卷六："三以刚居刚，虽得正而过乎刚也，治家过刚则必伤于严，故家人嗃嗃，常存恐怵之意。骨肉恩胜，严过故悔，然虽悔于严厉而家道齐肃，人心祇畏，犹为家之吉，若妇子嘻嘻笑乐无节，则终有吝矣。"祇畏（zhī wèi），敬畏。

②嘻（xī）嘻：喜笑声。《周易·家人》："九三，家人嗃嗃，悔厉，吉；妇子嘻嘻，终吝。"

③《周易·家人》："《象》曰：'家人，女正位乎内，男正位乎外。'"

④匿僻：邪恶。《明史·刘最传》："寻请帝勤圣学，于宫中日诵《大学衍义》，勿令左右近习诱以匿僻。"

⑤嫡妾（dí qiè）：正妻与妾。《魏书·陆昕之传》："二室俱为旧族而嫡妾不分。"

"牝鸡司晨，惟家之索。"① 自古以来，家之衰也，莫不由于梱②内；其兴也，莫不起乎室人③。内言不出，外言不入，古人所由严为之防也。犹忆祖考襟江公④弃世，伯父玉峰公⑤总理家政，命达源大书"守家法不听妇人言"八字，悬于座右。四十余年，内外无间，盖以此也。

吴大澂批语：妇人之贤者，必知大体。知大体者，必不干与外事。谋及妇人，其丈夫可知，故以不听妇言为治家之要。

汉鲍宣⑥妻桓氏，字少君。宣尝就少君父学，父奇其清苦，以女妻之，装送资贿甚盛。宣不悦，谓妻曰："少君生富骄，习美饰，而吾实贫贱，不敢当礼。"妻曰："大人以先生修德守约，故使贱妾侍执巾栉。既奉承君子，惟命是从。"宣笑曰："能如是，是吾志也。"妻乃悉归侍御服饰，更著短布裳，与宣共挽鹿车⑦，归乡里，拜姑礼毕，提瓮出汲，修行妇道，乡邦称之⑧。吾尝叹鲍宣能修德守约，少君能惟命是从。夫不易其操，妇克成其志，贤矣哉！乃少君之父，独以清苦择婿，

---

①《尚书·牧誓》："王曰：'古人有言曰：牝鸡无晨。牝鸡之晨，惟家之索。'"孔颖达《尚书正义》注："索，尽也。喻妇人知外事，雌代雄鸣则家尽，妇夺夫政则国亡。"牝（pìn），雌性（鸟、兽）。

②梱：门限。《礼记·曲礼上》："外言不入于梱，内言不出于梱。"

③室人：指妻、妾。《列子·周穆王》："既归，告其室人曰：'向薪者梦得鹿而不知其处，吾今得之。'"

④襟江公：见《弟子箴言序》（胡达源）注。

⑤玉峰公：胡显巍，胡达源伯父，字玉峰。

⑥鲍宣：字子都。西汉渤海高城（今河北盐山）人。好学明经，哀帝时，大司空何武荐鲍为谏大夫。常上书谏争，后拜司隶，以正行得罪丞相孔光，下狱，博士弟子王咸等诸生千余人上书求免，减死罪，改以髡钳。王莽秉政，诛忠汉直臣，宣及何武等皆死。《前汉书》有传。

⑦鹿车：以人力推挽之小车。《太平御览》卷七七五引汉应劭《风俗通》："鹿车窄小，裁容一鹿也。"

⑧见《后汉书·列女传》之"鲍宣妻"传。

亦岂世俗之见乎？惜其名不传也。

吴大澂批语：富贵人家择婿，当以此为法。

后汉李充①，陈留人也，家贫，兄弟六人，同食递衣。妻窃谓充曰："贫居如此，难以久安，妾有私财，愿思分异。"充伪酬之曰："如欲别居，当酤酒具会，请呼乡里内外共议其事。"妇从充，置酒宴客，充于坐中前跪白母，曰："此妇人无状，而教充离间母兄，罪合遣斥。"便呵叱其妇，逐令出门，妇衔涕而去，坐中惊肃②。夫以充之贤，其妻固当敬畏，私财分异之说，不敢形诸诟谇，而窃以相语，使充申大义以责之，其妻未必不转私为公也，然而充揆之熟矣，责之必且诟谇，乃奋发果断，毅然数其罪而出之，直截了当。呜呼！彼妇言是听，离间天亲者，闻李充之风，亦可以知愧矣。

吴大澂批语：后汉儒者敦尚孝友，亦有以此沽名誉者。夫不听妇言，妇亦可听夫言，躬尽孝友之道，其妇亦当化之，而相开喻于无言，必以出妻成其孝友，未免失之过当。或当时屡诫不从，稔知其不可教诲而毅然出之，史传略而不详耳。

---

①李充：字大逊，东汉陈留（河南省开封市陈留镇）人。以至孝闻于世，延平中征为博士，迁侍中，又迁左中郎将，年八十，为国之三老，安帝常特召进见，赐以几杖，卒于家。《后汉书》有传。

②见《后汉书·独行传》之"李充"传。

宋张忠定公咏①知益州，李顺②党中，有杀牛避罪而逃者，公许其首身③，拘其母，十日不出，释之；复拘其妻，一宿而来，公断云："禁母十日，留妻一宵，倚门之望何疏，结发之情何厚！旧为恶党，今又逃亡，许令首身，尚犹顾望，就市斩之。"④ 此可为私妻子、薄父母者戒矣。

　　吴大澂批语：孝衰于妻子，世俗之通病，故必于此三致意焉。

　　《学而》一篇，凡十六章，而言师友者凡七见，乐乎朋、信乎友者，我之孚于友也，曰"亲仁"⑤，曰"无友不如己者"⑥，曰"因不失

---

①张忠定公咏：张咏，字复之，号乖崖，五代末濮州鄄城（今山东鄄城）人。太平兴国五年登进士第，以大理评事知鄂州崇阳县，累迁枢密直学士、同知银台通进封驳司兼掌三班院。出知益州，与王继恩等平定王小波、李顺之乱，治行优异。真宗即位，加左谏议大夫，入拜给事中。咸平二年，以工部侍郎出知杭州。五年，复知益州，上谕曰："得卿在蜀，朕无西顾之忧矣。"又知升州，大中祥符初，加左丞，三年，转工部尚书，令再任，后进礼部尚书。年七十而卒，赠左仆射，谥"忠定"。有《张乖崖集》行世。《宋史》有传。

②李顺：宋太宗淳化四年初，西川大旱，李顺随王小波于青城起义，后王小波战死，顺继为首领，次年正月攻取成都府，建号大蜀，改元"应运"。五月宋军复成都，李顺不知所终。案陆游《老学庵笔记》卷九："及王师薄城，城且破矣，顺忽饭城中僧数千人以祈福，又度其童子亦数千人，皆就府治削发、衣僧衣，晡后，分东西门两门出，出尽，顺亦不知所在，盖自髡而遁矣。明日，王师入城，捕得一髯士，状颇类顺，遂诛之，而实非也。"

③首身：犹自首。宋欧阳修《论沂州军贼王伦事宜札子》："有先被王伦胁从人等首身者百余人，其中有当与酬赏及合行分配者，乞早赐施行，用安反侧。"

④见《宋名臣言行录》前集卷三"张咏 忠定公"。

⑤《论语·学而》："子曰：'弟子入则孝，出则弟，谨而信，泛爱众，而亲仁，行有余力，则以学文。'"朱熹《四书集注》注："谨者，行之有常也。信者，言之有实也。泛，广也。众，谓众人。亲，近也。仁，谓仁者。余力，犹言暇日，以，用也。文，谓《诗》《书》六艺之文。"

⑥《论语·学而》："子曰：'君子不重则不威，学则不固。主忠信，无友不如己者，过则勿惮改。'"朱熹《四书集注》注："人不忠信，则事皆无实，为恶则易，为善则难，故学者必以是为主焉。"

其亲"①，曰"就有道而正焉"②，则品行之浅深在人，而应求之、去取在己，交接之所择不苟，而言行之所益无穷，故圣人于此尤谆谆焉。

直、谅、多闻，益友也；便辟、善柔、便佞，损友也。③ 孔子之言，童而习之矣，然而友之者类相反，何也？非不知益友之益，而药石之加，苦不相入；非不知损友之损，而脂韦④之习，乐与相亲。惟交友者，不取乎脂韦而取乎药石，则互感交摩，有益无损，未有不同归于君子者也。

吴大澂批语：五味之中嗜甘者多，嗜苦者少。甘者易入，苦者难入也。交友而厌药石，则讳疾而忌医矣。

责善，朋友之道也。有款曲恳到之意，则其情自孚；有详勉告戒

---

①《论语·学而》："有子曰：'信近于义，言可复也；恭近于礼，远耻辱也；因不失其亲，亦可宗也。'""因不失其亲，亦可宗也"，邢昺《论语注疏》疏："因，亲也。所亲不失其亲，言义之与比也，既能亲仁比义，不有所失，则有知人之鉴，故可宗敬也。"

②《论语·学而》："君子食无求饱，居无求安，敏于事而慎于言，就有道而正焉，可谓好学也已。"朱熹《四书集注》注："不求安饱者，志有在而不暇及也；敏于事者，勉其所不足；慎于言者，不敢尽其所有余也。然犹不敢自是，而必就有道之人，以正其是非，则可谓好学矣。"

③《论语·季氏》："孔子曰：'益者三友，损者三友。友直，友谅，友多闻，益矣。友便辟，友善柔，友便佞，损矣。'"朱熹《四书集注》注："有直，则闻其过。友谅，则进于诚。友多闻，则进于明。便，习熟也。便辟，谓习于威仪而不直。善柔，谓工于媚悦而不谅。便佞，谓习于口语而无闻见之实。三者损、益正相反也。尹氏曰：'自天子至于庶人，未有不须友以成者，而其损、益有如是者，可不谨哉！'"

④脂韦：油脂软皮。后喻圆滑、阿谀。唐独孤及《为杨右丞祭李相公文》："危言献可，未尝脂韦取容；直躬而行，不为权倖改操。"

之辞，则其言易入。故曰："朋友切切偲偲。"①

吴大澂批语：恳到详勉如此，朋友之情可谓至矣，若再格不相入，则听之可也。数而见疏，仍无益于朋友，而他日不复能进言矣。

忠告善道，如以为可，则吾言不虚；如其不可，则吾心已尽。数而见疏，徒自辱耳，不可则止，朋友之大义也。

辅我之善者，益友也；饰我之善者，非谀友乎？攻我之恶者，直友也；成我之恶者，非损友乎？乐受其谀则为善，无进境；乐受其损则为恶，无止境。

我自是，必以顺我者为好友；我自傲，必以敬我者为良朋。抑知好友在前，我无独是之理；良朋在侧，我无长傲之时。

吴大澂批语：自是之见，贤者不免。见得在我者皆是，在人者皆不是，则傲心生矣。

友也者，友其德也，不可以有挟也。有所挟者，势利之见重，道德之助轻。人有此见，吾肯与之友乎？吾有此见，人肯与之友乎？

饮食之礼，所以致其欢乐，要必留其有余，过求焉则余者罄矣；馈遗之礼，所以致其忠诚，不可令其难继，多取焉则继者穷矣。君子不尽人之欢，不竭人之忠，以全交也。

横渠先生②曰："今之朋友，择其善柔以相与，拍肩执袂以为气合。一言不合，怒气相加。朋友之际，欲其相下不倦，故于朋友之间，主其敬者，日相亲与，得效最速。"③夫友以气合者，即以忿怒而离；友

---

①《论语·子路》："子路问曰：'何如斯可谓之士矣？'子曰：'切切、偲偲、怡怡如也，可谓士矣。朋友切切、偲偲，兄弟怡怡。'"朱熹《四书集注》注："胡氏曰：'切切，恳到也。偲偲，详勉也。怡怡，和悦也。皆子路所不足，故告之。又恐其混于所施，则兄弟有贼恩之祸，朋友有善柔之损，故又别而言之。'"偲（sī），相互勉励。

②横渠先生：张载，见卷一注。

③见《张载集·经学理窟》之"气质"。

以义合者，终以恭敬而浃①，善相劝，过相规，其效可胜言耶？

吴大澂批语：朋友之性情与我相似者，可以益我之学问，与我不相似者，可以化我之气质，如药石之治病，必先自知其病根之所在。

《官箴》②[一]曰："同僚之契，交承之分，有兄弟之义，至其子弟，亦世世讲之。前辈以此为务，今人知之者盖少矣。又如旧举主③及尝为旧任考察官者，后已虽官在上，皆辞避，坐下坐。风俗如此，安得不厚乎？"④此举僚友旧谊，慨想古昔之厚，以维末俗之偷⑤，岂得谓古道之必不可复哉？

范文正公⑥在睢阳，遣尧夫⑦到姑苏，搬麦五百斛。尧夫时尚少，既还，舟次丹阳，见石曼卿⑧，问："寄此久何如？"曼卿曰："两月矣，三丧⑨在浅土，欲葬之而北归，无可与谋者。"尧夫以所载麦舟付之，

---

①浃：融洽。宋文莹《玉壶清话》卷一："真宗尝曲宴群臣于太清楼，君臣欢浃谈笑无间。"

②宋吕本中撰《官箴》一卷，收于《四库全书》。

③举主：推举被荐者之人。《晋书·应詹传》："今凡有所用，宜随其能否而与举主同乎褒贬，则人有慎举之恭，官无废职之咎。"

④《官箴》："同僚之契，交承之分，有兄弟之义，至其子孙，亦世讲之。前辈专以此为务，今人知之者盖少矣。又如旧举将及，旧尝为旧任按察官者，后已官虽在上，前辈皆避，坐下坐。风俗如此，安得不厚乎？"

⑤偷：轻薄，浮薄。张衡《西京赋》："敬慎威仪，示民不偷。"

⑥范文正公：范仲淹，见卷一注。

⑦尧夫：范纯仁，字尧夫，范仲淹次子。登皇祐元年进士第，元祐初进吏部尚书，同知枢密院事。三年，拜尚书右仆射兼中书侍郎。建中靖国元年卒，年七十五。赠开府仪同三司，谥"忠宣"。见《宋史·范仲淹传》。

⑧石曼卿：石延年，字曼卿，宋初宋城人。累举进士不中，真宗时以右班殿直改太常寺太祝，累迁大理寺丞。以坐罪，落职海州通判。后迁太子中允，年四十七卒。工诗，善书法，有《石曼卿诗集》行世。入《宋史·文苑》传。

⑨三丧：连续三位亲人离世。《晋书·列女传》："皮京妻龙氏，字怜，西道县人也。年十三适京，未逾年而京卒，京二弟亦相次而陨，……数年间三丧俱举，葬敛既毕，每时享祭无缺。"

单骑自长芦捷径而去。到家拜起，侍立良久，公曰："东吴见故旧乎？"曰："曼卿为三丧未葬，留滞丹阳，时无郭元振①，莫可告者。"公曰："何不以麦舟与之？"尧夫曰："已付之矣。"②呜呼！文正轻财好施，所谓"先天下之忧而忧"者，若尧夫麦舟之与，父子济美，贤矣哉！

吴大澂批语：范文正置义田以赡宗族，笃于本支之谊也。推类以及于朋友，其厚德有过人者。忠宣公耳濡目染，尤能善继善述，故麦舟之助，父子同心，千古以为美谈。

吕荣公③名希哲，申国正献公④长子。正献公居家简重寡默，不以事物经心，而申国夫人性严有法，虽甚爱公，然教公事事循蹈规矩。甫十岁，祁寒暑雨，侍立终日，不命之坐不敢坐也。行步出入，无得入茶肆酒肆。市井里巷之语、郑卫之音，未尝一经于耳；不正之书、

---

①郭元振：郭震，字元振，唐魏州贵乡（今河北大名北）人，举进士，授通泉尉。后拜凉州都督、安西大都护，睿宗朝及玄宗朝两次拜相，及太平公主被诛，以功进封代国公，年五十八卒。《新唐书·郭震传》载："十六，与薛稷、赵彦昭同为太学生，家尝送资钱四十万。会有缌服者叩门，自言五世未葬，愿假以治丧。元振举与之，无少吝，一不质名氏，稷等叹骇。"

②见《宋名臣言行录》前集卷七"范仲淹 文正公"。

③吕荣公：吕希哲，字原明，北宋寿州（今安徽寿县）人。祖父吕夷简，父吕公著，希哲为长子。少从焦千之、石介、胡瑗学，复从程颢、程颐、张载游，学识广博，世称荥阳先生。以荫入官，父丧，始为兵部员外郎，诏为崇政殿说书。坐党谪，居和州。徽宗初，召为光禄少卿，以直祕阁知曹州，遭崇宁党祸，罢为宫祠。政和中卒，年七十八。《宋史》有传。

④正献公：吕公著，字晦叔，北宋寿州（今安徽寿县）人，宰相吕夷简之子。幼嗜学忘食，登进士弟，通判颍州，善讲学，语约而理尽。英宗亲政，加龙图阁直学士。神宗立，召为翰林学士、知通进银台司。熙宁初，知开封府。元祐元年，拜尚书右仆射兼中书侍郎，与司马光同心辅政。三年，拜司空、同平章军国事。次年病卒，年七十二。赠太师、申国公，谥"正献"，帝御书碑首曰"纯诚厚德"。《宋史》有传。

非礼之色，未尝一接于目。正献公招焦先生①伯强，教诸子，小有过差，先生端坐，召与相对，不与之语，诸生恐惧畏服，先生方略降辞色。时公方十余岁，内则正献公与申国夫人教训如此之严，外则焦先生化导如此之笃，故公德器成就，大异众人。公尝言："人生内无贤父兄，外无严师友，而能有成者少矣。"②

吴大澂批语：内有贤父兄，外有严师友，此人生之大幸也。薰陶涵育之功，有不期然而然者，蓬生麻中，不扶自直，信然。

吕荣公张夫人，待制讳昷之③之幼女也，最钟爱，然常居至微细事，教之必有法度，如饮食之类，饭羹许更益，鱼肉不更进也。时张公已为待制河北都转运使矣。及夫人嫁吕氏，夫人之母，申国夫人姊也，一日来视女，见舍后有锅釜之类，大不乐，谓申国夫人曰："岂可使儿女辈私作饮食，坏家法耶？"其严如此。④吾观吕荣公德行卓著，张夫人阃范聿彰，未尝不流连慨慕，想见其为人，抑思庭帏师友，所以训迪成就之者至严乎？故父母之爱其子女，未有不教而成者也。

---

①焦先生：焦千之，字伯强，颍州焦陂人，师从欧阳修。欧阳修知颍州，吕公著为通判，公著日与焦讲学，延之馆，使子希哲辈师之。后以遗逸荐为秘阁校理、知无锡。吕希纯知颍州，筑宅于城南以居先生，颍人称曰焦馆。事见《宋元学案》卷四"庐陵学案"。

②见《宋名臣言行录》外集卷六之"吕希哲"。

③昷之：张昷之，字景山，北宋人。进士及第，仕至天章阁待制、河北都转运按察使。坐罪夺职，后起复，知湖州，徙扬州，有干才，所至有声。以光禄卿致仕。《宋史》有传。

④见《宋元学案补遗》卷二十三"荥阳学案补遗"之附录。

杨文公①《家训》曰："童稚之学，不止记诵，养其良知良能，当以先人之言为主。日记故事，不拘今古，如黄香扇枕②、陆绩怀橘③、叔敖阴德④、子路负米⑤之类，只如俗说，使晓此道理，久久成熟，德性若自然矣。"⑥呜呼！自尧舜敬敷五教⑦以来，庠序⑧学校，莫不以明

---

①杨文公：杨亿，字大年，北宋建州浦城（今福建浦城县）人。年十一，太宗闻其名，诏吏试词艺，诗赋下笔立成，授秘书省正字，特赐袍笏。淳化中，命试翰林，赐进士第，迁光禄寺丞。二年，迁著作佐郎，公卿表疏，多请于亿，名称益著。真宗即位，拜左正言。钱若水奉诏修《太宗实录》凡八十卷，亿独草五十六卷。景德初，奉诏修《册府元龟》，三年，召为翰林学士，同修国史。天禧二年，官至工部侍郎。年四十七而卒，《宋史》有传。

②《东观汉记》卷十九："黄香字文强，江夏安陆人。父况为郡五官掾……况举孝廉，贫无奴仆，香躬亲勤苦，尽心供养。冬无裤被，而亲极滋味，暑即扇床枕，寒即以身温席。""扇枕温衾"为二十四孝本事之一。

③《三国志·陆绩传》："绩年六岁，于九江见袁术。术出橘，绩怀三枚。去，拜辞堕地。术谓曰：'陆郎作宾客而怀橘乎？'绩跪答曰：'欲归遗母。'术大奇之。""怀橘遗亲"为二十四孝本事之一。

④《新序》卷一："孙叔敖为婴儿之时，出游，见两头蛇，杀而埋之，归而泣，其母问其故。叔敖对曰：'闻见两头之蛇者死，向者吾见之，恐去母而死也。'其母曰：'蛇今安在？'曰：'恐他人又见，杀而埋之矣。'其母曰：'吾闻有阴德者，天报以福，汝不死也。'及长，为楚令尹，未治而国人信其仁也。"叔敖，即孙叔敖，春秋时楚庄王令尹。婴儿，小儿。

⑤《说苑》卷三："子路曰：'负重道远者不择地而休，家贫亲老者不择禄而仕。昔者，由事二亲之时，常食藜藿之实，而为亲负米百里之外。亲没之后，南游于楚，从车百乘，积粟万钟，累茵而坐，列鼎而食，愿食藜藿为亲负米之时，不可复得也。'""百里负米"为二十四孝本事之一。

⑥见《戒子通录》卷五《家训 杨文公》。

⑦《尚书·舜典》："敬敷五教，在宽。"孔颖达《尚书正义》疏："谨敬布其五常之教，务在于宽。"又："一家之内，尊卑之差，即父、母、兄、弟、子也，教之义、慈、友、恭、孝，此事可常行，乃为五常耳。"

⑧庠序：古代地方所设学校，与帝王辟雍、诸侯泮宫等大学相对而言。后泛指学校。《孟子·梁惠王上》："谨庠序之教，申之以孝弟之义。"

伦为重，顾考放勋①之教，匡直辅翼，使自得其性矣，又从而提撕警觉以加惠焉，不使其放逸怠惰而或失之，此教之所以成，而伦之所以明也。

吴大澂批语：古人之嘉言善行日积于胸，自无非僻之心相干，故先入之言于童蒙为尤重也。 男林翼校字

【校记】

［一］《官箴》：原作《童蒙训》，所记有误。案宋吕本中撰《官箴》一卷、《童蒙训》三卷，皆为《四库全书》所收。引语出自《官箴》，因据改。

---

① 放勋：帝尧。《史记·五帝本纪》："帝尧者，放勋。其仁如天，其知如神。就之如日，望之如云。"司马贞《史记索隐》："尧，谥也。放勋，名。帝喾之子，姓伊祁氏。"

卷六　睦族邻

益阳胡达源清甫

《周礼》教法始于六乡，孝、友、睦、姻、任、恤，谓之六行。① 善于父母为孝，善于兄弟为友，而睦、姻、任、恤，则统于族邻而言之也。州长每岁四读法，党正七读法，族师则十四读法②。弥亲民者于教亦弥数③，其于六行，与六德、六艺并考之，且书以劝之，所以为三

---

①《周礼·地官司徒第二》卷十："以乡三物教万民而宾兴之，一曰六德：知、仁、圣、义、忠、和；二曰六行：孝、友、睦、姻、任、恤；三曰六艺：礼、乐、射、御、书、数。"《周礼注疏》注："知，明于事；仁，爱人以及物；圣，通而先识；义，能断时宜；忠，言以中心；和，不刚不柔。善于父母为孝；善于兄弟为友；睦，亲于九族；姻，亲于外亲；任，信于友道；恤，振忧贫者。礼，五礼之义；乐，六乐之歌舞；射，五射之法；御，五御之节；书，六书之品；数，九数之计。"

②《周礼·地官司徒第二》卷十二："州长各掌其州之教治政令之法。正月之吉，各属其州之民而读法，以考其德行道艺而劝之，以纠其过恶而戒之。"又："党正各掌其党之政令教治，及四时之孟月吉日，则属民而读邦法以纠戒之。"又："族师各掌其族之戒令政事，月吉则属民而读邦法，书其孝、弟、睦、姻、有学者。"《周礼注疏》注："月吉，每月朔日也。"

③《周礼·地官司徒第二》卷十二："及四时之孟月吉日，则属民而读邦法以纠戒之。"《周礼注疏》注："以四孟之月朔日读法者，弥亲民者于教亦弥数。"疏："州长唯有建子、建寅及春秋祭社四度读法""乡大夫管五州，去民远，不读法。州长管五党，去民渐亲，故四读法。党正去民弥亲，故七读法。……族师十四教读法，弥多于此。"又："五百家为党者以其五家为比，五比为间，四间为族，五族为党。"

年宾兴①之本也。故其时人才众多，风俗淳厚，盖教法之所由，渐摩者久矣。

吴大澂批语：古人之厚于族邻为敦行也，今人之厚于族邻为行善也。行善者有求福之意，敦行者无望报之心，列之于六行，皆吾分内当尽之事。

"五家为比，使之相保；五比为闾，使之相受；四闾为族，使之相葬；五族为党，使之相救；五党为州，使之相赒；五州为乡，使之相宾。"②"居虽异而辑睦若一家，人虽众而和合若一心，司徒教之，则相为仁让焉，司马用之，则相为忧患焉"③，此周公建太平之基也。比、闾、族、党之法，虽已不行，而所谓相保、相受、相葬、相救、相赒、相宾者，要须识得此意。

九族睦则根本不摇，积而至于万族，天下之势于以固焉；四邻睦则比户可封，积而至于万邻，天下之众于以萃焉。此中聚散离合之故，全赖此一"睦"字以联之。

吴大澂批语：由孝弟而睦姻，由睦姻而任恤，皆一本之所推，其本愈厚则推之愈广。六行中自有次序，亲亲而仁民，仁民而爱物，亦一本之所推也。

合族之人，虽在疏远，饮食赡之，教诲成之，祖宗之心也；同里之人，即属卑贱，礼意接之，恩惠周之，父老之愿也。此心此愿，吾辈岂可一日忘之？

---

①宾兴：周时举贤之法，自乡小学举贤能而宾礼之，以升入国学。《周礼·地官司徒第二》："以乡三物教万民而宾兴之。"《周礼注疏》注："兴，犹举也。民三事教成，乡大夫举其贤者能者，以饮酒之礼宾客之。既则献其书于王矣。"

②见《周礼·地官司徒第二》卷十。

③《宋元学案补遗》卷九十八之"周礼详解"："乡遂之制，始于五家之寡，而终于万有二千五百家之众。居虽异而辑睦若一家，人虽众而和合若一心。司徒教之，则相为仁让焉；司马用之，则相为忧患焉。"

望衡对宇①，聚族而居，择邻而处，或为伯叔兄弟之亲，或系朋友婚姻之好，情亲义笃，何等郑重，何等关切！乃或以园蔬牲畜，或以僮仆语言，因小忿而致大嫌，口角不已，遂成争讼，皆由不知反己、专在责人，试转一念，见得自己的见识小、客气②多，便觉冰消雪释，了无一事矣。

　　吴大澂批语：民间词讼多，起于口角微嫌。若人人能反己而不责人，乡里自无争讼之端。即小有龃龉，一经排解，焕然冰释，何必匍匐公庭而涉讼耶？

　　《易》曰："饮食必有讼。"③《诗》曰："民之失德，干餱以愆。"④以此知饮食宴乐，不可不尽其情，不可不尽其礼。

　　乡里之人心，皆属善良，即有愚而无知者，出言或有差错，行事或有乖谬，实出于无知，非由于有意。以理谕之，以情通之，明白开导，必将晓然不复错矣。故愚者之愚，成于智者之智，尤成于智者与人为善之心。

　　吴大澂批语：人心皆善，无不可化导之理。为牧令者不善于教化，辄藉口于民俗之刁顽。噫！官不爱民而又不谅愚民之无知，是岂民之咎哉？

---

①望衡对宇：门庭相对，可以望见。形容住处接近。衡：架在门窗或屋梁上之横木。宇：屋檐。郦道元《水经注·沔水二》："沔水中有鱼梁洲，庞德公所居。士元居汉之阴……司马德操宅洲之阳，望衡对宇，欢情自接。"

②客气：言行虚骄伪饰。《宋书·颜延之传》："虽心智薄劣，而高自比拟，客气虚张，曾无愧畏。"

③《周易·序卦传》："饮食必有讼，故受之以讼。"孔颖达《周易正义》注："夫有生则有资，有资则争兴也。"

④见《诗经·小雅·伐木》。孔颖达《周易正义》疏："民之失德见谤讪者以何故乎？正由干餱之食不分于人，以获愆过。干餱之食尚以获愆，况天子之馔，可不召亲戚，令之恨乎？故尽召而燕之。"干餱（gān hóu），干粮，此谓平常食品。

稼穑艰难，不可不知，祖父躬耕，而子孙鄙薄①者，其家必败。家道中落，而子孙督耕者，其家必兴。耕者衣食之本，经营衣食，即得衣食，理固然也。

吴大澂批语：兴败之机，显而易见。

衣食足，礼义兴，先王之政，莫切于此，故曰："饱食暖衣，逸居而无教，则近于禽兽。"② 教之所关重矣哉！族有读书之人，礼义兴于一族；邻有读书之人，礼义兴于四邻。盖血气之暴戾，性情之贪鄙，惟诗书可以化之；上下之定分，名节之大闲③，惟诗书可以明之，故教之所全者大也。

吴大澂批语：读书人若不明理，一族之人倚之为护符，一乡之风气因此而坏，教之所关者可不重与？

尊师取友最为要著。尝见族邻中，致敬尽礼于先生长者，其子弟品行学问，必卓然可观。或以子弟聪明，无须就学，长其骄惰，荡其性天，鲜不流于邪僻者。语曰："与善人居，如入芝兰之室，久而不闻其香；与恶人居，如入鲍鱼之肆，久而不闻其臭。"④ 其所入者异也，即其所化者异也。

吴大澂批语：为自己择交，即为子弟择师，父兄无良友，子弟从何而取法？

---

①鄙薄：嫌恶，轻视。钟嵘《诗品》下："欣泰、子真，并希古胜文，鄙薄俗制，赏心流亮，不失雅宗。"

②《孟子·滕文公上》："人之有道也，饱食、暖衣、逸居而无教，则近于禽兽。圣人有忧之，使契为司徒，教以人伦：父子有亲，君臣有义，夫妇有别，长幼有序，朋友有信。"

③大闲：准则。闲，范围。《论语·子张》："大德不逾闲，小德出入可也。"

④《说苑》卷十七："孔子曰：'不知其子，视其所友；不知其君，视其所使。'又曰：'与善人居，如入兰芷之室，久而不闻其香，则与之化矣；与恶人居，如入鲍鱼之肆，久而不闻其臭，亦与之化矣。故曰，丹之所藏者赤，乌之所藏者黑，君子慎所藏。'"

古者乡举里选，故教化先于乡党，人才亦出于乡党。此法既废，而修德者怠矣。顾士君子立心制行，始于屋漏，著于乡党，发挥于朝廷，建白①于天下，无可苟且之地，岂以选举既废，遂怠忽不修乎？且一乡一邑，采风者未尝不以人才为重而谆谆咨询者也。

吴大澂批语：有教化而后有人才，以胡文忠之才而家教如此，积之厚者其发之也必盛，夫岂偶然哉？

子孙之昌炽，祖宗之厚德也。所言宽厚，所行忠厚，留得子孙多少余地，培得子孙多少福基。后人存心刻薄，自谓占得便宜，却已将祖宗厚德消去。揆之天理人心，未有不立见衰微者也。

吴大澂批语：存心刻薄者将祖宗厚德消去，此语最为痛快，愿书此以告世家子弟。

月旦②乡评，古人最重。操履笃实，为善于乡者，进诸君子之林，所以示劝也；行止奇邪，为恶于乡者，黜诸小人之列，所以示惩也。人果自爱，顾畏乡评，则进于君子者多矣。

资富而芘荫其族邻，我虽不言，天地知之；倚势而欺压其族邻，人虽相忍，鬼神怒之。至干鬼神之怒，而殃咎不可逃矣，近在其身，远在子孙，岂或爽③哉？

吴大澂批语：礼义生于富足，富而好礼，族邻之幸也。为富不仁，能无发怨哉？

"廉耻"二字，乡里之大防也。田禾数穗，园菜一把，我之所失者甚小。数穗为偷，一把为窃，人之所失者甚大。君子于此，当为他养其廉耻。

---

①建白：陈述意见。建，建议。白，说明。《汉书·霍光传》："延年曰：'将军为国柱石，审此人不可，何不建白太后，更选贤而立之？'"

②月旦：农历每月初一。《后汉书·许劭传》："初，劭与靖俱有高名，好共核论乡党人物，每月辄更其品题，故汝南俗有'月旦评'焉。"

③爽：差失，违背。《诗经·小雅·蓼萧》："其德不爽，寿考不忘。"

吴大澂批语：养人之廉耻，厚德之最大者。

上藉下以供其赋，下藉上以安其居，此定分也。惟正之供，早自输将，急公踊跃，吏胥不扰，鸡犬无惊，官司既免于催科，比闾并安于富庶。太平之福，惟良民能自享之。

吴大澂批语：国课早完，胥吏亦无从舞弊乡里，因之而无扰，故绅士居乡必谆谆以此相勉。

游惰之人，四民①之蠹也。不耕而食，不织而衣，蠹之小者；诱人赌博，诱人淫荡，是则蠹之大者。奇邪之人，四民之贼也。以经募米，以符敛钱，贼之小者；陷人左道，陷人叛党，是则贼之大者。

吴大澂批语：此等人无地无之，今日之哥弟会则尤甚矣。

人心险刻，作事即多阴恶，勿谓乡愚不识小人；人心正大，作事即皆光明，勿谓乡愚不知君子。

轻重上争一分，长短中争一寸，贸易之见也。欠一分只少一分，欠一寸只少一寸，宽厚之心也。此分寸中，却有多少生意，故曰："与肩挑贸易，勿占便宜。"②

吴大澂批语：我少一分，人得一分之益；我少一寸，人多一寸之利。在我不为吃亏，却让人略占便宜，觉得心安理得。

借贷交财，与者济其急用，还者复其前言，此有无相通之意。若剥以重利，则与者之过也；有意骗取，则又借者之过也。往往逼迫太甚，事变迭生，出于意外。利重者义轻，必然之事也，故君子慎之。

近邻田产，与我阡陌相连，人或以间隔而不买，情也，我实力量不及，亦情也。若实处有余，乃故作吞吐，揩勒价值，不能济人之急，又将利人之危，于心安乎？谚云："贵买庄田，子孙承受。"此至言也。

---

①四民：士、农、工、商。《穀梁传·成公元年》："古者有四民：有士民，有商民，有农民，有工民。"《汉书·食货志上》："士、农、工、商，四民有业。学以居位曰士，辟土殖谷曰农，作巧成器曰工，通财鬻货曰商。"

②朱柏庐《朱子家训》："与肩挑贸易，毋占便宜；见贫苦亲邻，须加温恤。"

吴大澂批语：弃产之人，多迫于不得已也。得产之人，若乘人之危而故意勒掯，试思我之子孙能常保此田产乎？能不受人之勒掯乎？

佃户者，邻里耕作之人也。出勤苦耘耔①之力，为饔飧②朝夕之谋。每逢乐岁，多收则喜，或逢凶岁，歉收则忧。忧喜之来，为家口计也。多一斗则多一日之食，多一石则多数日之食。田租自有定数，可以歉收而减断，不可以多收而加。

吴大澂批语：业主体恤佃户，尤以歉岁减租为最要。丰岁须留有余则歉岁亦无不足。我不能俭，必取偿于佃户之租谷，安能减租、安能恤佃耶？

赌博之事，流品混杂，奸盗萌蘖其间，大则破家亡身，小则耗财伤体，无一好处，惟当一刀两段，不可稍有游移。人诱之不动，激之不动，劝之不动，卓然自立，肯受破家亡身之惨乎？肯受耗财伤体之累乎？切莫道偶尔游戏，须知是陷我妖魔。

邻里有愤，或决其田塍③，或牵其耕牛，逞一时之强，作无穷之恶，何也？决塍者必伤其稼，牵牛者必伤其牛，与物何仇，而怒人以相及乎？且坏稼与牛，穑事尚复有望乎？此等不法之事，为害不浅，贤父老当严禁之，良有司当重惩之。

吴大澂批语：决塍牵牛，积忿之所激，酿成械斗抄抢之风，其始不过细事耳。

私宰耕牛，农家之大害也。耕作水田，全凭牛力，秋风春雨，骨瘁筋劳，须知箸下之餐，芬芳可食，皆是喘余之汗，点滴而成，欲报其功，宜周以恤。乃有惰游之辈，每生残忍之心，私宰既多，盗风更

---

①耘耔（yún zǐ）：除草培土，指田间劳动。耘，除草。耔，给苗根培土。《归去来兮辞》："怀良辰以孤往，或植杖而耘耔。"

②饔飧（yōng sūn）：早餐晚餐。《孟子·滕文公上》："贤者与民并耕而食，饔飧而治。"朱熹《四书集注》注："饔飧，熟食也。朝曰饔，夕曰飧。"

③塍（chéng）：田间土埂。刘禹锡《插田歌》："田塍望如线，白水光参差。"

甚。宰者以汤锅获利，盗者以汤锅消赃，比匪朋奸，害将何极？吾乡有鉴于此，请示邑侯，申明禁约，建立"耕乐堂"① 于泉交河市，诸父老岁时会集，告诫严明。农有耕耘之乐，牛无觳觫②之伤，盖族邻之善举也。

吴大澂批语：爱物之仁，士大夫皆有之，牛有代人耕作之功，尤当爱恤。私宰耕牛，于乡里中自行禁止，其法最善。地方州县之告示，不过具文而已，但绅士申明禁约，亦不能不借地方官之力也。

傩③，古礼也，所以驱厉气也。方相氏④掌之，季冬谓之大傩，庶民皆得行之，《论语》所谓乡人傩也⑤。后世踵事而增，遂变为鱼龙灯火，杂沓喧哗，并演艳曲淫词，连宵达旦，流荡无节，烦费不赀，人心日即于荒淫，风俗遂因以奢靡，岂复古礼之遗意哉？吾乡每岁正月，父老令子弟作狮子，奋迅搏击，其状甚猛，震之以金鼓，佐之以爆竹，盖取驱逐疫厉之意。每到一家，主人待以茶，依次遍及各村，过元宵即止，此于大傩古礼尚有合者。

---

①《湖南通志》（光绪）卷一百八十"胡显韶"："以县城岁饥，减用施济。无故不杀生，倡建芒神祠。建耕乐堂，立约禁私宰，窃风顿息。"胡显韶，胡达源之父、胡林翼祖父。

②觳觫（hú sù）：恐惧战栗貌。《孟子·梁惠王上》："王坐于堂上，有牵牛而过堂下者，王见之曰：'牛何之？'对曰：'将以衅钟。'王曰：'舍之！吾不忍其觳觫，若无罪而就死地。'"

③傩（nuó）：古代驱疫避邪之仪俗。《后汉书·礼仪志》："先腊一日，大傩。"

④方相氏：周官名。《周礼·夏官司马第四》卷三十一："方相氏，掌蒙熊皮，黄金四目，玄衣朱裳，执戈扬盾，帅百隶而时难，以索室驱疫。大丧，先柩，及墓，入圹，以戈击四隅，驱方良。"后民间以竹纸扎制神像模型，用以送丧，亦称方相。方良：木石之怪，魍魉。

⑤《论语·乡党》："乡人傩，朝服而立于阼阶。"朱熹《四书集注》注："傩，所以逐疫《周礼》方相氏掌之。阼阶，东阶也。傩虽古礼，而近于戏，亦必朝服而临之者，无所不用其诚敬也。"阼（zuò），堂前东面的台阶，为主位所在。

辛卯冬十一月，达源由贵州督学任满还京，请假归省，除夕至家。壬辰正月八日，致祭宗祠。家大人①书示祖考襟江公②宗族约言，条目有八，命达源推衍其义，以告族中子弟，俾③知所警焉。

吴大澂批语：士大夫通籍以后，与宗族邻里日隔日疏，偶一还乡，不过夸耀门闾，庸夫俗子啧啧称羡而已。如公之谆谆拳拳于敬宗睦族，讲让型仁，又本庭训而述祖德，有谦抑之怀，无骄矜之色，知胡氏积累之厚，非一日矣。

一、祭祀宜恪④也。族有祠祭，有墓祭。春秋霜露之感，所以申孝敬之心者，此也。笾豆⑤备矣，牲体具矣，如闻如见，全凭一点诚敬之意，冥漠感通，若徒以文貌承之，虽祭犹未祭也。甚或应当承祭，推卸不来，尤非郑重祀典，众共惩之，以昭炯戒。

二[二]、祠墓当省⑥也。神灵之所依在祠，体魄之所安在墓。祖宗不可见，惟于祠墓间若或见之，可不慎乎？栋宇偶坏，墙垣有损，宜及时补葺，倘任意延缓，所费更大。择老成谨慎者看守祠宇，洒扫洁净，不得令妇人居住，市中货物亦不许堆积。墓地之稍远者，当留意培护，随时修筑，恐有树根獾洞，侵害坟茔。且或有盗卖盗葬，尤当同心同力，以复旧界。我等视人之祖墓不忍侵害，人岂独于我之祖墓而忍侵害乎？

吴大澂批语：凡事以恕道行之，断无窒碍之理。争坟争地，至于构讼累数年不能结者，皆不恕也，不恕则不能相让。

---

①家大人：见卷一注。
②襟江公：见《弟子箴言序》（胡达源）注。
③俾：见卷二注。
④恪（kè）：恭敬、谨慎。《三国志·吴志·士燮传》："刺史丁宫征还京都，壹侍送勤恪。"
⑤笾豆：见卷六注。
⑥省（xǐng）：察看。《史记·秦始皇本纪》："皇帝春游，览省远方。"

三、谱牒①宜修也。合族之道，谱牒最重，世系以明，尊卑以定，亲疏以联，不可忽也。每岁各房将某人所添男女年月日时，并其名字，另签注明某人名下，于春秋祭祀，带至宗祠，当众查阅。其有夭折者，撤其签，俟重修谱牒时，各房汇齐，照此再誊稿本，易于编辑。倘有以假混真，紊乱宗支者，众共禁之。

四、教规宜肃也。齐家之道，本于修身，《大学》传中，特指一"辟"字以示儆②，朱子所谓"偏之为害，家之所以不齐也"③。身已修矣，孝、弟、慈既备于己，即行于家，自然子弟皆知劝勉，不敢干犯教训。倘有不孝、不弟、不慈及赌博等事，众共教之，教之不改，即当祖宗之前，严加惩戒。女子闺门严肃，言不出梱④，行不踰阈⑤，所以示别也。即或饁耕⑥采桑，亲操井臼，必须男女有别，不可混杂。至于诵经拜佛，入寺烧香及游戏诸事，世俗以为无碍，实即闺范之大防也，宜严谕禁之。

吴大澂批语：防微杜渐，闺范尤关紧要。

五、名分宜正也。同族之人，兄弟叔侄，名分较然，故拜揖必恭，言语必逊，坐次必谨，行步必让。礼不可废，心乃相安，此尊卑长幼

---

①谱牒：记述氏族或宗族世系之书籍。《史记·太史公自序》："维三代尚矣，年纪不可考，盖取之谱牒旧闻，本于兹，于是略推，作《三代世表》第一。"

②《四书集注·大学》："所谓齐其家在修其身者，人之其所亲爱而辟焉，之其所贱恶而辟焉，之其所畏敬而辟焉，之其所哀矜而辟焉，之其所敖惰而辟焉。"注："辟，犹偏也。五者在人本有当然之则，然常人之情惟其所向而不加审焉，则必陷于一偏而身不修矣。"

③《四书集注·大学》："故好而知其恶，恶而知其美者，天下鲜矣！故谚有之曰：'人莫知其子之恶，莫知其苗之硕。'此谓身不修不可以齐其家。"注："溺爱者不明，贪得者无厌，是则偏之为害，而家之所以不齐也。"

④梱：见卷六注。

⑤阈（yù）：门槛。《左传·襄公二十七年》："床笫之言不逾阈。"

⑥饁（yè）耕：为耕作者送食。《诗·豳风·七月》："同我妇子，饁彼南亩。"

一定之序也。又如嫡妾之分，伦纪攸关，断不可以情昵之私，致乖纲常之大。

六、爱敬宜周也。名分最尊者，有尊尊之礼焉；名分卑而年齿长者，有老老之礼焉；分齿皆卑而德行出众者，有贤贤之礼焉。或扶持保护，或亲炙景仰，此致敬之道也。至于幼弱孤特，受制于人朘削①欺凌，不能自主，则维持而安全之；鳏寡②疾病，衣食窘迫，则周恤而养育之。仁心所发，义气所生，当救则救，可为则为，不求人知，不望人报，吾尽吾心而已，此致爱之道也。若乃义田、义仓、义学、义冢。古之人有行之者，敦本睦族之士，尤当留意焉。

吴大澂批语：义气本仁心，而出自与好事者不同。不求人知，不望人报，自与好名者不同。无好事好名之心，庶无武断乡曲之弊。

七、守望宜严也。同乡共井，有邻人以为之助，尤贵有族众以为之辅，何者？御侮之事，亲族为先，所谓凡今之人，莫如兄弟也。平居议定，同心防范，互为应援。一旦匪徒窃发，四路阻截，断不能易为出入。与其失事之后，告官办理，不若未事之先，合族豫防。

八、邪慝③宜禁也。天下只有常理，日用只有常事。君臣、父子、夫妇、兄弟、朋友之伦，人所共由之道也，至中至正，易知易能，舍此并无可行之事、可与之人、可学之道，何也？周公、孔子，万世之师也；五经四书，万世不易之理也。吾辈只当学此，余皆异端左道，乃有邪术惑众，托为祸福利害以耸动人心，甚至巫女尼姑、相婆卜妇，入户穿房，多方引诱，且有奸盗出于其中，酿成大害。此在妇女见识，易为所引，惟有男子见理明、处事决，杜其往来，勿与交接，庶可守

---

①朘削（juān xuē）：剥削，盘剥。《汉书·董仲舒传》："民日削月朘。"

②鳏寡（guān guǎ）：年老无偶者。《孟子·梁惠王下》："老而无妻曰鳏，老而无夫曰寡，老而无子曰独，幼而无父曰孤；此四者，天下之穷民而无告者。"

③邪慝（xié tè）：奸恶。《孟子·尽心下》："君子反经而已矣。经正，则庶民兴；庶民兴，斯无邪慝矣。"

其常经，不致陷于邪慝矣。

吴大澂批语：湘士大夫人人明此理，一乡一邑之中人人守此禁，会匪从何而蔓延，教民从何而诱惑耶？

吾家世居里仁桥二百年矣。达源自幼及冠，周旋乡党之间，习闻父老之训，窃喜风俗淳厚，人心善良。筮仕①以来，与父老旷别，今幸假归，畅申洽比②。敦宠谊古，允怀廉让之乡；恭敬情深，弥眷梓桑之里。谨书美俗，以示来兹。

吴大澂批语：绅士居家，务求有益于桑梓，一举一动，可为乡里矜式。公之拳拳于父老者，正欲乡党子弟勿替敦庞之谊，永怀廉让之风，愿书此以示益阳士子，必有读之而兴起者，于风俗人心大有裨益。

一曰勤以修业。士、农、工、商，各有其业。黄卷青灯，士不勤则无以成学；犁云锄雨，农不勤则无以力耕；即在工、商，或作或辍，悠悠忽忽，毕竟一无所成。吾邻里士、农、工、商，皆专心致志，不敢怠惰因循，故事事都有成效。

一曰俭以裕财。衣服饮食，宫室婚嫁，不可不用，断不可不节。奢侈之端，皆起于贫富相耀。富者竞尚繁华，彼此争胜，不过令世俗之人道一个好看，曾未数年，而已典田破，悔之何及！贫者办事，宜称家之有无，乃复与富者相较，速之饥寒，尤为可虑。吾邻里质朴古风，数十年来，尚如昔日。敬告比闾，量入为出，慎兹俭德，以杜奢淫，庶几盖藏有余，而无虞其不足矣。

吴大澂批语：富家为贫民所倚赖，富户多盖藏则一乡中有储蓄，富者常保其富，贫者亦无虑其贫矣。

一曰让以息争。乡愚之见，大抵一钱必争，点水不让，非其性独然也。有让一钱者，则争钱者愧矣；有让点水者，则争水者惭矣。吾

---

①筮仕（shì shì）：古人将出仕，先占吉凶。后遂称初入官为筮仕。筮，以蓍草占吉凶。王禹偁《除夜》诗："筮仕已十年，明朝三十九。"

②洽比：和谐亲近。《诗经·小雅·正月》："洽比其邻，昏姻孔云。"

邻里人心退让，未尝以小故纷争，或万不得已，因事致讼，则父老必为之多方讲息，委曲排解。与其以财贿饵吏胥，不若修桥补路；与其以光阴争客气，不若读书种田。故让者，人心息争之道也。

吴大澂批语：好讼之风，多由于唆讼之人。以财贿饵吏胥，一言道破，即此可以息讼平争。

一曰礼以正俗。乡邻之间，狃①于习见，以为鄙野不可绳以礼教，故有尊卑长幼，不知其序者矣，冠昏丧祭，不知所守者矣。不知其序，则将干犯名义，无所不敢；不知所守，则将逾越规矩，无所不为，其俗尚可问乎？吾邻里父老，皆以朱子《小学》《家礼》诸书训其子弟，俾有遵循，盖彬彬然有礼意焉。

一曰仁以恤众。鳏寡孤独，仁政之所先也，况在同里共井，见闻尤切者乎？饥易为食，粗粝②可以充饥；寒易为衣，敝絮可以盖体。即求医贷药，疾痛固属相关；助榇③施山，葬埋尤为至要。吾邻里父老，同怀恻隐，念切济施，有保爱周恤之心，无茕独④颠连之状，不诚为善于乡者乎？

吴大澂批语：仁以恤众、让以息争，两条即"一家仁一国兴仁，一家让一国兴让⑤"之至理，由一邑而推之一郡，由一郡而推之一省，风纯俗美，不可复见三代之郅⑥治乎？

---

① 狃：见卷四注。
② 粝（lì）：粗米、糙米。《韩非子·外储说左下》："孙叔敖相楚，栈车牝马，粝饭菜羹。"
③ 榇（chèn）：棺木、棺材。《左传·襄公二年》："初，穆姜使择美槚，以自为榇与颂琴。"
④ 茕（qióng）独：孤弱无依。茕，没有弟兄。《尚书·洪范》："无虐茕独，而畏高明。"
⑤ 见《礼记·大学》。
⑥ 郅（zhì）：大、盛。《清史稿·黄遵宪传》："由一乡推之一县、一府、一省，以迄全国，可以成共和之郅治，臻大同之盛轨。"

一曰慎以防奸。保甲之法①，官司之所设也，互相查缉，不敢隐漏，奸伪无所容，盗贼因以息，可谓法良意美。然而奉行不实，徒属虚文，官司之究察，不如同甲之稽查矣。吾邻里皆土著，士食旧德，农服先畴，族戚相保，朋友相信，无一可疑之人，即有外籍新来，必细审其履历。又有认识保人，方准留住，以本甲为亲为友之众察本甲非亲非友之人，断不致有奸匪藏匿其间。道不拾遗，外户不闭，岂不可复见于今日乎？

吴大澂批语：保甲稽查之得力，全在本甲之相保相信，真可杜绝外来之奸匪，否则具文而已。

范文正公②语子弟曰："吾吴中宗族甚众，于吾固有亲疏，然吾祖宗视之，则均是子孙，吾安得不恤其饥寒哉？且自祖宗来，积德百余年，而独发于吾，若独享富贵而不恤宗族，异日何以见祖宗于地下？今亦何颜以入家庙乎？"③故公轻财好施，尤厚于族人。尝买姑苏近郭良田数十亩，为义庄，以养群从之贫者，择族人长而贤者一人，主其出纳。人日食米一升，岁衣缣④一匹。嫁娶丧葬，皆有赡给⑤。又公自

---

①保甲之法：古时以户籍编制行使地方自治之法。北宋熙宁三年，王安石推行保甲法，改募兵为保甲。其法十家为一保，有保长；五十家为一大保，有大保长；十大保为一都保，有正副都保正。家有两丁以上者，选一人作保丁，组成保甲，授以弓弩，教之战阵。明清两代相沿保甲之编制，以户为单位，户设户长；十户为甲，甲设甲长；十甲为保，保设保长；户给印牌，书其姓名丁口，出则注其所往，入则稽其所来。实行各户之间监察牵制，同保之内若有作奸犯科之事，保丁须检举、揭发，或缉拿问罪。如包庇纵容，连坐处罚。

②范文正公：范仲淹，见卷一注。

③见《宋名臣言行录》前集卷七之"范仲淹 文正公"。

④缣（jiān）：以双经双纬织成之绢。古诗《上山采蘼芜》："新人工织缣，故人工织素。"

⑤见《宋名臣言行录》前集卷七之"范仲淹 文正公"。

政府归姑苏焚黄①，搜外库惟有绢三千匹，录亲戚及闾里知旧，散之皆尽，曰："宗族乡党，见我生长，幼学壮仕，为我助喜，我何以报之哉？"②吾观公所以待宗族邻里者，肫肫③然有爱敬恻隐之心，此其天性敦笃，德意充周，亲亲而仁民，仁民而爱物，故能"先天下之忧而忧，后天下之乐而乐"与？

吴大澂批语：公之用心，事事以范文正为法，故继起之人贤于范忠宣之父子济美，孰谓古今人不相及哉？

彭泽王孟箕④先生《讲宗约会规》⑤，每月两会。所讲书，如《易》"家人"、《诗》"国风"、《大学》"修身齐家"、《孝经》《小学》，并将国家律法及孝顺事实、《太上感应篇》善恶果报之类，每会讲几条。盖讲之以经书典故，使知各当如此，惕之以法律报应，使之不得不如此，庶几知所趋避⑥。此亦肫肫⑦然睦族之深意也。夫族之睦，由于人之善，能感动其善心，兴起其善行，未有不同归亲睦者也，则会讲之益，岂小补哉？

吴大澂批语：会讲最为有益，若行之于书院，使院长与诸生皆有讲习讨论之益，岂不甚善？

---

①焚黄：古时品官新受恩典，祭告家庙祖墓，以黄纸书写告文，祭毕即焚去，谓之焚黄。后亦称祭告祝文为焚黄。《司马光年谱》卷三："三月，蒙恩给假，至陕州焚黄。"

②见《宋名臣言行录》前集卷七之"范仲淹 文正公"。

③肫（zhūn）肫：诚挚貌。《礼记·中庸》："夫焉有所倚，肫肫其仁，渊渊其渊，浩浩其天。"

④王孟箕：《江西通志》（雍正）卷九十二："王演畴，字孟箕，彭泽人。万历进士，任南京工部，升广西桂林知府，乞休归。家无长物，雅好著书。善赋，工真草，镂板刻石，慕其笔者不减二王。其涉笔四六，亦多脍炙人口。著有《古学斋》数十卷、《家训》、《和陶集》诸书。"

⑤见陈宏谋《训俗遗规》卷二。

⑥见《训俗遗规·讲宗约会规》之"期会款式"。

⑦见本卷前注。

王烈①，字彦方，太原人也。少师事陈寔[一]②，以义行称。乡里有盗牛者，主得之，盗请罪，曰："刑戮是甘，乞不使王彦方知也。"烈闻，使人谢之，遗布一端，或问其故，烈曰："盗惧吾闻其过，是有耻恶之心。既怀耻恶，必能改善，故以此激之。"后有老父遗剑于路，行道一人守之，至暮老父还，寻得剑，怪而问其姓名，以事告烈，乃先盗牛者也。诸有争讼曲直，将质于烈，或至途而反，或望庐而还，其以德感人如此③。夫彦方之贤，至使人闻而生感，望而生愧，其因以改过迁善，岂独一盗牛者哉？乃盗牛者，且甘受刑戮之罚，而唯恐彦方之知，则盛德感孚，亦复何所不至乎？愿吾乡诸君子，皆以彦方为法焉，可也。

吴大澂批语： 盛德之足以感人如此。今世人心不古，盗窃不已，至于抄抢争讼不已，至于斗殴。觞豆之嫌，酿成人命；箕帚之细，祸起家庭。安得王彦方其人为之潜移默化乎？有转移风化之责者能无抚躬抱疚？

吾愿湘士大夫皆以宫詹公之心为心，亦如公之取法王彦方也。以古人为师，尤不如以今人为师，今去公之殁未远，公之训犹在耳也，读者其有兴起之心乎？

---

①王烈：字彦方，汉末太原人。少师从陈寔，以义行见称于乡里。遭黄巾、董卓之乱，避地辽东。曹操闻烈高名，遣征不至。终于辽东，年七十八。《后汉书》有传。

②陈寔：字仲弓，颍川许县（今河南许昌）人，东汉名士，以德闻天下。岁荒民俭，有盗夜入其室，寔以"梁上君子"劝导之。年八十四岁卒于家，谥为"文范先生"。与其子陈纪、陈谌并著高名，时号"三君"。《后汉书》有传。

③见《后汉书·独行传》之"王烈传"。

蓝田吕氏兄弟四人①，大中、大防、大约、大临，从学伊川②、横渠③两先生，德行道艺，萃于一门，为乡人所敬信。尝为乡约四条：一曰德业相劝；二曰过失相规；三曰礼俗相交；四曰患难相恤④。众推有齿⑤、德者一人，为都约正，有学行者二人副之，约中月轮一人为直⑥月。会集之日，互相劝勉，推其能者书于籍，以警励其不能者。夫其相劝也，敦善行而不怠；其相规也，救过失于未成；其相交也，庆、吊、赠、遗，则情文之备至；其相恤也，守望疾病，则忧患之。皆同如是，而百姓有不亲睦者乎？

男林翼校字

【校记】

［一］陈寔：原作"陈实"，据《后汉书》改。

［一］二：原作序号皆为"一"，为阅读方便，按文意改为"二"，后"三"至"八"与此同。

---

①蓝田吕氏兄弟四人：吕大忠、吕大防、吕大钧、吕大临，吕氏四兄弟，北宋京兆蓝田（今陕西蓝田）人。吕大忠，字进伯，进士及第，绍圣二年，加宝文阁直学士、知渭州。吕大防，字微仲，进士及第，元祐三年，拜尚书左仆射兼门下侍郎，与范纯仁并相，凡八年。以元祐党争遭贬，年七十一卒。绍兴初追赠太师、宣国公，谥"正愍"。吕大钧，字和叔，进士及第，家居讲道，节文灿然。会伐西夏，檄为转运司从事，病卒于道。吕大临，字与叔，学于程颐，与谢良佐、游酢、杨时在程门，号"四先生"。元祐中，为太学博士，迁秘书省正字。吕氏四子详见《宋史·吕大防传》。

②伊川：程颐，见卷一注。

③横渠：张载，见卷一注。

④见《宋元学案补遗》卷三十一"朱子增损乡约"。

⑤齿：年龄。《汉书·赵充国传》："臣位至上卿，爵为列侯，犬马之齿七十六。"

⑥直：当值，值勤。《晋书·庾玟传》："玟为侍中，直于省内。"

卷七　亲君子

益阳胡达源清甫

《易》之道，阳为君子，阴为小人，阴阳之消长，即君子小人之进退也。"小往大来"①，上下交为泰；"大往小来"②，上下不交为否。泰

---

①《周易·泰》："《彖》曰：'泰，小往大来，吉，亨'，则是天地交而万物通也，上下交而其志同也。内阳而外阴，内健而外顺，内君子而外小人。君子道长，小人道消也。"王夫之《周易内传》卷一下："往来之义有二：自其互相酬酢者言之，则此往而彼来，阴阳易位以相应，为天气下施，地气上应，君民志感之象，亨之道也。天以清刚之气，为生物之神，而妙其变化，下入地中，以鼓动地之形质上蒸，而品物流形，无不畅遂；若否则神气不流行于形质，而质且槁。君以其心下体愚贱之情，而莫其日用饮食之质，民且上体君心，而与同忧乐；若否则各据其是以相非，貌虽应而情相离。合天化人情而言，泰之所以施化盛大而亨者见矣。"王申子《大易缉说》卷四："泰、否皆乾、坤互易全体以成卦，故止以阴阳言之。小，阴也；大，阳也。往谓往于外，来谓来于内，阳下降、阴上腾，阴阳之气交，天地之泰也。"

②《周易·否》："《彖》曰：'否之匪人，不利君子贞，大往小来'，则是天地不交，而万物不通也，上下不交而天下无邦也。内阴而外阳，内柔而外刚，内小人而外君子。小人道长，君子道消也。"

之初九，"拔茅茹，以其汇；征吉"①，君子之拔而进也。否之初六，"拔茅茹，以其汇；贞吉，亨"②，君子之拔而退也。然则保泰休否，君子之所关系，岂不重哉？且不独世之否泰也，即如学者一身之所成就，日与君子处则进于高明，日与小人处则流于污下。有君子而又有小人间之，则高明者或至障隔；有小人而又有君子匡之，则污下者必有转机。君子之裨益于吾身者如此其切也。天地不能有阳而无阴，人不能有君子而无小人，亦贵乎善择焉而已。

吴大澂批语：朝廷之用人，督抚之慎选，牧令、士大夫之择交，皆有道长道消之机，惟君子与君子乃能同声相应，同气相求。

《易》六十四卦，大象之辞，如"天行健，君子以自强不息"③之类，称君子者凡五十三卦。盖君子观一象，玩一占，各取其义而氵之，期归于至善之道耳。在易象为天理，在君子为人事，尽人事合天理，则君子之道著焉。前之君子，体《易》义以成君子之德；后之君子，

---

①《周易·泰》："初九：拔茅茹，以其汇，征吉。"王夫之《周易内传》卷一下："茹，茹蘆也。汇，根科也。茅与茹蘆，茎皆坚韧，拔之不绝，而根科相缀。泰，三阳聚于下，蟠固不解，而初九居地位之下，汇之象也。阳方兴而尚潜，未有应四之情，乃二、三两阳方升，拔之而与俱升，不得终于退藏，而必往交。时宜往而又有汲引之者，故吉。"王申子《大易缉说》卷四："初以刚正居下，是君子而在下者也。时既泰则进而上行，茹根之牵连者，汇类也。君子进必以其类，如茅之根，拔其一则牵连而起矣，下二阳乃其类也，征行也。志行道亦行也，故吉。"

②《周易·否》："初六：拔茅茹，以其汇，贞吉，亨。"王夫之《周易内传》卷一下："三阴连类相挟以据内，亦有'拔茅茹以其汇'之象，而汇则别矣。初六以柔居下，不党同伐异，而思上应乎阳，故贞而得吉。其吉也，以有亨通之理而吉也。"王申子《大易缉说》卷四："否之时，三阴在下，亦牵连同类而进，故亦有拔茅茹之象，盖小人道长之时，各从其类也。然六方在初，其小人之恶未著也，其本心之正尚存也，犹可示之以趋吉避凶之门，故戒之以贞正，则亦吉亦亨，不必为小人之归也。曰贞不曰征者亦已有惧其进之意。"

③《周易·乾》："《象》曰：'天行健，君子以自强不息。'"

读《易》象而知君子之修。日用间无非《易》，日用间无非学，即日用间无非君子也。

吴大澂批语：万事万物之理，无不备于三百八十四爻中，取而观之、玩之，可以免一身之过，可以断天下之事。

《易》中都是"贞吉"，不曾有"不贞吉"；都是"利贞"，不曾说"利不贞"。如占得乾卦固是大亨，下则云"利贞"。盖正则利，不正则不利，至理之权舆①，圣人之至教寓其间矣。大率是为君子设，非小人所得窃取而用。学者能识得一"贞"字，有正固②之理，存正固之心，行正固之事，此君子所以无不吉也，无不利也。

有好问愿学之心，斯信从者笃，故曰"童蒙求我"；有专一向道之志，斯启发者真，故曰"初筮告"。③

---

①权舆：起始。《大戴礼记·诰志》卷九："于时冰泮发蛰，百草权舆。"

②正固：《周易·乾》："乾：元亨利贞。"王夫之《周易内传》卷一上："'贞'，正也。天下惟不正则不能自守。正斯固矣，故又曰正而固也。纯阳之德，变化万有而无所偏私，因物以成物，因事以成事，无诡随，亦无屈挠，正而固矣。"

③《周易·蒙》："蒙，亨。匪我求童蒙，童蒙求我；初筮告，再三渎，渎则不告。利贞。"王夫之《周易内传》卷一下："礼有来学，无往教。五虚中而二以刚应之，五求二，二不求五也。'初筮告，再三渎，渎则不告'，二之所以得师道者。五求而应，初筮之告也。刚中而不枉道，渎则不告也。当告则告，不可告则不告，中道而立，使自得之，养蒙之正术，能利益于蒙。利且贞，是以亨。"王申子《大易缉说》卷三："为二者亦宜待上之求而后应之，如是则彼之信向也专，而我之发之也易。若求之自我，则不唯教者之心不虚，而受教者之心亦不专矣。筮者，心有未明而求决于明之事。决蒙如决筮，初则至诚一意，故告之。再三则渎慢不诚，故不告。蒙而求发与明，而发蒙者皆当一出乎正，故曰利贞。"

《说命》①言"置诸左右",又曰"朝夕纳诲"。②君子常接于左右,则无匪僻邪慝③之害,而学日严;纳诲无间于朝夕,则有长善救恶之资,而德日进。高宗④思道已精、见道已明,尚且如此,况在学者,安可不以君子自辅耶?

吴大澂批语:左右皆正人君子,皆辅德之助也。左右皆便辟善柔,长恶之资也。

忠言逆耳利于过,良药苦口利于病。君子匡救之言,犹医者猛烈之药也,我能听之,则过者可以自新,而悔者可以免咎。故曰:"若药弗瞑眩,厥疾弗瘳。"⑤

吴大澂批语:勇于改过,天下无不可治之病。

舅氏汤栗里⑥先生,乾隆丙午科以习《诗经》中式,主司赏其经义

---

①《尚书正义·说命上》:"高宗梦得说,使百工营求诸野,得诸傅岩,作《说命》三篇。"孔颖达疏:"正义曰:'殷之贤主有高宗者梦得贤相,其名曰说,群臣之内既无其人,使百官以所梦之形象经营求之于野,得之于傅氏之岩,遂命以为相。史叙其事作《说命》三篇。'"

②《尚书·说命上》:"爰立作相,王置诸其左右。命之曰:'朝夕纳诲,以辅台德。'"孔颖达《尚书正义》注:"于是礼命立以为相,使在左右""言当纳谏,诲直辞,以辅我德。"

③邪慝:见卷六注。

④高宗:帝王死后入庙追尊享祀之称号,以其德高可尊故号高宗。此指商王武丁。《史记·殷本纪》:"帝武丁崩,子帝祖庚立。祖己嘉武丁之以祥雉为德,立其庙为高宗。"

⑤《尚书·说命上》:"启乃心,沃朕心,若药弗瞑眩,厥疾弗瘳。"孔颖达《尚书正义》疏:"正义曰:'当开汝心所有,以灌沃我心。欲令以彼所见,教己未知故也。其沃我心须切至,若服药不使人瞑眩愤乱,则其疾不得瘳愈。言药毒乃得除病,言切乃得去惑也。'"

⑥汤栗里:汤礼宗,字栗里,中乾隆五十一年湖南乡试丙午科黄友教榜举人。见《益阳县志》(同治)卷十三。

博通。吾幼时尝听讲《南山有台》①之诗，曰："乐得贤也，得贤则能为邦家立太平之基矣。此盖小序②之说。所谓'基'者，如兴道致治，建功树业，以内则柱石乎王朝，而邦畿巩固，以外则屏藩乎四国，而侯服③奠安。基本既立，邦家有光，父母共戴矣。然所以致此者，盖必有其本也，一则曰'德音不已'④，再则曰'德音是茂'⑤，有其德而后治功懋，有其德而后福寿臻。是虽为君子赞美之辞，而实本君子感召之理，非偶然也。"讲毕，顾谓达源曰："这君子在人领取。"

吴大澂批语：讲书讲到亲切处，须在自己身上体贴一番，方有进益。

---

①《诗经·小雅·南山有台》："南山有台，北山有莱。乐只君子，邦家之基。乐只君子，万寿无期。南山有桑，北山有杨。乐只君子，邦家之光。乐只君子，万寿无疆。南山有杞，北山有李。乐只君子，民之父母。乐只君子，德音不已。南山有栲，北山有杻。乐只君子，遐不眉寿。乐只君子，德音是茂。南山有枸，北山有楰。乐只君子，遐不黄耇。乐只君子，保艾尔后。"

②小序：诗经每篇起首之序言。《诗经·小雅·南山有台》："南山有台，乐得贤也，得贤则能为邦家立太平之基矣。"此言为《南山有台》之小序。

③侯服：周朝王城千里之外方五百里之地为侯服。《周礼·夏官·职方氏》："乃辨九服之邦国，方千里曰王畿，其外方五百里曰侯服，又其外方五百里曰甸服。"此泛指国之外疆。

④德音不已：见《诗经·小雅·南山有台》。《毛诗正义》注："笺云：'已，止也。不止者言长见称颂也。'"

⑤德音是茂：见《诗经·小雅·南山有台》。《毛诗正义》注："茂，盛也。"

又一日讲"切磋琢磨，瑟僴赫喧"①，喟然叹曰："武公②是学问中人，列国中罕见此锻炼工夫。'有斐君子'，卫人所为赋《淇澳》③也，且曰'不忮不求，何用不臧'，见于《雄雉》之诗④。何孔门克己之功、求仁之方⑤，而行役之妇人能言之？岂非先王学问道德之遗泽独存于卫

---

①《诗经·卫风·淇澳》："有匪君子，如切如磋，如琢如磨。瑟兮僴兮，赫兮喧兮。"《毛诗正义》疏："武公所以德盛者，由得康叔之余烈故。又言此有斐然文章之君子，谓武公能学、问、听、谏，以礼自修，而成其德美。如骨之见切、如象之见磋、如玉之见琢、如石之见磨，以成其宝器，而又能瑟兮颜色矜庄，僴兮容裕宽大，赫兮明德外见，喧兮威仪宣著。有斐然文章之君子，盛德之至如此，故民称之，终不可以忘兮。"瑟，庄重。僴（xiàn），开阔。赫，明亮。喧（xuān），同烜，显耀。匪，同斐。

②武公：卫武公，姬姓，名和，卫釐侯之子。《史记·卫康叔世家》："武公即位，修康叔之政，百姓和集。四十二年，犬戎杀周幽王，武公将兵往佐周戎，甚有功，周平王命武公为公。五十五年，卒，子庄公扬立。"

③《诗经·卫风·淇澳》序："《淇澳》，美武公之德也。有文章，又能听其规谏，以礼自防，故能入相于周，美而作是诗也。"

④《诗经·邶风·雄雉》："雄雉于飞，泄泄其羽。我之怀矣，自诒伊阻。雄雉于飞，下上其音。展矣君子，实劳我心。瞻彼日月，悠悠我思。道之云远，曷云能来？百尔君子，不知德行？不忮不求，何用不臧？""不忮不求，何用不臧。"《毛诗正义》注："忮，害。臧，善也。笺云：'我君子之行不疾害，不求备于一人，其行何用为不善而君独远使之在外？不得来归。亦女怨之辞。'忮（zhì），违逆。

⑤《论语·子罕》："子曰：'衣敝缊袍，与衣狐貉者立，而不耻者，其由也与？"不忮不求，何用不臧？'子路终身诵之。子曰：'是道也，何足以臧？'"朱熹《四书集注》："敝，坏也。缊，枲著也。袍，衣有著者也，盖衣之贱者。狐貉，以狐貉之皮为裘，衣之贵者。子路之志如此，则能不以贫富动其心，而可以进于道矣，故夫子称之。"又："终身诵之，则自喜其能，而不复求进于道矣，故夫子复言此以警之。谢氏曰：'耻恶衣恶食，学者之大病。善心不存，盖由于此。子路之志如此，其过人远矣。然以众人而能此，则可以为善矣；子路之贤，宜不止此。而终身诵之，则非所以进于日新也，故激而进之。'"枲（xǐ），麻类植物，大麻雄株称"枲麻"。

哉？'百尔君子①'，可以兴②矣。"

吴大澂批语：武公好学，遗泽孔长，今之疆吏，古诸侯之列也。独不闻有耄而好学者，读卫公、武公之诗，当亦幡然知愧矣。

密于内者，无间可息，无隙可乘，心之所以如结也；形于外者，容止有常，冠服有章，仪之所以不忒③也。赖其表正之功，愿其年寿之久，'淑人君子'④，《鸤鸠》⑤ 之托兴⑥，岂偶然哉？

吾于《木瓜》⑦，见报德之隆焉。桃李虽薄，而不敢以为薄；瑶玖虽厚，而非敢以为厚。吾于《缁衣》⑧，见好贤之至焉。改造改作，既始终之无间；适馆授粲，复前后之不渝。故三复《木瓜》，可以风世之

---

①《诗经·邶风·雄雉》："百尔君子，不知德行。"《毛诗正义》注："笺云：尔，女也。女众君子，我不知人之德行何如者可谓为德行？事君或有所留。女怨故问此焉。"

②《论语·阳货》："子曰：'小子何莫学夫诗？诗可以兴，可以观，可以群，可以怨。迩之事父，远之事君，多识于鸟兽草木之名。'"兴，感发意志。

③忒（tè）：差错。《周易·豫》："故日月不过而四时不忒。"

④《诗经·曹风·鸤鸠》："淑人君子，其仪一兮。"《毛诗正义》注："笺云：淑，善；仪，义也。善人君子，其执义当如一也。"

⑤《诗经·曹风·鸤鸠》："鸤鸠在桑，其子七兮。淑人君子，其仪一兮。其仪一兮，心如结兮。鸤鸠在桑，其子在梅。淑人君子，其带伊丝。其带伊丝，其弁伊骐。鸤鸠在桑，其子在棘。淑人君子，其仪不忒。其仪不忒，正是四国。鸤鸠在桑，其子在榛。淑人君子，正是国人。正是国人，胡不万年？"

⑥《诗经·曹风·鸤鸠》序："《鸤鸠》，刺不一也。在位无君子，用心之不一也。"

⑦《诗经·卫风·木瓜》："投我以木瓜，报之以琼琚。匪报也，永以为好也！投我以木桃，报之以琼瑶。匪报也，永以为好也！投我以木李，报之以琼玖。匪报也，永以为好也！"琼，玉之美者。琚，佩玉名。瑶，美石。玖，玉之黑者。

⑧《诗经·郑风·缁衣》："缁衣之宜兮，敝，予又改为兮。适子之馆兮，还，予授子之粲兮。缁衣之好兮，敝，予又改造兮。适子之馆兮，还，予授子之粲兮。缁衣之席兮，敝，予又改作兮。适子之馆兮，还，予授子之粲兮。"《毛诗正义》注："粲，餐也。"

薄道往来而较量于锱铢者；三复《缁衣》，可以风世之不承权舆①而供亿②之寖薄③者。

吴大澂批语：有心世道者当三复此诗。

弟子泛爱众，而又必亲仁④。此仁者，是浑厚笃实，平正慈祥，从众中看出，自然不同。此"亲"字，是常与居游，时共讲习，以爱众较之，弥更亲切。盖在少年习于放逸，敬惮之余或至疏远，故以亲仁为难。亲近既久，如雾露中行，虽未湿衣，却已渐渐沾润。

吴大澂批语：敬惮者易疏，狎昵者易亲，圣人勉弟子以亲仁，正与下章毋友不如己者可以参看。

"人不足与适也，政不足间也，惟大人为能格君心之非。"⑤张子曰："非惟君心，至于朋游学者之际，彼虽议论异同，未欲深较，惟整

---

①权舆：见本卷注。

②供亿：按需供应。亿，估量。唐刘禹锡《谢贷钱物表》："经费所资，数盈巨万；馈饷时久，供亿力殚。"

③寖（jìn）薄：日渐淡薄。寖，渗透，逐渐。《汉书·王吉传》："诈伪萌生，刑罚亡极，质朴日销，恩爱寖薄。"

④《论语·学而》："弟子入则孝，出则弟，谨而信，泛爱众，而亲仁。行有余力，则以学文。"

⑤《孟子·离娄上》："人不足与适也，政不足间也，唯大人为能格君心之非。君仁，莫不仁；君义，莫不义；君正，莫不正。一正君而国定矣。"朱熹《四书集注》注："赵氏曰：'适，过也。间，非也。格，正也。'徐氏曰：'格者，物之所取正也。'《书》曰："格其非心。"'愚谓'间'字上亦当有'与'字。言人君用人之非，不足过谪；行政之失，不足非间。惟有大人之德，则能格其君心之不正以归于正，而国无不治矣。大人者，大德之人，正己而物正者也。程子曰：'天下之治乱，系乎人君之仁与不仁耳。心之非，即害于政，不待乎发之于外也。昔者孟子三见齐王而不言事，门人疑之。孟子曰："我先攻其邪心，心既正，而后天下之事可从而理也。"夫政事之失，用人之非，知者能更之，直者能谏之。然非心存焉，则事事而更之，后复有其事，将不胜其更矣；人人而去之，后复用其人，将不胜其去矣。是以辅相之职，必在乎格君心之非，然后无所不正；而欲格君心之非者，非有大人之德，则亦莫之能也。'"

理其心，使归之正，岂小补哉？"① 按张子以感格君心之道，用为感孚朋友之心，明义理以致其知，杜蔽惑以诚其意，其挽维补救之功受益甚大。盖君子之心，自处以正，未有不愿人之同归于正者也，何殊于君友哉？

吴大澂批语：愿人同归于正，此君子与人为善之心。"有诸己而后求诸人，无诸己而后非诸人②"，此君子薄责于人之意。

在上者知人，则平治天下之道也；在下者知人，则保安身家之道也。君子小人之分，可不早辨哉？然而未易辨也。且即其性情之发于外者观之，曰刚直、曰平正、曰虚公、曰谦恭、曰敬慎、曰诚实、曰特立、曰持重、曰韬晦、曰宽厚慈良、曰责己必严、曰嗜欲必淡、曰好恶有常、曰见其远大、曰隐恶扬善。君子之道，虽不尽乎此，而即此可以得其概矣。小人反是，曰柔佞、曰偏僻、曰徇私、曰骄慢、曰恣肆、曰险诈、曰附和、曰轻捷、曰表暴③、曰苛刻残忍、曰律人必甚、曰势利必热、曰喜怒无定、曰狃④于近小、曰妒贤嫉能。小人之道，虽不尽乎此，亦即此可以得其概矣。

吴大澂批语：有知人之明乃见用人之公。君子有君子之过，原其过而始终不失为君子；小人有小人之才，爱其才而始终不改为小人。知人之难，用人者所当审也。

其道德无所不包，其经济无所不备，可经可权，可常可变。古有其人，读书而尚友之；今有其人，景行而亲炙⑤之。

---

①见《张载集·张子语录》之"附 语录抄七则"。
②见《礼记·大学》。
③表暴（pù）：亦作"表襮"，谓自我表现，以炫耀于人前。韩愈《南海神庙碑》："治人以明，事神以诚，内外单尽，不为表襮。"
④狃：见卷四注。
⑤亲炙：谓亲承教化。《孟子·尽心下》："非圣人而能若是乎？而况于亲炙之者乎？"

百步之外，树正鹄①而射者，识其的②之有定也；五都之肆，操规矩而匠者，识其巧之有凭也；百行之中，慕圣贤而师者，识其学之有本也。

水行者不可无舟楫，陆行者不可无鞭策。君子其为人之舟楫、鞭策乎？

候砖景而丝丝递增者，人每不觉；砺品行而寸寸加益者，人亦不知。此不知不觉中其熏陶默化，受益良深。

吴大澂批语：转移风气，如寒之变暑，暑之变寒，其变也，以渐积之久而气候回不同矣。学问之进益，气质之变化，亦如此。

君子立志必为圣贤，居心必存宽大，行事必循规矩，出言必合理义。有不可屈挠之志，则圣贤同归；有不可狭小之心，则胞与同量；有不可苟且之事，则措置咸宜；有不可轻易之言，则推行悉当。君子者，率马之骥也，我伏枥安之，乃旷然不胜其远，夙驾③而追之，则我与君子一也。

吴大澂批语：见贤思齐，有为者亦若是。立志为君子，立志为圣贤，不可有退让之心，一退让即自弃也。

魏文侯④谓李克⑤曰："先生有言，家贫思贤妻，国乱思良相。魏成⑥、翟璜⑦二子何如？"对曰："居视其所亲，富视其所与，达视其所

---

①正鹄（gǔ）：箭靶子。《礼记·中庸》："子曰：'射有似乎君子，失诸正鹄，反求诸其身。'"

②的（dì）：靶心。《晋书·王济传》："一发破的。"

③夙驾：早起驾车出行。《左传·文公十年》："命夙驾载燧，宋公违命。"

④魏文侯：姬姓魏氏，名斯，亦作都，战国时魏国贤君。内修德政，外治武功，令乐羊拔中山，任西门豹守邺，开拓疆土，使魏成为中原霸主。

⑤李克：即李悝，魏武侯时为相，推行变法，富国强兵。著《法经》一部，已佚。

⑥魏成：魏文侯之弟。

⑦翟璜：魏国贤臣，辅佐魏文侯称霸诸侯。

举,穷视其所不为,贫视其所不取,五者足以定之矣。"文侯曰:"先生就舍,吾之相定矣。"李克出,翟璜曰:"闻君召先生卜相,果谁为之?"克曰:"魏成。"璜忿然曰:"西河守吴起,臣所进也。君以邺为忧,臣进西门豹。君欲伐中山,臣进乐羊。中山已拔,无使守之,臣进先生。君之子无傅,臣进屈侯鲋。以耳目之所睹记,臣何负于魏成?"克曰:"成食禄千钟,什九在外,是以东得卜子夏①、田子方、段干木②。此三人者,君皆师之。君所进五人者,君皆臣之,恶得与成比也?"璜再拜谢曰:"鄙人失对,愿卒为弟子。"③ 吾观李克所称达视其所举,可谓得卜相之大体矣。魏成者,虚怀延揽,选任贤良,可谓得为相之大体矣。君子盈庭,同心匡济,千载下有余慕焉。若"居视其所亲"云云,则君子之所以自处,与君子之所以观人,又可忽乎哉?

吴大澂批语:得一贤人君子,胜于庸者千百人。功名中人与道德中人,其间相去几何哉?

公明宣④学于曾子⑤,三年不读书。曾子曰:"宣,而居参之门,三年不学何也?"公明宣曰:"安敢不学?宣见夫子居庭,亲在,叱咤之声未尝至于犬马,宣说⑥之,学而未能;宣见夫子之应宾客,恭俭而不懈惰,宣说之,学而未能;宣见夫子之居朝廷(外廷也),严临下而不毁伤,宣说之,学而未能。宣安敢不学而居夫子之门乎?"⑦ 呜呼!孝、敬、慈三者,君子之大端也,曾子践履笃实,日用动静,无在非

---

①卜子夏:卜氏,名商,字子夏,南阳温邑人。孔子弟子,"孔门十哲"之一。

②田子方、段干木:魏国贤士,魏文侯师之。

③见《史记·魏世家》。

④公明宣:曾子弟子,其人未详。

⑤曾子:曾氏,名参,字子舆,鲁国南武城人,孔子弟子,后世尊为"宗圣"。"宗圣"曾子、"复圣"颜渊、"述圣"子思、"亚圣"孟子四贤配祀孔庙。

⑥说:通"悦"。《论语·学而》:"学而时习之,不亦说乎?"

⑦见《说苑》卷二十。

教。若公明宣，其真善学者与！

吴大澂批语：公明宣居曾子之门，乃知曾子之不易学。曾子居孔子之门，所学皆孔子之学，圣贤授受之原各有浅深、难易之不同，然则读圣贤之书而一无所得，直与未读等耳。

目之所见，耳之所闻，其浸渍濡染，有日变月化，而不知其然者，不可不慎也。孟子幼时，舍近墓，嬉戏为墓间筑埋之事。孟母曰："此非所以居子也。"乃去舍市，其嬉戏为贾衒①。孟母曰："此非所以居子也。"乃徙舍学宫②之旁，其嬉戏乃设俎豆③，揖让进退。孟母曰："此真可以居子矣。"④夫居处之地，见闻最亲，与善者居则入于善，与恶者居则入于恶，未有不影响相应者也，故亲君子者乃可以为君子。

吴大澂批语：习俗移人，往往不知不觉，久而与之俱化矣。近朱者赤，近墨者黑，居处之不可不慎也。然染恶而入于下流者其势易薰，德而为善良者其化难。

郭泰⑤字林宗，太原介休人也，与河南尹李膺相友善，于是名震京师。性明知人，好奖训士类⑥。当其时，茅季伟之避雨危坐⑦，孟叔达

---

①贾衒（jiǎ xuàn）：炫卖。王鸣盛《果斋诗钞序》："天下才人、学人甚多，驰骛其才，贾衒其学，以与天下角者亦甚多。"

②学宫：学舍，指代学校。《汉书·何武传》："行部，必先即学宫见诸生，试其诵论，问以得失。"

③俎（zǔ）豆：俎和豆，古时祭祀、宴飨盛食物之器具。《论语·卫灵公》："俎豆之事，则尝闻之矣，军旅之事，未之学也。"

④见刘向《古列女传》卷一之"邹孟轲母"。

⑤郭泰：字林宗，东汉名贤。有至孝称，教授子弟以千数。《后汉书》有传。

⑥见《后汉书·郭泰传》。

⑦《后汉书·郭泰传》："茅容，字季伟，陈留人也。年四十余耕于野，时与等辈避雨树下，众皆夷踞相对，容独危坐愈恭。林宗行见之而奇其异，遂与共言，因请寓宿。旦日，容杀鸡为馔，林宗谓为己设，既而以共其母，自以草蔬与客同饭。林宗起拜之曰：'卿贤乎哉！'因劝令学，卒以成德。"

之堕甑不顾①，皆劝令就学以成其德。贾淑之洗心向善②，左原之犯法见斥③，或进之而改过自新，或慰之而前言自愧，虽在恶人，转为善士，实人伦之陶铸，而侪等之楷模也。

吴大澂批语：奖进士类，鉴别人伦，能使向善者益勉于善，不善者改行为善，此即圣人所谓君子成人之美，不成人之恶也。居乡如此，尚有裨于风化，况为一州之主、一县之长乎？况一省之大吏乎？

许劭④[一]字子将，汝南平舆人也。少立名节，好人伦，多所赏识，天下言拔士者咸称"许、郭"⑤。初为郡功曹，太守徐璆甚敬之，府中闻子将为吏，莫不改操饰行。同郡袁绍，公族豪侠，去濮阳[二]令归，车徒甚盛，将入郡界，乃谢遣宾客，曰："吾舆服岂可使许子将见？"遂以单车归家⑥。呜呼！劭之贤，能使人改操饰行，舆服省约，岂非其自处有道而足以感人者乎？

---

①《后汉书·郭泰传》："孟敏，字叔达，钜鹿杨氏人也。客居太原，荷甑堕地，不顾而去。林宗见而问其意。对曰：'甑已破矣，视之何益？'林宗以此异之。因劝令游学，十年知名。"甑（zèng），古代蒸食所用瓦器。

②《后汉书·郭泰传》："贾淑，字子厚，林宗乡人也。虽世有冠冕，而性险害，邑里患之。林宗遭母忧，淑来修吊，既而钜鹿孙威直亦至。威直以林宗贤而受恶人吊，心怪之，不进而去。林宗追而谢之曰：'贾子厚诚实凶德，然洗心向善。仲尼不逆互乡，故吾许其进也。'淑闻之，改过自厉，终成善士。乡里有忧患者，淑辄倾身营救，为州闾所称。"

③《后汉书·郭泰传》："左原者，陈留人也，为郡学生，犯法见斥。林宗尝遇诸路，为设酒肴以慰之。谓曰：'昔颜涿聚梁甫之巨盗，段干木晋国之大驵，卒为齐之忠臣，魏之名贤。蘧瑗、颜回尚不能无过，况其余乎？慎勿恚恨，责躬而已。'原纳其言而去。"

④许劭：字子将，东汉名士。劭与从兄许靖俱有高名，好共核论乡党人物，每月辄更其品题，故汝南俗有月旦评焉。曹操微时求为己目，劭曰："君，清平之奸贼、乱世之英雄。"后为避乱而投扬州刺史刘繇，及孙策平吴，劭与繇南奔豫章而卒，时年四十六。《后汉书》有传。

⑤许、郭：许劭和郭泰。

⑥见《后汉书·许劭传》。

吴大澂批语：子将一郡功曹而能使人敬惮之如此，其平日自处之正直无私，亦可想见。

曩时与弟达澍、达灏、达潜读后汉《党锢传》，当时名士品目，有三君、八俊、八顾、八及、八厨之称。窦武、刘淑、陈蕃为三君。君者，言一世之所宗也。李膺、荀昱、杜密、王畅、刘祐、魏朗、赵典、朱㝢为八俊。俊者，言人之英也。郭林宗、宗慈、巴肃、夏馥、范滂、尹勋、蔡衍、羊陟为八顾。顾者，言能以德行引人者也。张俭、岑晊、刘表、陈翔、孔昱、范康、檀敷、翟超为八及。及者，言其能导人追宗者也。度尚、张邈、王考、刘儒、胡母班、秦周、蕃向[三]、王章为八厨。厨者，言能以财救人者也。① 窃叹诸君子抗节励行，皆蒙党锢，何其屯②也？家大人③进达源等而训之曰："汝知诸君子之所以成名，即所以取祸乎？《传》不云乎'匹夫抗愤，处士横议，遂乃激扬名声，互相题拂④，品核公卿，裁量执政'⑤乎？况海内希风之流，共相标榜，为之称号，如三君、八俊云云者，岂诸君子之福耶？春秋时孔门弟子三千，七十之徒可谓贤矣，其所遭之时可谓艰矣，而卒未闻蒙党人之议者何也？有高世之节，无立异之心，有应求之情，无党同之见。故曰：'君子矜而不争，群而不党。⑥'此圣人之教，所以垂范百世也

---

① 见《后汉书·党锢传》。
② 屯（zhūn）：艰难，困顿。刘禹锡《子刘子自传》："重屯累厄，数之奇兮！"
③ 家大人：见卷一注。
④ 题拂：品评，褒扬。王士禛《鱼子亭杂录》："所以题拂而扬诩之者，无所不至。今将五十年，回思往事，真生平第一知已也。"
⑤《后汉书·党锢传》："逮桓灵之间，主荒政缪，国命委于阉寺，士子羞与为伍，故匹夫抗愤，处士横议，遂乃激扬名声，互相题拂，品核公卿，裁量执政，婞直之风，于斯行矣。"
⑥《论语·卫灵公》："子曰：'君子矜而不争，群而不党。'"朱熹《四书集注》注："庄以持己曰矜。然无乖戾之心，故不争。和以处众曰群，然无阿比之意，故不党。"

与？小子志之！"

吴大澂批语：**此四语可以除标榜之风，去门户之见。**

林逋①在杭州，世皆以高士、诗人目之，考其所著《省心录》，则笃行君子也。篇首云："闻善言则拜，告有过则喜。"有圣贤之气象。又云："坐密室如通衢，驭存心如六马，可以免过。"

吴大澂批语：**以林和靖为笃行君子，可谓读书得闲。**

又云："高不可欺者天也，尊不可欺者君也，内不可欺者亲也，外不可欺者人也。四者既不可欺，心其可欺乎？心不欺，人其欺我乎？"

吴大澂批语：**四不欺乃圣贤学问。**

其他名言至论，皆有圣贤学问工夫，非徒诗画俊逸而已。李恭惠公及②知杭州，每访林逋于孤山，望见林麓，即屏导从，步入其庐。一日冒雪出郊，独造逋清谈，至暮而返。呜呼！冒雪清谈，流连永日，其所开说启悟无穷，若恭惠者，可不谓能亲贤者乎？

岳麓书院之东，有道乡祠，相传邹道乡③先生经过，山僧列炬迎宿

---

①林逋：字君复，北宋杭州钱塘人。少孤力学，通经史百家，性恬淡好古，勿趋荣利。结庐西湖之孤山，二十年足不及城市。终生不仕不娶，无子，惟喜植梅养鹤，自谓"以梅为妻，以鹤为子"。既卒，仁宗嗟悼，赐谥"和靖先生"。《宋史》有传。后人辑有《林和靖先生诗集》四卷。

②李恭惠公及：李及，字幼几，其祖范阳人，后徙郑州。父覃，左拾遗。及举进士，调升州观察推官。寇准荐其才，擢大理寺丞、知兴化军，以殿中丞通判曹州，累官至尚书工部侍郎，召拜御史中丞。为官清介，治政简严，卒赠礼部尚书，谥"恭惠"。《宋史》有传。

③邹道乡：邹浩，字志完，北宋常州晋陵（今江苏常州）人。登进士第，调扬州颍昌府教授。吕公著、范纯仁为郡守，皆礼遇之。哲宗朝，擢为右正言，累上疏言事。徽宗立，进中书舍人，迁兵、吏二部侍郎，以宝文阁待制知江宁府，徙杭、越州，两谪岭表。归里后尝辟一园，名"道乡"，自号道乡居士。年五十二卒，赐谥忠，有《道乡集》四十卷行世。《宋史》有传。

于此，后因立祠祀之。戊午春，侍家大人①读书岳麓，瓣香②拜焉。大人曰："先生道学行义，知名于时，其遇事接物，犹虚舟③然，而坚挺之姿，如精金良玉，不可磨磷。其极谏被谪，非其罪也。至所云'圣人之道，备于六经。六经千门万户，何从而入？大要在《中庸》一篇，其要在"慎独"而已。但于十二时中，看自家一念从何处起，即检点不放过'④云云。此即是君子慎独之学。"于时曙烟正袅，朝旭初升，几杵晨钟，发人深省。

吴大澂批语：癸巳重阳日，偕僚友登岳麓山，归途经道乡祠，僧人导入小憩，有仰止之思焉。

范忠宣公纯仁字尧夫⑤，文正公之次子，以恩补官，中进士第，相哲宗。尧夫少时，文正公门下，多延贤士，如胡瑗⑥、孙复⑦、石介⑧、

---

①家大人：见卷一注。
②瓣香：古以拈香一瓣表示对人之敬仰。丁鹤年《过九江追悼李子威太守诗》："瓣香遥拜九江城，太守精诚日月明。"
③虚舟：喻胸怀坦荡。《晋书·谢安传》："太保沈浮，旷若虚舟。"
④见《言行龟鉴》卷二"德行门"。
⑤尧夫：见卷五注。
⑥胡瑗：字翼之，北宋泰州海陵（今江苏泰州）人，理学名臣，世称安定先生。以经术教授吴中，范仲淹经略陕西，辟丹州推官。皇祐中，召作乐事，迁大理寺丞，居太学讲学。嘉祐初擢太子中允、天章阁侍讲，以太常博士致仕。事入《宋史·儒林传》。
⑦孙复：字明复，北宋晋州平阳（今山西临汾）人，理学名臣，世称泰山先生。举进士不第，退居泰山，讲学治经，石介以师事之。范仲淹、富弼皆言复有经术，召为秘书省校书郎、国子监直讲。因事遭贬，后复官，迁殿中丞。有《春秋尊王发微》十二卷行世。事入《宋史·儒林传》。
⑧石介：字守道，北宋兖州奉符（今山东泰安）人，理学名臣，世称徂徕先生。进士及第，历郓州、南京推官。丁父母忧，耕徂徕山下，以《易》教授于家。入为国子监直讲，学者甚众，太学由此益盛。擢太子中允，直集贤院。后遭贬，通判濮州，未赴而卒。事入《宋史·儒林传》。

李觏①之徒，与尧夫从游，昼夜肄业，置灯帐中，夜分不寝。尧夫贵，夫人犹收其帐，顶如墨色，时以示子孙曰："尔父少时勤学，灯烟迹也。"②按尧夫品行经济，有文正之风，即其帐顶烟迹，岂异文正之以水沃面哉？然而德器成就，未必非胡瑗、孙复诸君子切磋琢磨之力，则文正之多延贤士可师矣。

吴大澂批语：门下多贤士，皆子弟之名师益友，故人乐有贤父兄也。

蔡齐③字子思，举进士第一，通判济州，日饮醇酎④，往往致醉。时太夫人年已高，颇忧之。一日贾存道⑤过济，齐馆之数日。存道爱齐之贤，虑其以酒废学生疾，乃为诗示齐曰："圣君宠重龙头选，慈母恩深鹤发垂。君宠母恩俱未报，酒如成病悔何追！"⑥公矍然⑦起谢之。⑧自是非亲客不对酒，终身未尝至醉。呜呼！存道劝人以善，子思有过

---

①李觏：字泰伯，北宋建昌军南城（今江西抚州）人。居家养亲，以教授自资，学者甚众。皇祐初，范仲淹荐为太学助教。嘉祐中，召为海门主簿、太学说书，未几而卒。事入《宋史·儒林传》。

②见《言行龟鉴》卷一"学问门"。

③蔡齐：字子思，北宋莱州胶水（今山东平度）人。大中祥符八年中进士第一。仁宗时拜礼部侍郎、参知政事，后出知颍州。为政有仁声，年五十二卒，赠兵部尚书，谥"文忠"。《宋史》有传。

④醇酎（chún zhòu）：汉时酒名，重酿之醇酒。《西京杂记》卷一："汉制，宗庙八月饮酎，用九酝太牢、皇帝侍祠。以正月旦作酒，八月成，名曰酎。一曰九酝，一名醇酎。"

⑤贾存道：贾同，字希得，北宋青州临淄（今山东淄博）人。笃学好古，有时名，著《山东野录》七篇。年四十余，同进士出身，真宗赐名"同"。仕至殿中丞、知棣州。及卒，门人谥曰"存道先生"。事入《宋史·儒林传》。

⑥《言行龟鉴》卷二作："圣君恩宠龙头选，慈母年高鹤发垂。君宠母恩俱未报，酒如成病悔何追！"

⑦矍（jué）然：惊惶急视貌。班固《东都赋》："主人之辞未终，西都宾矍然失容。"

⑧见《言行龟鉴》卷二"德行门"。

则改，皆不愧君子矣。

吴大澂批语：存道惟爱齐之贤，故出语之真挚足以感动而使之悔过。

明道①先生受学于周茂叔②，茂叔窗前草不除，问之，云："与自家意思一般。"③后明道书窗前有草茂覆砌，或劝之芟，明道曰："不可，欲常见造物生意。"又置盆池，畜小鱼数尾，时时观之，或问其故，曰："欲观万物自得意。"草之与鱼，人所共见，惟明道见草则知生意，见鱼则知自得意。④盖程子受学于周子，周子得道于孔子。鸢飞鱼跃，活泼泼地，此中具有会心。

吴大澂批语：笃志好学者无往而非学，否则玩物耳。

朱光庭⑤字公掞，见明道于汝州，归谓人曰："某在春风中坐了一月。"⑥载绎斯言，教者畅以天机，学者会以天趣，非实在融洽亲切，不能如此形容。

横渠⑦先生喜谈兵。年十八，慨然以功名自许。上书谒范文正公⑧，一见知其远器，欲成就之，责之曰："儒者自有名教，何事于兵？"因劝读《中庸》，先生虽爱之，而犹未以为是也。又访诸释、老之书，反求之六经。嘉祐初，见二程子于京师，共语道学，先生乃涣

---

① 明道：程颢，见卷一注。
② 周茂叔：周敦颐，见卷一注。
③ 见《河南二程全书·遗书》之卷三"谢显道记忆平日语"。
④ 见《宋名臣言行录》外集卷二之"程颢 明道先生纯公"。
⑤ 朱光庭：字公掞，北宋河南偃师（今河南洛阳市偃师区）人。少从孙复学《春秋》，后学于胡瑗，又师事程颐。嘉祐间进士及第，历任四县令，人以"明镜"称。哲宗时，仕至右谏议大夫、给事中。徙潞州，卒于任，年五十八。《宋史》有传。
⑥ 见《宋名臣言行录》外集卷二之"程颢 明道先生纯公"。
⑦ 横渠：张载，见卷一注。
⑧ 范文正公：范仲淹，见卷一注。

然自信曰："吾道自足，何事旁求？"① 先生聪颖绝人，始而谈兵，继而释、老，其视《中庸》、六经之书，殆未屑意也，赖有范、程诸君子招呼接引，得入贤关，其所成就岂小也哉？

吴大澂批语：好谈经济之学，好读释老之书，观此可以憬然悟矣。自命为何等人，即当求何等学。

五峰②先生宏字仁仲，文定公之季子。南轩③求见，先生辞以疾。他日见孙正孺而告之，孙道五峰之言曰："渠家好佛，宏见他说甚。"南轩方悟前此不见之由，于是再谒之，语甚相契，遂受业焉。南轩曰："栻若非正孺，几乎迷路。"④ 呜呼！世之能指迷者多矣，指其迷而不悟，其若之何？五峰以好佛晓之，正孺即告之，南轩且再谒而受业焉，何患其迷路哉？

吴大澂批语：误入迷途后一旦悔悟，便须决然舍去，出此入彼，非有真力量不能。

籍溪⑤先生宪字原仲，文定公之从子，乡人士子，从游日众。每教诸生于工课余暇，以片纸书古人懿行，或诗文铭赞之有补于人者，粘

---

① 见《宋史·张载传》。

② 五峰：胡宏，字仁仲，号五峰，世称五峰先生，南宋建宁崇安（今福建崇安）人。胡安国次子，幼事杨时、侯仲良，而卒传其父之学，优游衡山下二十余年，开理学之湖湘学派。以荫补承务郎，秦桧欲用之，力辞。桧死，宏被召，以疾辞，卒于家。著书《知言》，行于世。《宋史》有传。

③ 南轩：张栻，字敬夫，号南轩，南宋汉州绵竹（今四川绵竹市）人，右相张浚之子。师从胡宏，受二程之学。主讲于岳麓书院，门徒甚众，湖湘学派由此大盛。以荫补官，孝宗召为吏部员外郎，仕至江陵知府。年四十八卒。《宋史》有传。

④ 见《宋名臣言行录》外集卷十一之"胡宏 五峰先生"。

⑤ 籍溪：胡宪，字原仲。南宋建宁崇安（今福建崇安）人。胡安国从子。绍兴中以乡贡入太学，后归故山，以奉其亲，从游者日众，号籍溪先生。与刘勉之、刘子翚、朱松为友，松将没，属其子朱熹学于宪。卒年七十七。《宋史》有传。

置壁间，俾往来诵之，咸令精熟。① 夫古人不可见矣，而其懿行垂诸史册，名言著于简编，熟诵深思，将浸淫浇灌，变化而不自知也，而况于亲炙之者乎？

吴大澂批语：以古人之嘉言懿行为座右铭，即多识蓄德之功，朝夕省览，触目警心，受益于不知不觉，此治痼者培补元气之方。

李延平②先生侗字愿中，南剑之剑浦人。少游乡校有声，已而闻郡人罗仲素③得河洛之学于龟山④之门，遂往学焉。罗公清介绝俗，虽里人鲜克知之，见先生从游受业，或颇非笑，先生若不闻。从之累年，受《春秋》《中庸》《语》《孟》⑤之语，从容潜玩，有会于心，尽得其所传之奥。罗公少然可，亟称许焉⑥。先生天资英迈，从罗公受业者且累年矣。从容潜玩，有会于心，何患不得其所传之奥耶？

吴大澂批语：宋儒受授之渊源皆从二程夫子一脉而来，河洛之学所以直接孔孟之道统也。

---

①见《宋名臣言行录》外集卷十一之"胡宪 籍溪先生"。
②李延平：李侗，见卷三注。
③罗仲素：罗从彦，字仲素，北宋南剑剑浦（今属福建）人。闻同郡杨时得河南程氏之学，徒步往学。后筑室山中，倡道东南，往求学者众，学者称其豫章先生。绍兴二年以特科授博罗主簿，卒于任。《宋史》有传。
④龟山：杨时，字中立，号龟山，北宋南剑将乐（今属福建）人。熙宁九年进士，以师礼求学于二程，有"程门立雪"之佳话。高宗时官至工部侍郎，以龙图阁直学士专事讲学。与游酢、吕大临、谢良佐并称程门四弟子，与罗从彦、李侗并称"南剑三先生"。《宋史》有传。
⑤《语》《孟》：此为《论语》《孟子》之简称。
⑥见《李延平集》之卷四"朱文公撰李先生行状"。

朱韦斋①先生，与籍溪胡宪②、白水刘勉之③、屏山刘子翚④友善，疾革，属晦庵先生父事之，既而禀学于三君子，屏山尝告之曰："吾于《易》得入德之门，所谓'不远复'⑤者，乃吾三字符也。"⑥又学于李延平，始就平实，乃知向日从事于释、老之说皆非。⑦按有宋大儒，多从禅学过来，至会得圣贤道理，乃就平实，便将禅学销铄⑧无余，所谓"不远复"者，其殆庶几乎？

---

①朱韦斋：朱松，字乔年，号韦斋，北宋末徽州婺源人。朱熹之父。政和八年同上舍出身，授建州政和尉。绍兴四年，召试馆职，除正字。迁著作佐郎、尚书度支员外郎，兼史馆校勘，修《哲宗实录》。以承议郎主管台州崇道观，绍兴十三年病卒。有《韦斋集》行于世。

②籍溪胡宪：见本卷前注。

③刘勉之：字致中，南宋建州崇安（今属福建）人。以乡举入太学，修二程之学，师事谯定，后厌科举业，辞归家，结草为堂，读书其中。闭门十余年，求学者踵至，所居有白水，学者称白水先生。其友朱松卒，属以后事，且戒其子熹受其学。熹之得道，自勉之始。《宋史》有传。

④刘子翚：字彦冲，北宋建州崇安（今属福建）人，名臣刘韐之次子，以父荫补承务郎，韐死靖康之难，庐墓三年。服除，通判兴化军。始执丧致羸疾，后辞归武夷山，闭门讲学十七年，与籍溪胡宪、白水刘勉之友善，朱熹从其学，年四十七卒，学者尊称屏山先生。《宋史》有传。

⑤不远复：《周易·复》："初九，不远复，无祗悔，元吉。"孔颖达《周易正义》注："最处复初，始复者也。复之不速，遂至迷凶；不远而复，几悔而反，以此修身，患难远矣。错之于事，其殆庶几乎？故元吉也。"王申子《大易缉说》卷五："复之卦义，刚反也，而爻义唯取反善以为训。初九阳刚得正，居动之初，亦复之初，动而后有失，失而后有复，初动而即复，是不远复也。不远而复，故不抵于悔。祗，抵也。此大善而吉之道。"

⑥见《宋名臣言行录》外集卷十二之"朱熹 晦庵先生徽国文公"。

⑦见《宋名臣言行录》外集卷十二之"朱熹 晦庵先生徽国文公"。

⑧销铄（shuò）：熔化，消除。铄，熔化。司马光《上谨习疏》："宣布善化，销铄恶俗。"

陈同父亮①，天资异常，俯视一世。尝与晦庵先生书，词气激烈，晦庵答曰："以兄之高明俊杰，世间荣悴②得失，本无足为动心者，而细读来书，似未免有不平之气。区区窃独妄意，此殆平日才太高、气太锐、论太险、迹太露之过，是以困于所长、忽于所短，虽复更历变故，颠沛至此，犹未知所以反求之端也。鄙意更欲贤者百尺竿头，进取一步。"③此晦庵以君子之道责同父，直谅之风，千载犹可想见。

吴大澂批语：以陈同父之天资，不免太高、太锐、太险、太露之病，今之学者恃才傲物，不能无意气之累，当以朱子此书为韦弦之佩④。

男林翼校字

【校记】

［一］许劭：原作"许邵"，据《后汉书·许劭传》改。

［二］濮阳：原作"灌阳"，据《后汉书·许劭传》改。

［三］蕃向：原作"蕃響"，据《后汉书·党锢传》改。

---

①陈同父亮：陈亮，字同甫，号龙川，南宋婺州永康（今属浙江）人。才气超迈，喜谈兵。多次上书，陈言恢复大计，力主抗金。以豪侠屡遭大狱，不被任用。绍熙四年策进士，奏名第三，光宗亲擢为第一，授金书建康府判官厅公事，未行而卒，年五十二。端平初年，追谥"文毅"。有《龙川文集》行于世。《宋史》有传。

②悴（cuì）：枯萎，衰败。柳宗元《寿州安丰县孝门铭》："草木悴死，鸟兽踯躅。"

③见《晦庵集》卷三十六"答陈同甫"。

④韦弦之佩：比喻有益规劝和自戒。韦，熟牛皮；弦，弓弦。典出《韩非子·观行》："西门豹之性急，故佩韦以自缓；董安于之性缓，故佩弦以自急。"

卷八　远小人

益阳胡达源清甫

圣人扶阳抑阴之道甚严。坤之初曰"履霜"①，即戒其坚冰之至，姤之初曰"羸豕"②，即防其蹢躅之凶，可谓制之于始、慎之于微矣，而其所以决去小人而使之尽者，莫如夬卦之明且切也。夬以五阳决一阴③，其势似易，然其名义必正，故"扬于王庭"④；其警戒必周，故

---

①《周易·坤》："初六，履霜，坚冰至。"王申子《大易缉说》卷三："以六之阴居坤之初，为阴虽微，其势必盛，故圣人为之戒曰：'履霜，坚冰至。'霜阴之始凝，坚冰阴之极盛，欲人履之于初知其终之必至于盛而谨之也。"

②《周易·姤》："初九，系于金柅，贞吉；有攸往，见凶，羸豕孚蹢躅。"见卷三注。

③王申子《大易缉说》卷七："夬，决也。五阳决一阴也。为卦乾下兑上，五阳盛长于下，一阴将尽于上，为众阳上进决去一阴之象。"夬（guài），《周易》六十四卦之一。

④《周易·夬》："夬：扬于王庭，孚号有厉；告自邑，不利即戎，利有攸往。"孔颖达《周易正义》疏："'扬于王庭'者，明行决断之法，夬以刚决柔，施之于人，则是君子决小人也。王庭是百官所在之处，以君子决小人，故可以显然发扬决断之事于王者之庭，示公正而无私隐也，故曰'扬于王庭'也。"

"孚号有厉"①;其自治必先,威武不尚,故"告自邑,不利即戎"②,此彖辞之义也。初戒其轻往③,二戒其惕号④,至五之"夬夬"⑤,小人之道消矣。乃上六则曰"无号,终有凶"⑥,盖一阴未尽,苟无呼号之

---

①王申子《大易缉说》卷七:"'孚'者,由衷之诚。'号'者,命众之辞。'有厉'者谓五阳虽盛而一阴犹在高位,不可忽也,故必推诚以命众,使知尚有危机之可畏,若易而无备,则将有不虞之悔,故曰'孚号有厉'。"
②王申子《大易缉说》卷七:"邑,私邑。'告自邑'者,先自治而后可以治人也。曰扬、曰号、曰告、曰王庭者,以上六成卦之主居兑体而有外庭之象也。戎,兵也。即从也,'不利即戎'谓不可极于用刚以至兵戎,则受害者众也。'利于攸往'谓一阴犹存,尚利于有所往,盖必纯乎君子而后可也。"
③《周易·夬》:"初九,壮于前趾,往不胜为咎。"孔颖达《周易正义》注:"居健之初,为决之始,宜审其策以行其事。壮其前趾,往而不胜,宜其咎也。"王夫之《周易内传》卷三下:"初居下位,恃积刚之势,以刚居刚,遽欲前以逼阴,力弱而不相及,不胜必矣。不胜则阳之锐折,而阴益安据于上,所谓'与于不仁之甚者'也。位未高,道未盛,而欲攻小人,则一不胜而且折入于邪。"
④《周易·夬》:"九二,惕号,莫夜有戎,勿恤。"王申子《大易缉说》卷七:"二以阳刚之才遇同德之君,当夬决之任,而能居柔以晦其刚,得中而知戒惧,故亦惕号。盖必如是而后可免小人乘间抵隙之忧。故虽莫夜阴伏之时有兵戎至,亦不足虑矣,以防之密而备之素也。"王夫之《周易内传》卷三下:"惕者,心之忧也。号者,戒群阳使自治也。"莫夜:暮夜。
⑤《周易·夬》:"九五,苋陆夬夬,中行无咎。"王申子《大易缉说》卷七:"苋者,阴柔易决之物。陆者,高平不畦之地,非苋所宜。喻上阴柔窃据高位,非其所而易去也。五以阳刚中正之德为夬之主,处夬之时,当决即决,然刚不可过,又当以健而说、决而和之道,行之以中,然后可以无咎。"
⑥《周易·夬》:"上六,无号,终有凶。"王申子《大易缉说》卷七:"以一阴而乘五阳之上,贯盈恶极,皆其自取,当此之时,党类已尽矣,无所号诉矣,终归于凶矣。"

备，则乱本犹在，祸患复生。汉之王允①，唐之五王②，岂非其明验哉？此爻辞之义也，明乎此义，则学者之于便辟、善柔、便佞③，岂可不远乎？

吴大澂批语：以五阳决一阴，尚有终凶之戒。盖一阴不去，即为五阳之累；细行不矜，终为大德之病。

阴生于不觉，每起于人之所忽，此长则彼消，君子道长，小人道消，消亦消之于不觉，所谓防祸于未然，弥患于无形也。曰潜移，曰默化，其权实操诸君子。

"君子以远小人，不恶而严"④，《程传》云："远小人之道，若以恶声厉色，适足以致其怨忿，惟在乎矜庄威严，使知敬畏，则自然远矣。"⑤张子曰："'恶'读为'憎恶'之'恶'，远小人不可示以恶也。

---

① 王允：字子师，东汉太原祁（今山西祁县）人。少好大节，有志于立功。年十九，为郡吏。黄巾起，拜豫州刺史，破敌有功。初平元年，为司徒，守尚书令。董卓入京，篡逆已兆，遂密谋诛卓。卓既灭，议罢其军，卓部将李傕、郭汜等合谋为乱，攻围长安，城破，王允被杀，时年五十六。《后汉书》有传。

② 唐之五王：桓彦范、敬晖、崔元暐、张柬之、袁恕己。唐神龙元年，武则天不豫，五人等合谋，诛张易之、张昌宗兄弟，使太子李显复位，五人因功被封郡王，故称五王。后为武三思所构，累遭贬黜，张柬之、崔玄暐因愤而卒，桓彦范、敬晖、袁恕己于流所被杀。五人事见《旧唐书》列传第四十一。

③ 《论语·季氏》："孔子曰：'益者三友，损者三友。友直、友谅、友多闻，益矣；友便辟、友善柔、友便佞，损矣。'"朱熹《四书集注》注："友直，则闻其过。友谅，则进于诚。友多闻，则进于明。便，习熟也。便辟，谓习于威仪而不直。善柔，谓工于媚悦而不谅。便佞，谓习于口语而无闻见之实。三者损益正相反也。"便（pián），熟习。

④ 《周易·遯》："象曰：'天下有山，遯。君子以远小人，不恶而严。'"王申子《大易缉说》卷六："天，乾也，上三阳健行而远去。山，艮也，下二阴，为一阳止之而不得行，是小人犹有所制而君子得以从容远去，又见去之高者其势不可得而止，遯之象也，君子以之远小人。'不恶而严'如孔子之待阳货、孟子之待王驩，虽非遯，犹遯也。"

⑤ 见《易程传》卷五。

恶则患及之，又焉能远？'严'之为言，敬小人而远之之意也。"① 郭氏②曰："君子当遯之时，畏小人之害，志在远之而已。远之之道何如？不恶其人而严其分是也。孔子云：'疾之已甚，乱也。'不恶则不疾矣。"③ 诸说皆可参观。

吴大澂批语：小人当悯之，当劝之，当默化之，一恶则与君子为敌矣。

发蒙之道，贵在阳刚。蒙之九二，以阳刚为内卦之主，当发蒙之任者也，其德刚明，其行果决，童蒙求之无不吉也④；六四既远于阳，所比、所应、所居皆阴，此蒙之所以困也⑤。人当童蒙之时，无不可教者，特不亲阳刚之君子，而近阴柔之小人，必至败坏而不可救，故曰：

---

①见《张载集·横渠易说》之下经"遯"。

②郭氏：郭雍，字子和，洛阳人。父忠孝，北宋靖康中为永兴军路提刑，死难。父受业于程子，号兼山先生，著《兼山易解》。雍传其父学，名其书为《郭氏传家易说》。雍隐居峡州，放浪长杨山谷间，旌召不起，赐号"冲晦处士"，卒年八十有三。见《宋史·隐逸传》。

③《郭氏传家易说》卷四："君子当遯之时，畏小人之害道，志在远之而已。虽山林江海为远害之地，然亦有以道远之者。远之之道何如？不恶其人而严其分是也。孔子曰：'人而不仁，疾之已甚，乱也。'疾之则恶也，不恶则不疾矣。孔子曰：'君子无众寡，无小大，无敢慢'，又曰：'君子正其衣冠，尊其瞻视，俨然人望而畏之'，皆严之谓也。自古山林江海遯世之士多矣，独遯以道者孔孟而已。若夫君臣授受亦有遯之道者，盖臣道上行君，不得不为之遯也。知其道而遯者，尧舜也；不知其道而固有者，桀纣也。然非舜、禹、汤、武而遯，则篡矣。"

④《周易·蒙》："九二：包蒙，吉。纳妇，吉；子克家。"王夫之《周易内传》卷一："'包'亦养之之意。教道之善，取蒙者之刚柔明暗，悉体而藏之于心，调其过，辅其不及，以善养之。师道立，善人多，是以吉也。"

⑤《周易·蒙》："六四，困蒙，吝。"孔颖达《周易正义》注："独远于阳，处两阴之中，阇莫之发，故曰困蒙也。困于蒙昧，不能比贤以发其志，亦以鄙矣，故曰吝也。"又疏："正义曰：'此释六四爻辞也，六四在两阴之中，去九二既远，无人发去其童蒙，故曰困于蒙昧而有鄙吝。'"

"困蒙之吝，独远实也。"① 《程传》云："实，谓阳刚也。"②

吴大澂批语：养正之功，以亲君子为第一。要义为父兄者能为子弟择师友，此家教之本也。

比之六三，所居之位，阴柔而不中正，承、乘、应皆阴，是为"比之匪人"③。爻辞不言凶咎，《象传》则曰："不亦伤乎？"④ 盖"伤"之一字，近之在乎身心性命之微，远之关乎天下国家之大，当其比也，不自觉矣，及其伤也，害可胜言哉？

吴大澂批语："比之匪人"，不言凶而凶，可知《象传》只下一"伤"字，所包者广其辞约，其旨远也。

不善不入，君子守身之常法；不磷不缁，圣人体道之大权。⑤ 学者未至圣人地位，且当以子路为法。

吴大澂批语：惟坚与白乃能不磷不缁，若未至圣人地位而自以为

---

① 《周易·蒙》："《象》曰：困蒙之吝，独远实也。"孔颖达《周易正义》注："正义曰：'独远实者，实谓九二之阳也。九二以阳，故称实也。六三近九二，六五近上九，又应九二，唯此六四，既不近二，又不近上，故云独远实也。'"王申子《大易缉说》卷三："阳实阴虚，独远实者谓于一卦之中独不能近阳实之贤，故困于蒙而无由达也。"

② 见《易程传》卷一。

③ 《周易·比》："六三，比之匪人。"王申子《大易缉说》卷三："以阴柔之资，不中不正，而乘、应皆阴所比，皆非其人，凶、悔、吝不言可知也。"

④ 《周易·比》："《象》曰：比之匪人，不亦伤乎？"王申子《大易缉说》卷三："人之相比，欲求安且吉也。乃比于匪人，不亦可伤乎？伤其失所比也。"

⑤ 《论语·阳货》："佛肸召，子欲往。子路曰：'昔者由也闻诸夫子曰：'亲于其身为不善者，君子不入也。'佛肸以中牟畔，子之往也，如之何？'子曰：'然，有是言也。不曰坚乎，磨而不磷；不曰白乎，涅而不缁。吾岂匏瓜也哉？焉能系而不食？'"朱熹《四书集注》："张敬夫曰：'子路昔者所闻，君子守身之常法。夫子今日之所言，圣人体道之大权也。然夫子于公山、佛肸之召皆欲往者，以天下无不可变之人，无不可为之事也。其卒不往者，知其人终不可变而事之终不可为耳。一则生物之仁，一则知人之智也。'"佛肸（bì xī），晋大夫赵氏之中牟宰。畔，通"叛"。磷，薄。涅，染皂物。不磷不缁：磨不薄，染不黑。

坚、自以为白，谬矣。

孔子之于阳货，辞顺而礼恭①；孟子之于王驩，辞严而礼正②。先儒以"孟子锋芒发露，不及孔子之浑然。学者于此，宜致察焉"③。

孟子"正人心，息邪说，距诐行，放淫辞"④，所以闲先圣之道而救天下之患，立生民之极，此其功不在禹下也。董仲舒之言曰："今师异道，人异论，百家殊方，指意不同，臣以为诸不在六艺之科、孔子之术者，皆绝其道，勿使并进，邪辟之说灭息，然后统纪可一，法度可明，民之所从矣。"⑤先儒推论其功，以为不在孟子下。老庄之学，

---

①《论语·阳货》："阳货欲见孔子，孔子不见，归孔子豚。孔子时其亡也，而往拜之，遇诸途。谓孔子曰：'来，予与尔言。'曰：'怀其宝而迷其邦，可谓仁乎？'曰：'不可。''好从事而亟失时，可谓知乎？'曰：'不可。''日月逝矣，岁不我与。'孔子曰：'诺，吾将仕矣。'"朱熹《四书集注》："货语皆讥孔子而讽使速仕。孔子固未尝如此，而亦非不欲仕也，但不仕于货耳，故直据理答之，不复与辩，若不谕其意者。阳货之欲见孔子，虽其善意，然不过欲使助己为乱耳。故孔子不见者，义也。其往拜者，礼也。"

②《孟子·离娄下》："公行子有子之丧，右师往吊。入门，有进而与右师言者，有就右师之位而与右师言者。孟子不与右师言。右师不悦，曰：'诸君子皆与驩言，孟子独不与欢言，是简驩也。'孟子闻之，曰：'礼，朝廷不历位而相与言，不逾阶而相揖也。我欲行礼，子敖以我为简，不亦异乎！'"公行子，齐大夫。右师，王驩。敖，通"傲"。

③蔡模《孟子集疏》卷八："使孟子闻右师之言而曰'礼也'，足矣。无已而曰'朝廷不历位而相与言，不逾阶而相揖'，则已微见圭角矣。然犹可也，而又必尽其辞焉，此所以锋芒发露而不及孔子之浑然也。学者于此，宜致察焉。"

④《孟子·滕文公下》："我亦欲正人心，息邪说，距诐行，放淫辞，以承三圣者。"朱熹《四书集注》："三圣，禹、周公、孔子也。"诐行（bì xíng），偏邪不正之行。放，驱逐、放逐。

⑤见《前汉书·董仲舒传》。

流弊日滋，放荡之害，至刘伶①、阮籍②而甚；清谈之祸，至王弼③、何晏④而炽。他如神仙之荒唐，方术之悠缪，阴谋之诡秘，邪说诐行，生民之蠹，正道之贼也。孔子曰："攻乎异端，斯害也已。"⑤ 可不慎哉？

吴大澂批语：崇正学者必黜邪说。邪教盛行之时，圣人之道不绝如线，有一人焉力起而争之、辟之、屏绝之，圣教于是乎复明。汉之董仲舒、唐之韩昌黎，皆有功于正学者也。

乡原⑥，乱德之害，在一"似"字。百行中几有百似，百似中却无

---

①刘伶：字伯伦，魏晋时沛国（今安徽淮北）人，"竹林七贤"之一。身长六尺，容貌甚陋。放情肆志，嗜酒常醉。与阮籍、嵇康为友，曾任建威参军。著《酒德颂》一篇，存于世。《晋书》有传。

②阮籍：字嗣宗，魏晋时陈留尉氏（今河南开封）人，"竹林七贤"之一。任性不羁，不与世事。尝以白眼对礼俗之士，青眼对友。率意独驾，不由径路，穷途而哭。年五十四而卒。有《阮籍集》行于世。《晋书》有传。

③王弼：字辅嗣，三国山阳高平（今山东金乡县）人。天才卓出，能辩善言，以注《周易》、《老子》知名。初为补台郎，正始十年，曹爽被杀，落职。其秋遇疠疾亡，时年二十四。

④何晏：字平叔，南阳宛（今河南南阳）人，东汉大将军何进之孙。少孤，母尹氏为魏太祖夫人，晏以才秀知名。正始初，曲合于曹爽，迁侍中、尚书。与夏侯玄、王弼等崇尚清谈，士大夫慕效之。高平陵之变，以附曹爽被司马懿所杀，夷三族。

⑤《论语·为政》："子曰：'攻乎异端，斯害也已。'"朱熹《四书集注》："范氏曰：'攻，专治也，故治木、石、金、玉之工曰攻。异端，非圣人之道，而别为一端，如杨、墨是也，其率天下至于无父无君，专治而欲精之，为害甚矣。'程子曰：'佛氏之言，比之杨、墨，尤为近理，所以其害为尤甚。学者当如淫声美色以远之，不尔，则骎骎然入于其中矣。'"

⑥《论语·阳货》："乡原，德之贼也。"朱熹《四书集注》："乡原，乡人之愿者也。盖其同流合污以媚于世，故在乡人之中独以愿称，夫子以其似德非德，而反乱乎德，故以为德之贼而深恶之。"

一是。此孔子所以深恶痛绝,而孟子直指为邪慝也。①

吴大澂批语:凡事凡物皆有相似者,足以乱真。有相似而相近者,有相似而相反者,不可以不辨。"刚、毅、木、讷,近仁②",有子之言似夫子,此相似而相近者也。莠之乱苗,不可以食,郑声之乱乐,不可为训,此相似而相反者也。药草亦各有伪充者,性相近则尚可用,性相反则误人不浅矣。

闻者③是驾空求名之人,色取行违,虚声假借,患在居之不疑;乡原是浮沉谐俗之人,同流合污,阉然④媚世,患在自以为是。此两种人,胸中一定把握,不肯退悔,故终无转机。

名者,实之宾也。实至名归,此一定之理也,乃有欺世而盗名者,

---

①《孟子·尽心下》:"曰:'何如斯可谓之乡原矣?'曰:'何以是嘐嘐也?言不顾行,行不顾言,则曰,古之人,古之人。行何为踽踽凉凉?生斯世也,为斯世也,善斯可矣。阉然媚于世也者,是乡原也。'万章曰:'一乡皆称原人焉,无所往而不为原人,孔子以为德之贼,何哉?'曰:'非之无举也,刺之无刺也,同乎流俗,合乎污世,居之似忠信,行之似廉洁,众皆悦之,自以为是,而不可与入尧舜之道,故曰"德之贼"也。孔子曰:"恶似而非者:恶莠,恐其乱苗也;恶佞,恐其乱义也;恶利口,恐其乱信也;恶郑声,恐其乱乐也;恶紫,恐其乱朱也;恶乡原,恐其乱德也。"君子反经而已矣。经正,则庶民兴;庶民兴,斯无邪慝矣。'"嘐(xiāo)嘐,志大言大之貌。踽(jǔ)踽,独行无依。

②见《论语·子路》。

③《论语·颜渊》:"子张问:'士何如斯可谓之达矣?'子曰:'何哉,尔所谓达者?'子张对曰:'在邦必闻,在家必闻。'子曰:'是闻也,非达也。夫达也者,质直而好义,察言而观色,虑以下人。在邦必达,在家必达。夫闻也者,色取仁而行违,居之不疑。在邦必闻,在家必闻。'"朱熹《四书集注》:"'闻'与'达'相似而不同,乃诚伪之所以分,学者不可不审也。"闻也者,《四书集注》:"善其颜色以取于仁,而行实背之,又自以为是而无所忌惮。此不务实而专务求名者。故虚誉虽隆,而实德则病矣。"

④阉然:献媚取宠之貌。顾炎武《日知录·廉耻》:"彼阉然媚于世者,能无愧哉?"

虽未穿窬①其身，而已穿窬其心，故定其罪曰"盗"，彼且俯首无辞矣。

隐恶讳过，在己无伤于刻薄，在人可生其愧耻。乃有称人之恶者，尊君亲上，上下之定分，忠敬之本心；乃有居下而讪上者，此于人心世道，大有关系，故圣人恶之。

吴大澂批语：好称人之恶者即不知上下尊卑之分，且不问其事之真不真，不察其情之冤不冤，徒以快吾之口舌供人之谈笑，所以其人可恶也。

曲意徇物，掠美市恩，可以正微生高②之直；行不由径，非公不至，可以识澹台灭明③之贤。观人者于其细处见其大端。

---

①穿窬（yú）：穿壁翻墙，指偷窃行为。窬，门边小洞。《论语·阳货》："色厉而内荏，譬诸小人，其犹穿窬之盗也欤！"

②《论语·公冶长》："子曰：'孰谓微生高直？或乞醯焉，乞诸其邻而与之。'"朱熹《四书集注》："微生，姓；高，名；鲁人，素有直名者。醯，醋也。人来乞时，其家无有，故乞诸邻家以与之。夫子言此，讥其曲意徇物，掠美市恩，不得为直也。程子曰：'微生高所枉虽小，害直为大。'范氏曰：'是曰是，非曰非，有谓有，无谓无，曰直。圣人观人，于其一介之取予，而千驷万钟从可知焉。故以微事断之，所以教人不可不谨也。'"醯（xī），醋。

③《论语·雍也》："子游为武城宰。子曰：'女得人焉尔乎？'曰：'有澹台灭明者，行不由径，非公事，未尝至于偃之室也。'"朱熹《四书集注》："武城，鲁下邑。澹台，姓；灭明，名；字子羽。径，路之小而捷者。公事，如饮射读法之类。不由径，则动必以正，而无见小、欲速之意可知。非公事不见邑宰，则其有以自守，而无枉己殉人之私可见矣。杨氏曰：'为政以人才为先，故孔子以得人为问。如灭明者，观其二事之小，而其正大之情可见矣。后世有不由径者，人必以为迂；不至其室，人必以为简。非孔氏之徒，其孰能知而取之？'愚谓持身以灭明为法，则无苟贱之羞；取人以子游为法，则无邪媚之惑。"偃，子游名。

居广居，立正位，行大道①，见孟子泰山岩岩气象②。权势窃取，妾妇顺从，见仪、衍③阿谀苟容伎俩。

犯而不校，圣门惟颜子能之④。此是心中广大，万物一体，如一人之身，手足爪牙之相犯，何从计较？孟子乃有三自反工夫⑤，愈修省，愈虚冲，尤见学者用力处，至指之曰妄人，绝之曰禽兽，譬之蚊虫、虱子，何足与之校哉？

吴大澂批语：犯而不校，颜子广大之学问。三自反者，孟子精密之工夫，学者先学孟子，由强勉而至自然，此中自有次序，不可以骤几也。

妄人之横逆，害在一人一时，禽兽奚择，又何难焉？可以不校。

---

①《孟子·滕文公下》："景春曰：'公孙衍、张仪岂不诚大丈夫哉？一怒而诸侯惧，安居而天下熄。'孟子曰：'是焉得为大丈夫乎？子未学礼乎？丈夫之冠也，父命之；女子之嫁也，母命之，往送之门，戒之曰："往之女家，必敬必戒，无违夫子。"以顺为正者，妾妇之道也。居天下之广居，立天下之正位，行天下之大道。得志，与民由之；不得志，独行其道。富贵不能淫，贫贱不能移，威武不能屈。此之谓大丈夫。'"

②《宋元学案》卷十六"伊川学案下"之"附录"："张横浦曰：'伊川之学，自践履中入，故能深识圣贤气象。如曰："孔子元气也，颜子景星卿云也，孟子有泰山岩岩气象。"'"

③仪、衍：战国时纵横家张仪、公孙衍。张仪主"连横"，公孙衍主"合纵"，二人巧言立说，鼓动各国君主采纳己之策略。

④《论语·泰伯》："曾子曰：'以能问于不能，以多问于寡，有若无，实若虚，犯而不校。昔者吾友尝从事于斯矣。'"朱熹《四书集注》："校，计较也。友，马氏以为颜渊是也。颜子之心，惟知义理之无穷，不见物我之有间，故能如此。谢氏曰：'不知有余在己，不足在人，不必得为在己，失为在人。非几于无我者不能也。'"

⑤《孟子·离娄上》："孟子曰：'爱人不亲，反其仁；治人不治，反其智；礼人不答，反其敬。行有不得者，皆反求诸己，其身正，而天下归之。《诗》云：永言配命，自求多福。'"

处士之横议，害在天下万世，率兽食人①，人将相食，不可不辩。

吴大澂批语：一可以不校，一不可不辩。截然两义，剖析甚明。

陈仲子，世家也，何待延喘息于残李哉？曰："辟兄离母，焉得不如此？"曰："仲子之兄非不友，何以避？仲子之母非不慈，何以离？且即不慈不友，亦无可逃之理。廉士之称固谬，人伦之罪更大。"②

---

①《孟子·梁惠王上》："梁惠王曰：'寡人愿安承教。'孟子对曰：'杀人以梃与刃，有以异乎？'曰：'无以异也。''以刃与政，有以异乎？'曰：'无以异也。'曰：'庖有肥肉，厩有肥马，民有饥色，野有饿莩，此率兽而食人也。兽相食，且人恶之，为民父母，行政不免于率兽而食人，恶在其为民父母也？仲尼曰："始作俑者，其无后乎！"为其象人而用之也。如之何其使斯民饥而死也？'"朱熹《四书集注》："厚敛于民以养禽兽，而使民饥以死，则无异于驱兽以食人矣。"

②《孟子·滕文公下》："匡章曰：'陈仲子岂不诚廉士哉？居於陵，三日不食，耳无闻，目无见也。井上有李，螬食实者过半矣。匍匐往将食之，三咽，然后耳有闻，目有见。'孟子曰：'于齐国之士，吾必以仲子为巨擘焉，虽然，仲子恶能廉？充仲子之操，则蚓而后可者也。夫蚓，上食槁壤，下饮黄泉。仲子所居之室，伯夷之所筑与？抑亦盗跖之所筑与？所食之粟，伯夷之所树与？抑亦盗跖之所树与？是未可知也。'曰：'是何伤哉？彼身织履，妻辟纑，以易之也。'曰：'仲子，齐之世家也。兄戴，盖禄万钟；以兄之禄为不义之禄而不食也，以兄之室为不义之室而不居也，辟兄离母，处于於陵。他日归，则有馈其兄生鹅者，已频顣曰："恶用是鶃鶃者为哉？"他日，其母杀是鹅也，与之食之。其兄自外至，曰："是鶃鶃之肉也。"出而哇之。以母则不食，以妻则食之；以兄之室则弗居，以於陵则居之，是尚为能充其类也乎？若仲子者，蚓而后充其操者也。'"朱熹《四书集注》："言仲子以母之食、兄之室为不义，而不食不居，其操守如此。至于妻所易之粟、於陵所居之室，既未必伯夷之所为，则亦不义之类耳。今仲子于此则不食不居，于彼则食之居之，岂为能充满其操守之类者乎？必其无求自足如丘蚓然，乃为能满其志而得为廉耳。然岂人之所可为哉？范氏曰：'天之所生，地之所养，惟人为大。人之所以为大者，以其有人伦也。仲子避兄离母，无亲戚、君臣上下，是无人伦也。岂有无人伦而可以为廉哉？'"於（wū）陵：古地名，在今山东周村及邹平东南。

夜气之清，不敌旦昼之梏；一日之暴，无补十日之寒①。

吴大澂批语：操存舍亡②，工夫之不可间断也。瞬存息养，光阴之不可虚度也。

乐正子之从子敖，以铺啜为便③。孟子之责乐正子以古道自尊，夫不衷诸道而苟便是图者，未有不失其守者也。师弟良规，发人深省。

羿不能取友而杀身，孺子能择交而免祸④。孟子正羿之罪，而许孺子之生，全在取友之端与不端耳。

吴大澂批语：取友不端，祸机所伏。

---

①《孟子·告子上》："虽有天下易生之物也，一日暴之，十日寒之，未有能生者也。"暴（pù），晒。

②《孟子·告子上》："故苟得其养，无物不长；苟失其养，无物不消。孔子曰：'操则存，舍则亡。出入无时，莫知其乡。'惟心之谓与？"

③《孟子·离娄上》："孟子谓乐正子曰：'子之从于子敖来，徒铺啜也。我不意子学古之道，而以铺啜也！'"朱熹《四书集注》："徒，但也。铺，食也。啜，饮也。言其不择所从，但求食耳。此乃正其罪而切责之。"

④《孟子·离娄下》："逢蒙学射于羿，尽羿之道；思天下惟羿为愈己，于是杀羿。孟子曰：'是亦羿有罪焉。'公明仪曰：'宜若无罪焉。'曰：'薄乎云尔，恶得无罪！'郑人使子濯孺子侵卫，卫使庾公之斯追之。子濯孺子曰：'今日我疾作，不可以执弓，吾死矣夫！'问其仆曰：'追我者谁也？'其仆曰：'庾公之斯也。'曰：'吾生矣！'其仆曰：'庾公之斯，卫之善射者也。夫子曰吾生，何谓也？'曰：'庾公之斯学射于尹公之他，尹公之他学射于我。夫尹公之他，端人也，其取友必端矣。'庾公之斯至，曰：'夫子何为不执弓？'曰：'今日我疾作，不可以执弓。'曰：'小人学射于尹公之他，尹公之他学射于夫子。我不忍以夫子之道，反害夫子。虽然，今日之事，君事也，我不敢废。'抽矢扣轮，去其金，发乘矢而后反。"

在沟壑而不恨，丧其首而不顾，此虞人守正之节也①；以法驰驱则不获，废法诡遇则不贯，此御者守道之心也。枉己者不能直人②，可轻为去就哉？

　　聚敛以夺民之财，则鸣鼓而击之；争地以伤民之命，罪岂容于死

----

　　①《孟子·滕文公下》："昔齐景公田，招虞人以旌，不至，将杀之。志士不忘在沟壑，勇士不忘丧其元。孔子奚取焉？取非其招不往也。"朱熹《四书集注》："田，猎也。虞人，守苑囿之吏也。招大夫以旌，招虞人以皮冠。元，首也。志士固穷，常念死无棺椁，弃沟壑而不恨；勇士轻生，常念战斗而死，丧其首而不顾也。此二句，乃孔子叹美虞人之言。夫虞人招之不以其物，尚守死而不往，况君子岂可不待其招而自往见之邪？"

　　②《孟子·滕文公下》："昔者赵简子使王良与嬖奚乘，终日而不获一禽。嬖奚反命曰：'天下之贱工也。'或以告王良。良曰：'请复之。'强而后可，一朝而获十禽。嬖奚反命曰：'天下之良工也。'简子曰：'我使掌与女乘。'谓王良，良不可，曰：'吾为之范我驰驱，终日不获一；为之诡遇，一朝而获十。《诗》云："不失其驰，舍矢如破。"我不贯与小人乘，请辞。'御者且羞与射者比；比而得禽兽，虽若丘陵，弗为也。如枉道而从彼，何也？且子过矣，枉己者，未有能直人者也。"朱熹《四书集注》："赵简子，晋大夫赵鞅也。王良，善御者也。嬖奚，简子幸臣。与之乘，为之御也。复之，再乘也。强而后可，嬖奚不肯，强之而后肯也。一朝，自晨至食时也。掌，专主也。范，法度也。诡遇，不正而与禽遇也。言奚不善射，以法驱驰则不获，废法诡遇而后中也。《诗·小雅·车攻》之篇。言御者不失其驱驰之法，而射者发矢皆中其节。今嬖奚不能也。"又："或曰：'居今之世，出处去就，不必一一中节。欲其一一中节，则道不得行矣。'杨氏曰：'何其不自重也？枉己其能直人乎？古之人守道之不行，而不轻其去就，是以孔、孟虽在春秋、战国之时，而进必以正，以至终不得行而死也。使不恤其去就而可以行道，孔、孟当先为之矣。孔、孟岂不欲道之行哉？'"

哉？故曰："善战者服上刑。"①

富贵之利达之所以求，与齐人墦间之所以乞②，在人看做两样，在君子则看作一样，其情其状，可羞可泣，却是一点不差。惟孟子礼义分明，一介不取，万钟弗屑，故能洞见小人五脏，痛下针砭。学者充其羞恶之心，养其刚大之气，则卓然有以自立矣。

吴大澂批语：梁鸿③不因人热，非矫也，亦充其羞恶之心而已。余为诸生时，馆于某观察处，月得修金五千文。同事诸友商诸釐局，委员每节致送节敬数十千，余独耻而不受，人皆笑其愚。

笔端刻薄，岂有宽厚心肠；口中雌黄，必无远大见识。

---

①《孟子·离娄上》："孟子曰：'求也为季氏宰，无能改于其德，而赋粟倍他日。孔子曰："求，非我徒也，小子鸣鼓而攻之，可也。"由此观之，君不行仁政而富之，皆弃于孔子者也。况于为之强战！争地以战，杀人盈野；争城以战，杀人盈城。此所谓率土地而食人肉，罪不容于死！故善战者服上刑，连诸侯者次之，辟草莱、任土地者次之。'"朱熹《四书集注》："善战，如孙膑、吴起之徒。连结诸侯，如苏秦、张仪之类。辟，开垦也。任土地，谓分土授民，使任耕稼之责，如李悝尽地力、商鞅开阡陌之类也。"

②《孟子·离娄下》："齐人有一妻一妾而处室者。其良人出，则必餍酒肉而后反。其妻问所与饮食者，则尽富贵也。其妻告其妾曰：'良人出，则必餍酒肉而后反，问其与饮食者，尽富贵也，而未尝有显者来。吾将瞷良人之所之也。'早起，施从良人之所之，遍国中无与立谈者，卒之东郭墦间，之祭者乞其余，不足，又顾而之他。此其为餍足之道也。其妻归，告其妾曰：'良人者，所仰望而终身也。今若此！'与其妾讪其良人，而相泣于中庭。而良人未之知也，施施从外来，骄其妻妾。由君子观之，则人之所以求富贵利达者，其妻妾不羞也而不相泣者，几希矣。"朱熹《四书集注》："孟子言，自君子而观，今之求富贵者，皆若此人耳。使其妻妾见之，不羞而泣者少矣，言可羞之甚也。赵氏曰：'言今之求富贵者，皆以枉曲之道，昏夜乞哀以求之，而以骄人于白日，与斯人何以异哉？'"

③梁鸿：字伯鸾，东汉扶风平陵（今陕西咸阳）人。家贫尚节，娶同县孟氏女光，貌丑而贤，终身隐居不仕。《后汉书》有传。

谈死友之过，道中冓①之言，此等心术，试问何如？可以谏，正言以斥之；不可谏，掩耳而过之。

吴大澂批语：词严义正。

言笑便作圆美态，此是巧言令色；言笑故作刚方态，此是色厉内荏②。有识者自宜辨之。

吴大澂批语：此两种人皆中不足耳，配义与道乃无自馁之气。

君子耻独为君子，小人亦耻独为小人，多方引诱，以成人之恶为快。惟在我自主持，则此辈无所施其伎俩。

木心不正者，其发矢必不直，非良弓之材也；金质不炼者，其制器必不坚，非精金之品也。人苟心术不正，其为材也缪矣；学问不深，其为器也浅矣。

吴大澂批语：金以炼而愈精，本亦金也。铜则炼之为精铜，铅则炼之为精铅，银则炼之为精银，不能使铜、铅、银皆炼为金，生质之高下，亦有限于天者矣。

骄淫之人，不可近也。我虽未即骄淫，而耳目濡染，有变易而不觉者。险诈之人，不可近也。我虽未必险诈，而势利挤排，有倾陷而不已者。

道义中有全交，势利中无完友。质直敢言者为诤友，善柔顺意者非良朋。

郑卫之音③，足以摇荡其性情；珍玩之物，足以移易其嗜好。推之

---

①中冓（gòu）：内室，指闺门以内。冓，房屋深处。《汉书·文三王传》："不窥人闺门之私，听闻中冓之言。"

②荏（rěn）：软弱。《论语·阳货》："色厉而内荏，譬诸小人，其犹穿窬之盗也与！"

③郑卫之音：指代靡靡之音。《礼记·乐记》："郑卫之音，乱世之音也，比于慢矣。"陈澔《礼记集说》注："张子曰：'郑卫地滨大河，沙地土薄，故其人气轻浮；其地平下，故其质柔弱；其地肥饶，不费耕耨，故其人心怠惰。其人情性如此，其声音亦然。故闻其乐，使人如此懈慢也。'"

宫室、车马、衣服，无不以侈肆贻害，皆小人之蛊惑，有以致之。学者顾惜身家，断宜猛省。

吴大澂批语：养心莫善于寡欲。

言无据者不信，事无证者难凭。小人之言，虚无惝恍。樊丰之谮杨震①，指为怨怼；石显之谮萧望之②，则曰怨望。试问怨有何迹？怼者何言？虚实即可立判，而乃逆其腹心之隐，遽加之罪可乎？故听讼者无证不能以定罪，听言者无据不可诬人。

吴大澂批语：举一人必观其实事，劾一人必察其实迹。陈平盗嫂，曾参杀人，毕竟虚实自有定论。

---

①《后汉书·杨震传》："会三年春，东巡岱宗，樊丰等因乘舆在外，竞修第宅，震部掾高舒召大匠、令史考校之，得丰等所诈下诏书，具奏，须行还上之。丰等闻，惶怖，会太史言星变逆行，遂共谮震云：'自赵腾死后，深用怨怼；且邓氏故吏，有恚恨之心。'及车驾行还，便时太学，夜遣使者策收震太尉印绶，于是柴门绝宾客。丰等复恶之，乃请大将军耿宝奏震大臣不服罪，怀恚望，有诏遣归本郡。震行至城西夕阳亭，乃慷慨谓其诸子门人曰：'死者士之常分。吾蒙恩居上司，疾奸臣狡猾而不能诛，恶嬖女倾乱而不能禁，何面目复见日月！身死之日，以杂木为棺，布单被裁足盖形，勿归冢次，勿设祭祠。'因饮酖而卒，时年七十余。弘农太守移良承樊丰等旨，遣吏于陕县留停震丧，露棺道侧，谪震诸子代邮行书，道路皆为陨涕。"

②《汉书·萧望之传》："弘恭、石显等知望之素高节，不诎辱，建白：'望之前为将军辅政，欲排退许、史，专权擅朝。幸得不坐，复赐爵邑，与闻政事，不悔过服罪，深怀怨望，教子上书，归非于上，自以托师傅，怀终不坐。非颇诎望之于牢狱，塞其快快心，则圣朝亡以施恩厚。'上曰：'萧太傅素刚，安肯就吏？'显等曰：'人命至重，望之所坐，语言薄罪，必亡所忧。'上乃可其奏。显等封以付谒者，敕令召望之手付，因令太常急发执金吾车骑驰围其第。使者至，召望之。望之欲自杀，其夫人止之，以为非天子意。望之以问门下生朱云，云者，好节士，劝望之自裁。于是望之仰天叹曰：'吾尝备位将相，年逾六十矣，老入牢狱，苟求生活，不亦鄙乎！'字谓云曰：'游，趣和药来，无久留我死！'竟饮鸩自杀。天子闻之惊，拊手曰：'曩固疑其不就牢狱，果然杀吾贤傅！'是时太官方上昼食，上乃却食，为之涕泣，哀恸左右。于是召显等责问以议不详，皆免冠谢，良久然后已。"

闻善则喜，闻谗则怒，此明断之大用也。

吴大澂批语：不喜亦不怒，有予人以不可测者，阅历深则趋避熟，居高位而老于世故，往往有之，君子不取也。

有不誉之誉，不毁之毁，惟心如明镜，斯物无遁情。

有一言而遗祸百年者，有一事而流毒四海者，听其言似乎可信，即其事亦属可行，而不知其害之无穷，何也？以一人之私坏天下之公也。

以私喜用人者，原非举天下之才，我喜之耳，不计人之贤否；以私怒退人者，亦非除天下之害，我怒之耳，不计事之安危。如此居心，岂有济耶？

吴大澂批语：无私喜、无私怒，用人未有不公者。

奔竞①之风炽，则恬退者不能望其光尘；诡谀之习行，则木讷者不能输其诚悃②。

吴大澂批语：知人，用人之大要。

简默沉静者，大用有余；轻薄浮躁者，小用不足。以浮躁为才，则必偾事③；以沉静为拙，则必失人。

---

①奔竞：奔走竞争，多指追求名利。《文选·晋纪总论》："悠悠风尘，皆奔竞之士；列官千百，无让贤之举。"

②悃（kǔn）：诚心，真心实意。白居易《与陈给事书》："伏愿俯察悃诚，不遗贱小。"

③偾（fèn）事：败事。《礼记·大学》："此谓一言偾事，一人定国。"

"凡事之不近人情者，鲜不为大奸慝"①，老泉②以此定荆公罪案③。李师中④曰："知鄞县王安石者，眼多白，甚似王敦⑤，他日乱天下者，必斯人也。"⑥苏、李二公，可谓有特识矣，然其始欧阳公⑦爱其文章，为之延誉，文潞公⑧荐其恬退，乞不次进用⑨。朝廷每欲畀⑩以美官，惟恐其不就也。安石果操何术而致此？议论奇辟似才，刚愎自用似果。

---

①见《邵氏见闻录》卷十二之苏洵《辨奸论》。然此文不载于苏洵《嘉祐集》，后世多疑其伪作。

②老泉：苏洵，字明允，号老泉，眉州眉山（今四川眉山人），以散文见长，与其子苏轼、苏辙并称"三苏"。有《嘉祐集》行于世。

③《邵氏见闻录》卷十二："眉山苏明允先生，嘉祐初游京师时，王荆公名始盛，党与倾一时，欧阳文忠公亦善之。先生，文忠客也，文忠劝先生见荆公，荆公亦愿交于先生，先生曰：'吾知其人矣，是不近人情者，鲜不为天下患。'作《辩奸论》一篇，为荆公发也。"案清人蔡上翔作《王荆公年谱考略》，为荆公辩诬正名，卷二十三："如使有识之士，为二公全书是信，则《辨奸》之为伪作，亦可不待烦言而自明矣。"又卷二十四载苏轼《王安石赠太傅敕》，以见苏子瞻与荆公交谊深厚，非后世所能诋毁。

④李师中：字诚之，北宋楚丘（今山东菏泽市曹县）人。登进士第，累官提点广西刑狱。熙宁初，拜天章阁待制、河东都转运使。为官不贵威罚，以信服人，至明而恕，深得民心。以直言遭贬，年六十六卒。《宋史》有传。

⑤王敦：字处仲，晋琅琊临沂（今山东临沂）人，与从弟王导辅佐元帝中兴，仕至大将军、江州牧。后举兵叛乱，病逝军中，被剖棺戮尸。《晋书》有传。

⑥见《宋史·李师中传》。

⑦欧阳公：欧阳修，字永叔，号醉翁，吉州庐陵（今江西吉安）人，北宋名臣。进士及第，仕至枢密副使、参知政事，熙宁五年卒，赠太子太师，谥"文忠"。《宋史》有传。

⑧文潞公：文彦博，字宽夫，汾州介休（今山西介休）人，北宋名臣。进士及第，庆历七年任枢密副使、参知政事，讨平贝州王则，拜同中书门下平章事。至和二年，复相。嘉祐间，出判河南等地，封潞国公。逮事四朝，任将相五十年，名闻四夷，以太师致仕，年九十二卒，谥"忠烈"。《宋史》有传。

⑨《宋史·王安石传》："友生曾巩携以示欧阳修，修为之延誉。"又："文彦博为相，荐安石恬退，乞不次进用，以激奔竞之风。"

⑩畀（bì）：给，与。《诗经·小雅·巷伯》："取彼谮人，投畀豺虎。"

吴大澂批语：此二语可定安石之罪案。

此安石之大病也，而世不察，群起而推奖之，无有裁抑而曲成之者，故一旦得志，变更法制，毒流四海，其祸及于靖康而未已。至此而后，指安石之奸足以乱天下；至此而后，信苏、李之识足以定安石，复何益哉？①《易·姤》之初曰："系于金柅贞吉。"呜呼！金柅不系，何怪羸豕之蹢躅哉②？

---

①案清甫公此论，未为公允。兹引蔡上翔《王荆公年谱考略》所述，以见其非。卷二十四："靖康初，杨氏《论蔡京疏》，有无名氏书其后曰：'荆公之时，国家全盛，熙河之捷，扩地数千里，宋朝百年以来所未有者。南渡以后，元祐诸贤君之子孙及苏、程之门人故吏，发愤于党禁之祸，以攻蔡京为未足。乃以败乱之由，推原于荆公，皆妄说也。其实徽、钦之祸，由于蔡京。蔡京之用，由于温公。而龟山之进，又由于蔡京。波澜相推，全与荆公无涉。'"卷首一曰："《考略》曰：'安石史传，采之私书甚多，而未有一字出于门生故吏之手。即其所见称于当世大贤者，本传亦不存一字。'"卷二十四载苏子瞻《滕达道书》："某欲面见一言者，盖谓吾侪新法之初，辄守偏见，至有同异之论。虽此心耿耿归于忧国，而所言差谬，少有中理者。今圣德日新，众化大成。回视向之所执，益觉疏矣。"又载司马光《与吕晦叔第二简》："介甫文章节义，过人处甚多。但性不晓事而喜逐非，致忠直疏远，谗佞辐辏，败坏百度，以至于此。今方矫其失，革其弊，不幸介甫谢世。反覆之徒，必诋毁百端。光意以谓朝廷特宜优加厚礼，以振起浮薄之风。"又述曰："《考略》曰：'君实、介甫虽尝意见不合，然其人皆君子也。介甫得君如彼其专，而君实不愿与之同朝，亦非由介甫挤而去之也。介甫谢世，而君实称道其贤如此，且谓反覆之徒必诋毁百端，是君实虽锐于变法，而介甫人品自在也。若如后来所传之《温公日录》《涑水记闻》诸书，果出于君实之手，则已先自蹈于诋毁百端，而又何以责夫反覆之徒哉？固知诸书皆为伪造无疑也。'"

②见卷三《周易·姤》注。

卷八 远小人

安石之奸，不独苏、李之先识也，韩魏公①知之②，吕诲③知之④，

---

①韩魏公：韩琦，字稚圭，自号赣叟，相州安阳（河南安阳）人。北宋天圣五年进士，嘉祐三年，拜同中书门下平章事、集贤殿大学士；嘉祐八年，迁右仆射，封魏国公。卒赠尚书令，谥"忠献"。著《参用古今家祭式》一卷，见《宋史·志》"艺文三"。

②《宋史·韩琦传》："在相位时，王安石有盛名，或以为可用，琦独不然之。及守相，陛辞，神宗曰：'卿去，谁可属国者，王安石何如？'琦曰：'安石为翰林学士则有余，处辅弼之地则不可。'"

③吕诲：字献可，北宋开封人，宰相吕端之孙。登进士第，神宗时拜御史中丞，以耿直称。《宋史》有传。

④《宋史·吕诲传》："著作佐郎章辟光上言，岐王颢宜迁居外邸。皇太后怒，帝令治其离间之罪。安石谓无罪。诲请下辟光吏，不从，遂上疏劾安石曰：'大奸似忠，大佞似信，安石外示朴野，中藏巧诈，陛下悦其才辨而委任之。安石初无远略，惟务改作立异，罔上欺下，文言饰非，误天下苍生，必斯人也。如久居庙堂，必无安静之理。'"

吴奎①知之②，唐介③、孙固④亦知之⑤。此数公者，皆留意人材者也。留意人材，则不以文而以行，不以辩而以心，即安石之文与辩，究安石之行与心，无可疑矣。乃韩维⑥者，曾为颍邸记室，每称扬安石，荐

---

①吴奎：字长文，北宋潍州北海（今山东潍坊）人。神宗初，拜参知政事。卒后赠兵部尚书，谥"文肃"。

②《宋史·吴奎传》："时已召王安石，辞不至，帝顾辅臣曰：'安石历先帝朝，召不赴，颇以为不恭。今又不至，果病耶，有所要耶？'曾公亮曰：'安石文学器业，不敢为欺。'奎曰：'臣尝与安石同领群牧，见其护前自用，所为迂阔。万一用之，必紊乱纲纪。'乃命知江宁。"

③唐介：字子方，北宋江陵（今湖北）人。登进士第，治平二年以龙图阁学士知太原府。熙宁元年，拜参知政事。年六十卒，赠礼部尚书，谥"质肃"。《宋史》有传。

④孙固：字和父，北宋郑州管城（今河南郑州）人。登进士第，神宗为颍王，固为侍讲；及为皇太子，又为侍读。神宗即位，擢工部郎中、天章阁待制、知通进银台司。元丰初，同知枢密院事。哲宗即位，拜门下侍郎。年七十五卒，谥"温靖"。《宋史》有传。

⑤《宋史·唐介传》："帝欲用王安石，公亮因荐之，介言其难大任。帝曰：'文学不可任耶？吏事不可任耶？经术不可任耶？'对曰：'安石好学而泥古，故论议迂阔，若使为政，必多所变更。'退谓公亮曰：'安石果用，天下必困扰，诸公当自知之。'"《宋史·孙固传》："神宗问：'王安石可相否？'对曰：'安石文行甚高，处侍从献纳之职，可矣。宰相自有其度，安石狷狭少容。必欲求贤相，吕公著、司马光、韩维其人也。'凡四问，皆以此对。"

⑥韩维：字持国，开封雍丘（今河南杞县）人，韩亿第五子，与韩绛、韩缜为兄弟。以荫入仕，宋神宗熙宁初除龙图阁直学士、权知开封府，其兄韩绛为相，以端明殿大学士出知河阳。哲宗朝召为资政殿大学士兼侍读，拜门下侍郎，后出知邓州，以太子少傅致仕。《宋史》有传。

以自代①；曾公亮②者，当神宗初召安石，即对以"真辅相材"③。此二子者，引用安石之首恶也。

吴大澂批语：以心术鉴别人才，百无一失。

任天下之事者，非才不能胜其重，但喜其才之能任大事而不察其心术之正不正，未有不受其蒙蔽者。幸而不用则祸不及于天下，不幸而大用则天下受其祸，而为千古所吐骂之人，观人者可不慎诸？

新法之行，明道先生有君子、小人两分其罪之说，不可不知。当其时，"君子正直不合，介甫以为俗学，不通世务；小人苟容谄佞，介甫以为有材，能知变通。介甫性很④，众人皆以为不可，则执之愈坚。君子既去，所用皆小人，争为刻薄，故害天下益深。故曰新政之改，亦是吾党争之太过，成就今日之事，涂炭天下，亦须两分其罪可也。"⑤

吴大澂批语：此明道先生和平语，为君子者亦当以此自责，若论介甫之执拗，争之太过，固无挽回之术，即不与争亦无悔悟之时。此其所以为小人也。

---

① 《宋史·王安石传》："安石本楚士，未知名于中朝，以韩、吕二族为巨室，欲藉以取重，乃深与韩绛、绛弟维及吕公著交，三人更称扬之，名始盛。神宗在颍邸，维为记室，每讲说见称，辄曰：'此非维之说，维之友王安石之说也。'及为太子庶子，又荐自代。"

② 曾公亮：字明仲，北宋泉州晋江（今福建泉州）人。进士及第，嘉祐六年，拜吏部侍郎、同中书门下平章事。神宗即位，加门下侍郎兼吏部尚书，举荐王安石，支持变法。累封鲁国公，拜司空，以太傅致仕，年八十卒。赠太师、中书令，谥"宣靖"。《宋史》有传。

③ 《续资治通鉴长编》卷二百九之"治平四年"："公亮曰：'安石真辅相之才，奎所言荧惑圣听。'奎曰：'臣尝与安石同领群牧，备见其临事迂阔，且护前非，万一用之，必紊乱纲纪。公亮荧惑圣听，非臣荧惑圣听也。'"

④ 很：不听从，违逆。引申为乖戾。《国语·吴语》："今王将很天而伐齐。"

⑤ 见《宋名臣言行录》外集卷二之"程颢 明道先生纯公"。

陈忠肃公瓘①字了翁，因朝会，见蔡京②视日久而不瞬，尝以语人曰："京之精神如此，他日必贵，然矜其禀赋，敢敌太阳，吾恐此人得志，必擅私逞欲，无君自肆矣。"寻居谏省，遂攻其恶。京闻公言，因所亲以自解，且以甘言啖公。公曰："杜诗所谓'射人先射马，擒贼须擒王'，不得已也。"于是攻之愈力③。呜呼！公知京之擅私逞欲，可谓明矣，而京且以甘言啖之，卒不能免其攻击，可谓勇矣。

吴大澂批语：君子观人于微，故有先见之明。

寇莱公准④，好士乐善，丁谓⑤出其门。准为相，谓参政，会食都堂，羹染准须，谓起拂之。准正色曰："身为执政而亲为宰相拂须耶？"

---

①陈忠肃公瓘：陈瓘，字莹中，号了斋，北宋南剑州沙县（今福建沙县）人。举进士第，徽宗即位，迁左司谏。与章惇、蔡卞、蔡京等不合，上书弹劾，而多遭谪贬。著《尊尧集》，通于《易》，年六十五卒。靖康初，诏赠谏议大夫，绍兴时赐谥"忠肃"。《宋史》有传。

②蔡京：字元长，北宋兴化仙游（今福建莆田）人，蔡卞之兄。熙宁三年进士，徽宗朝凡四居宰辅，当国日久，穷奢极欲，祸乱天下。钦宗即位，蔡京被贬岭南，道死潭州，年八十。入《宋史·奸臣传》。

③见《宋宰辅编年录》卷十一之"徽宗皇帝上"。

④寇莱公准：寇准，字平仲，北宋华州下邽（今陕西渭南）人。太平兴国五年进士。淳化三年，拜参知政事。景德元年，拜同中书门下平章事。契丹犯河北，准力沮众议，使帝亲征，终却强敌，而与契丹盟于澶渊。二年，加中书侍郎兼工部尚书。后遭谮，罢为刑部尚书知陕州。天禧元年，复拜中书侍郎兼吏部尚书、同平章事。后为丁谓所倾，贬为雷州司户参军。天圣元年卒，殁后十一年，复太子太傅，赠中书令、莱国公，赐谥"忠愍"。《宋史》有传。

⑤丁谓：字谓之，北宋苏州长洲县人。淳化三年，登进士第。大中祥符中，迁给事中，拜三司使、参知政事，历工、刑、兵三部尚书。天禧三年，以吏部尚书复参知政事。寇准罢相，拜谓同中书门下平章事、昭文馆大学士。又进尚书左仆射、门下侍郎、平章事兼太子少师。乾兴元年，封晋国公。后以奸邪坐罪，贬崖州司户参军。明道中，授秘书监致仕。《宋史》有传。

谓惭不胜①。准恃正直而不虞巧佞，故卒为所陷。准尝荐谓才于李沆②，沆曰："顾其为人，可使之在人上乎？"准曰："如谓者，相公终能抑之使在人下乎？"沆笑曰："他日当思吾言。"③ 则沆知人之明，过于准远矣，况乎"执政拂须"之言，更有以启其怒哉？故处小人者，当察其巧佞，而不可以正直自矜。

吴大澂批语：莱公信一丁谓，有累知人之明，惜哉！

李文靖公沆为相，真宗问治道所宜先。沆曰："不用浮薄、新进、喜事之人，此最为先。"帝问其人，曰："如梅询④、曾致尧⑤等是矣。"⑥ 故终真宗之世，数人皆不进用。夫浮薄者，不识大体；喜事者，妄为更张。文靖之言，不刊⑦之论也。

吴大澂批语：浮薄者有似乎明敏，喜事者或类乎整饬，非老成之有定识者不能辨。

---

① 见《宋史·寇准传》。

② 李沆：字太初，北宋洺州肥乡（今河北）人。太平兴国五年进士，累除右补阙、知制诰。淳化三年拜给事中、参知政事。真宗即位，迁户部侍郎、参知政事。咸平初加平章事、监修国史，累加门下侍郎、尚书右仆射。常以四方艰难奏闻，戒帝侈心，时称"圣相"，以疾卒，年五十八。赠太尉、中书令，谥"文靖"。《宋史》有传。

③ 见《宋史·李沆传》。

④ 梅询：字昌言，北宋宣州宣城（今安徽宣州）人。端拱二年进士，天禧中，拜参知政事，出知大名府。《欧阳文忠公集》卷二七有《梅公墓志铭》。《宋史》有传。

⑤ 曾致尧：字正臣，北宋抚州南丰（今江西抚州）人，为曾巩、曾布祖父。太平兴国八年进士，仕至礼部郎中。《宋史》有传。

⑥ 见《宋史·李沆传》。

⑦ 不刊：无可删改。扬雄《答刘歆书》："是县诸日月不刊之书也。"

陈忠肃公瓘，为越州佥判，蔡卞①为帅，尝为瓘语张怀素道术通神，能呼遣飞禽走兽，至言孔子诛少正卯，彼尝谏以为太早，汉楚成皋相持，彼屡登高观战，不知其岁数，殆非世间人也。瓘每窃笑之，及将往四明②，而怀素且来会稽，卞留少俟，瓘不为止，曰："子不语怪、力、乱、神，以不可训也。斯近怪矣，州牧既信重，士大夫又相谄合，下民视之，从风而靡。使真有道者，固不愿此，不然，不识之未为不幸也。"后二十年，怀素败，多引名士，或欲因是染瓘，竟以寻求无迹而止，非瓘素论守正，则不免于罗织矣③。夫人有定识、有定力，祸福不得淆其明，利害不能夺其守，何者？圣贤中正之道为之主也。若忠肃之远怀素，庶几近之。

吴大澂批语：左道惑人，断无不招祸之理，不能禁绝之，亦当远避之。

或问康侯④与秦桧厚善之故。朱子曰："秦尝为密教，翟公巽⑤知

---

①蔡卞：字元长，北宋兴化仙游（今福建莆田）人，与兄蔡京同年登科。王安石妻以女，因从之学。哲宗立，迁礼部侍郎。上王安石所作《日录》，言《神宗实录》所纪文饰奸伪，乞重行刊定，诏从之。元祐党争以此发端，直至宋亡。徽宗时擢知枢密院，蔡京为相，与兄政事时有不合。政和末，谒归上冢，道死，年六十，赠太傅，谥"文正"。与京同入《宋史·奸臣传》。

②四明：山名，在浙江宁波之西南。

③见《宋名臣言行录》后集卷十三之"陈瓘 忠肃公"。

④康侯：胡安国，见卷一注。

⑤翟公巽：翟汝文，字公巽，北宋润州丹阳（今江苏镇江）人。登进士第，徽宗时仕至吏部侍郎，知密州。时秦桧为郡文学，汝文荐其才。绍兴元年，召为翰林学士兼侍讲，拜参知政事。时秦桧为相，与之不合，罢去而卒。《宋史》有传。

密州，荐试宏词。游定夫①过密，与之同饭于翟，奇之。后康侯问人才于定夫，首以秦为对，云其人类文若②，又云无事不会。后京城破，虏欲立张邦昌③，执政而下，无敢有异议，惟秦抗论以为不可。康侯益义其所为，力言于张德远④诸公之前。后秦自虏中归，与闻国政，康侯瞩望尤切，尝有书疏往还，讲论国政。后来秦太横肆，则康侯已谢世矣。"⑤按秦桧，小人之尤者也，而康侯、定夫，留意人才，为之赏鉴推奖，盖其才诚有过人者。呜呼！往古来今，未有小人而无才者也，即一饭之顷、一事之当，其能洞悉不爽哉？康侯、定夫且如此，况其

---

①游定夫：游酢，字定夫，北宋建州建阳（今福建南平）人。登进士第，师事二程，有"程门立雪"之美谈，与谢良佐、吕大临、杨时号程门"四先生"。范纯仁守颍昌府，辟为教授。晚得监察御史，知和、舒、濠三州而卒。《宋史》有传。

②文若：荀彧（yù），字文若，汉颍川颍阴（今河南许昌）人，辅佐曹操平定北方，官至侍中、守尚书令。《后汉书·荀彧传》："南阳何颙名知人，见彧而异之，曰：'王佐才也。'"

③张邦昌：字子能，北宋永静军东光（今河北省阜城县）人。登进士第，宣和元年，累官至中书侍郎。钦宗立，拜少宰。金人犯京师，与康王赵构为人质赴金营议和。俄进太宰兼门下侍郎。京师陷，金人立邦昌，国号大楚。金人退师，邦昌逊位于康王赵构。高宗即位，以李纲为相，贬邦昌昭化军节度副使，后赐死潭州。入《宋史·叛臣传》。

④张德远：张浚，字德远，北宋汉州绵竹（今四川绵竹）人，南渡名臣。登进士第，靖康初，为太常薄。高宗即位，驰赴南京，擢殿中侍御史。绍兴五年，除尚书左仆射、同中书门下平章事兼知枢密院事，都督诸路军马，力主抗金，因失职去位。孝宗即位，除少傅、江淮东西路宣抚使，进封魏国公。隆兴元年，拜尚书右仆射、同中书门下平章事兼枢密使，都督军事。二年卒，赠太保，谥"忠献"。案《郎潜纪闻三笔》卷二载《王文贞奏罢张魏公从祀帝王庙》曰："宋张魏公一生恢复，空言未酬，后世论者，多称其忠义，而掩其丧师辱国之咎，所谓'为有南轩下笔难'也。我朝王文贞公崇简建言：'浚三命为将，三致败，且劾李纲，杀曲端，疑岳飞，荐秦桧，虽为南渡名臣，无可纪之功，当罢从祀帝王庙。'圣祖允之。五百余年之是非，始论定也。"

⑤见《朱子语类》卷一百三十一之"中兴至今日人物上"。

下焉者乎？

吴大澂批语：以一、二面信人之贤否，以一、二事定人之邪正，惟有德者能之，德可恃而才不可恃也。

有才而不用，诚觉可惜。用之而误国，又觉可恨，然则观人者不论其才之大小，当先辨其心术之正不正，君子小人之用心，必有微露于不自觉者。

程子曰："玉之温润，天下之至美也；石之粗厉，天下之至恶也。然两玉相磨，不可以成器，以石磨之，然后玉之为器，得以成焉。犹君子之与小人处也，横逆侵加，然后修省畏避，动心忍性，增益豫防，而义理生焉，道德成焉。"① 邵子②曰："有才之正者，有才之不正者。诗云：'他山之石，可以攻玉。'其小人之才乎？"③ 按此以小人之恶，成君子之美。盖修省至则义理日生，畏惧深则道德日进，惟君子能善用之耳。苟非玉也，岂能受其磨砺哉？

吴大澂批语：玉不遇石，不能成其美。君子不遇小人，君子仍不失为君子。

朱子曰："知人虽难，亦有自然之理。凡阳必刚，刚必明，明则易知；凡阴必柔，柔必阍，阍则难测。圣人作《易》，以阳为君子，阴为小人，推此以为观人之法。凡其光明正大，疏畅洞达，如青天白日、高山大川，如龙虎之为猛，而麟凤之为祥，磊磊落落，无纤介可疑者，

---

①见《宋元学案补遗》卷十"百源学案补遗下"之"附录"。

②邵子：邵雍，字尧夫，北宋范阳（今河北涿州）人。师从李之才，受《河图》《洛书》、伏羲六十四卦之学。中年后隐居洛阳，与富弼、司马光、吕公著友善，两度被召，称疾不赴。为人坦夷浑厚，不见圭角，遇事常前知，智虑绝人。著《梅花易数》《皇极经世书》《渔樵对问》等，与周敦颐、张载、程颢、程颐并称"北宋五子"。

③见《渔樵对问》。

必君子也。其依阿①淟涊②，回互隐伏，如鬼蜮狐蛊，如盗贼诅祝③，闪倏狡狯，不可方物者，必小人也。君子小人之极，既定于内，则言谈举止，亦时露之，而况事业文章，尤粲④然可见，小人虽难知，亦岂得而逃哉？"⑤ 夫以小人为可近者，大都无知人之明者也。邪正混淆，是非错乱，不以小人为非，且以小人为是，陷溺既久，日趋污下，虽欲远之，不可得矣。故朱子知人之说，所宜急讲焉。

吴大澂批语：君子之用心多厚，小人之用心多诈，以小人而貌为君子，君子之所以受其欺也。若明知其小人而自以为能驾驭之，则君子之过矣。

男林翼校字

---

①依阿：曲意逢迎，随声附和。《新唐书·萧复传》："伏愿陛下深革睿思，微臣敢当此任。若令臣依阿偷免，臣不敢旷职。"

②淟涊（tiǎn niǎn）：污浊，龌龊。刘向《九叹·惜贤》："拨谄谀而匡邪兮，切淟涊之流俗。"

③诅祝：祈求鬼神加祸于人。《尚书·无逸》："民否则厥心违怨，否则厥口诅祝。"孔颖达疏："诅祝，谓告神明令加殃咎也。"以言告神谓祝，请神加殃谓诅。

④粲（càn）：鲜明，显著。《盐铁论·结和》："功勋粲然，著于海内。"

⑤见《晦庵集》卷七十五之"王梅溪文集序"。

卷九　明礼教

益阳胡达源清甫

《礼》曰："乐者天地之和也。礼者天地之序也。和，故百物皆化；序，故群物皆别。"① 又曰："乐也者，情之不可变者也；礼也者，理之不可易者也。乐统同，礼辨异。礼乐之说，管乎人情矣。"② 盖人之喜怒哀乐，发皆中节，则人心之和即天地之和，和也即所谓乐也。人之贵贱尊卑，各安定分，则人心之序即天地之序也，即所谓礼也，是礼乐即人而具，无事不有，无时不存者也。先王教人之法，礼乐为先，后世《礼》经尚存，而《乐》律渐不可考。吾故专言礼教而兼及乎乐

---

①《礼记·乐记》："乐者天地之和也。礼者天地之序也。和，故百物皆化；序，故群物皆别。乐由天作，礼以地制。过制则乱，过作则暴。明于天地，然后能兴礼乐也。"陈澔《礼记集说》注："刘氏曰：'前言大乐与天地同和，大礼与天地同节，以成功之所合而言也。此言乐者天地之和，礼者天地之序，以效法之所本而言也。盖圣人之礼乐与天地之阴阳相为流通，故始也法阴阳以为礼乐，终也以礼乐而赞阴阳。天地之和，阳之动而生物者也。气行而不乖，故百物皆化。天地之序，阴之静而成物者也。质具而有秩，故群物皆别。'"

②《礼记·乐记》："乐也者，情之不可变者也；礼也者，理之不可易者也。乐统同，礼辨异。礼乐之说，管乎人情矣。"陈澔《礼记集说》注："刘氏曰：'人情感物无常，固多变。然既发于声音而为乐，则其哀乐一定而不可变矣。事理随时有异，固多易也。然既著之节文而为礼，则其威仪一定而不可易矣。惟其不可变，故使人佚能思初，安能惟始，和顺道德而纯然罔间，所谓统同也。惟其不可易，故使人亲疏有序，贵贱有等，谨审节文而截然不乱，所谓辨异也。此礼乐之说所以管摄乎人情也。'"

焉。

吴大澂批语：和不节则情易流，故以礼序之。序有别则情易隔，故以乐和之，礼与乐交相济也。

夫子告子张曰："尔以为必铺几筵，升降、酌献、酬酢，然后谓之礼乎？尔以为必行缀兆、兴羽钥、作钟鼓，然后谓之乐乎？言而履之，礼也。行而乐之，乐也。"①圣人言此，见礼乐之切于人，而人之行礼乐即在日用之间耳。不然，乐节礼乐，学者将从何处下手？

吴大澂批语：言而履之无形之礼也，行而乐之无声之乐也。

礼是中正的意思，乐是和平的意思。中正而无和平之意，便是礼胜则离；和平而无中正之意，便是乐胜则流②。如此看礼乐，觉得亲切，故礼乐不可斯须去身。

吴大澂批语：矜而不争故无礼胜之弊，群而不党故无乐胜之弊，以中正说礼，以和平说乐，正得礼乐之本。

程子曰："天下无一物无礼乐。且如置此两椅，一不正便是无序，

---

①《礼记·仲尼燕居》："师，尔以为必铺几筵，升降、酌献、酬酢，然后谓之礼乎？尔以为必行缀兆、兴羽钥、作钟鼓，然后谓之乐乎？言而履之，礼也。行而乐之，乐也。君子力此二者，以南面而立，夫是以天下太平也。诸侯朝，万物服体，而百官莫敢不承事也。"陈澔《礼记集说》注："筵，席也。缀兆，舞者之行列也。万物服体，谓万事皆从其理。"升降：位列高低有序。酌献：酌酒献客。酬酢（chóu zuò）：宾主互相敬酒。酬，向客人敬酒。酢，向主人敬酒。缀兆：乐舞中舞者之行列。羽钥（yǔ yuè）：祭祀或宴飨时舞者所持舞具和乐器。钟鼓：礼乐响器钟和鼓。

②《礼记·乐记》："乐者为同，礼者为异。同则相亲，异则相敬。乐胜则流，礼胜则离。合情饰貌者，礼乐之事也。"陈澔《礼记集说》注："和以统同，序以辨异。乐胜则流，过于同也。礼胜则离，过于异也。合情者，乐之和于内，所以救其离之失；饰貌者，礼之检于外，所以救其流之失。"

无序便乖，乖便不和。"① 细绎此言，日用之间，无非礼乐之流行矣。

人于尊卑上下，循分尽礼，秩然肃然，及至内安外顺，和气充塞，礼乐四达矣。周子曰："礼，理也。乐，和也。阴阳理而后和，君君臣臣、父父子子、兄兄弟弟，夫夫妇妇，万物各得其理而后和，故礼先而乐后。"②

吴大澂批语：天与人相隔则阴阳不和，官与民相隔则上下不和，人与己相隔则彼此不和，去其隔则无不通、无不和矣。

庄敬日强，安肆日偷③。盖肢体安肆则神气怠驰，故人当燕闲④之时，多有疏懈。容貌庄敬则神气强固，故人当宾祭之时，弥觉肃清。"礼者，固人肌肤之会、筋骸之束也。"⑤ 此语最为亲切有味。

"一举足而不敢忘父母，是故道而不径，舟而不游"，凡可以辱其

---

①《四书集注·论语·阳货》："子曰：'礼云礼云，玉帛云乎哉？乐云乐云，钟鼓云乎哉？'"集注："程子曰：'礼只是一个序，乐只是一个和。只此两字，含蓄多少义理。天下无一物无礼乐。且如置此两椅，一不正，便是无序。无序便乖，乖便不和……'"

②周敦颐《通书·礼乐》："礼，理也。乐，和也。阴阳理而后和，君君臣臣、父父子子、兄兄弟弟，夫夫妇妇，万物各得其理而后和，故礼先而乐后。"曹端《通书述解》注："礼，阴也，故理焉。乐，阳也，故和焉。合而言之，则阴阳各得其理而后二气和也。人伦之间各尽其道、各安天分，无不理且和焉。天高地下，万物散殊，而无不各得其理然后流而不息，合同而化而无不和也。以其先理而后和，所以不曰乐礼，而曰礼乐云。程子论敬，则自然和乐亦此理也。学者不知持敬而务为和乐，鲜不流于慢者。"

③偷：苟且，马虎。《商君书·农战》："善为国者，仓廪虽满，不偷于农。"

④燕闲：安宁、安闲。曾巩《中书舍人除翰林学士制》："今宇内嘉靖，朝廷燕闲。"

⑤《礼记·礼运》："故礼义也者，人之大端也。所以讲信修睦，而固人肌肤之会、筋骸之束也。"陈澔《礼记集说》注："肌肤之总会、筋骨之联束，非不固也，然无礼以维饬之，则惰慢倾侧之容见矣，故必礼以固之也。"

身者不为也。"一出言而不敢忘父母,是故恶言不出于口,忿言不反于身"①,凡可以羞其亲者不道也,故君子一言一动,莫敢不敬也。

礼之范围,处似小而所关实大,似迂而所系实远,故曰:"礼者,禁乱之所由生,犹坊止水之所自来也。以旧坊为无所用而坏之者,必有水败,以旧礼为无所用而去之者,必有乱患。"②

吴大澂批语:居家有礼而家规不废,居官有礼而官箴不越,凡所以范围吾身心者,皆礼也。

《冠义》曰:"冠者,礼之始也,嘉事之重者也。故古者重冠,重冠故行之于庙。"③ 见于母,母拜之,见于兄弟,兄弟拜之,成人而与为礼也。成人也者,"将责为人子、为人弟、为人臣、为人少者之礼行焉"④,故不可以不重也。自冠礼不讲,不责以成人之礼,即不知成人之道,无以激发志气,遂至悠忽终身,岂非父兄之责与?

《婚义》曰:"婚礼者,将合二姓之好,上以事宗庙而下以继后世也。是以婚礼纳(采纳雁以为采择之礼)、问名(问女之名字)、纳吉(得吉卜而纳之)、纳征(纳币以为聘)、请期(婚姻日期),皆主人筵

---

①《礼记·祭义》:"一举足而不敢忘父母,是故道而不径,舟而不游,不敢以先父母之遗体行殆。一出言而不敢忘父母,是故恶言不出于口,忿言不反于身,不辱其身,不羞其亲,可谓孝矣。"陈澔《礼记集说》注:"道,正路也。径,捷出邪径也。游,徒涉也。恶言不出于口,己不以恶言加人也。忿言不反于身,则人自不以忿言复我也。如此则不辱身,不羞亲矣。"

②《礼记·经解》:"夫礼,禁乱之所由生,犹坊止水之所自来也。故以旧坊为无所用而坏之者,必有水败,以旧礼为无所用而去之者,必有乱患。"

③《礼记·冠义》:"成人之者,将责成人礼焉也。责成人礼焉者,将责为人子、为人弟、为人臣、为人少者之礼行焉。将责四者之行于人,其礼可不重与?故孝弟忠顺之行立,而后可以为人;可以为人,而后可以治人也。故圣王重礼。故曰:'冠者礼之始也,嘉事之重者也。'是故古者重冠,重冠故行之于庙;行之于庙者,所以尊重事;尊重事,而不敢擅重事;不敢擅重事,所以自卑而尊先祖也。"

④见上条《礼记·冠义》注。

几于庙，而拜迎于门外。入，揖让而升，听命于庙，所以敬慎重正，昏礼也。"① 其始则教以德容、言功，谨妇职者如此其详。其继则隆以其牢②、合卺③，将爱敬者如此其至，既又共牢奠酬④，申之以著代⑤，成之以妇顺。顺于舅姑，和于室人，而后当于其夫而家道成矣。《易》曰："女正位乎内，男正位乎外。男女正，天地之大义也。"⑥ 可不敬哉？

吴大澂批语：吾吴乡间俗礼，人子合卺之日，父母正坐堂中，令子、妇跪而听训教，以成人之道。及居家处世之宜，其犹有古之遗风与？城中则无此礼节，礼失而求诸野，其斯之谓乎？

---

①《礼记·昏义》："婚礼者，将合二姓之好，上以事宗庙而下以继后世也，故君子重之。是以婚礼纳采，问名，纳吉，纳征，请期，皆主人筵几于庙，而拜迎于门外。入，揖让而升，听命于庙，所以敬慎重正，昏礼也。"陈澔《礼记集说》注："方氏曰：'纳采者，纳雁以为采择之礼也。问名者，问女生之母名氏也。纳吉者，得吉卜而纳之也。纳征者，纳币以为昏姻之证也。请期者，请昏姻之期日也。夫采择自我，而名氏在彼，故首之以纳采，而次之以问名，此资人谋以达之也。谋既达矣，则宜贵鬼谋以决之，故又次之以纳吉焉。人谋鬼谋皆协从矣，然后纳币以征之，请日以期之，故其序如此。'"

②牢：祭祀或宴飨用的牲畜。《大戴礼记·曾子天圆》："诸侯之祭，牲牛曰太牢。大夫之祭，牲羊曰少牢。"

③合卺（jǐn）：古代婚礼饮交杯酒。瓠分成两瓢，叫卺，新夫妇各取一瓢饮酒。《礼记·昏义》："共牢而食，合卺而酳。"酳（yìn），食毕以酒漱口。

④奠酬：旧时饮酒礼节。主人敬酒，宾客置之而不举，谓之奠酬。《礼记·郊特牲》："奠酬而工升歌，发德也。"孔颖达疏："主人饮毕，爵以酬宾，宾筵前受酬，奠于荐东，不举。"

⑤著代：古代婚俗礼仪。《礼记·昏义》："舅姑先降自西阶，妇降自阼阶，以著代也。"孔颖达疏："舅姑所升之处，今妇由阼阶而降，是著明代舅姑之事也。"阼阶，东阶。

⑥《周易·家人》："象曰：'家人，女正位乎内，男正位乎外。男女正，天地之大义也。'"

"顺于舅姑"可以惬夫子事亲之心,"和于室人"可以赞①夫子齐家之道,如是"而后当于夫"②。当,犹称也,有称满之意焉。

男有淑配,女有贤夫,此婚姻之大庆也。或者以势利为重,攀援依附,不论男女之相配而计财礼服饰之多少,甚至贫富相形,称贷而办,不数年间衣食阙如,何益于男,何益于女,而为此浅俗之事乎?亦可谓不知大体者矣。《礼》曰:"凡嫁子娶妻,入币纯帛无过五两。"③言所聘之币,皆有定制,不可侈也,从宜从俗,守礼者当斟酌行之。

吴大澂批语:贫者称贷以行婚嫁之礼,势必至贫,不能称贷而转误婚嫁之期,故嫁子娶妻,莫善于称家之有无。

女之嫁也,必敬必戒,而适高门者亦谨。妇之归也,必钦必顺,而事大族者愈恭。故曰:"嫁女必须胜吾家者,娶妇必须不若吾家者。"④

女之贤,婿之福也。媳之贤,家之福也。爱女过于爱媳,其情私;爱媳直如爱女,其见大。

吴大澂批语:爱媳不如爱女,世俗之常情也。移爱女之心以爱媳,则用情正而家必和。

礼始于谨夫妇,莫先于严男女之别,男女有别,则礼义廉耻之大

---

①赞:辅佐,帮助。《左传·僖公二十二年》:"劲敌之人,隘而不列,天赞我也。"

②《礼记·昏义》:"妇顺者,顺于舅姑,和于室人,而后当于夫,以成丝麻布帛之事,以审守委积盖藏。"

③《周礼·地官司徒·媒氏》:"凡嫁子娶妻,入币纯帛,无过五两。"

④《纯正蒙求》卷上:"胡瑗,字翼之,号安定先生,治家甚严……有遗训云:'嫁女必须胜吾家,娶妇必须不若吾家。'或问其故,曰:'嫁胜吾家则女之事人必钦、必戒;娶不若吾家者则妇之事舅姑必执妇道。'"

闲①立矣。间阎②贫约③之家，内外或无限隔，不相回避；即富贵阀阅④之家，亦有礼教不严，男女杂坐，习俗相沿，恬不为怪。越礼之事即由此起，可不戒乎？《内则》曰："男不言内，女不言外。非祭非丧，不相授器。其相授，则女受以篚；其无篚，则皆坐，而奠之而后取之。"⑤《春秋传》曰："妇人送迎不出门，见兄弟不逾阈。"⑥云有别也。

吴大澂批语：近来世风不古，烟赌二事沿染及富贵阀阅之家，男女尤易混杂。

姊妹之亲，天属也，而有同席共食之嫌。嫂叔之亲，人属也，而有授受不亲之戒。制礼之意，盖谓虽亲必严，虽微必谨，惟其别耳，况其疏且远者乎？故"别"之一字，所以立千古，人道之闲，即以判万世人禽之界。

---

①大闲：见卷六注。

②间阎（lú yán）：泛指民间。间，门。阎，里巷之门。《史记·樗里子甘茂列传》："甘茂起下蔡间阎，显名诸侯，重强齐楚。"

③贫约：贫穷。《左传·昭公十年》："国之贫约孤寡者，私与之粟。"约，穷困。《论语·里仁》："不仁者不可以久处约，不可以长处乐。"

④阀阅：本作伐阅，指功勋和资历。《汉书·车千秋传》："千秋无他材能术学，又无阀阅功劳。"

⑤《礼记·内则》："男不言内，女不言外。非祭非丧，不相授器。其相授，则女受以篚；其无篚，则皆坐，而奠之而后取之。"陈澔《礼记集说》注："男正位乎外，不当于外而言内庭之事；女正位乎内，不当于内而言捆外之事。惟丧祭二事乃得以器相授受者，以祭为严肃之地，丧当急遽之时乃无他嫌也。非此二者则女必执篚，使授者置之篚中也。皆坐，男女皆跪也。授者跪而置诸地，则受者亦跪而就地以取之也。捆、阃同。"

⑥《左传·僖公二十二年》："妇人送迎不出门，见兄弟不逾阈。"阈（yù），门槛，门下横木为内外之限。

丝麻布帛，妇成之；委积盖藏，妇守之。① 古礼之责于妇人者如此。后世糟糠②之妇，每有躬亲劳苦，朝夕不遑。至于膏粱③之女，则多自耽安逸，晚寝晏④起，琴棋书画之事，即或留心，无济于用。而丝麻布帛，委积盖藏，漠然罔知所措，妇职不修，未可以为训也，知礼者申明以教之，可以止淫，可以成家，可以正俗。

吴大澂批语：不知艰难，不习勤苦，膏粱之妇女与纨绔之子弟同。

《内则》曰："子妇无私货、无私蓄、无私器。不敢私假，不敢私与。"⑤ 夫人子之身，父母之身也，身且不敢自有，况敢有私财乎？⑥ 若父母异财，互相假借，则是有子富而父母贫者，父母饥而子饱者，贾谊所谓"借父櫌鉏，虑有德色；母取箕帚，立而谇语。"⑦ 不孝不义，孰甚于此。

吴大澂批语：父子相假，子富而父贫，此风俗之最坏者，日久不

---

①见本卷《礼记·昏义》注。委积，积聚、储备。《周礼·地官司徒·遗人》："县都之委积，以待凶荒。"盖藏，储藏。《晋书·食货志》："昔在金天，勤于民事，命春扈以耕稼，召夏扈以耘锄，秋扈所以收敛，冬扈于焉盖藏。"扈(hù)，春扈、夏扈、秋扈、冬扈，上古少昊金天氏之四季农官。

②糟糠：酒滓，谷皮，喻粗劣之食。《后汉书·宋弘传》："弘曰：'臣闻贫贱之知不可忘，糟糠之妻不下堂。'"后以糟糠为妻之代称。

③膏粱：精美之食。膏，肉之肥者；粱，食之精者。后以食肥美者喻富贵之家。《孟子·告子上》："《诗》云：'既醉以酒，既饱以德。'言饱乎仁义也，所以不愿人之膏粱之味也。"

④晏：晚。《论语·子路》："冉子退朝，子曰：'何晏也？'"

⑤《礼记·内则》："凡妇不命适私室，不敢退。妇将有事，大小必请于舅姑。子妇无私货、无私蓄、无私器。不敢私假，不敢私与。"陈澔《礼记集说》注："郑氏曰：'家事统于尊也。'"

⑥《孝经·开宗明义》："身体发肤，受之父母，不敢毁伤，孝之始也。"

⑦贾谊《治安策》（又名《陈政事疏》）："商君遗礼义，弃仁恩，并心于进取。行之二岁，秦俗日败。故秦人家富子壮则出分，家贫子壮则出赘。借父櫌鉏，虑有德色；母取箕帚，立而谇语。"櫌(yōu)，古农具，形似木椎，用以碎土平田。鉏(chú)，农具，同"锄"。谇(suì)，责骂。

察，视为人之常情，可慨也夫！

子思曰："丧三日而殡，凡附于身者，必诚必信，勿之有悔焉耳矣。三月而葬，凡附于棺者，必诚必信，勿之有悔焉耳矣。"① 呜呼！此人子哀恸急切之时，如有一毫未尽之心，悔将何及哉！回忆先慈汤恭人乙卯大故，时家大人方在病中，四弟亦患时疾，痛苦莫胜。五、七弟年皆弱小，环泣床下，而吾知识昏聩，棺木既非良材，灰漆亦未坚固。不孝之罪，终身无可补救，悔何及哉！读《礼》者必须慎之。

《王制》曰："大夫、士、庶人三日而殡，三月而葬。"②《左传》曰："大夫三月，同位至；士逾月，外姻至。"③ 盖士之礼，逾月即葬。庶人之礼，事具即葬。有故亦许至三月，逾三月则不可也，乃有惑于风水之说者。迟延数年，留伏尸于室家之内，积阴气于城郭之中，死者不得归土，生者何以自安？且葬师之说，以为子孙贫富、贵贱、寿夭、贤愚皆系于此，而其术又各不同，争论纷纭，无时可决。独不思昌盛之家，其祖宗并不谋地；谋地之家，其子孙未必昌盛。何也？心地可发，阴地从之；天理不昧，地理成之。求其心之所安，勿惑于说之无据者而已矣。

吴大澂批语：风水之惑，误人不浅，谋人之田产以葬其父母，甚至掘人之祖墓以葬己之父母，而己之父母卒为仇者所掘，其不孝孰大

---

①《礼记·檀弓上》："子思曰：'丧三日而殡，凡附于身者，必诚必信，勿之有悔焉耳矣。三月而葬，凡附于棺者，必诚必信，勿之有悔焉耳矣。'"陈澔《礼记集说》注："附于身者，袭敛衣衾之具；附于棺者，明器用器之属也。方氏曰：'必诚，谓于死者无所欺；必信，谓于生者无所疑。'"

②《礼记·王制》："天子七日而殡，七月而葬。诸侯五日而殡，五月而葬。大夫、士、庶人三日而殡，三月而葬。"

③《左传·隐公元年》："天子七月而葬，同轨毕至（杜预注：言同轨以别四夷之国）；诸侯五月，同盟至（杜预注：同在方岳之盟）；大夫三月，同位至（杜预注：古者行役不逾时）；士逾月，外姻至（杜预注：逾月，度月也。姻，犹'亲'也。此言赴吊各以远近，为差因为葬节）。"

于是？其不祥孰大于是？心地如此，阴地安足凭乎？

然则地可不择乎？曰："陵谷变迁，或为耕犁所侵，或为流水所荡，或近城郭，或邻屋宇，皆非安静长久之区。司马温公不云乎：'孝子之心，虑患深远。恐浅则为人所掘，深则湿润速朽，故必求土厚水深之地而葬之。'① 所以不可不择也。"

吴大澂批语： 择地但求其平稳而已，家道之盛衰必于风水之休咎征之，愚矣哉！

释道之说，不必攻也。追荐之事，断不可信。温公曰："世俗信浮屠诳诱于始，死及七七、百日、期年，再期除丧。饭僧设道场，或作水陆大会，写经造像，修建塔庙，云为死者灭弥天罪恶，必生天堂，受种种快乐，不为者必入地狱，剉烧舂②磨，受无边波咤之苦。殊不知人生含血气，知痛痒，或剪爪剃发，从而烧斫之，已不知苦。况于死者，形则入于黄壤，朽腐消灭，与木石等；神则飘若风火，不知何之。借使剉烧舂磨，岂复知之？且浮屠所谓天堂地狱者，亦以劝善惩恶也，苟不以至公行之，虽鬼可得而治乎？"③ 其言可谓深切著明，有识者信之。

吴大澂批语： 江南士大夫家于僧道之诵经忏悔却不甚信，特以为

---

①司马光《书仪·丧仪三》："然孝子之心，虑患深远。恐浅则为人所汩，深则湿润速朽，故必择土厚水深之地而葬之，所择必数处者以备卜之不吉故也。"

②舂（chōng）：把东西放在臼或钵里用杵捣碎，引申为撞冲。《史记·鲁周公世家》："舂其喉以戈，杀之。"

③司马光《书仪·丧仪一》："又世俗信浮屠诳诱于始，死及七七日、百日、期年，再期除丧。饭僧设道场，或作水陆大会，写经造像，修建塔庙，云为死者灭弥天罪恶，必生天堂，受种种快乐，不为者必入地狱，剉烧舂磨，受无边波咤之苦。殊不知人生含气血，知痛痒，或剪爪剃发，从而烧斫之，已不知苦。况于死者，形神相离，形则入于黄壤，朽腐消灭，与木石等；神则飘若风火，不知何之。假使剉烧舂磨，岂复知之？且浮屠所谓天堂地狱者，计亦以劝善而惩恶也，苟不以至公行之，虽鬼可得而治乎？"

俗礼之相沿循而行之甚无谓也，但于风化无甚关系耳。

《礼》曰："孝子于事亲也，有三道焉：生则养，没则丧，丧毕则祭。养则观其顺也，丧则观其哀也，祭则观其敬而时也。"① 故"《礼》有五经，莫重于祭"②。尊卑上下，祭有定分，不可越也。笾豆③牲醴④，祭有定物，不可略也。春露秋霜，祭有定时，不可忽也。尤必加之以俨恪⑤，而后可通于鬼神，故其斋也，俨若思之，其祭也，如将见之。

吴大澂批语：祭以诚为本。《论语》："祭如在，祭神如神在。"二语可谓言简而意赅。

程子曰："某尝修六礼⑥，大略家必有庙，庙必有主，月朔必荐新，时祭用仲月。冬至祭始祖，立春祭先祖，季秋祭祢⑦，忌日迁主祭于正寝犹正堂也。凡事死之道，当厚于奉生者。人家能存此等事数件，虽

---

①《礼记·祭统》："是故孝子之事亲也，有三道焉：生则养，没则丧，丧毕则祭。养则观其顺也，丧则观其哀也，祭则观其敬而时也。尽此三道者，孝子之行也。"陈澔《礼记集说》注："生事之以礼，死葬之以礼，祭之以礼。养以顺为主，丧以哀为主，祭以敬为主。时者，以时思之，礼时为大也。"

②《礼记·祭统》："凡治人之道，莫急于礼。《礼》有五经，莫重于祭。"陈澔《礼记集说》注："五经，吉、凶、军、宾、嘉之五礼也。"

③笾豆（biān dòu）：祭祀盛祭品之器具，竹制为笾，木制为豆。因以笾豆代指祭祀。《论语·泰伯》："笾豆之事，则有司存。"

④牲醴：祭祀和宴飨用的牲口和甜酒。牲，祭祀和宴飨用的家畜。醴（lǐ），甜酒。《三国演义》第七十七回："吴使又将关公显圣附体，骂孙权追吕蒙之事告操。操愈加恐惧，遂设牲醴祭祀，刻沉香木为躯，以王侯之礼，葬于洛阳南门外。"

⑤俨恪（yǎn kè）：庄严恭敬。俨，庄重。恪，恭敬。《礼记·祭义》："严威俨恪，非所以事亲也，成人之道也。"

⑥六礼：《礼记·王制》："司徒修六礼以节民性，明七教以兴民德，齐八政以防淫，一道德以同俗……六礼：冠、昏、丧、祭、乡、相见。"乡，乡射。

⑦祢（nǐ）：宗庙中已立牌位之父亲。《公羊传》："惠公者何？隐之考也。"汉何休注："生称父，死称考，入庙称祢。"

幼者可使渐知礼义。"① 司马温公曰："国家时祭用孟月，私家不敢用，故用仲月。"②

朔旦③家庙用酒果，望④日用茶。重午、中元、九日⑤之类，皆名俗节。大祭每位用四味，请出木主，俗节止二味，酒止一上。此朱子之说，缘情定礼，申其爱敬之诚而已。韩魏公⑥尝行之于俗节，荐以时食，则谓之节祠⑦云。

吴大澂批语："缘情定礼"，四字最好。礼本乎情，情之所不可通者，礼亦有所窒碍。矫同立异，或不足以训俗也！

---

①见《近思录》卷八。《河南二程全书·遗书》卷第十八："冠、婚、丧、祭，礼之大者，今人都不以为事。某旧尝修六礼，将就，后被召，遂罢，今更一二年可成。家间多恋河北旧俗，未能遽更易，然大率渐使知义理，一二年书成可皆如法。每月朔必荐新，四时祭用仲月。时祭之外更有三祭：冬至祭始祖，立春祭先祖，季秋祭祢，他则不祭。……忌日必迁主出祭于正寝，盖庙中尊者所据又同室难以独享也。家必有庙，庙中异位，庙必有主，其大略如此。且如豺獭皆知报本，今士大夫家多忽此，厚于奉养而薄于祖先，甚不可也。凡事死之理当厚于奉生者，至于尝新必荐，享后方可。人家能存得此等事数件，虽幼者渐可使知礼义。"按朱熹、吕祖谦纂《近思录》，引录此文，有删改。

②司马光《书仪·丧仪六》："凡祭用仲月"。文中注："《王制》：'大夫、士有田则祭，无田则荐。'注：'祭以首时，荐以仲月。'今国家惟享太庙孟月，自享六庙、濮王庙皆用仲月，以此私家不敢用孟月。"

③朔旦：朔日。朔，农历每月初一。旦，日。《尚书·大禹谟》："正月朔旦，受命于神宗。"

④望：月满之时，指农历每月十五日（小月）或十六日（大月）。苏轼《前赤壁赋》："壬戌之秋，七月既望，苏子与客泛舟游于赤壁之下。"

⑤重午：时节名，农历五月初五，端午节。《梦粱录》卷三："五日重午节，又曰浴兰令节。"中元：时节名，农历七月十五，中元节。李商隐《中元作》："绛节飘飘宫国来，中元朝拜上清回。"九日：时节名，农历九月初九，重阳节。《艺文类聚》卷四"九月九日"："今世人每至九日，登山饮菊酒。"

⑥韩魏公：韩琦，见卷八注。

⑦节祠：在俗节致祭。朱熹《答窦文卿书》："熹家则废四时正祭，而犹存节祠，只用深衣凉衫之属，亦以义起，无正礼可考也。节祠见韩魏公《祭式》。"

"居丧于四时，正祭则不敢举。而俗节荐享，则以墨衰①行之。盖正祭三献受胙②，非居丧所可行，而俗节则惟普同一献，不读祝③，不受胙也。"④ 此朱子之说，谓居丧者虽不行祠庙之正祭，而俗节荐享，亦有所不敢忽焉。

吴大澂批语：俗节荐享与正祭不同，虽居丧亦不可废。

忌日祭，只祭一位，是日人子思念其亲，不饮酒，不食肉，不听乐，素服以居，夕寝于外，故君子有终身之忧也，故忌日不乐。

《礼》经无墓祭之文，自汉代有上陵礼，厥后遂以成俗。唐世礼重拜扫，每逢寒食日，田野道路，士女遍满，皆上坟茔，故诗有"坟上无新土，此中白骨应无主"⑤之句。朱子谓先正皆言墓祭，不害义理，是人情有不能恝⑥然于祖宗者，即礼意之所以缘情而生者也，而必曰："墓祭非古乎？"

吴大澂批语：人情之不能恝然者，即礼之不可废也。宗族之疏远者平日不相过问，往往于拜祠展墓之日，得一相见，有疏懒不赴公祭

---

①墨衰：亦作墨缞（cuī），黑色丧服。缞，麻布丧服。《后汉书·郑玄传》："自郡守以下尝受业者，缞绖赴会千余人。"

②胙（zuò）：祭祀所供之肉，祭后分赐众人。《左传·僖公九年》："王使宰孔赐齐侯胙。"

③祝：以言告神祈福。《吕氏春秋·乐成》："王为群臣祝。"

④《晦庵集》卷六十一"答曾光祖"："所询丧祭之礼，程张二先生所论自不同。论正礼则当从横渠，论人情则伊川之说亦权宜之，不能已者。但家间顷年，居丧于四时，正祭则不敢举，而俗节荐享，则以墨衰行之。盖正祭三献受胙，非居丧所可行，而俗节则惟普同一献，不读祝，不受胙也。"

⑤唐王建《寒食行》诗："寒食家家出古城，老人看屋少年行。丘垄年年无旧道，车徒散行入衰草。牧儿驱牛下冢头，畏有家人来洒扫。远人无坟水头祭，还引妇姑望乡拜。三日无火烧纸钱，纸钱那得到黄泉。但看垄上无新土，此中白骨应无主。"

⑥恝（jiá）：淡然，无动于衷。曾国藩《致九弟》（咸丰七年十二月廿一日）："今年丁忧，奔丧太快，若恝然弃去，置绅士于不顾者，此余之所悔也。"

者，久之而同族不相识矣。

传有之："明于天地之性者不可惑以神怪，明于万物之理者不可罔以非类。"① 朱子曰："人之祸福，皆是自取，未有不为善而以谄祷得福者也，未有不为恶而以守正得祸者也。"② 故曰："淫祀无福。"③

吴大澂批语：圣人谓获罪于天，无所祷也，此理最正大。

乡饮酒之礼，揖让之节行焉，絜敬之心著焉④，长幼之序辨焉，孝弟之道立焉。贵贱明，隆杀⑤辨，和乐而不流，弟长而无遗，安燕⑥而

---

①《汉书·郊祀志下》："成帝末年颇好鬼神……谷永说上曰：'臣闻明于天地之性，不可惑以神怪；知万物之情，不可罔以非类。'"

②《晦庵集》卷十二"己酉拟上封事"："臣闻'天有显道，厥类惟彰。'作善者降之百祥，作不善者降之百殃，是以人之祸福皆其自取，未有不为善而以谄祷得福者也，未有不为恶而以守正得祸者也。"

③《礼记·曲礼下》："非其所祭而祭之，名曰淫祀。淫祀无福。"陈澔《礼记集说》注："淫，过也。以过事神，神弗享也，故无福。"

④《礼记·乡饮酒义》："乡饮酒之义：主人拜迎宾于庠门之外，入，三揖而后至阶，三让而后升，所以致尊让也。盥洗扬觯，所以致絜也。拜至、拜洗、拜受、拜送、拜既，所以致敬也。尊让、絜、敬也者，君子之所以相接也。君子尊让则不争，絜、敬则不慢。不慢不争，则远于斗辨矣。"陈澔《礼记集说》注："郑氏曰：'庠，乡学也，州党曰序。扬，举也。'疏曰：'此谓乡大夫，故迎宾于庠门外，若州长党正，则于序门外也。'盥洗扬觯者，主人将献宾，以水盥手而洗爵扬觯也。拜至者，宾主升堂，主人于阼阶上北面再拜也。拜洗者，主人拜至讫，洗爵而升，宾于西阶上北面再拜，拜主人之洗也。拜受者，宾于西阶上拜受爵也。拜送者，主人于阼阶上拜送爵也。拜既者，既，尽也，宾饮酒既尽而拜也。"盥（guàn），洗手之器，后指以手承水冲洗。觯（zhì），酒器，青铜制，形似尊而小，或有盖。絜（jié），清洁，同洁。

⑤隆杀：尊卑、厚薄、高下。《礼记·乡饮酒义》："至于众宾，升受、坐祭、立饮，不酢而降，隆杀之义辨矣。"郑玄注："尊者礼隆，卑者礼杀，尊卑别也。"陈澔《礼记集说》注："升受、坐祭、立饮者，其升而受爵者，惟祭酒得坐，饮酒则立也。"

⑥燕：通"宴"，宴饮、宴会。《韩非子·外储说左上》："臣闻人主无十日不燕之斋。"

不乱。故曰："观于乡而知王道之易易也。"① 斯礼不行，乡人无所观法，而争慢之心生矣。何以远于斗辨②而免于人祸哉？

情莫狎于乡邻，礼莫疏于里党，饮酒而不乱者鲜矣。记曰："朝不废朝，暮不废夕。无沉酗之时，故无旷废之事。"此礼之大防也，不独在乡宜然，在朝尤宜懔之。

《小宛》之诗，以一醉日富为戒，而归之敬尔仪③。《宾筵》之诗，以是谓伐德为戒，而归之维令仪④。惟其有酒德，是以有令仪。彼乱仪而失德者，可不儆乎？

吴大澂批语：酒以合欢，沉酗于此往往有失德，亦不可不戒也。

继嗣者，所以承祭祀、重宗支也。不得以财产为念，计财产则争端起矣。谱牒⑤者，所以收宗族，笃恩义也。不得以攀援为心，涉攀援则族属混矣。

吴大澂批语：继嗣争产，族中必有公论。违公论而逞其私，见争端之所以不息也。官之断案亦不可徇私情而拂公议。

---

①《礼记·乡饮酒义》："孔子曰：'吾观于乡，而知王道之易易也。'"易易，前"易"释为容易，后"易"释为改变。

②斗辨：争斗、争吵。《大戴礼记·盛德》："凡斗辨生于相侵陵也，相侵陵生于长幼无序，而教以敬让也。故有斗辨之狱，则饰乡饮酒之礼也。"

③《诗经·小雅·小宛》："彼昏不知，一醉日富。各敬尔仪，天命不又。"孔颖达《毛诗正义》注："笺云：童昏无知之人饮酒一醉，自谓日益富，夸淫自恣，以财骄人。"

④《诗经·小雅·宾之初筵》："既醉而出，并受其福。醉而不出，是谓伐德。饮酒孔嘉，维其令仪。"孔颖达《毛诗正义》注："笺云：出，犹去也。孔，甚。令，善也。宾醉则出，与主人俱有美誉。醉至若此，是诛伐其德也。饮酒而诚得嘉宾，则于礼有善威仪。武公见王之失礼，故以此言箴之。"

⑤谱牒：见卷六注。

堂阶①不可越也，示人以等级之大闲②。名分不可干也，示人以尊卑之定分。故"上天下泽履，君子以辨上下，定民志。"③

野俗之人，见行礼者肃然起敬。强悍之子，见守礼者恬然自平。何也？礼由心生，其心敬者其容亦敬，其心平者其气亦平。

吴大澂批语：颜子之克己，视、听、言、动皆礼也，以礼自处则防闲，谨以礼处人则暴慢远矣。

富贵之所以骄淫，不能以礼自节也。贫贱之所以慑怯，不能以礼自立也。有理义以主乎内，斯境遇不移于外。故曰："富贵而知好礼，则不骄不淫；贫贱而知好礼，则志不慑。"④

"恭、敬、撙、节、退、让以明礼"⑤。敛容正色、端庄外著者，恭

---

①堂阶：堂前台阶。唐孟郊《游子诗》："萱草生堂阶，游子行天涯。慈母倚堂门，不见萱草花。"

②大闲：见本卷"大闲"注。

③《周易·履》："《象》曰：'上天下泽履，君子以辨上下，定民志。'"履卦，乾上兑下，乾为天，兑为泽，故上天下泽为履。王夫之《周易内传》卷一下："风、火皆地类，惟泽最处卑下，与天殊绝，各履其位而不相乱。君子之于民，达志通欲，不如是之间隔，惟正名定分，礼法森立，使民知泽之必不可至于天，上刚严而下柔悦，无有异志，斯久安长治之道也。三代之衰，上日降而下日升，诸侯、大夫、陪臣、处士递相陵夷，匹夫起觊觎之思，惟志不定而失其所履，虽欲辨之而不能矣。"

④《礼记·曲礼上》："夫礼者，自卑而尊人，虽负贩者，必有尊也，而况富贵乎？富贵而知好礼，则不骄不淫；贫贱而知好礼，则志不慑。"陈澔《礼记集说》注："马氏曰：'富贵之所以骄淫，贫贱之所以慑怯，以内无素定之分，而与物为轻重也。好礼，则有得于内，而在外者莫能夺矣。'"

⑤《礼记·曲礼上》："道德仁义，非礼不成。教训正俗，非礼不备。分争辩讼，非礼不决。君臣上下，父子兄弟，非礼不定。宦学事师，非礼不亲。班朝治军，莅官行法，非礼威严不行。祷祠祭祀，供给鬼神，非礼不诚不庄。是以君子恭、敬、撙、节、退、让以明礼。"

也。闲邪①主一，惕畏中存者，敬也。② 裁抑自居，确守持盈之戒者，撙③也。俭约不放，常遵中正之规者，节也。卑以自牧，不欲上人者，退也。推以与人，不居其有者，让也。六者失其一，而礼有不明者矣。

吴大澂批语：六字分疏，学者当细心体验。

礼，有本有文④。情者，其本也。享食之文，揖逊拜跪，其本则敬而已。丧纪⑤之文，擗踊⑥哭泣，其本则哀而已。祭祀之文，祼献⑦酬酢⑧，其本则诚而已。即其本而观之，日用三牲可以为养，啜菽饮水亦

---

①闲邪：杜止邪恶。闲，防御、禁止。《周易·乾》："闲邪存其诚，善世而不伐，德博而化。"

②《河南二程全书·遗书》卷第十八："敬是闲邪之道，闲邪存其诚虽是两事，然亦只是一事，闲邪则诚自存矣。"又卷第十五："故孟子言性善皆由内出，只为诚，便存闲邪，更著甚工夫。但惟是动容貌、整心虑则自然生敬，敬只是主一也，主一则既不之东，又不之西。如是则只是中，既不之此，又不之彼。如是则只是内存此，则自然天理明。"

③撙（zǔn）：控制、勒紧。《管子·五辅》："节饮食，撙衣服，则财用足。"

④《礼记·礼器》："先王之立礼也，有本有文。忠信，礼之本也；义理，礼之文也。无本不立，无文不行。"陈澔《礼记集说》注："先王制礼，广大精微，惟忠信者能学之。然而纤悉委曲之间皆有义焉，皆有理焉。无忠信，则礼不可立。昧于义理，则礼不可行。必内外兼备而本末具举，则文因于本而饰之也，不为过；本因于文而用之也，中其节矣。"

⑤丧纪：丧事。《左传·僖公二十七年》："夏，齐孝公卒。有齐怨，不废丧纪，礼也。"

⑥擗踊（pǐ yǒng）：亦作辟踊，形容极度悲哀。擗，捶胸。踊，以脚顿地。《孝经·丧亲》："擗踊哭泣，哀以送之。"

⑦祼献：祭祀宗庙及飨宴宾客行九献之礼时，前两献曰祼，有祼献之事。

⑧酬酢：见本卷《礼记·仲尼燕居》注。

可以为养。衾冒绞纮^{①[一]}，可以为葬，敛手足形，亦可以为葬。庭实旅百^②，可以为享，瓠叶^③兔首，亦可以为享。区区之文，不患其不该也。郑渔仲^④先生尝详论之。盖礼本于人情，情生而文随之，与其情不足而文有余也，不若文不足而情有余也。

吴大澂批语：情至则文生，无本之礼，情不足而文有余也。提出"敬"字、"哀"字、"诚"字，礼之本不外是矣。

"礼之为用大矣哉！用之于身，则动静有法而百行备焉。用之于家，则内外有别而九族睦焉。用之于乡，则长幼有伦而俗化美焉。用之于国，则君臣有叙而政治成焉。用之于天下，则诸侯顺服而纪纲正焉。"^⑤按温公此言，实见得礼之为用，周通无间，随时随地，行之则顺，失之则乱，所以示天下后世学者守礼之要也。

吴大澂批语：由一身一家而推之一乡，由一乡而达之邦国天下。施之有本，斯行之有序，故士大夫居家居乡，不可不以礼自处。

宫室、衣服、车旗、器用之有等也，冠、昏、丧、祭、朝聘、射

---

①衾冒绞纮（jīn）：《礼记·王制》："六十岁制，七十时制，八十月制，九十日修。唯绞、纮、衾、冒，死而后制。"陈澔《礼记集说》注："绞，所以收束衣服为坚急者也。纮，单被也。绞与纮，皆用十五升布为之。凡衾皆五幅，士小敛，缁衾赪裹，大敛则二衾。冒，所以韬尸，制如直囊，上曰质，下曰杀。"缁（zī），黑色。赪（chēng），红色。

②庭实旅百：庭实，周礼，诸侯国互访或谒见周天子，聘、觐和行礼时将礼品和贡物陈列于中庭。旅百：指陈列之物众多。《左传·宣公十四年》："孟献子言于公曰：'臣闻小国之免于大国也，聘而献物，于是庭实旅百。'"杜预注："旅，陈也。百，言物备也。"

③瓠（hù）叶兔首：指微薄祭品。瓠叶：瓠瓜之叶。兔首：低下祭品，不入太牢三牲（牛、羊、豕）。此谓不以微薄废礼。

④郑渔仲：郑樵，字渔仲，南宋兴化军莆田（福建莆田）人，世称夹漈先生。一生刻苦力学，勤于著述。撰《通志》二百卷，与杜佑《通典》、马端临《文献通考》并称"三通"，《宋史》有传。

⑤见《资治通鉴》卷第十一。

御之有仪也,即器以观理,无非法象之所寓。即文以观义,无非道义之所藏。奢者不得骋无度之心,俭者不得就苟简之节,奇者不得以乱常,邪者不得以害正。夫先王制礼之意,周矣至矣,然必思之而后知所以教,守之而后知所以禁,学者其可忽乎哉?

礼者,履也①。诵而说之,礼之文也。践而履之,礼之实也。学者通其说以悉其节文,践其实乃切于日用。

吴大澂批语:有文必有本,有实斯有名,遗其本而专事其末,忘其实而谨存其名,礼之失也。

有恭敬奉持之心则所持者无或坠,有师保如临②之意则所至者无不严。《少仪》曰:"执虚如执盈,入虚如有人。"③

吴大澂批语:上句是主敬工夫,下句是慎独工夫。

司马温公《居家礼》云:"凡子始生,若为之求乳母,必择良家妇人稍温谨者。子能食,饲之,教以右手。子能言,教之自名及唱喏万福、安置④。稍有知,则教之以恭敬尊长。有不识尊卑长幼者则言诃禁之。六岁,教之数与方名。男子始习书字,女子始习女工之小者。七岁,男女不同席、不共食,始诵《孝经》《论语》,虽女子亦宜诵之。自七岁以下谓之孺子,早寝晏起,食无时。八岁,出入门户,及即席饮食,必后长者。始教之以谦让。男子诵《尚书》,女子不出中门。九

---

①《说文解字》"第一上":"礼,履也,所以事神致福也。"

②《周易·系辞下》:"又明于忧患与故,无有师保,如临父母。"谓明于忧患之必有与所以然,倘无师保之督教,亦当如侍父母,严谨不苟以待之。师保:古时辅导帝王和王室子弟之官,有师有保,统称师保。《尚书·太甲中》:"既往背师保之训,弗克于厥初,尚赖匡救之德,图惟厥终。"

③《礼记·少仪》:"执虚如执盈,入虚如有人。"陈澔《礼记集说》注:"皆敬心之所寓。"

④《鹤林玉露》卷五:"陆象山家于抚州金溪……每晨兴,家长率众子弟致恭于祖祢祠堂,聚揖于厅,妇女道'万福'于堂;暮'安置',亦如之。"安置,"就寝"之敬词。

岁，男子诵《春秋》及诸史，始为之讲解，使晓义理。女子亦为之讲解《论语》《孝经》及《列女传》《女诫》之类，略晓大义。十岁，男子出就外傅，居宿于外，读《诗》《礼》，傅为之讲解，使知仁、义、礼、智、信。自是以往，可以读孟荀杨子，博观群书，凡所读书，必择其精要者而读之。其异端非圣贤之书，傅宜禁之，勿使妄观以惑乱其志。观书皆通，始可学文辞。女子则教以婉娩、听从及女工之大者。未冠笄①者质明而起，总角②靧面③以见尊长，佐长者供养，祭祀则佐

---

①冠笄（guàn jī）：古代男女成年时分别行冠礼和笄礼。冠：男子二十岁行成人礼，结发戴冠。笄：女子十五岁行成人礼，结发插笄。

②总角：古代男女未成年时束发为两结，形状如角，故称总角，借指童年。《世说新语·识鉴》："夷甫时总角，姿才秀异。"

③靧（huì）面：洗脸。五代和凝《宫词》之七十二："早梅初向雪中明，风惹奇香粉蕊轻。谁道落花堪靧面，竞来枝上采繁英。"

执酒食。若既冠笄，则皆责以成人之礼，不得复言童幼矣。"① 按有家者莫贵于弟子之贤，而善教者莫先于童稚之际。《书》曰："若生子，

---

①朱熹《家礼》卷一"司马氏居家杂仪"："凡子始生，若为之求乳母，必择良家妇人稍温谨者（乳母不良，非惟败乱家法，兼令所饲之子性行亦类之）。子能食，饲之，教以右手。子能言，教之自名及唱喏万福、安置。稍有知，则教之以恭敬尊长。有不识尊卑长幼者则言诃禁之（古有胎教，况于已生子，始生未有知，固举以礼，况于已有知。孔子曰：'幼成若天性，习惯如自然。'《颜氏家训》曰：'教妇初来，教子婴孩。'故于其始有知，不可不使之知尊卑长幼之礼。若侮詈父母，殴击兄姊，父母不加诃禁，反笑而奖之，彼既未辨好恶，谓礼当然，及其既长，习已成性，乃怒而禁之，不可复制。于是父疾其子，子怨其父，残忍悖逆，无所不至。盖父母无深识远虑，不能防微杜渐，溺于小慈，养成其恶故也）。六岁，教之数（谓一、十、百、千、万）与方名（谓东、西、南、北）。男子始习书字，女子始习女工之小者。七岁，男女不同席、不共食，始诵《孝经》《论语》，虽女子亦宜诵之。自七岁以下谓之孺子，早寝晏起，食无时。八岁，出入门户，及即席饮食，必后长者。始教之以廉让。男子诵《尚书》，女子不出中门。九岁，男子诵《春秋》及诸史，始为之讲解，使晓义理。女子亦为之讲解《论语》《孝经》及《列女传》《女戒》之类，略晓大义（古之贤女无不观图史以自鉴，如曹大家之精通经术，议论明正，今人或教女子以作歌诗，执俗乐，殊非所宜也）。十岁，男子出就外傅，居宿于外，读《诗》《礼》，傅为之讲解，使知仁、义、礼、智、信。自是以往，可以读孟荀杨子，博观群书，凡所读书，必择其精要者而读之（如《礼记》《学记》《大学》《中庸》《乐记》之类，它书仿此）。其异端非圣贤之书，传宜禁之，勿使妄观以惑乱其志。观书皆通，始可学文辞。女子则教以婉娩（娩，音晚，婉娩柔顺貌）、听从及女工之大者（女工谓蚕桑、织绩、裁缝及为饮膳。不惟正是，妇人之职兼欲使之知衣食所来之艰难，不敢恣为奢丽，至于纂组华巧之物，亦不必习也）。未冠笄者质明而起，总角靧面以见尊长，佐长者供养，祭祀则佐执酒食。若既冠笄，则皆责以成人之礼，不得复言童幼矣。"案朱熹撰《家礼》，辑入司马光《居家杂仪》，乃《弟子箴言》引文所本，而清《古今图书集成·五种遗规》之"训俗遗规"所收司马光《居家杂仪》，此段内容已佚。

罔不在厥初生。"① 孔子曰："少成若天性，习惯成自然。"② 所谓礼者，绝恶于未萌，而起教于微眇③也。可忽乎哉？

吴大澂批语：**教童子亦以先入之言为主，朝夕范围于礼法之中，性情气质默化作无形。世家子弟之不流为纨绔，亦一朝一夕之故矣。世禄之家，鲜克由礼，父兄之失教也。**

家塾多贤子弟，实为朝廷培养人才。小学之教即大学之本，温公家范实与朱子家礼并重。

曹大家姓班氏，名昭，后汉平阳曹世叔妻，扶风班彪之女也。④ 世叔早卒，昭守志，教子曹穀成人。长兄班固作《汉书》，未毕而卒，昭续成之。次兄班超出镇西域，未蒙诏还，昭伏阙上书，乞赐兄归。和熹邓太后嘉其志节，诏入宫以为女师，赐号"大家"。⑤ 其《女诫》序云："鄙人愚暗，受性不敏，蒙先君之余宠，赖母师之典训，年十有四执箕帚于曹氏，今四十余载矣，战战兢兢，常惧屈辱⑥，以增父母之

---

①《尚书·周书·召诰》："王乃初服。呜呼！若生子，罔不在厥初生，自贻哲命。"孔颖达《尚书正义》注："言王新即政，始服行教化，当如子之初生，习为善则善矣。自遗智命，无不在其初生，为政之道，亦犹是也。"

②《孔子家语·七十二弟子解》："孔子曰：'然！少成则若性也，习惯若自然也。'"

③微眇（miǎo）：细小，低微，此指年幼。眇，微小。《大戴礼记·礼察》："贵绝恶于未萌，而起敬于微眇，使民日徙善远罪而不自知也。"

④班昭：又名姬，字惠班，东汉扶风安陵（今陕西咸阳东北）人，班彪之女、班固之妹，十四岁嫁同郡曹世叔为妻。班昭博学高才，嘉言懿行，为女中典范，和熹邓太后赐号"大家"，后世遂称之"曹大家"。

⑤《曹大家女诫》（王相 笺注）卷首注："曹大家，姓班氏，名昭，后汉平阳曹世叔妻，扶风班彪之女也。世叔早卒，昭守志，教子曹穀成人。长兄班固作《汉书》，未毕而卒，昭续成之。次兄班超久镇西域，未蒙诏还，昭伏阙上书，乞赐兄归老。和熹邓太后嘉其志节，诏入宫以为女师，赐号'大家'，皇后及诸贵人皆师事之。著《女诫》七篇。"

⑥屈辱：《曹大家女诫》作"黜辱"。黜（chù），贬、废免。

羞，以益中外之累，是以夙夜劬①心，勤不告劳，而今而后乃知免耳。吾性疏愚，教导无素，恒恐子穀负辱圣朝②。圣恩横加，猥赐金紫③，实非鄙人庶几所望也。男能自谋矣，吾不复以为忧。但伤诸女，方当适人，而不渐加训诲，不闻妇礼，惧失容他门，取耻宗族。吾今疾在沉滞，性命无常，念汝曹如此，每用惆怅，因作《女诫》七篇，愿诸女各写一通，庶有补益，裨助汝身。去矣，其最勉之。"按"大家"完节抚孤，卓著今古，又能为兄续史，为兄上书，可不谓巾帼丈夫哉？若《女诫》者，其百代之女师乎？

吴大澂批语：有贤女而后有贤母，自古名臣得力于母教者甚多。推本贤母之所自出，则《女诫》之不可不重也。学士大夫往往严于训子，而略于训女，先母在日亦谆谆以此为诫。

"先王重阴教，故妇人有女师，讲明古语，称引昔贤，令之谨守三从，克尊四德，以为夫子之光，不贻父母之辱。自世教衰，而闺门中④竟弃之礼法之外矣。生闺阁内，惯听鄙俚之言，在富贵家，恣长骄奢之性，首满金珠，体遍縠⑤罗，态学轻浮，语习儇巧⑥，而口无良言，身无善行。舅姑妯娌，不传贤孝之名，乡党亲戚，但闻顽悍之恶，则不教之，故乃高之者弄柔翰⑦，逞骚才以夸浮士；卑之者拨俗弦，歌艳语，近于娼家，则邪教之流也。闺门万化之原，审如是，内治何以修

---

①劬（qú）：劳苦。《诗经·小雅·鸿雁》："之子于征，劬劳于野。"

②圣朝：《曹大家女诫》作"清朝"。王相注："清朝，清明圣治之朝也。"

③金紫：金印紫绶，喻富贵。汉相国、丞相皆金印紫绶。《后汉书·马援传》："今赖士大夫之力，被蒙大恩，猥先诸君纡佩金紫，且喜且惭。"

④闺门中：《吕新吾先生闺范图说》作"闺门中人"。

⑤縠（hú）：绉纱。宋玉《神女赋》："动雾縠以徐步兮，拂墀声之珊珊。"

⑥儇（xuān）巧：浮滑利巧。儇，轻捷灵便。

⑦柔翰：指毛笔。左思《咏史》诗："弱冠弄柔翰，卓荦观群书。"

卷九 明礼教

哉"？此吕新吾①先生《闺范》序言也。古所称曹大家《女诫》、蔡中郎②《女训》③、宋尚宫《女论语》④详矣，先生特辑先哲嘉言善行，绘之图像，令人观感兴起，而又为之赞言，以示激劝，使教女子者讲明诵习，转相论说，因以嗣徽音⑤于往哲，而子道、妇道、母道卓然可观，岂非闺门之福哉？

吴大澂批语：世俗之流弊，闺门之玷辱不可不防其渐。

男林翼校字

【校记】

［一］衮冒绞纻：原作"袭冒绞纻"，误，据《礼记·王制》改。

---

①吕新吾：吕坤，见卷二注。

②蔡中郎：蔡邕，字伯喈，汉陈留郡圉（今河南省开封市杞县圉镇）人，蔡文姬之父。明天文术数，精通音律，才学横溢，又工书，篆隶称绝。以官至左中郎将，后世称其为蔡中郎。《后汉书》有传。

③《女训》：东汉蔡邕撰。《五种遗规·教女遗规》之"蔡中郎《女训》"："心犹首面也，是以甚致饰焉。面一旦不修，则尘垢秽之。心一朝不思善，则邪恶入之。咸知饰其面，不修其心，惑矣。夫面之不饰，愚者谓之丑；心之不修，贤者谓之恶。愚者谓之丑，犹可，贤者谓之恶，将何容焉？故览照拭面，则思其心之洁也；傅粉，则思其心之和也；加粉，则思其心之鲜也；泽发，则思其心之润也；用栉，则思其心之理也；立髻，则思其心之正也；摄鬓，则思其心之整也。"

④《女论语》：唐宋若华、宋若昭姐妹撰。《宋若昭女论语》（王相 笺注）卷首载："《唐书列传》：宋若昭，贝州人，世以儒闻，父棻，好学，生五女：若华、若昭、若伦、若宪、若荀，皆慧美能文。若昭文词高洁，不愿归人，欲以文学名世。若华著《女论语》，若昭申释之。德宗贞元中卢龙节度使李抱贞表其才，诏入禁中。试文章、论经史，俱称旨。帝每与群臣赓和，五女皆预焉，屡蒙赏赍，姊妹俱承恩幸，独若昭愿独居禁院，不希上宠。常以曹大家自许，帝嘉其志，称为女学士，拜内职，官尚宫，掌六宫文学职，与外尚书等。兼教诸皇子、公主，皆事之以师礼，号曰'宫师'。历德、顺、宪、穆、敬凡五朝，宝历中卒，赠梁国夫人。有诗文若干卷并所订《女论语》行世。"

⑤徽音：犹德音。徽，美、美好。《诗经·大雅·思齐》："大姒嗣徽音，则百斯男。"

卷十　辨义利

益阳胡达源清甫

《文言》曰："利者，义之和也。"① 义截然而不可越，似乎不和，然处之各得其宜，则无不和矣。义之和处便是利。② 又曰："利物足以和义。"③ 夫不言利己，而言利物，则公且溥④矣。不言行义而言和义，则顺而安矣。利之公溥处是义，义之顺安处是利，义利原是一贯，乃或歧而二之，则有见利而不顾义，且有专骛于利而背乎义者，此不可不辨也。

吴大澂批语：利物之利与利己之利截然有公私之判，义与利有相济处、有相反处，不可以不辨。

君子敬以直内，义以方外，敬义立而德不孤。"直、方、大，不习

---

①《周易·乾》："《文言》曰：'元者，善之长也。亨者，嘉之会也。利者，义之和也。贞者，事之干也。'"王夫之《周易内传》卷一上："'义之和'者，生物各有其义而得其宜，物情各和顺于适然之数，故利也。"

②《朱子语类》卷六十八："利便是义之和处……义初似不和，却和。截然而不可犯，似不和；分别后，万物各止其所，却是和。"

③《周易·乾》："《文言》曰：'……君子体仁足以长人，嘉会足以合礼，利物足以和义，贞固足以干事。'"王夫之《周易内传》卷一上："'利物'者，君子去己之私利，审事之宜而裁制之以益于物，故虽刚断而非损物以自益，则义行而情自和也。"

④溥：见卷四注。

无不利"①，则不疑其所行也。《程传》云："君子主敬以直其内，守义以方其外。敬立而内直，义形而外方，敬义既立，其德盛矣，不期大而大矣，德不孤也。无所用而不周，无所施而不利，孰为疑乎？"②按此所谓无不利者，皆本于直方大，而所以直方大者，皆由于敬义夹持，岂苟言利哉？

裁制者为义，适宜者为利，此义利之本原也。直方者为义，便宜者为利，此义利之分途也。《书》曰："不殖货利。"③此则以财贿为利也。财贿之见，不难破除，然在圣人纯乎天德，无一毫人欲之私者尚且戒其不殖，况其下此者乎？切勿看得容易。

吴大澂批语：见利忘义，临时之不能自克也，由于重利之心，平日之不能力除也。有定识乃有定力，破除此见，良非易易。

喻义喻利④，君子小人趣向之分。精神独注，全在两喻字，怀德怀

---

①《周易·坤》："六二：直、方、大，不习无不利。"程颐《易程传》卷一注："二阴位在下，故为坤之主，统言坤道中正在下，地之道也。以直、方、大三者形容其德，用尽地之道矣。由直、方、大，故不习而无所不利。不习谓其自然在坤道，则莫之为而为也，在圣人则从容中道也。"王申子《大易缉说》卷三注："直者，因物之性而生之，无所偏曲也；方者，随物之形而成之，一成而不变也；大则德合乎乾也。此皆坤道自然而然，不假修营而物自生、功自成者也，故曰不习无不利。"无所偏曲，正也。随物以成之，义也。

②《易程传》卷一注："直，言其正也。方，言其义也。君子主敬以直其内，守义以方其外。敬立而内直，义形而外方，义形于外，非在外也。敬义既立，其德盛矣，不期大而大矣，德不孤也。无所用而不周，无所施而不利。孰为疑乎？"

③《尚书·仲虺之诰》："惟王不迩声色，不殖货利。"孔颖达《尚书正义》注："殖，生也。不生资货财利，言不贪也。"

④《论语·里仁》："君子喻于义，小人喻于利。"朱熹《四书集注》注："喻，犹晓也。义者，天理之所宜。利者，人情之所欲。程子曰：'君子之于义，犹小人之于利也。唯其深喻，是以笃好。'杨氏曰：'君子有舍生而取义者。以利言之，则人之所欲无甚于生，所恶无甚于死，孰肯舍生而取义哉？其所喻者义而已，不知利之为利故也。小人反事。'"

刑，皆义也，怀土怀惠皆利也①。两怀字、两喻字，道得何等透切！

吴大澂批语：义利之界，不严便堕入小人一流，不可惧哉？

义者，天理之所宜。于此宜，于彼亦宜，虽裁制万物而人不怨。利者，人情之所欲。于我利，于人不利，虽计较一分而人必争。

吴大澂批语：天理人欲，两途各判。天理上损一分，于人欲上加一分；人欲上淡一分，于天理上足一分。如阴阳之互为消长，二者不可得兼也。

讨便宜的人占得一分，不管人少却一分，占得十分，不管人少却十分。利者，人之所同欲也，可公而不可私，可共而不可专。放于利而行，未有不怨者也②。千夫所指，不疾而死，害孰大焉！

吴大澂批语：肯吃亏之人让人占得便宜，觉自己十分受用；不肯吃亏之人被人占得便宜，觉自己十分懊恼。

惠王劈头便问利国，卑礼厚币，全副精神都注在此，急欲讨个妙策。孟子开口便说仁义，安上全下，全副经济，不外乎此，早已截断众流。③ 此可见战国人心陷溺之深，而孟子卫道救世之功为甚钜④也。

吴大澂批语：上下交征利，其害显而易见，言利者不知也，故曰

---

①《论语·里仁》："君子怀德，小人怀土。君子怀刑，小人怀惠。"朱熹《四书集注》注："怀，思念也。怀德，谓存其固有之善。怀土，谓溺其所处之安。怀刑，谓畏法。怀惠，谓贪利。君子、小人趣向不同，公私之间而已矣。尹氏曰：'乐善恶不善，所以为君子；苟安务得，所以为小人。'"

②《论语·里仁》："放于利而行，多怨。"朱熹《四书集注》注："孔氏曰：'放，依也。多怨，谓多取怨。'程子曰：'欲利于己，必害于人，故多怨'。"

③《孟子·梁惠王上》："孟子见梁惠王。王曰：'叟！不远千里而来，亦将有以利吾国乎？'孟子对曰：'王！何必曰利？亦有仁义而已矣。王曰何以利吾国？大夫曰何以利吾家？士庶人曰何以利吾身？上下交征利，而国危矣。万乘之国，弑其君者，必千乘之家；千乘之国，弑其君者，必百乘之家。万取千焉，千取百焉，不为不多矣。苟为后义而先利，不夺不餍。未有仁而遗其亲者也，未有义而后其君者也。王亦曰仁义而已矣，何必曰利？'"

④钜：通"巨"，大。《史记·礼书》："宜钜者钜，宜小则小。"

利令智昏。

人知求利之利，不知求利之害，说到不夺不餍，却是毛骨悚然。

仁者必爱其亲，义者必急其君，是仁义未尝不利也，苦心引导，特为提醒。

求登垄断，财利尽入橐①中，据守要津，富贵尽为己有。以市心行市道，人皆以为贱，贪恋一个利字，却不能躲闪一个"贱"字。

舜，大圣也。跖②，大恶也，其相去甚远，而其分乃在利与善之间。孟子特指之曰："孳孳为善者，舜之徒也。孳孳为利者，跖之徒也。"③ 为善则舜，为利则跖，其言甚为危悚，学者果能孳孳为善，虽未至于圣人，不亦圣人之徒与？吾愿鸡鸣而起者，专向于善焉则幸矣。

吴大澂批语：为善之人，孳孳于利人利物；为利之人，孳孳于利己。

徇欲溺情则万钟可受，矫情干誉则千乘可轻，抑知让千乘者，见色于豆羹，于大处矫揉，小处却自发露。受万钟者，不屑于呼蹴，于小处明白，大处却肯糊涂，其病全在义利上欠分晓。

吴大澂批语：于小处观人，见其平日之操持；于大处观人，见其临时之识力。毕竟大处要紧，若沾沾于箪食豆羹上计较，恐其近于矫揉也。

---

①橐（tuó）：盛物的袋子。《诗经·大雅·公刘》："乃裹糇粮，于橐于囊。"孔颖达《毛诗正义》注："小曰橐，大曰囊。"

②跖（zhí）：又名盗跖，春秋时聚众横行之大盗。《史记·伯夷列传》："盗跖日杀不辜，肝人之肉，暴戾恣睢，聚党数千人，横行天下，竟以寿终，是遵何德哉？"

③《孟子·尽心上》："鸡鸣而起，孳孳为善者，舜之徒也；鸡鸣而起，孳孳为利者，跖之徒也。"

孟子言"嚚嚚"二字，一见于赞伊尹①，再见于告宋句践②。所谓嚚嚚者，无欲而自得者也。道义足于己，非义非道者，虽重禄弗顾，千驷弗视，一介不取，一介不与，胸次正大光明，直是壁立千仞，曾何物足以动其心哉？宋句践者，特游士耳，岂能语此？盖孟子尊德乐义，穷则独善其身，达则兼善天下，实具此嚚嚚境界，故特现身说法，为游士拓开眼孔。读《孟子》者可以知所务矣。

宋牼③之志在罢兵，非从人之为楚，亦非横人之为秦。宋牼之号在

---

①《孟子·万章上》："万章问曰：'人有言伊尹以割烹要汤，有诸？'孟子曰：'否，不然。伊尹耕于有莘之野，而乐尧舜之道焉。非其义也，非其道也，禄之以天下弗顾也，系马千驷弗视也。非其义也，非其道也，一介不以与人，一介不以取诸人。汤使人以币聘之。嚚嚚然曰：我何以汤之聘币为哉？我岂若处畎亩之中，由是以乐尧舜之道哉？'"

②《孟子·尽心上》："孟子谓宋句践曰：'子好游乎？吾语子游。人知之，亦嚚嚚；人不知，亦嚚嚚。'"朱熹《四书集注》注："句，音钩。宋，姓；句践，名。游，游说也。赵氏曰：'嚚嚚，自得无欲之貌。'"

③宋牼（kēng）：亦名宋钘、宋荣子，战国齐威王、齐宣王时人。《庄子·天下》："古之道术有在于是者，宋钘、尹文闻其风而悦之……见侮不辱，救民之斗，禁攻寝兵，救世之战，以此周行天下，上说下教，虽天下不取，强聒而不舍者也。"

言利，虽平一时之争，却贻万世之害①。义利分途，兴亡异辙，所系岂浅鲜哉？

求在我者，仁义礼智。求在外者，富贵利达。特指之曰："有益无益，愦愦②者自应唤醒。"

吴大澂批语：世俗之见，往往以求人为有益，原不计得不得也，盖不知求在我者之有益耳，即知求在外者之无益，而姑妄求之，以为人事之不可不尽，此谬论也。

居乡而为乡愿③，居官而为鄙夫，总是"利"字上打不破。

"附之以韩魏之家，如其自视欿然"④，学者须有此一段见识。

吴大澂批语：此一段见识，扩而充之，即舜禹有天下而不与气象。

孟子于齐，馈不受，于宋于薛皆受，总在有处无处耳。无处则于

---

① 《孟子·告子下》："宋牼将之楚，孟子遇于石丘，曰：'先生将何之？'曰：'吾闻秦楚构兵，我将见楚王说而罢之。楚王不悦，我将见秦王说而罢之。二王我将有所遇焉。'曰：'轲也请无问其详，愿闻其指。说之将何如？'曰：'我将言其不利也。'曰：'先生之志则大矣，先生之号则不可。先生以利说秦楚之王，秦楚之王悦于利以罢三军之师，是三军之士乐罢而悦于利也。为人臣者怀利以事其君，为人子者怀利以事其父，为人弟者怀利以事其兄，是君臣、父子、兄弟终去仁义，怀利以相接，然而不亡者，未之有也。先生以仁义说秦楚之王，秦楚之王悦于仁义以罢三军之师，是三军之士乐罢而悦于仁义也。为人臣者怀仁义以事其君，为人子者怀仁义以事其父，为人弟者怀仁义以事其兄，是君臣、父子、兄弟去利，怀仁义以相接也，然而不王者，未之有也。何必曰利？'"朱熹《四书集注》注："徐氏曰：'能于战国扰攘之中而以罢兵息民为说，其志可谓大矣。然以利为名，则不可也。'"

② 愦愦：心乱烦闷。《素问·至真要大论》："厥阴之胜，耳鸣头眩，愦愦欲吐，胃鬲如寒。"

③ 乡愿：亦名乡原，指乡里外貌谨厚，实与流俗合污之伪善者。《论语·阳货》："子曰：'乡原，德之贼也。'"

④ 《孟子·尽心上》："附之以韩魏之家，如其自视欿然，则过人远矣。"朱熹《四书集注》注："欿，音坎。附，益也。韩、魏，晋卿富家也。欿然，不自满之意。尹氏曰：'言有过人之识，则不以富贵为事。'"

义无当，是货之也。陈臻止就事迹较量，孟子则以义理断制，"焉有君子而可以货取乎？"①

吴大澂批语：不为货取，便有壁立千仞气象。

男女不待命则为父母国人所轻贱，欲仕不由道则为正人君子所不容。比之钻穴逾墙，可以起人羞恶。

胁肩谄笑，譬之夏畦；未同而言，鄙其赧赧②。此其本心已失，情状卑污，宜君子所甚恶也，学者不可以应酬小节自毁廉隅③。

吴大澂批语：孟子最重羞恶之心，故引曾子协肩谄笑之喻，正与坟间乞食之人同一可耻。战国人心风俗之坏，非此不足以发其聋聩。

---

①《孟子·公孙丑下》："陈臻问曰：'前日于齐，王馈兼金一百而不受；于宋，馈七十镒而受；于薛，馈五十镒而受。前日之不受是，则今日之受非也；今日之受是，则前日之不受非也。夫子必居一于此矣。'孟子曰：'皆是也。当在宋也。予将有远行，行者必以赆辞曰"馈赆"，予何为不受？当在薛也，予有戒心，辞曰："闻戒，故为兵馈之。"予何为不受？若于齐，则未有处也。无处而馈之，是货之也。焉有君子而可以货取乎？'"朱熹《四书集注》注："陈臻，孟子弟子。兼金，好金也，其价兼倍于常者。一百，百镒也。赆，送行者之礼也。'为兵'之为，时人有欲害孟子者，孟子设兵以戒备之，薛君以金馈孟子为兵备，辞曰：'闻子之有戒心也。'无远行、戒心之事，是未有所处也。尹氏曰：'言君子之辞、受、取、予，惟当于理而已。'"

②《孟子·滕文公下》："公孙丑问曰：'不见诸侯，何义？'孟子曰：'……曾子曰：'胁肩谄笑，病于夏畦。'子路曰：'未同而言，观其色赧赧然，非由之所知也。'由是观之，则君子之所养可知已矣。'"朱熹《四书集注》注："胁肩，竦体；谄笑，强笑；皆小人侧媚之态也。病，劳也；夏畦，夏月治畦之人也；言为此者，其劳过于夏畦之人也。未同而言，与人未合而强与之言也；赧赧，惭而面赤之貌；由，子路名；言非己所知，甚恶之辞也。孟子言由此二言观之，则二子之所养可知，必不肯不俟其礼之至而辄往见之也。"

③廉隅：棱角，喻人之言行、品性端方不苟。《礼记·儒行》："近文章，砥厉廉隅。"

"孔子主我，卫卿可得。"① 弥子伎俩未必有此，特藉此以熏灼人耳。且即有此，圣人以礼义进退，岂有一毫游移，姑应之曰："有命。"辞婉气和，而弥子熏灼之心顿觉冰消雪释。

"观近臣以其所为主，观远臣以其所主"②，此泛言观人之法也。学者于此，正须处处把握一个义字，乃不差错。

辞受者，交际之道也。进退者，出处之权也。孟子言之最详，大指在分别义利。吾谓利字是一块试金石，义字是一个定盘针。

吴大澂批语：义利二字看得真切，乃从自己身上体验出来的。

舍生取义是秉彝③之良心。当生则生，当死则死，惟义所在，孟子

----

①《孟子·万章上》："万章问曰：'或谓孔子于卫主痈疽，于齐主侍人瘠环，有诸乎？'孟子曰：'否，不然也。好事者为之也。于卫主颜雠由。弥子之妻与子路之妻，兄弟也。弥子谓子路曰："孔子主我，卫卿可得也。"子路以告。孔子曰："有命。"孔子进以礼，退以义，得之不得曰"有命"。而主痈疽与侍人瘠环，是无义无命也。孔子悦于鲁卫，遭宋桓司马，将要而杀之。微服而过宋。是时孔子当阨，主司城贞子，为陈侯周臣。吾闻观近臣，以其所为主；观远臣，以其所主。若孔子主痈疽与侍人瘠环，何以为孔子？'"朱熹《四书集注》注："主，谓舍于其家，以之为主人也。痈疽，疡医也。侍人，奄人也。瘠，姓。环，名。皆时君所近狎之人也。好事，谓喜造言生事之人也。颜雠由，卫之贤大夫也，《史记》作颜浊邹。弥子，卫灵公幸臣弥子瑕也。徐氏曰：'礼主于辞逊，故进于礼。义主于制断，故退以义。难进而易退者也。在我者，有礼义而已。得之不得，则有命存焉。'不悦，不乐居其国也。桓司马，宋大夫向魋也。司城贞子，亦宋大夫之贤者也。陈侯，名周。按《史记》：'孔子为鲁司寇，齐人馈女乐以间之，孔子遂行。适卫月余，去卫适宋。司马魋欲杀孔子，孔子去，至陈，主于司城贞子。'孟子言孔子虽当阨难，然犹择所主，况在齐、卫无事之时，岂有主痈疽、侍人之事乎？"

②见上条注。《四书集注》注："近臣，在朝之臣。远臣，远方来仕者。君子、小人，各从其类，故观其所为主与其所主者，而其人可知。"谓观近臣，观其所邀入舍之人；观远臣，观其远道而来所投舍之主人。

③秉彝：执守天之常道。《诗经·大雅·烝民》："天生烝民，有物有则。民之秉彝，好是懿德。"秉，执。彝，常道、常法。

反复推勘，宛转提醒，至章末，此之谓失其本心，直是大声棒喝，受万钟者当三日耳聋。

吴大澂批语：人之本心，皆知义之所在，当取则取，当舍则舍，当辞则辞，当受则受，当生则生，当死则死，能不失则其本心无往而非义也。

"做官夺人志"①。程子以夺志为戒，惧人之失其所守也。获上治民，二者做官之大要。获上有道，不可以非道干，治民有道，不可以非道取。

朱子曰："凡事不可著个'且'字，鲜有不害事。"② 斯言最宜深省，"且"字有苟安之意，偶有一得，再不勇往向前，则跂③于圣贤者鲜矣。又有将就之意，每处一事，总是依违自便，则缪于道义者多矣。

吴大澂批语："且"字误人不浅，柔懦之人尤易犯此病根。

每事求自家安利处，便不是义，便不可入尧舜之道。须勤勤提省于纤微毫忽之间，不得放过此，朱子辨义利精细处。

朱子曰："工夫须是一刀两段。所谓一棒一条痕，一掴一掌血！使之历历分明开去，莫要含糊。"④ 按此言一念之公私，一事之是非。省察体勘，极其分明，极其果断，不容有一毫含糊，一丝假借，真是一刀两段。

吴大澂批语：公私之辨、是非之界稍有含糊假借处，须下此一刀

---

①《近思录》卷十二："伊川曰：'做官夺人志。'"。
②《续近思录》卷十二："朱子曰：'凡事不可著个"且"字，鲜有不害事。'"
③跂（qí）：踮起脚尖。《荀子·劝学》："吾尝跂而望矣，不如登高之博见也。"
④《朱子语类》卷一百十五："如今工夫须是一刀两段。所谓一棒一条痕，一掴一掌血！如此做头底，方可无疑虑。如项羽救赵，既渡，沉船破釜，持三日粮，示士卒必死无还心，故能破秦。若更瞻前顾后，便不可也。"又卷一百十五："先生谓徐容父曰：'为学须是裂破藩篱，痛底做去，所谓一棒一条痕，一掴一掌血！使之历历落落，分明开去，莫要含糊。'"

两截手段。

南轩先生①曰："学莫先于义利之辨，而义也者，本心之所当为而不能自已。非有所为而为之者也。一有所为而为之，则皆人欲之私，而非天理之所存矣。"② 按义利之间，只分别在此，即如为官清廉，君子实见得为官本应如此，小人便见得我做得清廉，人便说好，是为要誉地步。

义处易辨，近义处难辨。利处易辨，近利处难辨。全在精心体认，此中大有工夫。

吴大澂批语：权衡出入之间全在一心之自度，心如称物之秤，天理即秤上之星，理欲交错处即义利夹杂处。

君子义利分明，道德粹③于中，物欲淡于外，故可贫可贱，可富可贵，可常可变，可经可权。

精于义者，眼界大，心地平。徇于利者，眼界小，心地险。

吴大澂批语：眼界之大小，心地之平险因之而异，我以此观人，人亦以此观我。

从义理上讲求，尽合得圣贤绳尺。从势利中探讨，便恐是穿窬④心肠。

大人物皆正大光明，无不可言之事。小家数多琐屑微暧，有不可问之心。然其心固未尝昧，也正宜猛省。

---

①南轩先生：张栻，见卷七注。
②《晦庵集》卷第八十九之"右文殿修撰张公神道碑"："公之教人，必使之先有以察乎义利之间，而后明理居敬以造其极，其剖析开明、倾倒、切至，必竭两端而后已。……盖其常言有曰：'学莫先于义利之辨，而义也者，本心之所当为而不能自已，非有所为而为之者也。一有所为而后为之，则皆人欲之私而非天理之所存矣。'呜呼，至哉言也！"
③粹（cuì）：纯一，不杂。《吕氏春秋·用众》："天下无粹白之狐而有粹白之裘，取之众白也。"
④穿窬：见卷八注。

吴大澂批语：不正大便涉琐屑，不光明便多暧昧，自己的存心瞒不得自己，然亦瞒不得他人。

积粪之秽，蜣螂转之；腥膻之污，蝇蚁附之，贪于所爱也。贪爱者忘其污，徇欲者忘其秽，秽而不已，并忘其身，可叹也已。

吴大澂批语：污者忘其污，秽者忘其秽，利欲之惑人如此，然人之好洁者已掩鼻而过之矣。

义，正路也。利，捷径也。正路之迂，不如捷径之便，然赋鹿鸣者幸周行之示①，望终南者讥捷径之非②，何去何从，必有能审之者。

后汉王忳③尝诣京师，于空舍中见一书生疾困，谓忳曰："我当到洛阳，命在须臾，腰下有金十斤，愿以相赠，乞藏骸骨。"未及问姓名而绝。忳即鬻④一斤，营其殡葬。余金悉置棺下，人无知者。后数年，忳为大度亭长，初到之日，有马驰入亭中，大风飘一绣被堕忳前。忳

---

①《诗经·小雅·鹿鸣》："呦呦鹿鸣，食野之苹。我有嘉宾，鼓瑟吹笙。吹笙鼓簧，承筐是将。人之好我，示我周行。呦呦鹿鸣，食野之蒿。我有嘉宾，德音孔昭。视民不恌，君子是则是效。我有旨酒，嘉宾式燕以敖。呦呦鹿鸣，食野之芩。我有嘉宾，鼓瑟鼓琴。鼓瑟鼓琴，和乐且湛。我有旨酒，以燕乐嘉宾之心。"孔颖达《毛诗正义》疏："'呦呦'至'周行'，毛以为呦呦然为声者乃是鹿鸣，所以为此声者，鸣而相呼食野中之苹草。言鹿既得苹草，有恳笃诚实之心发于中，相呼而共食之，以兴文王既有酒食，亦有恳笃诚实之心发于中，召其臣下而共行飨燕之礼以致之。王既有恳诚以召臣下，臣下被召，莫不皆来。"周行，"周至行道也"。

②《新唐书·卢藏用传》："始隐山中时，有意当世，人目为'随驾隐士'。晚乃徇权利，务为骄纵，素节尽矣。司马承祯尝召至阙下，将还山，藏用指终南曰：'此中大有嘉处。'承祯徐曰：'以仆视之，仕宦之捷径耳。'藏用惭。"

③王忳：字少林，东汉时广汉新都人。初为大度亭长，后出仕郡功曹，州治中从事。举茂才，授郿县令。见《后汉书·独行列传》。

④鬻（yù）：卖。《国语·齐语》："以其所有，易其所无，市贱鬻贵。"

后乘马到雒县①，马奔，牵忙入他舍，主人见之曰："今禽②盗矣。"问忙所由得马，忙具说其状，并及绣被。主人怅然曰："被随旋风与马俱亡。卿何阴德而致此？"忙具说葬书生及埋金之处，主人惊号曰："是我子也，姓金名彦，大恩久不报，天以此章③卿德耳。"呜呼！忙与书生仓卒相遇，乃为营其殡葬，而遗金之赠，一介不取，可谓贤矣。天且旋风飘被以章之，冥冥中亦何昭著若此哉？

吴大澂批语：忙岂望阴德之获报哉？特悯书生之卒于旅舍，不忍干没此金，实明于义利之辨也。

唐宰相王涯④，掌利权，其女嫁窦氏，请曰："玉工货一钗，奇巧，须钱七十万。"王曰："一钗七十万，此妖物也，必与祸相随。"数月女归，告曰："前钗为外郎冯球之妻首饰矣。"王叹曰："冯为郎吏，妻之首饰七十万钱，其可久乎？"冯出宰相贾𫗧⑤之门，贾之苍头，颇作威福，冯戒之。后冯谒贾，有青衣捧地黄酒，饮之，食顷而终，贾亦不究。又明年，王、贾皆为宦者仇士良所杀。呜呼！利者，义之反，害之伏也。王涯知禁其女，而不知自专其利⑥。冯球能饰其妻，而不能自

---

①雒（luò）县：汉高祖六年置县，属广汉郡。现位于四川省广汉市雒城。

②禽：通"擒"。《史记·春申君列传》："秦昭王使白起攻韩、魏，败之于华阳，禽魏将芒卯。"

③章：通"彰"。《国语·周语下》："夫见乱而不惕，所残必多，其饰弥章。"

④王涯：字广津，太原人，唐贞元八年进士擢第，元和十一年加中书侍郎、同平章事。太和九年十一月死于"甘露之变"。《旧唐书》《新唐书》有传。

⑤贾𫗧：字子美，河南人，进士擢第，太和九年四月拜中书侍郎、同平章事。其年十一月死于"甘露之变"。《旧唐书》《新唐书》有传。

⑥自专其利：《旧唐书·王涯传》："徇两市，乃腰斩于子城西南隅独柳树下。涯以榷茶事，百姓怨恨诟骂之，投瓦砾以击之。"《新唐书·李郑二王贾舒传》："然涯年过七十，嗜权固位，偷合训等，不能絜去就，以至覆宗。是时，十一族赀货悉为兵掠，而涯居永宁里，乃杨凭故第，财贮钜万，取之弥日不尽。家书多与秘府侔，前世名书画尝以厚货钩致，或私以官，凿垣纳之，重复秘固，若不可窥者。至是为人破垣，剔取签轴金玉而弃其书画于道。"

保其身。贾㻋任门客之害，而不能究臧获①之奸，此皆沉酣于利而不知。所行之大悖于义，未有不失其富贵而蹈于危亡者也。吁！是岂非谋利之炯戒哉？

吴大澂批语：王涯之不购此钗，非以为奇巧而戒之也，乃惜此七十万钱耳。专利之人，奢者死于利，吝者亦死于利，然其言则可取也，故君子不以人废言。

朱韦斋②先生松字乔年，"自谓下急害道，因取古人佩韦③之义以名其斋。早夜其间，以自警饬④，由是向之所得于观考者盖[一]有以自信而守之益坚。故尝曰：'士之所志，其分在义利之间两端而已。然其发甚微，而其流甚远。'"⑤斯言可谓明切。夫义利者，公私而已矣，事有外公而内私，名公而实私，其始托义而行，其后趋利若鹜，而本原所判，则志之所向也。故曰："其发甚微，其流甚远。"

吴大澂批语：略迹原心之论，心在义则利亦义也、私亦公也，心在利则义亦利也、公亦私也。

明道先生⑥始生，神气秀爽，异于诸儿，数岁即有成人之度。赋《酌贪泉诗》曰："中心如自固，外物岂能迁。"先达已许其志操矣。⑦

---

① 臧获（zāng huò）：奴婢之贱称。司马迁《报任安书》："且夫臧获婢妾，犹能引决，况若仆之不得已乎？"

② 朱韦斋：朱松，见卷七注。

③ 佩韦：韦，皮绳，性柔韧。性情急躁之人以佩韦自戒。《韩非子·观行》："西门豹之性急，故佩韦以自缓；董安于之心缓，故佩弦以自急。"

④ 警饬（chì）：戒备整治。饬，整顿、整治。

⑤《晦庵集》卷第九七之"皇考左承议郎守尚书吏部员外郎兼史馆校勘累赠通议大夫朱公行状"："自谓下急害道，因取古人佩韦之义以名其斋。早夜其间，以自警饬，由是向之所得于观考者益有以自信而守之益坚。故尝称曰：'士之所志，其分在义利之间两端而已。然其发甚微，而其流甚远，譬之射焉，失毫厘于机括之间，则差寻丈于百步之外矣。'"

⑥ 明道先生：程颢，见卷一注。

⑦ 见《宋名臣言行录·皇朝道学名臣言行外录》卷第二。

吴大澂批语：大儒器度，有识者已心许之。

伊川先生①往颍昌见韩维②，久留颍川。韩公年八十，早晚伴食，礼貌加敬。一日，韩密谓其子彬叔曰："先生远来，无以为意，我有黄金药桸一，重二十两，似可为先生寿，未敢遽言。我当以他事使汝伴食，从容道吾意。"彬叔侍食，如所戒启之。先生曰："我与乃翁道义交，故不远而来，奚以此为？"诘朝③遂归。又吕汲公④以百缣⑤遗先生，辞之，族兄子在旁，谓先生曰："勿为已甚。"先生曰："公之所以遗我者，以我贫也。公为宰相，能进退天下之贤，随材而任之，则天下受其赐也，何独我贫也？天下贫者亦众矣，公帛固多，恐不能周也。"⑥按先生性情严正，见事明果，无一毫私利之心，乃能斩截如此。

吴大澂批语：一人受其惠，不如天下受其赐，程子之所见者大。

朱子曰："左氏[二]是一个审利害之几，善避就底人，其间议论有极不是处，如周郑交质之类，是何议论？其曰：'宋宣公可谓知人矣，立穆公，其子飨之，命以义夫！'只知有利害，不知有义理。此段不如

---

①伊川先生：程颐，见卷一注。

②韩维：见卷八注。

③诘朝（jié zhāo）：明旦、明早。《左传·僖公二十八年》："戒尔车乘，敬尔君事，诘朝将见。"

④吕汲公：吕大防，字微仲，京兆府蓝田（今陕西蓝田）人，吕大忠之弟，宋仁宗皇祐元年进士，宋哲宗元祐元年官至尚书左仆射兼门下省侍郎，封汲郡公。《宋史》有传。

⑤缣（jiān）：双丝织细绢。《淮南子·齐俗》："夫素之质白，染之以涅则黑；缣之性黄，染之以丹则赤。"

⑥见黄宗羲《宋元学案》卷十六。

《公羊》说'君子大居正',却是儒者议论。"① 又曰安国②《春秋》,"明天理,正人心,扶三纲,叙九法,体用该贯,有刚大正直之气。"③按义者,制事之权衡,揆道之模范,有经有权,有常有变,有微有显,有进有退,而时措咸宜者也。要不外乎刚大正直,稍有屈挠,稍有偏徇,则利心害之矣。

吴大澂批语:刚大正直之气人人有之,所谓天地之塞吾其体也。孟子之知言养气,养此气也;配义与道,充此气也。然非集义之功,不足以语此。

淳熙辛丑二月,陆象山先生九渊④寓白鹿洞书院,讲"君子喻于义,小人喻于利"⑤,曰:"学者于此当辨其志,人之所喻,由其所习,所习由其所志。志乎义则所习者必在乎义,所习在义,斯喻于义矣。志乎利则所习者必在乎利,所习在利,斯喻于利矣。故学者之志,不可不辨也。科举取士久矣,名儒钜公皆由此出,今为士者固不能免此。然场屋之得失,顾其技,与有司好恶如何耳,非所以为君子小人之辨也。而今世以此相尚,使汩没于此而不能以自拔,则终日从事者虽曰圣贤之书,而要其志之所向,则有与圣贤背而驰者矣。推而上之,则又惟官资崇卑、禄廪厚薄是计,岂能悉心力于国事民隐,以无负于任

---

①《朱子语类》卷八十三:"左氏是一个审利害之几、善避、就底人,所以其书有贬死节等事,其间议论有极不是处,如周郑交质之类,是何议论?其曰:'宋宣公可谓知人矣,立穆公,其子享之,命以义夫。'只知有利害,不知有义理。此段不如《穀梁》说'君子大居正',却是儒者议论。""君子大居正",语见《公羊传·隐公三年》,而非《穀梁传》,朱子误。

②安国:胡安国,见卷一注。

③《晦庵集》卷第七十七之"建宁府崇安县学二公祠记":"至于胡公,闻道伊洛,志在《春秋》,著书立言,格君垂后。所以明天理、正人心、扶三纲、叙九法者,深切著明,体用该贯,而其正色危言,据经论事,刚大正直之气亦无所愧于古人,则诸君岂尽知之乎?"

④九渊:陆九渊,见卷一注。

⑤见本卷《论语·里仁》注。

使之者哉！从事其间，更历之多，讲习之熟，安得不有所喻，顾恐不在于义耳。诚能深思是身，不可使之为小人之归，其于利欲之习怛①焉为之痛心，专志乎义而日勉焉。博学、审问、慎思、明辨而笃行之，由是而进于场屋，其文必皆道其平日之学、胸中之蕴，而不缪于圣人。由是而仕，必皆共其职，勤其事，心乎国，心乎民而不为身计，其得不谓之君子乎？"朱子跋曰："熹率僚友与俱至于白鹿书堂，请得一言以警学者。子静既不鄙而惠许之，至其所以发明敷畅，则又恳到明白，而皆有以切中其隐微深痼之病。听者莫不悚然动心焉，于此反身而深察之，则庶乎可以不迷入德之方矣。"② 按象山此论，恳到明白，听者悚然动心，朱子所谓切中隐微深痼之病，信矣。迄今读之，如暮鼓晨钟，发人深省。

吴大澂批语：**官先事，士先志，所志在此，则所习亦在此。**

居官者当以国事为重，以勤恤民隐为急，舍此则皆利欲之习耳。未仕之先以利欲为学，玩仕之后仍以利欲为治，终其身为小人而已。

罗慎斋③师主讲岳麓书院二十七载，年九十，神明不衰，躬行实践，道德粹然。著有《读〈易〉》《读〈书〉》《读〈诗〉》《读〈春秋〉管见》，独抒心得，闻者解颐。一日谓达源曰："学问之功，有急于辨义利者乎？义则君子，利则小人，人皆知之，何以《大学》独讲以义为利？盖义者，天下之公也，利亦天下之公也，由义则利，失义则害。梁惠王曰：'何以利吾国？'王只知有吾国，则大夫只知有吾家，士、庶人只知有吾身，上下只知有吾则必至于交征，奚能免其争夺之祸哉？以义为利者以吾心之义制天下之利而无不当，以天下之利公天下之人

---

① 怛（dá）：悲伤、惨痛。《诗经·桧风·匪风》："顾瞻周道，中心怛兮。"
② 见《宋名臣言行录·皇朝道学名臣言行外录》卷第十五。
③ 罗慎斋：罗典，见《弟子箴言序》（胡达源）注。

而无或私。《禹贡》①《周官》②取于下者有定数，用于上者有定式，国计以裕，民力以纾③，利孰大焉？"又曰："自古言利之人未尝言害，而《大学》则云菑④害并至，何也？小人以言利、妄希、宠禄讬为美名，遂其掊克，岂肯言害乎？况其贪婪性成，并不顾其有害，大开利孔，析及秋毫，迨至天怒人怨，菑害并兴，虽有亨屯倾否⑤之才，亦无如之何矣。读《大学》者，怵⑥然于聚敛之害，理有必然，而以义为利，絜矩⑦同民，天下各得其所，此拔本塞源之道也，何至于菑害之不可救哉？"若公之言，可谓深切著明，回忆受教时忽忽已三十年，盖不胜哲人之感矣。

吴大澂批语：当时岳麓书院肄业生徒不知凡几，惟公独得授受之真，不负罗先生教育之苦心矣。陈文恭所谓千百人中培植得一二人，此一二人又可转相化导正教之，有功于天下，顾不重哉？

为国大臣未有不知兴利除害者，然有天地自然之利，有民生固有之利，竭力振兴之，有利于国，有利于民，此兴利之大者。若以掊克聚敛为利，利未兴而害不可救，荆公新法之所以为祸于天下也。

---

①《禹贡》：《尚书·夏书》之篇章。

②《周官》：《尚书·周书》之篇章。

③纾（shū）：缓和、宽舒。《左传·襄公八年》："民急矣，姑从楚以纾吾民。"

④菑（zāi）：通"灾"。《管子·内业》："不逢天菑，不遇人害。"

⑤亨屯（zhūn）倾否（pǐ）：倾否亨屯，在祸乱中救危解难。倾否，祸乱、危殆。否，闭塞不通。亨，通达。屯：艰难。《贞观政要·刑法》："固以圣人受命，拯溺亨屯；归罪于己，推恩于民。"

⑥怵（chù）：警惕。《庄子·养生主》："吾见其难为，怵然为戒。"

⑦絜矩（xié jǔ）：，絜，度量；矩，法度。《礼记·大学》："所谓平天下在治其国者，上老老而民兴孝，上长长而民兴弟，上恤孤而民不倍，是以君子有絜矩之道也。"

御史中丞彭思永①八九岁时从尚书出官岳州,晨起将就学舍,得金钗于门外,默坐其处,以伺访者。有一吏徘徊久之,问故,果坠钗者也。公诘其状,验之信,即出付之。吏谢以百金,公笑不受,曰:"我若欲之,取钗不过于百金耶?"吏叹骇而去。始就举时,贫无余赀,持金钏数只栖于旅舍,同举者过之,众请出钏为玩,客有坠其一于袖间者,公视之不言,众莫知也,皆惊求之。公曰:"数止此耳,非有失也。"将去,袖钏者揖而举手,钏坠于地。②忆昔甲辰春同学有拾人遗墨者,祖父襟江公③因举此事训曰:"吾观彭公前事,可知其一介不取,后事可知其万象包涵,只恐钏坠于地者,汗流面赤,无以自容。"顷之,报遗墨者得之矣。

吴大澂批语:少年存心便如此,父师之教耶,抑禀赋之独厚耶?

此二事,皆可为学者取法,遗墨事小,贪利事大,化行俗美可致路不拾遗,愿与诸生共勉之。

男林翼校字

【校记】

〔一〕盖:《晦庵集》卷第九七作"益"。

〔二〕左氏:原作"左传",据《朱子语类》卷八十三改。

---

①彭思永:字季长,吉州庐陵(今江西吉安)人。宋仁宗天圣五年进士,宋英宗治平初,召为御史中丞。宋神宗熙宁三年,以户部侍郎致仕而卒,宋史有传。

②见《河南二程全书·遗书·明道先生文集》卷第三之"故户部侍郎致仕彭公行状"。

③襟江公:胡多吉,达源祖父,见《弟子箴言序》(胡达源)注。

卷十一 崇谦让

益阳胡达源清甫

孔子观于鲁庙有欹器焉，曰："吾闻欹器者虚则欹、中则正、满则覆。"顾谓弟子挹水注之，中而正，满而覆，虚而欹。孔子喟然叹曰："吁，恶有满而不覆者哉？"子路曰："敢问持满有道乎？"曰："聪明圣智，守之以愚；功被天下，守之以让；勇力抚世，守之以怯；富有四海，守之以谦。此所谓挹而损之道也。"① 呜呼！古帝有欹器之箴，孔子传持满之戒，其旨深哉！

吴大澂批语：守愚、守让、守怯、守谦，古圣人持满之戒，贤智之士当共守之，孔子之言，见欹器而发，无往非学问也。

"谦：亨，君子有终"。②《程传》云："有其德而不居谓之谦，人以谦巽自处，何往而不吉乎？君子志存乎谦巽，达理故乐天而不竞，内充故退让而不矜，安履乎谦，终身不易。自卑而人益尊之，自晦而德益光显，此所谓君子有终也。在小人则有欲必竞，有德必伐，虽使勉

---

① 《荀子·宥坐》："孔子观于鲁庙有欹器焉，孔子问于守庙者曰：'此为何器？'守庙者曰：'此盖为宥坐之器。'孔子曰：'吾闻宥坐之器者虚则欹、中则正、满则覆。'顾谓弟子曰：'注水焉。'弟子挹水而注之，中而正，满而覆，虚而欹。孔子喟然而叹曰：'吁，恶有满而不覆者哉？'子路曰：'敢问持满有道乎？'孔子曰：'聪明圣智，守之以愚；功被天下，守之以让；勇力抚世，守之以怯；富有四海，守之以谦。此所谓挹而损之道也。'"挹（yì），舀、酌取。《诗经·小雅·大东》："维北有斗，不可以挹酒浆。"

② 《周易·谦》："谦：亨，君子有终。"

慕乎谦，亦不能安行而固守，不能有终也。"① 按序卦"有大者不可以盈，故受之以《谦》②"，有者易盈，盈者必败，有而不居者，其谦乎？程子所云，"达理故乐天而不竞，内充故退让而不矜"，尤能道出谦字实际。

吴大澂批语："有大不可以盈"为君子言之也，人知器小者易盈，不知器大者亦有时而盈，盈则必败，圣人之所以兢兢于"满招损、谦受益"也。

"君子以裒多益寡，称物平施"。③ 其义所包甚广，即以谦论，凡人自高者常多，必抑其轻世傲物之心，而多者裒之。下人者常寡，必增其谦卑逊顺之意，而寡者益之，则物我之间各得其平，亦谦德之象也。

吴大澂批语：抑其盈满之心而增其谦逊之意，如此说裒多益寡，尤切君子守谦之义。

当天下之大任，建天下之奇勋，可谓劳矣，而以其功下人者，德

---

①《易程传》卷二注："谦有亨之道也。有其德而不居谓之谦，人以谦巽自处，何往而不亨乎？君子有终，君子志存乎谦巽，达理故乐天而不竞，内充故退让而不矜，安履乎谦，终身不易。自卑而人益尊之，自晦而德益光显，此所谓君子有终也。在小人则有欲必竞，有德必伐，虽使勉慕乎谦，亦不能安行而固守，不能有终也。"

②见《周易·序卦传》。

③《周易·谦》："《象》曰：地中有山，谦。君子裒多益寡，称物平施。"裒(póu)，聚、集。孔颖达《周易正义》注："多者用谦以为裒，少者用谦以为益，随物而与施，不失平也。"又疏："裒多者，君子若能用此谦道则裒益其多，言多者得谦，物更裒聚，弥益多也。故云裒多即谦，尊而光也，是尊者得谦而光大也。益寡者谓寡者得谦而更进益，即卑而不可逾也。是卑者得谦而更增益，不可逾越也。称物平施者，称此物之多少，均平而施。物之先多者而得其施也，物之先寡者而亦得其施也。故云称物平施也。"王夫之《周易内传》卷二上："多者裒聚之而益多，寡者益之使不乏，固不厚高而薄下，抑不损高以补下，各称其本然而无容私焉。……不知治道者，徇疲惰之贫民，而铲削富民以快其妒忌，酿乱之道也。"

愈盛，礼愈恭，谦抑自居，永保禄位，故曰："劳谦，君子有终，吉。"① 学者一材一艺，便有矜色，对此能无自惭？

吴大澂批语：器满必覆，人满必败，终身无自满之心，终身皆进德之心，日愈下则德愈盛，故能当天下之大任，建天下之奇勋。

谦者，非徒貌、言退让也。此心冲虚，不敢有一毫满假之处。我才也，不恃才而狂。我能也，不恃能而傲。我富贵也，不恃富贵而骄。不仅是也，"天道亏盈而益谦，地道变盈而流谦，鬼神害盈而福谦，人道恶盈而好谦"。② 盈者有侈然自肆之心，凡所为之事无不侈然。谦者有抑然自下之心，凡所为之事无不抑然。此天地鬼神好恶祸福相因而至也，故谦卦六爻皆吉。

吴大澂批语：谦退出于本心者，实见得我才不可恃。我能不可恃，我富贵更不可恃，何敢傲物，何敢骄人？若稍有满假之心，貌为谦抑，适形其傲，假作退让，益见其骄，何益之有哉？

行师者有威武自恃之心，无谦抑下人之意，自骄者寡谋，轻敌者

---

①《周易·谦》："九三：劳谦，君子有终，吉。"

②《周易·谦》："《象》曰：谦，亨，天道下济而光明，地道卑而上行。天道亏盈而益谦，地道变盈而流谦，鬼神害盈而福谦，人道恶盈而好谦。"《易程传》："天道亏盈而益谦（以天行而言，盈者则亏，谦者则益，日月阴阳是也），地道变盈而流谦（以地势而言，盈满者倾变而反陷，卑下者流注而益增也），鬼神害盈而福谦（鬼神谓造化之迹，盈满者祸害之，谦损者福佑之，凡过而损不足而益者皆是也），人道恶盈而好谦（人情疾恶于盈满而好与于谦巽也，谦者人之至德，故圣人详言所以戒盈而劝谦也）。"

弛备，未有不败者也。谦之六五曰"利用侵伐"①，上六曰"利用行师"②，以谦虚之德，处崇高之时。临事而惧，计出万全，故能俾人怀德畏威，无往而不利也。《书》曰："满招损，谦受益。"③ 益④以此赞禹、舜，以此格苗，谦之时义大矣哉！

吴大澂批语：将骄必败，尤行军者所当戒。

蔡闻之⑤先生曰："近代有评论有苗一节云：'当耕历山时，但知己之有罪，故虽顽嚚，亦可格⑥。当征有苗时，但知有苗之可伐，故不免

---

①《周易·谦》："六五：不富以其邻，利用侵伐，无不利。"《易程传》注："富者，众之所归，惟财为能聚人。五以君位之尊而执谦顺，以接于下，众所归也，故不以富而能有其邻也。邻，近也，不富而得人之亲也。为人君而持谦顺，天下所归心也。然君道不可专，尚谦柔必须威武相济，然后能怀服天下，故利用行侵伐也，威德并著然后尽君道之宜而无所不利也，盖五之谦柔当防于过，故发此义。"

②《周易·谦》："上六：鸣谦，利用行师，征邑国。象曰：鸣谦，志未得也。可用行师，征邑国也。"杨万里《诚斋易传》注："上六位愈高志愈下，亦如六二号鸣以求谦之益，则众善毕赴，焉往不利哉？众人以居高为得志，上六以居高为未得志，此善之所赴也。"王夫之《周易内传》注："柔之极，必激而为惨，势且不容已于征伐。屈极必伸，可以得利。"

③《尚书·大禹谟》："惟德动天，无远弗届。满招损，谦受益，时乃天道。"

④益：伯益，又名伯翳，也称大费，大业长子、颛顼后裔，佐大禹治水，又传益著《山海经》。

⑤蔡闻之：蔡世远，见卷一注。

⑥《尚书·大禹谟》："帝初于历山，往于田，日号泣于旻天，于父母，负罪引慝。祗载见瞽瞍，夔夔斋栗，瞽亦允若。"孔颖达《尚书正义》疏："帝乃初耕于历山之时，为父母所疾，往至于田，日号泣于旻天，于父母乃自负其罪，自引其恶，恭敬以事，见父瞽瞍，夔夔然悚惧，斋庄战栗，不敢言己无罪。舜谦如此，虽瞽瞍之顽愚，亦能信顺帝至和之德。"此谓舜遇父母克己，自谦自责，恭敬从事，故虽有顽嚚之父，亦能格除偏见。

有逆命之事。'①"此言看得极细。呜呼！圣人且然，况下此者，惕厉戒惧之功，乌可一刻怠乎？

吴大澂批语：斋栗可以格顽嚚，文德可以格有苗。引咎责己，自修之本，但非至诚不能感耳。

以贵下贱，卑礼以进经纶之材。以虚受人，逊志以资道德之益。

让名者名归之，让利者利归之，何也？名者，天下之所争也，造物之所忌也。无实之名，名必不显。即或张皇一时，久且必败。试观古来笃实潜修之士，德蕴于躬行，孚于家，达于乡里州郡，其心歉歉然，常若不足，而闻望四达，众誉同归，所谓"君子之道闇然而日章"②也。利者人情之所贪恋，而或专之；人情之所吝惜，而或侈之。淫溢荒嬉，泰然自肆，卒之多藏者厚亡、滥用者奇穷，利果安在？善处利者权其力之所自得分之，所应有礼之，所必用兢兢焉，以盈满是戒，而究无盈满之虞。夫孰有利于此者哉？

吴大澂批语：盛名之下，其实难副。君子非惧名也，虑名之浮于实耳。欲利于己必害于人，君子非恶利也，恐利为害之伏耳。

---

①《尚书·大禹谟》："帝曰：'咨，禹！惟时有苗弗率，汝徂征。'禹乃会群后，誓于师曰：……三旬，苗民逆命。益赞于禹曰：'惟德动天，无远弗届。满招损，谦受益，时乃天道。帝初于历山，往于田，日号泣于旻天，于父母，负罪引慝。祗载见瞽瞍，夔夔斋栗，瞽亦允若。至诚感神，矧兹有苗。'禹拜昌言曰：'俞！'班师振旅。帝乃诞敷文德，舞干羽于两阶，七旬有苗格。"孔颖达《尚书正义》疏："禹既誓于众而以师临苗，经三旬苗民逆帝命，不肯服罪。益乃进谋，以佐于禹曰惟是有德，能动上天，苟能修德，无有远而不至，因言行德之事，自满者招其损，谦虚者受其益，是乃天之常道，欲禹修德，谦虚以来苗，既说其理，又言其验。……乃大布文德，舞干羽于两阶之间，七旬而有苗自服来至。"

②《中庸》："《诗》曰'衣锦尚䌹'，恶其文之著也。故君子之道，闇然而日章；小人之道，的然而日亡。"

《皇华》①，君遣使臣之诗也，朱氏善②曰："每怀者每事而思之，谓之靡及，则其心歉然，常若有所不及也。然不曰使臣，而曰征夫，则不特使臣此心，其属亦此心也。推此心以在外，则耆老之在所当问，遗逸之在所当求，鳏寡③之在所当恤，废坠之在所当举。上德之厚，而欲其无一之不宣；下情之远，而欲其无一之不达。为使臣者固惟恐无以副君之意，而为其属者又惟恐无以为使臣之助，庶可以称斯职矣。"④此说发挥该备，吾谓"每怀靡及，诹、谋、度、询，必咨于周"⑤，尤道得使臣谦逊恳到之意，读《皇华》者，可以兴⑥矣。

吴大澂批语： 诹、谋、度、询，惟恐下情之不上达，惟恐民隐之不周知，即本"每怀靡及"之心，所推而暨也。集众思，广忠益，犹

---

①《诗经·小雅·皇皇者华》："皇皇者华，于彼原隰。骎骎征夫，每怀靡及。我马维驹，六辔如濡。载驰载驱，周爰咨诹。我马维骐，六辔如丝。载驰载驱，周爰咨谋。我马维骆，六辔沃若。载驰载驱，周爰咨度。我马维骃，六辔既均。载驰载驱，周爰咨询。"

②朱氏善：朱善，字备万，号一斋，丰城（今属江西省）人。九岁通经史大义，元末隐山中，事继母以孝闻。洪武初，为南昌教授；八年，廷对第一，授修撰；十八年擢文渊阁大学士。著有《诗解颐》《史辑》传于世，明史有传。

③见卷六注。

④《诗解颐》卷二之"皇皇者华"："'每怀靡及'其义甚广，每怀者每事而思之，谓之靡及，则其心歉然，常若有所不及也。然不曰使臣，而曰征夫，则不特使臣此心，其属亦此心也。推此心也以在外，则耆老之在所当问，遗逸之在所当求，鳏寡之在所当恤，废坠之在所当举。上德之厚也，而欲其无一之不宣；下情之远也，而欲其无一之不达。为使臣者固惟恐无以副君之意，而为其属者又惟恐无以为使臣之助，庶可以称斯职矣。于遣使之时而歌此，固所以劝勉之也。"

⑤《国语·鲁语下》："《皇皇者华》，君教使臣曰'每怀靡及'，诹、谋、度、询，必咨于周，敢不拜教。臣闻之曰：'怀和为每怀，咨才为诹，咨事为谋，咨义为度，咨亲为询，忠信为周。'"

⑥《论语·阳货》："诗可以兴，可以观，可以群，可以怨。迩之事父，远之事君，多识于鸟兽草木之名。"兴，启示鼓舞、感发志意；观，考见得失，观风俗之盛衰；群，群居切磋，互相感化；怨，批评婉谏，怨刺上政。

有《皇华》使臣之遗意与？

《曲礼》一篇，特写出一副恭敬辞让之心，非止繁文缛节。

"见父之执，不谓之进不敢进。不谓之退不敢退。不问不敢对，此孝子之行也。"① "年长以倍，则父事之。十年以长，则兄事之。五年以长，则肩随之。"② 此长幼之节也，柔其血气，平其性情，作其忠爱，谦让积于中而达于外矣。

吴大澂批语：爱亲敬长之意皆于《礼》文寓之，循循规矩之中使人孝弟之心油然生矣。

"并坐不横肱"③，学者须识得此意，更须能推广此意。

吴大澂批语：吕新吾先生曰："能替别人想是第一等学问。"即此意也。

子云，"夫礼者，所以章疑别微以为民坊者也。故贵贱有等，衣服有别，朝廷有位，则民有所让。"④ 夫等贵贱者明尊卑之秩，别衣服者严小大之闲。位朝廷者，正上下之分。礼有定制，行无越思，不期让而自让矣。

子云："君子贵人而贱己，先人而后己，则民作让。"⑤ 杨子曰："自后者，人先之；自下者，人高之。"⑥ 我以让施，人以让报，理固然

---

①见《礼记·曲礼》。执，至交，好友。杜甫《赠卫八处士》诗："怡然敬父执，问我来何方？"

②见《礼记·曲礼》。肩随，并行时斜出其左右而稍后，谓追随于后。李白《感时留别从兄徐王延年从弟延陵》诗："小子谢麟阁，雁行忝肩随。"

③《礼记·曲礼》："室中不翔，并坐不横肱。"谓二人并坐，不得横臂以妨并坐者。

④见《礼记·坊记》。疑，惑而未决。微，隐而不明。坊，通"防"。谓惟礼足以彰明之，分别之。

⑤见《礼记·坊记》。

⑥扬雄《法言·寡见》："惠以厚下，民忘其死；忠以卫上，君念其赏。自后者，人先之；自下者，人高之。诚哉，是言也！"

也。

子云，"善则称君，过则称己，则民作忠"，"善则称亲，过则称己，则民作孝。"① 夫忠臣孝子，未有见君亲之过者也，求补乎臣子之过而已。忠臣孝子，未有见己之善者也，求全乎君亲之善而已。

吴大澂批语：体贴忠臣孝子之心得此数语，尤为恳切。"臣罪当诛兮，天王圣明"②，乃千古忠臣之极则；"无所逃而待烹，申生其恭也"③，乃千古孝子之至行。

"以能问于不能，以多问于寡，有若无，实若虚，犯而不校。"④ 朱子曰："颜子之心，惟知义理之无穷，不见物我之有间，故能如此。"⑤ 此说实道得颜子心曲，今人偶有一知半解，便不屑问人，无若有，虚若实，义理无穷而此心已穷，更从何处进步？物我之间，未能一体，安得犯而不校？即曾子之追思颜子，学者亦可以憬然⑥而悟矣。

吴大澂批语：物我无间，何以能犯而不校？譬之一身气血相贯，脉络相通，左手不与右手计短长，手足不与头目争劳逸，为一体之痛痒相关耳。故麻木之病谓之不仁，惟仁者能于物我之间视为一体。

---

①见《礼记·坊记》。

②韩愈《琴操十首》之《拘幽操》："目窈窈兮，其凝其盲；耳肃肃兮，听不闻声。朝不日出兮，夜不见月与星。有知无知兮，为死为生。呜呼，臣罪当诛兮，天王圣明。"

③见张载《西铭》，其文曰："不弛劳而厎豫，舜其功也；无所逃而待烹，申生其恭也。体其受而归全者，参乎！勇于从而顺令者，伯奇也。"此述舜、申生、曾参、伯奇四孝子之事。

④《论语·泰伯》："曾子曰：'以能问于不能，以多问于寡，有若无，实若虚，犯而不校；昔者吾友尝从事于斯矣。'"校，通"较"，计较。《四书集注》注曰："校，计校也。友，马氏以为颜渊是也。颜子之心，惟知义理之无穷，不见物我之有间，故能如此。谢氏曰：'不知有余在己，不足在人；不必得为在己，失为在人。非几于无我者不能也。'"

⑤见上条《四书集注》注。

⑥憬（jǐng）然：远行貌。《诗经·鲁颂·泮水》："憬彼淮夷，来献其琛。"

夷、齐求仁而让国，兄弟交让之风也。① 虞、芮感德而让田，邻邦交让之道也。② 然夷、齐之后，兄弟尚有争者。虞芮之后，邻国尚有争者。闻其事则喜，究其心，未尝动也。

"入其境，耕者让畔，行者让路；入其邑，男女异路，班白不提挈；入其朝，士让为大夫，大夫让为卿。"③ 文王德化之盛，在虞芮之君眼中看出，口中说出，心中便感触愧生，学者须识得此是何等气象。

吴大澂批语：文王之化何以能使一国皆让？今日之民犹是三代之民也，何以不能使一国皆让？尧舜以后有文王，文王以后何以不再见文王之化？夫岂民之无良哉？

地不满东南，天后倾西北，日月有盈亏，昼夜有长短。凡事多欠缺之处，人心无满足之时。吾见为足而已，无不足矣。吾惧其满，庶可持其满矣。

吴大澂批语：处境常观不如我者则人人知足，学问常观胜于我者则人人知不足。

反躬责己，须用进一步法。接物待人，须用退一步法。

一日不再食则饥，乃或一食而费数人之食。终岁不制衣则寒，乃或一衣而费数岁之衣。天之所生，地之所产，人之所用，止有此数，

---

① 《史记·伯夷列传》："伯夷、叔齐，孤竹君之二子也。父欲立叔齐，及父卒，叔齐让伯夷，伯夷曰：'父命也。'遂逃去，叔齐亦不肯立而逃之，国人立其中子。"

② 《史记·周本纪》："于是虞、芮之人有狱不能决，乃如周。入界，耕者皆让畔，民俗皆让长。虞芮之人未见西伯，皆惭，相谓曰：'吾所争，周人所耻，何往为，祇取辱耳。'遂还，俱让而去。"

③ 《诗经·大雅·绵》："虞芮质厥成，文王蹶厥生。"孔颖达《毛诗正义》注曰："虞、芮之君相与争田，久而不平，乃相谓曰：'西伯，仁人也，盍往质焉？'乃相与朝周，入其竟，则耕者让畔，行者让路；入其邑，男女异路，班白不提挈；入其朝，士让为大夫，大夫让为卿。二国之君感而相谓曰：'我等小人，不可以履君子之庭。'乃相让，以其所争田为间田而退。"班，通"斑"。

而过其节焉则盈也，非谦也，即此可以类推。

吴大澂批语： 汉文帝惜中人十家之产而不筑露台①，天子犹然，况其下焉者乎？

不敢以意气凌人，不敢以言语骄人，不敢以逆亿②待人。

天之高能覆，地之厚能载，德之大能容。

吴大澂批语： 泰山不让土壤，河海不择细流，有容人之德乃有容人之量。

自矜其智，非智也，谦让之智，斯为大智。自矜其勇，非勇也，谦让之勇，斯为大勇。

处事留有余地步，发言有无限包涵，切不可做到十分，说到十分。

谦让者饰于外则易，由于中则难；矫于暂则易，持于久则难。由中者内外如一，持久者始终不渝。

吴大澂批语： 此中有学问工夫，非可以一时矫饰也。

伊川先生言："人有三不幸。少年登高科，一不幸；席父兄之势为美官，二不幸；有高才、能文章，三不幸。"③吾谓此三者，能以谦让处之，未必不幸。程子之意，当于言外领之。

吴大澂批语： 有此三者，或以科第骄人，或以财势骄人，或以学问骄人，程子以为不幸，正抑其骄矜之气，勿以此沾沾自喜，有戒之之意焉。

---

①《史记·孝文本纪》："即位二十三年，宫室、苑囿、狗马、服御无所增益，有不便，辄弛以利民。尝欲作露台，召匠计之，直百金。上曰：'百金，中民十家之产，吾奉先帝宫室，常恐羞之，何以台为！'"

②逆亿：事先即猜测他人之意。逆，预先。诸葛亮《出世表》："至于成败利钝，非臣之明所能逆睹也。"亿，通"臆"，意料，揣测。《论语·先进》："亿则屡中。"

③《河南二程全书·外书》卷第十二："伊川先生言：'人有三不幸。少年登高科，一不幸；席父兄之势为美官，二不幸；有高才、能文章，三不幸也。'"

朱孝友①先生仁轨隐居养亲，尝诲子弟曰："终身让路，不枉百步；终身让畔，不失一段。"②此言终身之让似为多矣，究无百步之枉，一段之失，何惮而不为乎？

吴大澂批语：此语可以兴让，所谓吃亏人终不吃亏也。

"晏子为齐相，出，其御之妻从门间而窥其夫。其夫为相御，拥大盖，策驷马，意气扬扬，甚自得也。既而归，其妻请出，夫问其故，妻曰：'晏子长不满六尺，身相齐国，名显诸侯，今者妾观其出，志念深矣，常有以自下者。今子长八尺，乃为人仆役，然子之意自以为足，妾是以求去也。'其后夫自抑损，晏子怪而问之，御以实对，晏子荐以为大夫。"③呜呼！晏子谦退下人，故能身相齐国，名显诸侯。若御者，意气扬扬，乃克折节抑损，其谦德必有过人者。大夫之荐，岂漫然耶？虽然，御者之贤，自其妻激励成之，妻亦贤矣哉！

吴大澂批语：御者之意气扬扬，晏子平日必心薄之，以为仆御之常情，不足责也。一旦折节抑损，故怪而问之，何地无人才？只患相公不留意耳。

蔺相如自秦归，位在廉颇之右，廉颇不忍为之下，"宣言曰：'我见相如，必辱之。'相如闻，不肯与会。相如每朝时常称病，不欲与廉颇争列，已而相如出，望见廉颇，相如引车避匿，于是舍人相与谏曰：'臣所以去亲戚而事君者，徒慕君之高义也。今廉君宣恶言，而君畏匿之，恐惧殊甚，庸人尚羞之，况于将相乎？'相如曰：'公之视廉将军孰与秦王？'曰：'不若也。'相如曰：'以秦王之威，而相如廷叱之，

---

①朱孝友：朱仁轨，字德容，唐永城人，宰相朱敬则之兄。隐居养亲，终生未仕，后人私谥"孝友先生"。见《新唐书·狄郝朱列传》。

②《新唐书·狄郝朱列传》："敬则兄仁轨，字德容，隐居养亲，尝诲子弟曰：'终身让路，不枉百步；终身让畔，不失一段。'"

③上文引自《史记·管晏列传》。"其妻请出"，《史记》金陵局本作"其妻请去"。

辱其群臣。相如虽驽，独畏廉将军哉？顾吾念之强秦之所以不敢加兵于赵者，徒以吾两人在也。今两虎共斗，其势不俱生，吾所以为此者，以先国家之急而后私仇也。'廉颇闻之，肉袒负荆，因宾客至相如门谢罪，曰：'鄙贱之人，不知将军宽之至此也。'卒相与欢，为刎颈之交"。① 呜呼！大臣为国爱才，且为国自爱，一切私仇小忿怡然不动于心。向使两虎共斗，势不俱生，纵快舍人之谋，旋报秦兵之至，能无危乎？若廉蔺者，可以风矣。

吴大澂批语：为大臣者与同官相处，稍存意见便失和衷之道，即有难处之事当以廉、蔺为法。

"赵孝成王德魏公子无忌之矫夺晋鄙兵而存赵也，乃与平原君计，以五城封公子，公子闻之，意骄矜而有自功之色。客说公子曰：'人有德于公子，公子不可忘也。公子有德于人，愿公子忘之也。且矫魏王令，夺晋鄙兵以救赵，于赵则有功矣，于魏则未为忠也。公子乃自骄而功之，窃为公子不取也。'于是公子立自责，似若无所容者。赵王埽除自迎②，引公子就西阶，公子侧行辞让，从东阶上③，自言辠④过，以负于魏，无功于赵。赵王侍酒至暮，口不忍献五城，以公子退让也。"⑤ 世称魏公子仁而下士，食客至三千人，若侯生、毛公、薛公者，传载其事甚详，而此客独以谦让相规，惜夫！其名不传也。

吴大澂批语：有德于人而忘之，则其德愈大，而人之感之也愈深。

诸葛武侯有王佐之才，"而其与群下教曰：'参署者，集众思、广

---

①上文引自《史记·廉颇蔺相如列传》，略有删改。
②埽除：埽，通"扫"。言梳洗正装，恭迎贵客。
③裴骃《史记集解》："《礼记》曰：'主人就东阶，客就西阶。客若降等，则就主人之阶。'"
④辠：通"罪"。
⑤上文引自《史记·魏公子列传》，略有删改。

忠益也。若远小嫌，难相违覆①，旷阙②损矣。违覆而得中，犹弃弊蹻③而获珠玉。然人心苦不能尽，惟徐元直④处兹不惑。又董幼宰⑤参署七年，事有不至，至于十反，来相启告。苟能慕元直之不惑，幼宰之殷勤，有忠于国，则亮可少过矣。'又曰：'昔初交州平⑥，屡闻得失，后交元直，勤见启诲。前参军于幼宰，每言则尽，后从事于伟度⑦，数有谏止。虽姿性鄙暗，不能悉纳，然与此四子终始好合，亦足以明其不疑于直言也。'"⑧此则武侯谦让之大者，千载下读之，虚怀若揭。

---

①违覆：反复审察。违，相反、违背。覆，审察。刘克庄《毅斋郑观文神道碑》："国有政事，谋之大臣，参之执政，既相与可否矣。苟犹有未至焉，则侍臣得以献替，台谏得以论列。谋或未尽，不厌其违覆，理之所在，何间乎异同？"

②旷阙：空缺，谓不称职、失职。范仲淹《举张讽李厚充青州职官状》："臣受国寄任，日忧旷阙。"

③蹻（jué）：通"屩"，草鞋。《史记·平原君虞卿列传》："虞卿者，游说之士也。蹑蹻担簦说赵孝成王。"

④徐元直：徐庶，字符直，三国名士。《三国志·蜀书·诸葛亮传》："亮躬耕陇亩，好为《梁父吟》。身长八尺，每自比于管仲、乐毅，时人莫许之也。惟博陵崔州平、颍川徐庶元直与亮友善，谓为信然。时先主屯新野，徐庶见先主，先主器之。谓先主曰：'诸葛孔明者，卧龙也，将军岂愿见之乎？'先主曰：'君与俱来。'庶曰：'此人可就见，不可屈致也。将军宜枉驾顾之。'由是先主遂诣亮。凡三往，乃见。……先主在樊闻之，率其众南行，亮与庶并从，为曹公所追破。获庶母。庶辞先主而指其心曰：'本欲与将军共图王霸之业者，以此方寸之地也。今已失老母，方寸乱矣，无益于事，请从此别！'遂诣曹公。"

⑤董幼宰：董和，字幼宰，南郡枝江人，初为益州太守，刘备定蜀，任掌军中郎将，与诸葛亮并署左将军、大司马府事。

⑥州平：崔州平，见"徐元直"注。

⑦《三国志》裴松之注："伟度者，姓胡，名济，义阳人。为亮主簿，有忠荩之效，故见褒述。亮卒，为中典军，统诸军，封成阳亭侯，迁中监军、前将军，督汉中，假节领兖州刺史，至右骠骑将军。济弟博，历长水校尉、尚书。"

⑧上文引自《三国志·蜀书·董刘马陈董吕传》之"董和传"，原文作："亮后为丞相，教与群下曰：……"

吴大澂批语： 诸侯有争臣五人，虽无道不失其国；大夫有争臣三人，虽无道不失其家。为国家大臣、有专阃之寄者古诸侯之列也，若左右无直言之士，属僚无敢谏之人，即有过失，孰得而匡救之哉？纵言者未必尽然、未必尽可，用而集思广益，外有裨于军国，内有益于身心，广开言路，亦盛时气象。

郭汾阳王《辞太尉疏》曰："太尉职雄任重，窃忧非据，辄敢上闻。伏奉诏书，未允诚恳。臣畴昔①之分，早知止足，今兹累请，窃惧盈满，义实由衷。事非矫饰，志之所至，敢不尽言。自兵乱以来，纪纲寖②坏，时多躁竞③，俗少廉隅④。德薄而位尊、功微而赏厚实繁有众，不可殚⑤论。臣每见之，深以为念，昔'范宣子⑥让，其下皆让。

---

①畴昔：往日。畴，助词，无义。《礼记·檀弓上》："予畴昔之夜，梦坐奠于两楹之间。"

②寖（jìn）：逐渐。《汉书·王吉传》："诈伪萌生，刑罚亡极，质朴日销，恩爱寖薄。"

③躁竞：急于求进，争权势。《文选·养生论》："今以躁竞之心，涉希静之途。意速而事迟，望近而应远。"

④廉隅：棱角。喻人之言行品性端方不苟。《礼记·儒行》："近文章，砥厉廉隅。"

⑤殚（dān）：尽。《孙子·作战》："力屈财殚，中原内虚于家，百姓之费，十去其七。"

⑥范宣子：士匄（gài），春秋晋卿范文子士燮之子，谥号"宣"，又称范宣子。履晋卿之位，以贤才辅佐晋悼公称霸诸侯。

栾黡①为汰，弗敢违也[一]'。② 臣诚薄劣，窃慕古人，务欲以身率先，大变浮俗，是用勤勤恳恳，愿罢此官，庶礼让兴行，由臣而致也。臣位为上相，爵为真王，参启沃③之谋，受腹心之寄，恩荣已极，功业已成。寻合乞骸，保全余齿，但以寇仇在近，家国未安，臣子之心，不敢安处，苟西戎即叙④，怀恩就擒，畴昔官爵，誓无所受，必当追踪范蠡，继迹留侯，臣之鄙怀，切在于此。"⑤ 按史称汾阳再造唐室，遭谗基⑥诡夺兵柄。然朝闻命，夕引道，无纤芥自嫌，可谓忠贯日月矣。及读此疏，劳而不伐，有功而不德，兢兢焉盈满是惧，倘所称"劳谦君子"⑦者与？

①栾黡：号栾桓子，娶范宣子之女，生栾盈。其父栾书为春秋晋国正卿，执政景公、厉公二朝，并立晋悼公。栾黡骄横暴虐，结怨败德，其卒后不久，栾氏被灭族。

②《春秋左传·襄公十三年》："荀罃、士鲂卒。晋侯蒐于绵上以治军，使士匄将中军，辞曰：'伯游长。昔臣习于知伯，是以佐之，非能贤也。请从伯游。'荀偃将中军，士匄佐之。使韩起将上军，辞以赵武。又使栾黡，辞曰：'臣不如韩起。韩起愿上赵武，君其听之。'使赵武将上军，韩起佐之。栾黡将下军，魏绛佐之。新军无帅，晋侯难其人，使其什吏，率其卒乘官属，以从于下军，礼也。晋国之民，是以大和，诸侯遂睦。君子曰：'让，礼之主也。范宣子让，其下皆让。栾黡为汰，弗敢违也。晋国以平，数世赖之，刑善也夫！一人刑善，百姓休和，可不务乎？……'"案荀罃，即知武子（知伯），晋国中军帅；士鲂，即彘恭子，晋国下军佐；伯游，即荀偃，又称中行偃，荀罃堂侄。刑，通"型"，示范、做榜样。晋国建上、中、下、新四军，各军设将、佐二人，共八卿任之。因荀罃、士鲂去世，改为上、中、下三军。

③启沃：竭诚开导君王。《尚书·说命上》："启乃心，沃朕心。"孔颖达疏："当开汝心所有，以灌沃我心，欲令以彼所见，教已未知故也。"

④即叙：通"即序"，归顺。《尚书·禹贡》："织皮昆仑、析支、渠搜、西戎即叙。"

⑤见《旧唐书·郭子仪传》。

⑥綦（jī）：忌恨，怨毒。《左传·哀公二十七年》："知伯不悛，赵襄子由是綦知伯。"

⑦见本卷《周易·谦》注。

吴大澂批语：汾阳以行伍起家，位至上相尚能不矜不伐，如此所谓高而不危、满而不溢，故能长保其富贵也。大凡武臣，建大功之后而能以令名终者必有过人之见识。

娄公师德①字宗仁[二]，材兼文武，身都将相，性宽厚清慎，犯而不校。与李昭德②俱入朝，体肥性缓，昭德骂曰："田舍夫！"徐笑曰："师德不为田舍夫，谁当为之？"其弟除代州刺史，将行，师德谓曰："吾兄弟荣宠过盛，人所疾也，将何以自免？"弟曰："自今虽有人唾其面，某拭之而已，庶不为兄忧。"师德愀然曰："此所以为吾忧也，人唾汝而怒汝也，而汝拭之，则逆其意而重其怒矣。夫唾不拭自干，当笑而受之耳。"狄仁杰③之入相也，师德实荐之，而仁杰不知，意颇轻之。太后常问仁杰曰："师德贤乎？"对曰："为将能谨守边陲，贤则臣不知。"又曰："师德知人乎？"对曰："臣尝同僚，未闻其知人也。"太后曰："朕之知卿，乃师德所荐也，亦可谓知人矣。"仁杰既出，叹曰："娄公盛德，我为其包容久矣，吾不得窥其际也。"是时罗织纷纭，师德久为将相，独能以功名终，人以是重之。④ 吾观娄公"唾面自干"之

---

① 娄公师德：娄师德，字宗仁，唐郑州原武（今河南原阳）人，弱冠，进士擢第，授江都尉。上元初，累补监察御史。长寿元年，召拜夏官侍郎、判尚书事，次年，进同凤阁鸾台平章事（拜相）。万岁通天二年，入为凤阁侍郎同凤阁鸾台平章事。《旧唐书》《新唐书》有传。

② 李昭德：唐京兆长安（今陕西西安）人，以明经及第，累迁至御史中丞、夏门侍郎，长寿年间拜凤阁侍郎同凤阁鸾台平章事。后被诬告谋反，斩于洛阳。《旧唐书》《新唐书》有传。

③ 狄仁杰：字怀英，唐并州太原（今山西太原）人，以明经及第，仪凤中为大理寺丞，周岁断滞狱一万七千人，无有冤诉。武周天授二年，以地官侍郎判尚书同凤阁鸾台平章事，神功元年以鸾台侍郎同凤阁鸾台平章事，两次入相，举才荐贤，外镇边陲，内安社稷，力劝武皇复立中宗李显，使唐祚得以延续。久视元年病卒，武皇为之举哀，废朝三日，赠文昌右相，谥"文惠"。中宗时追赠司空，睿宗时追封梁国公。《旧唐书》《新唐书》有传。

④ 见《新唐书·刘裴娄传》。

训,可谓忍人之所不能忍矣,独其沉默渊涵,谦抑自下,虽在梁公,且未之测,又孰能窥其涯涘哉?

吴大澂批语:此等气度决非浅鄙者所能及。持重、和缓、谦退之人往往与才智之士相形见绌,人多以厚德称之,而究莫测其深浅,如娄公无荐贤一举,几与伴食宰相等诮矣,人可无知人之明哉?

王文正公旦①在中书②,有事关送密院事,碍诏格③,寇公④在枢府⑤,特以闻上,以责公,公拜谢引咎,堂吏皆遭责罚。不逾月,密院有事送中书,亦违旧诏,堂吏得之欣然呈公,公曰:"却送与密院。"吏出,白寇公,寇公大惭。

吴大澂批语:以直报怨当如是。

翌日见公,曰:"同年,甚得许大度量。"公不答。⑥又中书偶倒用了印,寇公责吏人行遣。他日,枢院亦倒用了印,中书吏人呈覆,亦欲行遣,公问吏人:"汝等且道密院当初行遣倒用印者是否?"曰:"不是。"公曰:"既是不是,不可学他不是。"又王曾、张知白、陈彭年参知政事,因白公曰:"每奏事,其间有不经上览者,公但批旨奉行,恐人言之,以为不可。"公逊谢而已。一日奏对,公退,诸公留身,上惊曰:"有何事不与王旦同来?"诸公以前说对。上曰:"旦在朕左右多年,朕察之无毫发私。自东封后,朕谕以小事一面奉行。卿等当谨奉

---

①王文正公旦:王旦,见卷五注。

②《宋史·职官志》:"中书省,掌进拟庶务,宣奉命令,行台谏章疏、群臣奏请、兴创改革及中外无法式事应取旨事。"

③碍诏格:有违诏令之格式。

④寇公:寇准,见卷八注。

⑤《宋史·职官志》:"枢密院,掌军国机务、兵防、边备、戎马之政令,出纳密令,以佐邦治。"

⑥《宋史·王旦传》:"中书有事送密院,违诏格。准在密院,以事上闻。旦被责,第拜谢,堂吏皆见罚。不逾月,密院有事送中书,亦违诏格,堂吏欣然呈旦,旦令送还密院。准大惭,见旦曰:'同年,甚得许大度量?'旦不答。"

之。"诸公退而愧谢。公曰："向蒙谕及不可自言曾得上旨，然此后更赖诸公规益。"即此，可见文正谦让处。前二事，一见《名臣遗事》①，一见《龟山语录》②。寇公既服其度量矣，不应更有后事，岂一事而两记之与？然惟如此益见文正之大也。

吴大澂批语：面奉谕旨，外廷不得而知，然此本权宜之事，若竟以此显告同官，则迹近擅专矣。诸公之谏亦何尝不是？故但逊谢而已，此际极有斟酌。

向文简公敏中③除右仆射④，麻⑤下日，真宗谓李昌武⑥曰："朕自即位，未尝除仆射，此殊命也。敏中应甚喜，门下贺客必多，卿往观之，勿言朕意也。"昌武乃往见，门无一人，徐贺曰："今日降麻，士大夫莫不欢慰。"公但唯唯。又曰："自上即位，未尝除端揆⑦，自非德

---

①《名臣遗事》：《宋名臣言行录》，朱熹、李幼武撰，朱熹撰前集十卷、后集十四卷，李幼武撰续集、别集、外集五十一卷。

②《龟山语录》：《龟山先生语录》，杨时撰。杨时，见卷七注。

③向文简公敏中：字常之，北宋开封（今河南开封）人，太平兴国五年进士及第，宋真宗咸平四年，进同平章事，充集贤殿大学士，大中祥符五年，复拜同平章事，加中书侍郎。天禧四年卒，赠太尉、中书令，谥"文简"。《宋史》有传。

④右仆射（yè）：《宋史·职官志》："左仆射、右仆射，掌佐天子议大政、贰令之职，与三省长官皆为宰相之任。"按宋代官制，三省长官为侍中、中书令、尚书令，左、右仆射隶属尚书省，宋初不置尚书令、中书令、侍中，而以左仆射兼门下侍郎、右仆射兼中书侍郎行侍中、中书令职事。

⑤麻：唐宋任命大臣时以黄白麻纸书写诏书，因称诏书曰麻。唐庚《内前行》："内前车马拨不开，文德殿下宣麻回。"

⑥李昌武：李宗谔，字昌武，北宋深州饶阳人，宋初名相李昉之子。进士及第，授校书郎，迁秘书郎，集贤校理。景德二年，召为翰林学士，大中祥符三年，拜右谏议大夫，五年，不幸因病早卒，见《宋史·李昉传》。有文《曹武惠王彬行状》存世。

⑦端揆（duān kuí）：审正决断、总揽国政，指相位。《晋书·职官志》："建安十三年，罢汉台司，更置丞相，而以曹公居之，用兼端揆。"

重眷殊，何以至此？"公复唯唯。又历陈前世为仆射者勋劳德业之盛、礼命之重，公亦唯唯，卒无一言。后使人至庖厨中问有无亲戚宾客宴饮者，亦寂无一人。乃具以所见对，上笑曰："向敏中大耐官职，吾谓耐字最好，耐官者宠辱不惊，耐学者毁誉不动，耐守者穷达不移，此心冲①然，卑以自牧而已。"

吴大澂批语：宠辱不惊者，大臣之度。门无贺客者，平时不以赫赫自炫，所与交游者皆淡泊之士，本无奔走伺候之人耳。否则势利之徒趋之若鹜，岂能寂无一人？

王勃、杨炯、卢照邻、骆宾王皆有文名，谓之四杰。裴行俭②曰："士之致远，先器识而后文艺，勃等虽有文才，而浮躁浅露，岂享爵禄之器耶？杨子沉静，应得令长，余得令终为幸。"③ 其后，勃溺南海，照邻投颍水，宾王被诛，炯终盈川令，皆如行俭之言。吾尝读王、杨、卢、骆之文，其才可谓隽矣。然而自恃其才，无谦冲退让之道以成之，故卒无所就。谷以虚而能容，海以下而能受，有以哉！

吴大澂批语：以器识观人，可觇福泽之厚薄。若忠义气节之士为国捐躯，不得谓之非令终也。

---

①冲：空虚，引申为谦虚、淡泊。魏征《谏太宗十思疏》："念高危，则思谦冲而自牧。"

②裴行俭：字守约，唐绛州闻喜（今山西闻喜东北）人，一代名将。曾祖裴伯凤，北周骠骑大将军、汾州刺史、琅琊郡公；祖父裴定高，冯（píng）翊郡守，袭封琅琊公；父裴仁基，隋左光禄大夫。行俭幼以门荫补弘文生，贞观中举明经拜左屯卫仓曹参军，得名将苏定方传授用兵奇术，通晓阴阳历算，知人善任，文武兼备，平定东西突厥叛乱，官至礼部尚书兼检校右卫大将军，永淳元年病卒。高宗赠幽州都督，谥曰"献"；中宗时追赠扬州大都督；玄宗时加赠太尉。《旧唐书》《新唐书》有传。

③《新唐书·刘裴娄传》："李敬玄盛称王勃、杨炯、卢照邻、骆宾王之才，引示行俭，行俭曰：'士之致远，先器识后文艺，如勃等虽有才，而浮躁炫露，岂享爵禄者哉？炯颇沉默，可至令长，余皆不得其死。'"

昔年见族祖莲溪公①于石岭书斋，偕往者数人，而予年最少，逡巡不敢坐。莲溪公因举陶宗仪②《辍耕录》以示之曰"武林钱思复③先生尝言年十六七时以诗见息斋李公④于州桥寓居，既拜公，公答拜，命坐，辞之再，公曰：'仲尼之席，童子隅坐⑤。'因不敢辞。徐永之⑥先生为江浙提举日，客往访之者无间，亲疏贵贱必送之门外。凡客请纳步，则曰：'不可，妇人送迎不逾阈。⑦'"⑧云云。公时七十有五，庞眉皓首，道貌谦谦，竟日清谈，了无倦色。达源等告归，送之门外，亦不敢辞。公司铎⑨临武，循循训迪。年八十卒于官，至今多士犹思

---

①莲溪公：据《益阳麦田胡氏族谱》载，麦田胡氏昊支思敬公房胡民猷，字莲溪，清乾隆癸丑任湖南临武县训导兼掌教双溪书院。
②陶宗仪：字九成，号南村，浙江黄岩（今清陶乡）人。自幼刻苦攻读，学识渊博，又工诗文，善书画，为元末明初著名学者，所著《辍耕录》《说郛》《南村诗集》等十余部皆收入《四库全书》。
③钱思复：钱惟善，字思复，自号心白道人、武夷山樵者，元末钱塘（今杭州）人。顺帝至元元年，江浙省试，以《罗刹江赋》命题，考生数千，不知所出，唯思复引枚乘《七发》为据，证罗刹江乃钱塘之曲江，大为主司所称，由是知名。至正辛巳领乡荐，官至副提举，洪武初年卒。有《江月松风集》传于世。
④息斋李公：未详，或为李衎（kàn）。李衎，字仲宾，号息斋道人，元蓟丘（今北京市）人，工画，尤擅墨竹。元仁宗皇庆元年官至吏部尚书，拜集贤殿大学士、荣禄大夫。晚年寓居维扬（今扬州）。
⑤《礼记·檀弓上》："曾子寝疾，病，乐正子春坐于床下，曾元、曾申坐于足，童子隅坐而执烛。"隅坐，坐于席角旁。古无椅，布席共坐于地，尊者正席，卑者坐于席角。
⑥徐永之：徐一清，字永之，元浙江兰溪樟林人，至治元年辛酉科进士，历江浙儒学副提举、江浙行中书省左右司郎中等职，敕授奉议大夫。
⑦《左传·僖公二十二年》："妇人送迎不出门，见兄弟不逾阈。"阈（yù），门槛。
⑧见陶宗仪《辍耕录》卷五"先辈谦让"。
⑨司铎：掌管文教。铎，形如大铃，有柄有舌，振舌发声。古时宣布政令，必奋木铎以聚众，后称教官为司铎。《周礼·地官司徒·乡师》："凡四时之征令有常者，以木铎徇于市朝。"

之。

吴大澂批语：同乡彭芍亭中丞曾谒汤文端公于京邸，词气冲和，步履端谨，每出必送至大门外，客升车后，公一谒而入，犹有先辈之遗风也。

男林翼校字

【校记】

［一］弗敢违也：原作"不可为也"，据《旧唐书·郭子仪传》《春秋左传》改。

［二］宗仁：原作"宗臣"，据《新唐书·刘裴娄传》改。

卷十二　尚节俭

益阳胡达源清甫

《论语》言"节用"①，《周礼》以"九式均节财用"②，无过不及之谓。节俭与奢反，有收敛简约之意，非吝啬之谓也。此理上下同之，未有不节俭而财用有余者也。

吴大澂批语：国用节则不伤财、不害民，家用节则不妄取、不外求，爱民者必以节俭为天下先，自爱者必以节俭为一家率。

节俭者，持盈保泰之要也。国之富，其初未有不俭者，骄泰已甚，

---

①《论语·学而》："道千乘之国，敬事而信，节用而爱人，使民以时。"节用，朱熹《四书集注》注曰："《易》曰：'节以制度，不伤财，不害民。'盖侈用则伤财，伤财必至于害民，故爱民必先于节用。"

②《周礼·天官冢宰·大宰》："以九式均节财用：一曰祭祀之式，二曰宾客之式，三曰丧荒之式，四曰羞服之式，五曰工事之式，六曰币帛之式，七曰刍秣之式，八曰匪颁之式，九曰好用之式。"孔颖达《周礼正义》疏："云以'九式均节财用'者，式谓依常多少用财法式也。'一曰祭祀之式'者，谓若大祭、次祭用大牢，小祭用特牲之类。'二曰宾客之式'者，谓若上公饔饩九牢、飨五牢、五积之类。'三曰丧荒之式'者，丧谓若诸侯诸臣之丧，含襚赠莫赙赗之类。王家之丧，所用大，非此所共也。荒谓凶年谷不孰，有所施与也。'四曰羞服之式'者，谓王之膳羞衣服所用也。'五曰工事之式'者，谓百工巧作器物之法。'六曰币帛之式'者，谓若赠劳宾客也。'七曰刍秣之式'者，谓牛马禾谷也。'八曰匪颁之式'者，谓若分赐群臣也。'九曰好用之式'者，燕好所施予也。此九者，亦依尊卑缓急为先后之次也。"饔饩（yōng xì），熟肉曰饔，生牲曰饩。后以大礼曰饔饩，小礼曰飧。

而国不可支矣。家之富，其初未有不俭者，奢侈已甚，而家不可保矣。惟君子豫防于骄泰未发之先，杜塞其奢侈将萌之渐，大处固严，即纤小处亦谨，显处固严，即隐微处亦谨。

"国奢则示之以俭，国俭则示之以礼"①，礼以救俭，俭以救奢，此君子维持风俗之道也。一乡一家之中，观感尤切，全赖有人补救，庶可力挽颓风。

吴大澂批语：风俗之美也，始于一家，达于一乡，由近及远，感化于不知不觉，其败也亦然。

"食之以时，用之以礼"②，此节俭之大端也。古者鱼不满尺，人不得食。果实未熟，不得采取。限一"时"字，便有多少生意，而物力充矣。冠婚丧祭，人有常制，宾客饮食，物有常品。限一"礼"字，便有一定章程，而财用裕矣。至于家给人足，菽粟几如水火，太平景象令人睪③然高望而远志也。

---

①《礼记·檀弓下》："曾子曰：'晏子可谓知礼也已，恭敬之有焉。'有若曰：'晏子一狐裘三十年，遣车一乘，及墓而反。国君七个，遣车七乘；大夫五个，遣车五乘。晏子焉知礼？'曾子曰：'国无道，君子耻盈礼焉。国奢则示之以俭，国俭则示之以礼。'"陈澔《礼记集说》注："曾子称其知礼，谓礼以恭敬为本也。有若之言则曰狐裘贵在轻新，乃三十年而不易，是俭于己也；遣车一乘，俭其亲也；礼，窆后有拜宾送宾等礼，晏子窆讫即还，俭于宾也。此三者，皆以其俭而失礼者也。"又："遣车之数，天子九乘，诸侯七乘，大夫五乘，天子之士三乘，诸侯之士无遣车也。大夫以上皆太牢，士少牢。个，包也。凡包牲皆取下体，每一牲取三体，前胫折取臂臑，后胫折取骼。少牢二牲则六体，分为三个；太牢三牲则九体。大夫九体分为十五段，三段为一包，凡五包。诸侯分为二十一段，凡七包；天子分为二十七段，凡九包。每遣车一乘，则载一包也。"又："曾子主权，有子主经，是以二端之论不合。"窆（biǎn），将棺木葬入墓穴。

②《孟子·尽心上》："食之以时，用之以礼，财不可胜用也。"朱熹《四书集注》注曰："教民节俭，则财用足也。"

③睪（gāo）：高大貌，通"皋"，也作"睾"。《荀子·解蔽》："睪睪广广，孰知其德。"

吴大澂批语：解"时"字说得阔大，飞、潜、动、植，皆天地生物之心所寓，不时而食则物不得遂其生，君子所不忍也。

用天之道，分地之利，谨身节用，以养父母，此庶人之孝也。孝子事亲，不敢以非礼辱其身，不敢以滥用亏其养。

天之所生，当为天惜之。地之所产，当为地惜之。人之所成，当为人惜之。留有余，不尽之意，便有充然各足之时。

吴大澂批语：一"惜"字有多少妙用，一"留"字有无限生机。

春生、夏长、秋收、冬藏，收藏是天地节俭处，不然春生夏长，天地之气亦不能充积极其盛也。人身亦小天地，有发舒处，即有收敛处，其于财也，亦若是而已矣。

吴大澂批语：以收藏为天地之节俭，至理名言，前人所未道。

圣人在上，躬行节俭为天下先。吾谓士君子空言节俭，亦属无补，当以躬行先之则人，皆曰"某且为之"，不得以俭啬责人矣。于是俭者乐从，奢者勉从，而节俭之风可以渐次而四达矣。

节俭之事，在识大体，去繁文，审时势。冠婚丧祭，礼之所在，赠遗赈恤，义之所宜，此大体也，不可吝也。宫室车马，厌常而喜新，衣服簪珥，踵事而增丽，此繁文也，不可为也。称家之有无，则财不绌；权岁之丰歉，则用有余，此时势也，不可忽也。此三者，在家长易知，而子弟为难，在丈夫易知，而妇人为难。惟以身导之，以言教之，庶乎得其要也。

吴大澂批语：于节俭之中见时措之宜，为家长者各书一通悬之座，各可以得奢俭之中而无弊，此之谓节以制度。

衣食艰，廉耻丧，衣食足，礼义兴，一定之理也。故学者以治生为急，而治生则以节俭为先。

遇小事敬谨，便是战兢，将来上达有望。见小物爱惜，便是撙节，将来后福无穷。

"一粥一饭,当思来之不易,半丝半缕,恒念物力维艰。"① 此治家格言也,人苟念物力之艰,来处之不易,不独粥饭丝缕而已。朱子②即事,提醒此心,学者凡事当存此心。

吴大澂批语:昆山朱柏庐先生《治家格言》,虽极浅近,却有至理。

乡里富家,不应有官样器具,士庶本分,不应有官样衣冠。

一人之俭,能化导于一家,其家长可敬。一家之俭,皆禀命于一人,其家众可爱。

家以无事为福,虽藿饭藜羹③,自有至乐。士以多文为富,虽荜门蓬户④,亦有余欢。

恶衣菲食,俭也,徒以此省钱则陋。敝车羸马,俭也,若以此沽名则谲。

吴大澂批语:为大吏者以俭沽名,易滋流弊。凡事以诚动者人亦应之以诚,以诈行者人必应之以诈。

乡里之俭易,官府之俭难,能破除一切习气,便有主张。

吴大澂批语:以一身之节俭省百僚之供亿,何难自作主张?或以为旧例所有、不必自我减,人情所同、不必我独异,甚至一夕之宿费

---

①见朱柏庐《治家格言》。

②朱子:朱用纯,字致一,号柏庐,江苏昆山人,明末清初著名学者,尊奉程朱理学。其父朱集璜守昆山城抗清遇难,柏庐上侍老母,下抚弟妹,教授乡里,终生未仕。入《清史稿》《清史列传》,列"孝义一"。

③藿(huò)饭藜(lí)羹:喻粗劣之食。藿,豆叶。《广雅·释草》:"豆角谓之荚,其叶谓之藿。"藜,一年生草本植物,又名灰菜,嫩叶可食,老茎可制杖。《韩非子·五蠹》:"尧之王天下也,茅茨不翦,采椽不斫,粝粱之食,藜藿之羹。"

④荜(bì)门蓬户:以荆竹、蓬草编成的门户,喻贫苦家庭居处简陋。荜,亦作筚,荆条、竹木之属。蓬,蓬草。于谦《村舍桃花》诗:"野水萦纡石径斜,荜门蓬户两三家。"

至千金，一遇之地累及数县，于心何忍乎？此官府之习气，必思有以破除之。

子无滥用，祖父之田园可保。臣无滥用，国家之府库常充。官无滥用，百姓之仓箱自足。

古书万卷，古帖万本，古砚万方，大雅之事也。惟其子孙节俭，可以守之。然而世之能守者，盖亦鲜矣。

家道隆隆日起，莫不由于内助之贤。若妇人侈服饰，不知艰难，耽安逸，怠于检点，漏孔一开，伊于胡底？坤为地，为母，为吝啬，此妇道之正也。

"如今花样不同"，此宫锦行家语也。学织者便须更张机杼，另作一番新锦。成衣者便思更张剪裁，另出一番新样。推之首饰器物，无不各有时款，人人效尤，争奇斗巧，转瞬新样，又不同矣。此语之贻害，岂不甚哉？故君子有匡俗之心，断无随俗之事。

吴大澂批语：新样愈变愈巧，用度日费一日，酬应愈增愈繁，世道日穷一日，此岂好消息哉？不能转移风气，即为风气所转移，不随俗者能有几人？

权其子母，析及秋毫，理财者类如此。利其田产，隙启骨肉，争财者类如此。苟能节俭，则秋毫不必析而骨肉不必争矣。平心细想，自是至理。

农事起家，勤于稼穑，其祖宗沾体涂足，骨瘠筋劳，一丝一粟，皆念物力维艰。至子孙席丰履厚，则有视金玉如泥沙，轻粟米如粪土者，此不知稼穑之艰难耳。真西山①先生尝谓，"田事既起，晓霜未释，忍饥扶犁，冻皴②不可忍，则燎草火以自温，此始耕之苦也。燠气将

---

① 真西山：真德秀，见卷一注。
② 皴（cūn）：皮肤因受冻而裂开。《梁书·武帝纪》："每至冬月，四更竟，即敕把烛看事，执笔触寒，手为皴裂。"

炎，晨兴以出，伛偻①如啄，至夕乃休，泥涂被体，热烁湿蒸，暑日流金，田水若沸，耘耔②是力，稂莠③是除，爬沙而指为之戾，伛偻而腰为之折，此耘苗之苦也。迨垂颖④而坚栗，惧人畜之伤残，缚草田中以为守舍，数尺盈膝，仅足蔽雨，寒夜无眠，风霜砭骨，此守禾之苦也"。⑤先生备言农家情状，历历如绘，幸而年丰人乐，岁有余资，或至谷满仓箱，田连阡陌，乡里称为富户，杖履已属衰翁，以此田园遗诸孙子，可不谓劳哉！为后人者诚能取西山先生之言反复展诵，念祖宗稼穑艰难如此，其至也，有不勉为节俭者乎？

吴大澂批语：子孙不知祖父之艰难，士大夫不知稼穑之艰难，是谓忘本。真西山之言勤勤恳恳，读者当细味之。

终岁勤动劳苦，非设身处地不能深知其情状。

士大夫，国家之望也，节俭之风尤为切要。周赞⑥《羔羊》⑦，表

---

①伛偻（yǔ lǚ）：腰背弯曲。《淮南子·精神训》："子求行年五十有四，而病伛偻。"

②耘耔：见卷六注。

③稂莠（láng yǒu）：状似禾而害禾之草。稂，害禾苗之杂草，一名童粱。莠，草似稷而无实，一名狼尾草。《潜夫论·述赦》："夫养稊稗者伤禾稼，惠奸宄者贼良民。"

④垂颖：禾穗下垂。《西都赋》："五谷垂颖，桑麻铺棻。"

⑤《大学衍义》卷二七"察民情田里戚休之实"，略有删改。

⑥孔颖达《毛诗正义》疏曰："召南之国化文王之政，故在位之卿、大夫皆居身节俭为行正直德如羔羊然。"

⑦《诗经·国风·召南·羔羊》："羔羊之皮，素丝五紽；退食自公，委蛇委蛇。羔羊之革，素丝五緎；委蛇委蛇，自公退食。羔羊之缝，素丝五总；委蛇委蛇，退食自公。"

委蛇①之有度；唐②赓③《蟋蟀》④，知好乐之无荒⑤。示之以俭，则人崇质朴，户尽淳良，此风俗之所系也。折辕之车可驾，珍宝山积，张堪⑥不失其清⑦；粗粝之食自甘，生鱼悬庭，羊续⑧特全其节⑨，此操守之

---

①委蛇：孔颖达《毛诗正义》注曰："委蛇，委曲自得之貌。节俭而顺心志定，故可自得也。"

②孔颖达《毛诗正义》注曰："唐者，帝尧旧都之地，今曰太原晋阳，是尧始居此，后乃迁河东平阳。"

③赓（gēng）：继续。《尚书·虞书·益稷》："乃赓载歌曰：'元首明哉，股肱良哉，庶事康哉。'"

④《诗经·国风·唐风·蟋蟀》："蟋蟀在堂，岁聿其莫。今我不乐，日月其除。无已大康，职思其居。好乐无荒，良士瞿瞿。蟋蟀在堂，岁聿其逝。今我不乐，日月其迈。无已大康，职思其外。好乐无荒，良士蹶蹶。蟋蟀在堂，役车其休。今我不乐，日月其慆。无已大康，职思其忧。好乐无荒，良士休休。"

⑤孔颖达《毛诗正义》疏曰："言九月之时，蟋蟀之虫在于室堂之上矣，是岁晚之候，岁遂其将欲晚矣。此时农功已毕，人君可以自乐。今我君僖公不于此时自乐，日月其将过去，农事又起，不得闲暇而为之，君何不及时自乐乎？既劝君自乐，又恐其过礼，君今虽当自乐，又须用礼为节。"

⑥张堪：字君游，东汉南阳宛县人，张衡祖父。自小品行超群，称为"圣童"。辅佐光武帝平蜀，拜蜀郡太守。击溃北犯匈奴，拜渔阳太守，在任八年，匈奴不敢犯塞，屯田开荒，民受惠政。《后汉书》有传。

⑦《后汉书》卷六十一："帝尝召见诸郡计吏，问其风土及前后守令能否，蜀郡计掾樊显进曰：'渔阳太守张堪昔在蜀汉，仁以惠下，威能讨奸。前公孙述破时，珍宝山积，卷握之物足富十世，而堪去职之日，乘折辕车，布被囊而已。'帝闻，良久叹息。"

⑧羊续：字兴祖，东汉兖州泰山郡平阳县人。官至庐江太守、南阳太守，为官廉洁爱民，有"悬鱼太守"之称。

⑨《后汉书》卷六十一："时权豪之家多尚奢丽，续深疾之，常敝衣薄食，车马羸败。府丞尝献其生鱼，续受而悬于庭，丞后又进之，续乃出前所悬者以杜其意。"

所系也。若夫晏子素风，名闻于齐国而泽覆三族，延及交游①；文子②俭德，誉播于鲁邦而惠及国人，厪③怀衣食自俭以丰人④，其为泽也，不亦溥乎？此又施与之所系也。故俭可以厉俗，可以助廉，可以广德，知此义者不期俭而自俭矣。

吴大澂批语：俭德确有此三益，士大夫居乡居官，一身之关系不浅。

张庄简公⑤书屏有云："客至留饭，四碗为程，菜随时进，酒随量斟。"⑥此有得于温公物薄情厚之意。

---

①《晏子春秋·内篇杂下》："晏子方食，景公使使者至。分食食之，使者不饱，晏子亦不饱。使者反，言之公。公曰：'嘻！晏子之家若是其贫也！寡人不知，是寡人之过也。'使吏致千金与市租，请以奉宾客。晏子辞，三致之，终再拜而辞曰：'婴之家不贫，以君之赐，泽覆三族，延及交游，以振百姓，君之赐也厚矣，婴之家不贫也。婴闻之：夫厚取之君而施之民，是臣代君君民也，忠臣不为也；厚取之君而不施于民，是为筐箧之藏也，仁人不为也；进取于君，退得罪于士，身死而财迁于它人，是为宰藏也，智者不为也。夫十总之布，一豆之食，足于中，免矣。'"

②文子：季孙行父，史称季文子，春秋时鲁国正卿，辅佐鲁宣公、鲁成公、鲁襄公三代君主，执政三十余年，克勤于邦，厉行节俭，开鲁国一代俭朴之风。

③厪（jǐn）：同"廑"，通"仅"，才、只。

④《国语·鲁语上》："季文子相宣、成，无衣帛之妾，无食粟之马。仲孙它谏曰：'子为鲁上卿，相二君矣，妾不衣帛，马不食粟，人其以子为爱，且不华国乎！'文子曰：'吾亦愿之。然吾观国人，其父兄之食粗而衣恶者犹多矣，吾是以不敢。人之父兄食粗衣恶，而我美妾与马，无乃非相人者乎？且吾闻以德荣为国华，不闻以妾与马。'"

⑤张庄简公：张悦，字时敏，明松江华亭（今上海市）人，天顺四年进士。少凝静，笃学力行，乡里推重，及居官，奉职守法。自刑部出为浙江提学，孝宗朝官至吏部左侍郎，后出为南铨（南京）尚书，以太子少保致仕，卒赠太子太保、谥"庄简"，著有《定庵集》五卷，《明史》有传。

⑥《续藏书》卷十九"清正名臣"："见风俗奢靡日甚，益崇节俭，尝有言揭屏间曰：'客至留馔，俭约适情，肴随有而设，酒随量而倾。虽新亲不抬饭，虽大宾不宰牲。匪直戒奢侈而可久，亦将免烦劳以安生。'"

吴大澂批语：老辈风范，不奢不俭，可为薄俗针砭。

惜精神者，可以却病。省支用者，可以却贫。却病者一身安乐，却贫者一家安乐。

吴大澂批语：余以好古之癖不免增无益之费用，又以考古之功不免耗无益之精神，犯此二病，当力戒之。

财犹水也，堤防以限之则灌溉不竭，决口奔腾，其涸可待矣。财犹火也，炉炭以护之则温燠①可常，当风吹拂，其焰立消矣。

近见有先贫后富子弟，每念前人辛苦，古朴是敦。一衣服则曰质而洁，某公之所遗也。一器皿则曰古而泽，某公之所置也。守前人之淳素，绝时俗之纷华，又能尊师取友，通晓大义，出纳惟谨，非仅守钱之资，推解惟时，更有指囷②之谊，此等子弟，幸而得之，是其前人忠厚之报。

吴大澂批语：如此贤子弟不易得。

又见有先富后贫子弟，人方以为不堪，而彼则安然受之，且毅然任之，遂乃号令一家概从节俭，服饰则昔华而今质，饮食则昔丰而今约，馈遗则权其厚薄，宾客则接以朴诚，易车马为安步，省奴婢而习劳，斩钉截铁，生面独开，此手固可回澜，人皆称其干蛊③，数年之间，元气顿复，门闾重新，此等子弟在家则为承先启后之英才，在国则为旋乾转坤之硕辅矣。

吴大澂批语：如此贤子弟更不易得。

家之盛衰无常，贫富亦无常，惟祖父有厚德者，其子孙可富、可

---

①燠（yù）：热、温暖。《礼记·内则》："及所，下气怡声，问衣燠寒。"

②指囷（zhǐ qūn）：喻慷慨资助。囷，圆形谷仓。《三国志·吴志·鲁肃传》："周瑜为居巢长，将数百人故过候肃，并求资粮。肃家有两囷米，各三千斛。肃乃指一囷与周瑜。"

③干蛊（gàn gǔ）：能矫正父母之过而处事有才能。蛊，惑乱；惑乱则必生事，故也以蛊称事。《周易·蛊》："干父之蛊，有子，考无咎，厉终吉。"孔颖达注："以柔巽之质，干父之事，能承先轨，堪其任者也，故曰有子也。"

贫，富者能保其富，贫者不终于贫。

又见有贫约而交际富厚者，衣蓝缕而腹有诗书，面清癯①而胸藏经济，襟怀洒落，言语朴诚，不轻易假借衣服，不时常称贷银钱，此在平日，已足见重于人。至于交际之时，礼所应有，称家之有无，义所应为，量力之大小，行我之俭，不以为矫，守我之清，人不以为傲，虽富厚者方将敬之礼之，而又何歉焉？又见有富厚而交际贫约者，不敢以鲜衣美食混彼洁清，不敢以缛节繁文扰其淡泊，推解之物，必应其时，赠予之情，必得其实。一席之费足供十日之餐，可以损我而益彼。锦上之花，不如雪里之炭，断不肯继富而薄贫。此等子弟，非明于理、达于事者不能。吾窃言之而有余慕也。

吴大澂批语： 先大夫尝言先祖在日，每喜结交文人学士。有布衣顾醉经先生，名承能，为古文师法归震川，年七十余布袍朱履、白须飘然，先祖极敬礼之，下至仆隶见顾先生至无不肃然起敬者。又有寒士数人，时以书画相投赠，岁晚必送数十金，或以袍袿为馈。岁礼维时，家已中落，而先祖之交际贫约者必诚，必敬，必尽力以周济之，至今亲族称道弗衰。

弱者与乌获②争力，则腰臂为之折矣。盲者与离娄③争明，则眭

---

①癯（qú）：瘦。陆游《观大散关图有感》诗："二十抱此志，五十犹癯儒。"

②乌获：战国秦武王时力士。《孟子·告子下》："今日举百钧，则为有力人矣。然则举乌获之任，是亦为乌获而已矣。夫人岂以不胜为患哉？弗为耳。"《史记·秦本纪》："武王有力好戏，力士任鄙、乌获、孟说皆至大官。"

③离娄：古之明目者。《孟子·离娄上》："孟子曰：'离娄之明，公输子之巧，不以规矩，不能成方员。'"员，通"圆"。

眦①为之裂矣。窭②者与陶朱③相耀，得无类是。或曰："贫富，人所时有也，假如婚姻之好，一富一贫，能无典贷以成礼乎？"曰："是不然也。礼，称家之有无，既为婚姻，则如一家，必相体恤，准④情酌理，无失男女之时耳。岂有以婚姻一日之美观，不顾男女将来之衣食乎？"故贫富相耀，君子慎之。

吴大澂批语：吾乡俗语有"一面开花"之说，富家既与贫家为婚，自应格外体恤，若以一日之美观，不顾男女将来之衣食，此大谬矣。

北地而求南蔬，西土而求东菜，则非地之所有。冬月而求夏菜，秋月而求春蔬，则非时之所生。异物为贵，虽蔬菜不可必得，而况于珍物乎？乃求异物者惟在必得，以口腹自累，并以口腹累人，此不可不知也。

吴大澂批语：偶或得之，互相馈遗，亦人情之所有，但不可必得耳。

传舍⑤，天下之舍也，而或破坏之，不顾其他。驿马，天下之马也，而或鞭棰之，不惜其后，非节俭之心也。惟君子知有天下之公，

---

①睚眦：发怒时瞪眼而视，引申为小怨。《史记·范雎传》："一饭之德必偿，睚眦之怨必报。"

②窭（jù）：穷，贫寒。《诗经·邶风·北门》："终窭且贫，莫知我艰。"

③陶朱：范蠡别称。《史记·越王勾践世家》："范蠡浮海出齐，变姓名，自谓鸱夷子皮，耕于海畔，苦身戮力，父子治产。居无几何，致产数十万。齐人闻其贤，以为相。范蠡喟然叹曰：'居家则致千金，居官则至卿相，此布衣之极也。久受尊名，不祥。'乃归相印，尽散其财，以分与知友乡党，而怀其重宝，间行以去，止于陶，以为此天下之中，交易有无之路通，为生可以致富矣。于是自谓陶朱公。复约要父子耕畜，废居，候时转物，逐什一之利。居无何，则致赀累巨万，天下称陶朱公。"

④准（zhǔn）：权衡，衡量。《韩非子·难二》："人主虽使人，必以度量准之。"

⑤传舍：古时供来往行人休止住宿之所。《史记·郦生传》："沛公至高阳传舍，使人召郦生。"

当惜天下之物。

吴大澂批语：此二语最好。

魏光禄大夫徐邈①，志高行洁，才博气雄。或问于卢钦②曰："徐公当武帝时，人以为通。自为凉州刺史还，人以为介，何也？"钦曰："往者毛孝先、崔季珪用事，贵清素之士，时皆变易车服以求名，而徐公不改其常，故人以为通。比来天下奢靡相效，而徐公雅尚自若，故前日之通乃今日之介也，是世人无常而徐公有常耳。"③吾谓人惟有常，不以奢俭改其行，不以穷达易其操，然而能为徐公之常者，岂易易哉！

吴大澂批语：有常即素位而行也，素富贵行乎富贵，素贫贱行乎贫贱，即不以奢俭改其行，不以穷达易其操也。

濂溪先生自少信古好义，以名节自砥砺，奉己甚约，俸禄悉以周宗族、奉宾友，及分司而归，妻子饘④粥或不给，而亦旷然不以为意，襟怀潇洒，雅有高趣，惟其自砺也严，故其奉己也约，惟其自奉也约，故其恤人也周。

吴大澂批语：自奉不能俭约即不能优于亲族朋友，亦有自奉极奢而待人极吝者，此之谓不近人情。

---

①徐邈：字景山，燕国蓟县（今北京之西南片区）人，三国时曹魏重臣。早年任丞相军谋掾、奉高令、尚书郎、陇西太守等职。文帝时任谯相、安平太守、颍川典农中郎将，赐爵关内侯。明帝时拜凉州刺史。正始元年，授大司农，迁司隶校尉，后拜光禄大夫，授司空而辞不受，死后谥"穆侯"。《三国志》有传。

②卢钦：字子若，范阳涿县（今河北涿州）人。祖父东汉卢植，官至侍中；父卢毓，官至魏司空。卢钦初从魏大将军曹爽为掾属，爽诛免官。后从晋宣帝司马懿，累官至吏部尚书，进封大梁侯。武帝时任都督沔北诸军事、平南将军，召入为尚书仆射、加侍中、奉车都尉，领吏部，有文武之称，死后谥"元"。《晋书》有传。

③见《三国志·魏书》之"徐胡二王传"。

④饘（zhān）：厚粥。《礼记·檀弓上》："饘粥之食。"孔颖达疏："厚曰饘，稀曰粥。"

李文靖公沆①自奉甚薄，所居陋巷，厅事无重门，颓垣败壁，不以屑意，堂前药栏坏，妻戒守舍者勿葺以试沆，沆朝夕见之，经月终不言。妻以语沆，沆笑谓其弟维曰："岂可以此动吾念哉！"家人劝治居第，沆曰："身食厚禄，计囊装亦可以治第，但念内典以此世界为缺陷，安得圆满如意？巢林一枝②，聊自足尔，又安事丰屋为哉？"③ 夫内自重者不以外物动其心，内自足者不以居处侈其欲，若文靖者，可谓知其大矣。

吴大澂批语：士大夫自有用心之地，故于居室之美恶不以介意，非拥厚赀而吝于用也。若居家一无所事，一无所好，专事经营土木之工，第宅园林夸耀于乡里，是谓外重内轻。

王文正公旦作舍人时，家甚虚，尝贷人金以赡昆弟，过期不入缀，所乘马以偿之。后其侄子野④先生阅家藏书而得其券，召家人示之曰："此前人清风，吾辈当奉而不坠，宜秘藏之。"又得颜鲁公为尚书时乞米于李大夫墨帖⑤，刻石以摸⑥之，遍遗亲友。故先生清德所至有冰蘖声⑦。按文正以俭约率子弟，每见家人服饰稍过，即瞑目叹曰，"吾门

---

①李沆：见卷八注。
②巢林一枝：源见"鹪鹩一枝"，鹪鹩筑巢，只占一根树枝。比喻安于本分，不贪多奢得。《庄子·逍遥游》："鹪鹩巢于深林，不过一枝。"
③见《宋史·李沆传》。
④子野：王质，字子野，王旦侄。以荫补太常寺奉礼郎。后献文召试，赐进士及第，累迁尚书祠部员外郎。出为苏州通判，还判吏部南曹，又知泰州、寿州、庐州、泰州，迁度支郎中，徙荆湖北路转运使。以天章阁待制出知陕州，卒于任。《宋史》有传。
⑤颜真卿《乞米帖》，或书于永泰元年，其文曰："拙于生事，举家食粥，来已数月，今又罄竭，只益忧煎。辄恃深情，故令投告，惠及少米，实济艰辛勤。仍恕干烦也。真卿状。"
⑥摸：通"摹"。
⑦见《范文正公文集》卷十四"天章阁待制王公墓志铭"。"刻石以摸之"，《宋本范文正公文集》作"刻石以摹之"。

素风一至于此",亟令减损。① 子野清德如此,其能仰体文正之训者与?

吴大澂批语:卖马以偿昆弟之债,不足为异,然在风俗凉薄之时,此为厚德矣。子野先生又能世守清风而不坠,亦可敬也。

《归田录》②云:"邓州花蜡烛名著天下,虽京师不能造,相传是寇莱公③烛法。公尝知邓州,而自少年富贵,不点油灯,尤好夜宴剧饮,虽寝室亦然烛达旦,人至官舍,见厕溷间烛泪成堆。"杜祁公为人清俭,在官未尝然烛,油灯一炷,荧然欲灭,与客相对清谈而已。二公皆为名臣,而奢俭不同如此。然祁公寿考令终,莱公晚有南迁之祸,虽其不幸,亦可以为戒也。又《莱公遗事》④:"初为枢密直学士,赏赐金帛甚厚,乳母泣曰:'太夫人不幸时,家贫求一缣⑤作衾襚⑥不可得,岂知今日富贵哉!'公闻之恸哭,尽散金帛,终身不蓄财产,无声色之娱。寝处一青帏,二十余年时有破坏,更命补葺,或以公孙布被⑦讥之,公笑曰:'彼诈我诚,虽敝何忧?'又处士魏野⑧赠公诗云:'有官

---

①《王文正公遗事》:"公每见家人服饰似过,则瞑目曰:'吾门素风一至于此。'亟令减损,故家人或有一衣稍华,出,于车中遽易之,不敢令公见。"见明李栻所辑《历代小史》。

②《归田录》:欧阳修晚年辞官,闲居颍州时而作,故名"归田"。计八卷,凡一百十五条。以己之亲身见闻而述朝廷旧事和士大夫琐事,颇为可信。

③寇莱公:寇准,见卷八注。

④《莱公遗事》:作者未详,述莱国公寇准事略,明李栻辑入《历代小史》。

⑤缣(jiān):双丝细绢。《淮南子·齐俗》:"缣之性黄,染之以丹则赤。"

⑥衾襚(qīn suì):覆尸衣被。衾,单被。襚,赠送死者衣服。《文选·杨荆州诔》:"圣王嗟悼,宠赠衾襚,诔德策勋,考终定谥。"

⑦公孙布被:汉公孙弘勤俭节约,虽位居高位,仍以麻布之被为用。《史记·平津侯主父列传》:"弘为人恢奇多闻,常称以为人主病不广大,人臣病不俭节。弘为布被,食不重肉。"

⑧魏野:字仲先,宋陕州陕县人,号草堂居士。自筑草堂,不求仕进,弹琴赋诗其中。真宗大中祥符四年,帝祀汾阴,与表兄李渎同被举荐,上表以病辞,诏州县常加存抚。与王旦、寇准友善,常往来酬唱。有《东观集》《草堂集》存世。

居鼎鼐，无地起楼台。"按后二说，是莱公节俭之风昭著于天下矣。窃意公英迈豪放，不拘绳检，当夜宴剧饮、烛泪成堆事所时有而世遂以邓州蜡烛之名归之公乎？呜呼！公岂奢侈者哉？

吴大澂批语：莱公之清风亮节洵不愧，"无地起楼台"之相公烛泪成堆事所时有，此论最为平允。

王文正公曾①字孝先，青州发解，南省廷试，皆为首冠。中山刘子仪为翰林学士，戏语之曰："状元试三场，一生吃著不尽。"公正色答曰："生平之志，不在温饱。"② 一日同榜孙冲之子京来谒，饬子弟云："已留孙京吃食，安排馒头。"馒头时为盛馔也，食后合中送数轴简纸，开看皆是他人书简后截下纸，其俭德如此。按公德器深厚，操履诚实，仁宗时推为贤相，其品学已定于"生平之志，不在温饱"一言，故其俭德纯任自然，非勉强也。

吴大澂批语：当拈一联语云："平生志不在温饱，相公无地起楼台。"

范文正公之子纯仁娶妇将归，或传妇以罗为帷幔者，公闻之，不悦曰："罗绮岂帷幔之物耶？吾家素清俭，安得乱吾家法，敢持至吾家，当火于庭。"③ 当是时，公为参政，禄入已厚，而帷幔之设不施罗绮，则他物之朴素可知矣。且帷幔之奢侈由此而开，即家法之清俭从此而坏，所关岂浅鲜哉？

吴大澂批语：以罗为帷幔，今世已习焉不察矣，宋时家法犹有古风。

---

①王文正公曾：王曾，字孝先，宋青州益都（今山东青州）人。少孤好学，咸平中由乡贡试礼部、廷对皆第一。宋仁宗即位后，拜中书侍郎、同中书门下平章事。景佑元年，召为枢密使，次年再次拜相，封沂国公。卒后赠侍中，谥"文正"。

②见《东轩笔录》卷十四。

③见《宋名臣言行录》前集卷七之"范仲淹 文正公"。

《欧文忠公与其侄书》云："欧阳氏累世蒙官禄，吾今又被荣显，致汝等并列官品，当思报效，如有差使，尽心向前，不得避事。至于临难死节，亦是汝荣事。昨书中欲买朱砂来，吾不阙此物。汝于官下宜守廉，何得买官下物？吾在官所，除饮食外不曾买一物，汝可观此为戒也。"文忠此书，说到尽心向前，临难死节，直以致身之义训之。朱砂虽小官物也，必其心可以无私，斯其身可以许国，未有贪污侈汰而忠荩①卓著者也。

吴大澂批语：朱砂非贵重之物，欧公尚谆谆戒之，亦杜渐防微之意。

蔡君谟②尝书小吴笺云："李及③知杭州，市《白集》④一部，乃为终身之恨。"⑤此清节可为世戒。

胡文定公⑥曰："人须是一切世味淡薄方好，不要有富贵相。孟子谓堂高数仞，食前方丈，侍妾数百人，我得志不为，学者须先除去此等，常自激昂，便不到得坠堕。尝爱诸葛孔明当汉末时，躬耕南阳，不求闻达，后来虽应刘先主之聘，三分天下，身都将相，亦何求不得？乃与后主言：'成都有桑八百株，薄田十五顷，子孙衣食，自有余饶，臣身在外，别无调度，不别治生以长尺寸，臣死之日，不使廪有余粟，

---

①忠荩（zhōng jìn）：竭忠尽心。《三国志·蜀志·董和传》："后从事于伟度。"裴松之注："（伟度）为亮主簿，有忠荩之效，故见褒述。"

②蔡君谟：蔡襄，字君谟，宋兴化军仙游县（今福建）人，天圣八年进士，历馆阁校勘、知制诰、龙图阁直学士、枢密院直学士、翰林学士、三司使、端明殿学士等职，出任福建路转运使，知泉州、福州、开封和杭州府事。工书法，诗文清妙。累赠少师，死后谥"忠惠"。《宋史》有传。

③李及：见卷七注。

④《白集》：《白乐天集》，唐白居易撰。

⑤《宋史·李及传》："在杭州，恶其风俗轻靡，不事宴游。一日，冒雪出郊，众谓当置酒召客，乃独造林逋清谈，至暮而归。居官数年，未尝市吴中物。比去，唯市白乐天集。"

⑥胡文定公：胡安国，见卷一注。

库有余财，以负陛下。'及卒，果如其言。如此辈人，真可谓大丈夫矣。"① 按"世味淡薄"四字，是学者一生树立根基，特举孟子、孔明以为榜样，使人知所步趋。

吴大澂批语：以桑田贻子孙，此武侯治生之计，亦不矫情。立异可为大臣致身事君者法，不然心乎国、心乎民，尚鳃鳃焉为子孙衣食之谋乎？

温公曰："先公为群牧判官，客至未尝不置酒，或三行，或五行，不过七行，酒沽于市，果止于梨、栗、枣、柿，肴止于脯、醢、菜、羹，器用瓷漆，当时士大夫皆然，人不相非也。会数而礼勤，物薄而情厚，近日士大夫家酒非内法、果非远方珍异、食非多品、器皿非满案，不敢会宾友，常数日营聚，然后敢发书。苟或不然，人争非之，以为鄙吝，故不随俗奢靡者鲜矣，风俗颓弊如是。居位者虽不能禁，而忍助之乎？"② 按此言今昔奢俭之不同，即今昔风俗所由异也。抑思会数而礼勤、物薄而情厚，味以真契，交以淡成，淳朴挚诚，高风可想，而必靡靡以相效乎？此温公之训，所当谨守弗失者也。

吴大澂批语：近今士大夫风气亦与二十年前奢俭不同，观温公之语，能无慨然？

张文节公③知白为相，自奉清约，外人颇有公孙布被④之讥，公叹曰："今日之俸，虽举家锦衣玉食，何患不能？顾人之常情，由俭入奢易，由奢入俭难，今日之俸，岂能常有？身岂能常存？一旦异于今日，家人习奢已久，不能顿俭，必至失所，岂若吾居位、去位、身存、身

---

①见朱熹《小学集注》卷五"嘉言"。

②见《温国文正司马公文集》卷六十九之《训俭示康》，此条辑入朱熹《小学集注》卷六"善行"。

③张文节公：张知白，字用晦，沧州清池人。端拱二年进士，宋仁宗天圣三年以工部尚书同中书门下平章事拜相，性节俭。死后赠太傅、中书令，谥"文节"。

④公孙布被：见本卷前注。

亡如一日乎？"① 按"由俭入奢易，由奢入俭难"，真千古格言。不独有家者宜知之，即大臣当国，必以撙节之道严其侈汰之闲，不可不防其渐也。

吴大澂批语：此二语人人知之，而由俭入奢往往不能自克，由寒士而拔巍科，以村学究而跻显秩，幸毋忘本来面目也。

汪信民②尝言："人能咬得菜根，则百事可做。"③ 胡康侯④闻之，击节叹赏。夫人有淡泊自安之志，即无计较美利之私，能摆脱得肥甘气习，乃能肩荷得艰钜担子，此康侯所以叹赏也。不然，岂咬得菜根，便能干事耶？

吴大澂批语：有坚忍之力，乃能胜远大之任。

蒙师徐健斋先生性严正，随事指授，不少宽假。一日，同学中有妄费纸笔者，先生大声呵之，曰："汝不知此纸从四川来耶？此笔从湖州来耶？乃听汝任意损坏耶？妄费如此，他物不称是耶？"同学者长跪请罪，悚然而退，至今敦行节俭，乡里称为长者，先生之教也。

吴大澂批语：纸笔不可妄费，其他可知，先生之教弟子，不仅为惜纸笔也。知惜物、不知惜物为童子时已可略见一斑。

---

①见《温国文正司马公文集》卷六十九之《训俭示康》，此条辑入朱熹《小学集注》卷六"善行"。

②汪信民：汪革，字信民，江西临川人。绍圣四年试礼部第一，登甲科，分教长沙，为吕希哲弟子。蔡京擅权，诏为宗正博士，不就。性刚劲，不同流俗，不附权贵，卒年四十岁。著有《青溪类稿》《论语直解》《菜根谭》，均佚。

③朱熹《小学集注》卷六"善行"："汪信民尝言：'人常咬得菜根，则百事可做。'胡康侯闻之，击节叹赏。"

④胡康侯：胡安国，见卷一注。

少时侍家大人受经，随时讲解，暑月露坐，讲《七月》①之诗。先慈②汤恭人③凭栏静听，若未尝涉意者，及至改岁之时，兄弟辈求衣服肉脯，恭人曰："汝读《七月》而未之闻耶？汝父不云乎民之大命，惟食与衣，财之盈绌，亦惟食与衣。女功在蚕绩，丝麻布帛，衣服之常，而狐狸则公子之裘，豳④之民未尝有裘也。男功在禾稼，黍稷菽麦，饮食之常，而羔羊则公堂之祝，豳之民未闻有肉也，民之终岁勤苦，亦已甚矣，而其衣服饮食又复节俭如此，此所以为盛也。我时闻之，深加嗟叹，汝等读书，较农民更宜明理，何乃诲之谆谆，而听之藐藐乎？"呜呼！言犹在耳，而慈颜见背已四十年，每一念及，辄不胜警省已。

　　吴大澂批语：贤母之教，可敬可佩！

　　是冬大雨雪，山无可采，水无可渔，贫者难以自给，先慈请于家大人曰："吾家俭素，尚无冻馁，园蔬数亩，杂米为羹，可以哺饥，节省子弟衣服以分给裸裎⑤，可以蔽体，量其力之所能，尽其心之所安，得毋稍有补于近邻之贫者乎？"家大人曰："善哉！此举使尔为陶朱，则天下无冻馁矣。"呜呼！自处以俭，济人甚周，岂非仁者之心哉？

　　吴大澂批语：园蔬杂米，可以哺饥，节省衣服，可以救寒，此小

---

①《七月》：《诗经·国风·豳风》之诗，叙稼穑之辛勤，王业之艰难。诗曰："七月流火，九月授衣。一之日觱发，二之日栗烈。无衣无褐，何以卒岁。三之日于耜，四之日举趾。同我妇子，馌彼南亩，田畯至喜。……九月肃霜，十月涤场。朋酒斯飨，曰杀羔羊。跻彼公堂，称彼兕觥，万寿无疆。"

②先慈：亡母之代称。《二十年目睹之怪现状》："兄弟襁褓时，先严、慈便相继弃养，亏得祖父抚养成人，以有今日。"

③汤恭人：明清四品以上官员之母与妻封恭人，故胡达源尊称其母汤氏为汤恭人。

④豳（bīn）：豳山之地，在今陕西旬邑、彬县一带，周代祖先在此立国。

⑤裸裎（luǒ chéng）：袒身露体。《孟子·公孙丑上》："尔为尔，我为我，虽袒裼裸裎于我侧，尔焉能浼我哉？"

康之家力能为之也。慈母之心仁人,之惠奉为家法,播为美谈,推而广之,"一家仁、一国兴仁",真可使天下无冻馁矣。

男林翼校字

卷十三　傲骄惰

益阳胡达源清甫

惧以终始，易之道也，未有惧而骄惰者也。《乾》九三"惕则无咎[①]"，上九"亢则有悔[②]"，经之垂教如此。今按《文言》传，君子进德修业曰"忠信"，曰"修辞立其诚"，故能居上位不骄，在下位不忧，"乾乾"，因其时而惕，此所以无咎也[③]。亢之为言也，知进而不知退，知存而不知亡，知得而不知丧，满极必倾，盛极必败，此所以动而有

[①]《周易·乾》："九三：君子终日乾乾，夕惕若厉，无咎。"孔颖达《周易正义》注："居上不骄，在下不忧，因时而惕，不失其几，虽危而劳可以无咎。"又疏："夕惕者谓终竟此日，后至向夕之时犹怀忧惕。若厉者，若如也。厉，危也。言寻常忧惧恒如倾危，乃得无咎。谓既能如此戒惧，则无罪咎，如其不然，则有咎。"王夫之《周易内传》卷一上："君子希圣之功，竭才求进，其引天下为己任也，无所疑贰。然刚于有为者，惟恐动而有咎，方'乾乾'而即'惕若'，知圣域之难登、天命之难受也。"
[②]《周易·乾》："上九：亢龙有悔。"孔颖达《周易正义》注："上九，亢阳之至，大而极盛，故曰亢龙，此自然之象。以人事言之，似圣人有龙德，上居天位久而亢极，物极则反，故有悔也。"王夫之《周易内传》卷一上："龙德履天位而极矣，上则无余地矣。积策至于二百一十六，无余数矣。天地阴阳之撰，位与数皆无余焉，更健行不已，将何往乎？德极而刚，行极其健，非无一对极盛之观，而后且有悔。"
[③]《周易·乾》："《文言》曰：……九三曰'君子终日乾乾，夕惕若厉，无咎'，何谓也？子曰：'君子进德修业。忠信所以进德也。修辞立其诚，所以居业也。知至至之，可与几也。知终终之，可与存义也。是故居上位而不骄，在下位而不忧。故乾乾因其时而惕，虽危无咎矣。'"

悔也，推之三百八十四爻，义皆类此，观象者会通焉可矣。

吴大澂批语：乾卦六爻纯阳，至九五而极盛，盛极必衰，故以"亢龙有悔"警惕之，知进退存亡而不失其正者乃持盈保泰之道。

兢兢业业，君臣交儆，戒其逸欲，保以敬慎，圣贤论治之本也。益戒舜曰："儆戒无虞，罔失法度，罔游于逸，罔淫于乐。"① 皋陶戒舜曰："无教逸欲有邦。"② 禹戒舜曰："无若丹朱傲，惟慢游是好，傲虐是作。"③ 舜，大圣也，而禹、皋、益所戒如此，盖以人心惟危，圣主不可以瞬息懈其操存，大臣不可以夙夜忘其儆戒，所以严怠荒④之渐也。圣人且然，况在学者。

吴大澂批语：舜有臣五人，皆进思尽忠之臣，故君臣交儆，不避忌讳。以舜之好问、察迩言，明目达聪，虚怀纳谏，然后有益、禹、皋陶之戒，如此其恳切也。不然，大圣如舜何致有游逸、淫乐、傲慢之失哉？

---

①《尚书·大禹谟》："益曰：'吁！戒哉！儆戒无虞，罔失法度，罔游于逸，罔淫于乐。'"孔颖达《尚书正义》注："先吁后戒，欲使听者精其言。虞，度也，无亿度谓无形。戒于无形，备慎深。秉法守度，言有恒。"又："淫，过也。游逸过乐，败德之原，富贵所忽，故特以为戒。"

②《尚书·皋陶谟》："无教逸欲有邦，兢兢业业，一日二日万几。"孔颖达《尚书正义》注："不为逸豫贪欲之教，是有国者之常。"又："兢兢，戒慎；业业，危惧；几，微也。言当戒惧万事之微。"

③《尚书·益稷》："无若丹朱傲，惟慢游是好，傲虐是作。"孔颖达《尚书正义》注："丹朱，尧子，举以戒之。"又："傲戏而为虐。"《史记·五帝本纪》："尧知子丹朱之不肖，不足授天下，于是乃权授舜。"虐，通"谑"，戏谑。

④怠荒（dài huāng）：懒惰放荡。《周书·明帝纪》："作民父母，弗敢怠荒。"

"内作色荒,外作禽荒,甘酒嗜音,峻宇雕墙"①,此禹之训也。有天下者固宜知儆,即士庶亦当深戒,六者原不可废,而必至于荒,必至于甘且嗜,必至于峻且雕,历观往古,大则丧其国,次则丧其家,次则丧其身,所谓"有一于此,未或不亡。"② 圣人之戒严哉!

吴大澂批语:历观史册,叔季之君,荒淫无度,不出此数端,故禹之垂诫,可为万世帝王之师法,何况执政之大臣、亲民之牧令、居乡之士大夫乎?

饱食暖衣,逸居而无教,有不荒乐无节者乎?豳风《七月》③,其男耕,其妇馌④,其女桑,蚕事方毕,麻事又起,而"八月载绩"⑤矣。陈风淫荡无度⑥,男女聚会歌舞,至于"不绩其麻,市也婆娑",

---

①《尚书·五子之歌》:"训有之:内作色荒,外作禽荒,甘酒嗜音,峻宇雕墙。有一于此,未或不亡!"孔颖达《尚书正义》注:"作,为也;迷乱曰荒;色,女色;禽,鸟兽。"又:"甘、嗜,无厌足;峻,高大;雕,饰画。"又:"此六者,弃德之君必有其一,有一必亡,况兼有乎?"

②见上条注。

③《七月》:见卷十二注。

④馌(yè):馈送食物。《诗经·豳风·七月》:"同我妇子,馌彼南亩。"

⑤绩:绩麻,即缉麻,搓麻成线以织布。《诗经·陈风·东门之枌》:"不绩其麻,市也婆娑。"

⑥《诗经·陈风·东门之枌》:"东门之枌,宛丘之栩。子仲之子,婆娑其下。穀旦于差,南方之原。不绩其麻,市也婆娑。穀旦于逝,越以鬷迈。视尔如荍,贻我握椒。"毛诗序曰:"《东门之枌》,疾乱也。幽公淫荒,风化之所行,男女弃其旧业,亟会于道路,歌舞于市井尔。"

可谓荡矣。况乎如荍之赞,握椒之贻①,何异乎秉蕳赠芍②之风哉?孟子云:"逸居而无教,则近于禽兽。"③可不惧哉?

内有贤助而家日兴,鸡鸣警戒,所以成其勤也。外有良朋而学日进,杂佩以报④,所以成其德也。无惰慢之情,而有忧勤之意,玩味此诗,令人兴起。

---

①如荍(qiáo)之赞,握椒之贻:取《诗经·陈风·东门之枌》"视尔如荍,贻我握椒"之意。毛传:"荍,芘芣也。椒,芬香也。"郑笺:"男女交会而相悦,曰:'我视女之颜色,美如芘芣之华然。'女乃遗我一握之椒,交情好也。此本淫乱之所由。"荍,锦葵。芘芣(pí fú),亦名荆葵、锦葵。

②秉蕳赠芍:《诗经·郑风·溱洧》:"溱与洧,方涣涣兮,士与女,方秉蕳兮。女曰:'观乎?'士曰:'既且。''且往观乎!洧之外,洵吁且乐。'维士与女,伊其相谑,赠之以芍药。溱与洧,浏其清矣。士与女,殷其盈兮。女曰:'观乎?'士曰:'既且。''且往观乎!洧之外,洵吁且乐。'维士与女,伊其将谑,赠之以芍药。"溱(zhēn)、洧(wěi),郑国二河。蕳(jiān),兰草。毛传:"蕳,兰也。"孔颖达《毛诗正义》疏:"郑国淫风大行,述其为淫之事。言溱水与洧水春冰既泮,方欲涣涣然流盛兮。于此之时,有士与女方适野田,执芳香之兰草兮。既感春气,托采香草,期于田野,共为淫佚。士既与女相见,女谓士曰:'观于宽闲之处乎?'意愿与男俱行。士曰:'已观乎。'止其欲观之事,未从女言。女情急又劝男云:'且复更往观乎?我闻洧水之外信宽大而且乐,可相与观之。'士于是从之,维士与女因即其相与戏谑,行夫妇之事,及其别也,士爱此女,赠送之以芍药之草,结其恩情以为信约。男女当以礼相配,今淫佚如是,故陈之以刺乱。"

③《孟子·滕文公上》:"人之有道也,饱食暖衣,逸居而无教,则近于禽兽。"朱熹《四书集注》注:"人之有道,言其皆有秉彝之性也,然无教,则亦放逸怠惰而失之。"

④杂佩以报:《诗经·郑风·女曰鸡鸣》:"知子之来之,杂佩以赠之。知子之顺之,杂佩以问之。知子之好之,杂佩以报之。"毛传:杂佩者,珩、璜、琚、瑀、冲牙之类。孔颖达疏:"古者之贤士与异国宾客燕饮相亲,设辞以愧谢之。我若知子之今日必来之,我当豫储杂佩,去则以赠送之;若知子之与我和顺之,当豫储杂佩,去则以问遗之;若知子之与我和好之,当豫储杂佩,去则以报答之。正为不知子之来,愧无此物亲爱,有德之甚,言此以致厚意。"

"挑兮达兮，在城阙兮。"① 轻儇放恣，肆意遨游，当时学校之士，流荡如此，则讲习讨论之功荒而礼义廉耻之心丧，尚可问乎？《子衿》之诗所为戒也。

吴大澂批语：士习端则民风自厚，青衿挑达之习始于学校，而寖成为风俗。有心世道者不思有以训戒而挽回之乎？

《敬姜劳逸论》② 曰："卿大夫朝考其职，昼讲其庶政，夕序其业，夜庀③其家事，而后即安。士朝而受业，昼而讲贯，夕而习复，夜而计过，无憾而后即安。自庶人以下，明而动，晦而休，无日以怠。"呜呼！君子劳心，小人劳力，"劳则思，思则善心生，逸则淫，淫则忘善，忘善则恶心生"④，此古今之至言也。乃有骄奢淫佚，习为昏迷，三风十愆⑤，甘蹈覆辙，天将明而始寝，日正午而犹眠。诗曰："既愆尔止，靡明靡晦，式号式呼，俾昼作夜。"⑥ 吾读《荡》之五章，不禁废书而叹也。

吴大澂批语：劳则思，逸则淫，善恶之判，古今一辙。骄淫之风

---

①《诗经·郑风·子衿》："青青子衿，悠悠我心。纵我不往，子宁不嗣音？青青子佩，悠悠我思。纵我不往，子宁不来？挑兮达兮，在城阙兮。一日不见，如三月兮。"毛传："挑、达，往来相见貌，乘城而见阙。"郑笺："国乱，人废学业，但好登高，见于城阙，以候望为乐。"

②《敬姜劳逸论》：公父文伯之母敬姜训子之文，引自《国语·鲁语下》。公父文伯，姬姓，名歜，春秋鲁国三桓季悼子之孙，公父穆伯之子。

③庀（pǐ）：韦昭《国语解》："庀，治也。"

④《国语·鲁语下》："夫民劳则思，思则善心生；逸则淫，淫则忘善；忘善则恶心生。沃土之民不材，淫也。瘠土之民，莫不向义，劳也。"

⑤三风十愆：见卷三注。

⑥《诗经·大雅·荡》："荡荡上帝，下民之辟。疾威上帝，其命多辟。天生烝民，其命匪谌。靡不有初，鲜克有终。……文王曰咨，咨女殷商。天不湎尔以酒，不义从式。既愆尔止，靡明靡晦。式号式呼，俾昼作夜。……""既愆尔止，靡明靡晦。式号式呼，俾昼作夜。"郑笺："愆，过也。女（汝）既过，沉湎矣，又不为明晦，无有止息也。醉则号呼相效，用昼日作夜，不视政事。"

至于俾昼作夜，子弟之逸，父兄之忧也。

《曲礼》曰："毋不敬，俨若思。"① 是克治骄惰之法。

"敖不可长，欲不可从，志不可满，乐不可极"②。长敖则丧德，从欲则败度，志满则人离，乐极则生悲，四者皆人情所有而不可过，故约之使合于中也。家大人以"生之者众、食之者寡、为之者疾、用之者舒"③ 四语作对，且云《大学》此段，为上文"骄泰"二字对病之药。

吴大澂批语：以《大学》理财之道对《曲礼》长傲之戒，治家之要言也。

"衣毋拨，足毋蹶"④，二者非独失容，即此是轻率不收敛处。

骄者气盈，而惰慢之气设于身体，惰由骄生也，惰者气歉，而狎侮之情见于辞色，骄由惰生也，二者如循环然。

盈者客气也，却难得消除。歉者馁气也，却难得振拔。能损抑便无骄处，能整肃便无惰处。

吴大澂批语：性刚者类多气盈，性柔者类多气歉，不学则不能抑

---

①《礼记·曲礼上》："毋不敬，俨若思，安定辞。安民哉！"陈澔《礼记集说》注："刘氏曰：'篇首三句，如曾子所谓"君子之贵乎道者三，而笾豆之事，则有司存"之意，盖先立乎其大者也。毋不敬，则动容貌，斯远暴慢矣；俨若思，则正颜色，斯近信矣；安定辞，则出辞气，斯远鄙倍矣。三者修身之要，为政之本。此君子修己以敬，而其效至于安人，安百姓也。'"

②《礼记·曲礼上》："敖不可长，欲不可从，志不可满，乐不可极。"孔颖达《礼记正义》注："敖，慢也。"又："从，放纵也。"

③《礼记·大学》："生财有大道：生之者众，食之者寡；为之者疾，用之者舒，则财恒足矣。"

④《礼记·曲礼上》："将即席，容毋怍。两手抠衣去齐尺。衣毋拨，足毋蹶。"陈澔《礼记集说》注："刘氏曰：'将就席，须详缓而谨客仪，毋使有失而可愧怍也。仍以两手抠揭衣之两旁，使下齐离地一尺而坐，免有蹑踬失容也。坐后更须整叠前面衣衽，毋使拨开。又古人以膝坐，久则膝不安，而易以蹶动，坐而足动，亦为失容，故戒以毋动也。'"

其骄而振其惰。

生来便成骄惰，未见其人，大抵由气习染来。子弟少年，知识未定，见父兄豪纵，习惯自然。或朋友交游，类多轻肆，或城市风俗，半属矜夸，渐渍既深，淫佚逾甚，欲不骄惰，其能已乎？故脱尽气习，便是君子。

吴大澂批语：气质之偏，惟学可以补之，习染之深亦惟学可以涤之。长一分学力，便去一分骄惰。

外骄不可堪也，而内骄尤甚，貌惰不可支也，而心惰尤甚。

有功于人，便有矜色，有惠于人，便有德色，此是骄态。矜而不已，必有慢言。德而不已，必有狎志，此是惰容。

吴大澂批语：骄气如病者之浮躁，惰气如病者之委顿，浮躁不已，阳气外散，必转而为委顿，其势亦相因也。

识浅气浮，擅作威福，每假势以凌人，故侯门有骄仆，权门有骄吏，傲慢无礼，殊出人情之外，岂以学问之士等于仆吏之流。

予智者智无不周，而蔽于童稚之见，其智先自小也。予雄者雄无不服，而败于羸弱之手，其雄先自轻也。

热闹中以平静处之，靡丽中以清素处之。鼎油方沸，而张其焰焉，油将立尽矣。云锦方舒，而尚其䌹焉，锦且日章矣①。

突有难堪之事，以定心静气当之，尽排解得多少镠轕②，以怒色厉声处之，便激发出多少纠纷。

吴大澂批语：有排解之心而无排解之术，往往以火济火，遂至决

---

①《礼记·中庸》："《诗》曰'衣锦尚䌹'，恶其文之著也。故君子之道，闇然而日章；小人之道，的然而日亡。"䌹，禅衣，深色单层外衣。朱熹《四书集注》："尚䌹故闇然，衣锦故有日章之实。……䌹之袭于外也，不厌而文且理焉，锦之美在中也。小人反是，则暴于外而无实以继之，是以的然而日亡也。"

②镠轕（jiāo gé）：交错、杂乱。《楚辞·九叹·远游》："潏湟镠轕，雷动电发，骏高举兮。"王逸注："言蛟龙升天，其形潏湟，若水之流，纵横镠轕。"

裂，而不能平者无定心静气以处之也。

智深勇沉，详审闲暇，当大事而有余；心粗气浮，急遽轻率，应小事而不足。

有一分谦退，便有一分受益处，有一分矜张，便有一分挫折来。

《荀子》曰："人有三不祥：幼而不肯事长，贱而不肯事贵，不肖而不肯事贤。"① 骄惰之心，傲慢之态，有一于此，不祥孰甚。

无论挟长、挟贵、挟兄弟，但心中有一"挟"字，便已浮薄。

闻道者以义理为衡，恃才者以权术自逞。盆成括②昧于义理，肆情妄作，焉得不死，故曰："君子以有才为幸，小人以无才为幸。"③

倨傲者人望而畏之，只成得一个侮慢自贤；懒散者人望而鄙之，只成得一个怠惰自甘。且看后来结果何如。

吴大澂批语：侮慢者终于自是，怠惰者终于自弃，安得有好结果？

贵而骄惰，有不失其贵者乎？富而骄惰，有不失其富者乎？才能而骄惰，有不失其才能者乎？考之于古，验之于今，历历不爽而尚不悟也，惜哉！

暴戾则失中和之气，怠荒则失刚大之气，因其偏而克之，可与为善。

"孝若曾子参，方能当一字可。才如周公旦，容不得半点骄。"相

---

①《荀子·非相》："人有三不祥：幼而不肯事长，贱而不肯事贵，不肖而不肯事贤，是人之三不祥也。"扬倞注："言必有祸灾也。"

②《孟子·尽心下》："盆成括仕于齐。孟子曰：'死矣盆成括！'盆成括见杀，门人问曰：'夫子何以知其将见杀？'曰：'其为人也小有才，未闻君子之大道也，则足以杀其躯而已矣。'"朱熹《四书集注》："盆成，姓；括，名也。恃才妄作，所以取祸。徐氏曰：'君子道其常而已。括有死之道焉，设使幸而获免，孟子之言犹信也。'"

③《居业录》卷四"帝王"："君子以有才为幸，小人以无才为幸。恃才者最是人之大病，不惟败事，必不能保身。舍己从人，方做得天下事。"

传是商文毅公①联语，时有恃才傲物之士，俯视一世，及见此联，不觉爽然自失，乃折节励行，惭奋交集，卒为通儒。

讲学以会友，则道益明。取善以辅仁，则德日进。若势利自高，矜夸无礼，才华自诩，暴气陵人，蛇蝎视之可也。《管子》云："骄倨傲慢之人，不可与交。"②

吴大澂批语：以文会友，必其同声同气之人。以友辅仁，必有相切相磋之益。若以势利才华互相夸炫，所与交者亦皆骄倨傲慢之人，趾高气扬各不相下，凶终隙末，可立而待也。

礼乐诗书之族，可以成德。忠厚节俭之族，可以成身。嫁女者择焉，《管子》云："满盛之家，不可以嫁子。"③

舅姑尊如父母，定分也。夫妇配以乾坤，定名也。慢视舅姑，则定分乖矣。轻侮夫婿，则定名乱矣。故虽贵族之女嫁贱，不敢以贵相陵。富室之女嫁贫，不敢以富相耀。

骄侈之意，不可加于姒娣，并不可加于奴婢，况其尊焉者乎？惰慢之容，不可形于床笫，并不可形于闺阁，况其远焉者乎？

吴大澂批语：臧获视如子女，闺门肃若朝廷，方是大家气象。

辞锦绣而用绢素，乘竹兜④而却金舆，世称柳公绰妻韩氏，德性如

---

①商文毅公：商辂，字弘载，号素庵，明浙江淳安人。宣德十年举乡试第一，正统十年会试、殿试皆第一。历英宗、代宗、宪宗三朝，加太子少保，官至吏部尚书、谨身殿大学士。卒赠太傅，谥"文毅"。

②《管子·白心》："名进而身退，天之道也。满盛之国，不可以仕任；满盛之家，不可以嫁子。骄倨傲暴之人，不可与交。"

③见上条注。

④竹兜（dōu）：一种竹做的软轿，只有座位而没有轿厢。兜，古同"兜"。《太平广记》卷第一百七十二："乃立促召兜子数乘，命关连僧人对事。"

此,节度之夫人,宰相之孙女,试想其心有一毫骄志否?①

二程子饮食衣服无所择,童仆有过,不令以恶言骂之,侯夫人之教也。②吕荣公事事循蹈规矩,祁寒暑雨侍立不敢坐,申国夫人之教也。③此皆先去其骄情惰志,故能德器成就,大异于人。

小时骄纵,父母之姑息成之。大时骄纵,师友与有过焉。故严父之前无骄子,严师之门无燕朋。

宗族者,本支之所属也。亲戚者,婚姻之所系也。有富贵相则意隔而情离,人得毋笑其浅薄乎?

吴大澂批语:富贵人家须有宗族亲戚之贫者,时常来往,乃是好气象。若舆马煊赫,所交游者皆富贵中人,贫穷亲族望而生畏,不转瞬而其败立见矣。

---

①《教女遗规》卷中"吕新吾《闺范》有序":"柳公绰妻韩氏,相国休之孙女。家法严肃,俭约,为缙绅家楷范。归柳氏三年,无少长,未尝见其露齿。常衣绢素,不用绫罗锦绣。每归宁,不坐金碧舆,只乘竹兜子,二青衣步屧以随。常命粉苦参、黄连、熊胆,和为丸,赐诸子永夜习学,含之以资勤苦。"

②《教女遗规》卷中"吕新吾《闺范》有序":"伊川先生曰:'吾母侯夫人仁恕宽厚,抚爱诸庶,不异己出。从叔幼孤,夫人存视,常均己子。治家有法,不严而整。不喜笞扑下人,视小奴婢如儿女。诸子或加呵责,必戒之曰:"贵贱虽殊,人则一也。汝如是大时,能为此事否?"先公凡有所怒,必为之宽解。惟诸儿有过,则不掩也。尝曰:"子之不肖,由母蔽其过,而父不知耳。"夫人男子六人,所存惟二,亦不姑息。才数岁,行或跌,家人走前扶抱,夫人呵责曰:"汝若安徐,宁至跌乎?"每食尝置之坐侧。食絮羹,即叱之曰:"幼求称欲,长当何如?"虽童仆有过,不令以恶言骂之。故颐兄弟,平生于饮食衣服无所择,不恶骂,教使然也。与人争忿,虽直必责之曰:"患汝不能屈,不患不能伸耳。"及稍长,使从善师友,虽居贫,子欲延客,则喜而为之。'"

③《教女遗规》卷中"吕新吾《闺范》有序":"宋吕荣公母申国夫人性严有法。虽甚爱公,然教公事事循蹈规矩。甫十岁,祁寒暑雨,侍立终日。不命之坐,不敢坐也。日必冠带以见长者,平居虽甚热,在父母长者之侧,不得去巾袜,衣服惟谨。行步出入无得入茶肆酒肆。市井里巷之语、郑卫之音,未尝一经于耳。不正之书、非礼之色,未尝一接于目。故公德器成就,大异于人。"

恭谨子弟可以数世享其禄，骄惰子弟断不能数世蒙其休。《管子》曰："釜鼓满，则人概之。人满，则天概之。"①

以文章自高，以权势自大，以财贿自豪，皆是根基薄，眼孔小。左史②，古今之大文也，左史之文雄百代，百代之文不能如左史，即能如左史，亦仅与之并驾齐驱耳，况万万不如左史哉！然则文章何能自高也？况权势乎？况财贿乎？

吴大澂批语："根基薄、眼孔小"，二语断定古今来狂妄骄傲之徒，学士文人尤当兢兢自爱，不可沾染此习。

"豫若冬涉川，犹若畏四邻。"③ 莫不知涉川之难而四邻之可畏也，乃盈满自肆者侈焉而忽之，故曰："保此道者不欲盈。"④

不欲盈者，不自以为盈也。不自以为盈而所盈者大矣，故曰："大盈若冲，其用不穷。"⑤

吴大澂批语：学然后知不足，知不足必无自满之日。器小易盈，大受者常不足。

"我有三宝，宝而持之，一曰慈、二曰俭、三曰不敢为天下先"。⑥

---

①《管子·枢言》："釜鼓满则人概之，人满则天概之，故先王不满也。"概，刮平斗斛所用木具。

②左史：指春秋鲁国史官左丘明所著《春秋左氏传》。

③《道德经》十五章："古之善为道者，微妙玄通，深不可识。夫唯不可识，故强为之容：豫兮若冬涉川；犹兮若畏四邻。"范应元《老子道德经古本集注》："豫，象属，先事而疑，此形容善为士者循理应物，审于始而不躁进也。犹，玃属，后事而疑，此形容善为士者应物既已，而尚若畏四邻，盖谨于终而常不放肆也。"

④《道德经》十五章："保此道者，不欲盈。夫唯不盈，故能蔽而新成。"盈，满。

⑤《道德经》四十五章："大成若缺，其用不弊。大盈若冲，其用不穷。大直若屈，大巧若拙，大辩若讷。静胜躁，寒胜热。清静为天下正。"冲，虚。

⑥《道德经》六十七章："我有三宝，持而保之。一曰慈，二曰俭，三曰不敢为天下先。慈故能勇；俭故能广；不敢为天下先，故能成器长。"

人惟不能无我而争，故勇而不能慈，广而不能俭，先而不能后。"夫惟不争，故天下莫能与之争。"①

吴大澂批语：三宝可贵，人人皆能之，无待外求者也。但根基浅薄之人不知其可贵，如登宝山，空手而归耳。

德不当其位，功不当其禄，能不当其官，泰然而处之，自以为当也，骄孰甚焉？宴然而处之，不求其当也，惰孰甚焉？

吴大澂批语：韦苏州曰："自惭居处崇，未睹斯民康。"又曰："邑有流亡愧俸钱。"居官而不能尽心，不能尽力，可惭可愧者多矣，人苦不知惭，不知愧耳。

郤锜将事不敬，孟献子知其必亡②；成子受脤不敬，刘康公决其不反③，皆惰慢之先见也，是故君子勤礼，勤礼莫如致敬。

忠臣孝子，不为昭昭信节，不为冥冥惰行。谨于明显处易，谨于闇昧处难，学者当于此实下功夫。

吴大澂批语：此即君子慎独工夫。

敬则强立而万善举，怠则懈弛而万事废。丹书曰："敬胜怠者吉，

---

①《道德经》二十二章："是以圣人抱一为天下式。不自见，故明；不自是，故彰；不自伐，故有功；不自矜，故长。夫唯不争，故天下莫能与之争。"

②《左传·成公十三年》："十三年春，晋侯使郤锜来乞师，将事不敬。孟献子曰：'郤氏其亡乎！礼，身之干也；敬，身之基也。郤子无基，且先君之嗣卿也，受命以求师，将社稷是卫，而惰，弃君命也。不亡何为？'"成公十七年，晋厉公杀郤锜。郤锜（xì qí），晋国大夫。

③《左传·成公十三年》："公及诸侯朝王，遂从刘康公、成肃公会晋侯伐秦。成子受脤于社，不敬。刘子曰：'吾闻之，民受天地之中以生，所谓命也。是以有动作礼义威仪之则以定命也。能者养以之福，不能者败以取祸。是故君子勤礼，小人尽力。勤礼莫如致敬，尽力莫如敦笃。敬在养神，笃在守业，国之大事，在祀与戎，祀有执膰，戎有受脤，神之大节也。今成子惰，弃其命矣，其不反乎？'"成子，成肃公，后卒于瑕。脤（shèn），祭祀所用生肉。

怠胜敬者灭。"①

吴大澂批语：庄敬日强，安肆日偷，不敬即肆，肆胜则敬退。

一命之荣，有定分，有定职。安分者无攀援，亦无陵轹②。尽职者无旷废，亦无鄙夷。以簿尉而傲县令，以县令而傲守牧，其人可知，即其事亦可知。

吴大澂批语：傲上不可陵下，亦不可各尽其道，乃同寅协恭之谊。

弹琴而治，任人者逸；戴星而治，任力者劳。虽有劳逸之分，皆尽心为政者也。苟无戴星之劳，徒有弹琴之逸，是亦骄惰而已矣，未见其能治也。

吴大澂批语：凡事先劳而后逸，勤理民事，案无留牍，乃可从容坐理而无废事，任己者劳，任人者逸。舜有臣二十二人，各尽其职，乃可无为而治。

---

①《大戴礼记·武王践阼》："师尚父曰：'在丹书，王欲闻之，则齐矣。'三日，王端冕，师尚父亦端冕，奉书而入，负屏而立。王下堂，南面而立。师尚父曰：'先王之道，不北面。'王行西，折而南，东面而立。师尚父西面道书之言，曰：'敬胜怠者吉，怠胜敬者灭，义胜欲者从，欲胜义者凶，凡事，不强则枉，弗敬则不正，枉者灭废，敬者万世。'"

②陵轹（líng lì）：欺压、欺蔑。《史记·孔子世家》："楚灵王兵强，陵轹中国。"

吐哺握发①，所以求天下之贤也。夹袋药笼②，所以储天下之才也。其心休休，其意勤勤恳恳，岂可以訑訑③之声音颜色加哉？

吕氏④《童蒙训》曰："当官者先以暴怒为戒，事有不可，当详处之，必无不中。若先暴怒，只能自害，岂能害人？"吾谓暴怒不可，轻喜亦不可，任情偏听，虽一人之喜，而已贻害于众人；一时之喜，而已贻害于数世。

吴大澂批语：轻喜轻怒，皆有流弊。

事之始，我不可谢其责；事之成，我不必矜其功。虚其心，须想到从头彻尾；坚其力，断不可有初鲜终。

《弟子职》⑤一篇，具载《管子》书中，其曰："先生施教，弟子是则。温恭自虚，所受是极。见善从之，闻义则服。温柔孝悌，毋骄恃力。志毋虚邪，行必正直。游居有常，必就有德。颜色整齐，中心必式。夙兴夜寐，衣带必饰。朝益暮习，小心翼翼。一此不解，是谓学

---

①吐哺握发：形容礼贤下士，求才心切。《韩诗外传》卷三："成王封伯禽于鲁，周公诫之曰：'往矣，子无以鲁国骄士。吾文王之子，武王之弟，成王之叔父也，又相天下，吾于天下亦不轻矣，然一沐三握发，一饭三吐哺，犹恐失天下之士。'"

②夹袋药笼：喻储备人才。夹袋，衣内口袋。朱熹《五朝名臣言行录·丞相许国吕文穆公》："公夹袋中有册子，每四方替罢谒见，必问其有何人才，客去随即疏之，悉分门类。或有一人而数人称之者，必贤也。朝廷求贤，取之囊中。故公为相，文武百官各称职者，以此。"药笼，盛药器具，比喻储备人才之所。《新唐书·元行冲传》："（元行冲）尝谓仁杰曰：'下之事上，譬富家储积以自资也。脯腊膹胰，以供滋膳；参术芝桂，以防疾疢。门下充旨味者多矣，愿以小人备一药石可乎？'仁杰笑曰：'君正吾药笼中物，不可一日无也。'"

③訑（yí）訑：自得自满之貌。《孟子·告子下》："訑訑之声音颜色，距人于千里之外。"

④吕氏：吕本中，原名大中，字居仁，宋寿州人，官至中书舍人，世称"东莱先生"。高祖父吕夷简、曾祖父吕公著、祖父吕希哲、父亲吕好问，俱为北宋官宦名流。

⑤见《管子》十九卷"弟子职第五十九"。

则。"又曰:"少者之事,夜寐早作。既拚①盥漱,执事有恪。摄衣共盥,先生乃作。沃盥彻盥,汜拚正席,先生乃坐。出入恭敬,如见宾客。危坐向师,颜色毋怍。受业之纪,必由长始;一周则然,其余则否。始诵必作,其次则已。"以下复历言坐作进退、饮食寝处之仪,其敬礼于先生者至矣,其勤谨以供弟子之职者备矣,古人教条如此,安得有骄惰子弟?吾愿塾师之养童蒙者当令各书一通,置之座右,使朝夕省观,且时加提命焉。

吴大澂批语: 管子霸才,而于童蒙养正之功犹勤恳如此,不失先圣教弟子之意,故圣人犹有取焉。

陶侃②镇荆州,性聪敏恭勤,终日敛膝危坐,军府众事,检摄无遗,未尝少闲,常语人曰:"大禹圣人,乃惜寸阴,至于众人,当惜分阴。岂可逸游荒醉,生无益于时,死无闻于后,是自弃也。"诸参佐以谈戏废事者,命取其酒器蒲博③之具,投之于江,将吏则加鞭扑,曰:"摴蒲④,牧猪奴戏耳。老庄浮华,非先王之法言,无益实用。君子当正其威仪,何有蓬头跣足,自谓宏达耶?"⑤噫,以侃之才,可谓生有益于时,死有闻于后者,而兢兢然分阴是惜,岂偶然哉?

吴大澂批语: 晋人尚清谈,以旷达为高,饮酒蒲博,废时失事,士大夫相习成风。陶公独矫其弊,运甓习勤,分阴是惜,故为参佐痛

---

①拚(fèn):扫除。《仪礼·聘礼》:"不腆先君之祧,既拚以俟矣。"
②陶侃:字士行,鄱阳人,东晋名将。早年孤贫,初为县吏,后讨贼平乱,屡立军功,官至太尉,都督荆、江、雍、梁、交、广、益、宁八州军事,封长沙郡公。
③蒲博:摴蒲。古时一种博戏,后亦泛指赌博。见下条"摴蒲"注。
④摴蒲(chū pú):一种古代博戏,以掷骰决胜负,得采有卢、雉、犊、白等称,看掷得的骰色而定。博戏中掷采的骰子最初以樗木制成,故称樗蒲或摴蒲。因骰子系五枚一组,所以又称五木之戏。汉马融《樗蒲赋》:"昔玄通先生游于京都,道德既备,好此樗蒲。"
⑤见《晋书》列传第三十六"陶侃"传。

戒之。

　　柳玭①尝著书戒其子弟曰："崇好优游，耽嗜曲糵②，以衔杯为高致，以勤事为俗流，习之易荒，觉已难悔。"③ 书凡五章，皆痛切，此特为骄惰者戒也。

　　何晏④自矜一时才杰，尝为名士品目曰："唯深也，故能通天下之志，夏侯泰初是也；唯几也，故能成天下之务，司马子元是也；唯神也，故不疾而速，不行而至，吾闻其语，未见其人。"⑤ 盖以自况也。管辂知何晏、邓飏必败，尝曰："邓之行步，筋不束骨，脉不制肉，起立倾倚，若无手足，此为鬼躁。何之视候，魂不守宅，血不华色，精爽烟浮，容若槁木，此为鬼幽。"⑥ 何晏自况与管辂所评，骄惰之确证也。呜呼！何晏竟为清谈，祖尚虚无，至敢糟粕六经，肆无忌惮，奈何当时士大夫且从而慕效之乎？

　　吴大澂批语：清谈之流弊即骄惰之病根，而当时以才智自矜，睥

---

①柳玭：京兆华原人，唐兵部尚书柳仲郢之子，河东节度使柳公绰之孙。玭应两经举，累官至尚书右丞，卒于泸州刺史任。

②曲糵（qū niè）：酒母，指酒。《宋书·颜延之传》："交游阘茸，沉迷曲糵。"

③见《旧唐书》列传第一百一十五"柳公绰"（孙玭）传。

④何晏：见卷八注。

⑤见《三国志·魏书》之"何晏"传，裴松之注引《魏氏春秋》曰："初，夏侯玄、何晏等名盛于时，司马景王亦预焉。晏尝曰：'唯深也，故能通天下之志，夏侯泰初是也；唯几也，故能成天下之务，司马子元是也；唯神也，不疾而速，不行而至，吾闻其语，未见其人。'盖欲以神况诸己也。"

⑥见《三国志·魏书》之"管辂"传，裴松之注引《辂别传》曰："舅夏大夫问辂：'前见何、邓之日，为已有凶气未也？'辂言：'与祸人共会，然后知神明交错；与吉人相近，又知圣贤求精之妙。夫邓之行步，筋不束骨，脉不制肉，起立倾倚，若无手足，此为鬼躁。何之视候，魂不守宅，血不华色，精爽烟浮，容若槁木，此为鬼幽。故鬼躁者为风所收，鬼幽者为火所烧，自然之符，不可以蔽也。'"

睨一切，几于举国若狂，有识者早知其必败矣。

横渠先生曰："教小儿先要安详恭敬。今世学不讲，男女从幼便骄惰坏了，到长益凶狠，只为未尝为子弟之事，则于其亲已有物我不肯屈下，病根常在，又随所居而长，至死只依旧。为弟子则不能安洒扫应对，接朋友则不能下朋友，有官长则不能下官长，为宰相则不能下天下之贤，甚则至于徇私意，义理都丧也，只为病根不去，随所居所接而长。"① 此张子为子弟痛下针砭，此等病根，始初防之则易，后来去之则难，总在小时教训耳，为父兄者知之，为子弟者勉之。

吴大澂批语：横渠此一段教训，不徒为子弟痛下针砭也，自朋友、官长以至宰相皆当悚然猛省。

明道先生②曰："富贵骄人固不善，学问骄人，害亦不细。"③ 夫义理无穷，即勤学好问，犹恐不足，安敢有一毫骄矜之意。若有此意，不但学问不能长进，而傲慢丧德，尤悔丛生，其害可胜言哉！彼以富贵骄人者，更不足道矣。

吴大澂批语：学问骄人，非必有矜夸之意见于词色，但见得人之学皆不如我，侈然有自满之心，便与富贵骄人一般。

韩维④与伊川先生⑤善，屈致于颍昌，暇日同游西湖，命诸子侍。行次，有言貌不庄敬者，伊川回视，厉声叱之曰："汝辈从长者行，敢笑语如此？韩氏孝谨之风衰矣。"韩遂皆逐去之。⑥ 先生为人，庄敬以直其内，严毅以方其外，人望而畏惮之，而颍昌子弟，乃敢笑语如此，是其骄惰之情已可概见，而先生且厉声叱之，所以警戒者甚严。即此

---

① 见朱熹《小学集注》卷五"嘉言"。
② 明道先生：程颢，见卷一注。
③ 见《河南二程全书·遗书》卷第一。
④ 韩维：见卷八注。
⑤ 伊川先生：程颐，见卷一注。
⑥ 见《河南二程全书·外书》卷第十二。

见古人友谊敦笃，不肯歧视子弟处。

吴大澂批语：世家子弟与人往来，但闻面谀之词，不曾受过面叱之训，故肆无忌惮如此。

吕东莱①先生字伯恭，少时性气粗暴，嫌饮食不如意，便敢打破家事。后因久病，只将一册《论语》早晚闲看，忽然觉得意思一时平了，遂终身无暴怒。又因读"躬自厚而薄责于人"②有省，遂能变化气质。先生天性英豪，学问沉实，朱子称其"禀之既厚而养之深，取之既博而成之粹"③，可谓成德君子矣。向使非熟玩《论语》，傲其骄傲，涣然自趋于和平宽大之途，岂复有后来纯粹之诣哉！

吴大澂批语：今之学者人人读《论语》，多能记诵，何尝有一语体贴到自己身上，何尝能变化气质？若东莱先生，可谓善读《论语》者矣。

吾督学黔中，按试思南府，属题出"人能充无穿窬之心"二句④，细绎其义，深自警省。时男林翼、侄保翼在署读书，因书示之曰："穿窬⑤，小人也，未有君子而穿窬者也。穿窬之心，小人之心也，则虽君子而或有不免者矣。充无穿窬之心，则凡名利之所在，非礼非义之介于毫末者，皆必慎之。然则穿窬可免也，穿窬之心不易免也。今吾此

①吕东莱：吕祖谦，见卷二注。
②《论语·卫灵公》："子曰：'躬自厚而薄责于人，则远怨矣。'"朱熹《四书集注》注："责己厚，故身益修；责人薄，故人易从，所以人不得而怨之。"
③《晦庵集》卷第八十七之"祭吕伯恭著作文"："盖其德宇宽洪，识量闳廓，既海纳而川渟，岂澄清而挠浊？矧涵濡于先训，绍文献于厥家。又隆师而亲友，极探讨之幽遐。所以禀之既厚而养之深，取之既博而成之粹。宜所立之甚高，亦无求而不备。故其讲道于家，则时雨之化；进位于朝，则鸿羽之仪；造辟陈谟，则宣公独御之对；承诏奏篇，则右尹《祈招》之诗。"
④《孟子·尽心下》："人能充无欲害人之心，而仁不可胜用也；人能充无穿窬之心，而义不可胜用也。"
⑤穿窬：见卷八注。

职，计廉俸所入，以一分公诸伯叔，以一分公诸族戚师友，以一分作衙门度支，及入京用费，处分已定，充然有余，人求无愧此心耳。无愧此心，则无愧君父矣。苟有分外之用，即有分外之心。苟有分外之心，即穿窬之心也。位不期骄，禄不期侈，骄侈者，穿窬之心所由来也。吾旦夕兢兢，罔敢偷肆，急思鞭辟近里①著己。林保等务知警省，毋求适口体耳目以葆此心，幸甚幸甚！"

吴大澂批语：小人之穿窬，不可告人者也。事有不可告人者，皆穿窬之类。一念之动，有不可告人者，亦皆穿窬之心。

又书示之曰："吾向所严穿窬之心，特以利禄言耳，而孟子推至'无受尔、汝之实'，则是在人有轻贱之意在己，即有惭愤不肯受之心，苟能即此推之，充满无所亏缺，无适而非义矣。且推至'以言餂之'，'以不言餂之'，有意探取于人，即为穿窬之类，其用情最隐，其为事易忽，其用力防闲愈密矣。孟子此章，比例最为浅近，扩充即是圣

---

①鞭辟近里：宋儒常用语，意谓深入剖析，使靠近最里。喻探求透彻，深入精微。鞭辟，鞭策，激励。程颢《师训》："学只要鞭辟近里，著己而已，故'切问而近思'，则'仁在其中矣'。"

贤。"①

吴大澂批语：圣贤学问，以恻隐羞恶之心为仁义之大端，义之所不安者，事事皆作穿窬观，无非将羞恶之心推勘。

至极细密处，学问自有进益，孟子往往以浅近取譬，使人知所警觉，学者当细心体会，庶不负孟子苦口劝人之意。

男林翼校字

---

①《孟子·尽心下》："孟子曰：'人皆有所不忍，达之于其所忍，仁也；人皆有所不为，达之于其所为，义也。人能充无欲害人之心，而仁不可胜用也；人能充无穿窬之心，而义不可胜用也。人能充无受尔、汝之实，无所往而不为义也。士未可以言而言，是以言餂之也；可以言而不言，是以不言餂之也，是皆穿窬之类也。'"朱熹《四书集注》注："恻隐羞恶之心，人皆有之，故莫不有所不忍、不为，此仁、义之端也。然以气质之偏，物欲之蔽，则于他事或有不能者；但推所能，达之于所不能，则无非仁、义矣。"又："能推所不忍，以达于所忍，则能满其无欲害人之心，而无不仁矣。能推其所不为，以达于所为，则能满其无穿窬之心，而无不义矣。"又："盖'尔''汝'，人所轻贱之称，人虽或有所贪昧隐忍而甘受之者，然其中心必有惭忿而不肯受之实。人能即此而推之，使其充满无所亏缺，则无适而非义矣。"又："餂，音忝。餂，探取之也。今人以舌取物曰餂，即此意也。便佞隐默，皆有意探取于人，是亦穿窬之类。然其事隐微，人所易忽，故特举以见例。明必推无穿窬之心，以达于此而悉去之，然后为能充其无穿窬之心也。"

卷十四　戒奢侈

益阳胡达源清甫

《序卦》①"得其所归者必大"②，物所归聚必成其大，故归妹之后，受之以丰。震上为动，离下为明，以明而动，动而能明，此致丰之道也③。然其所以保此丰盛者，岂易易哉？圣人特戒之曰："日中则昃，月盈则食，天地盈虚，与时消息。"④盖天地之道，盈虚消息，惟其时而已矣。未有日中而不昃，月盈而不食者。君子处此，宜兢兢保守，不至于过盛则可不至于倾坏。日未尝中，故能不昃，月未尝盈，故能

---

①《序卦》：《十翼》之一，亦称《序卦传》。《易经》分《周易本经》和《易传》，《易传》有文十篇，《彖》上下、《象》上下、《文言》《系辞》上下、《说卦》《序卦》《杂卦》，称《十翼》。

②《序卦传》："渐者，进也。进必有所归，故受之以归妹。得其所归者必大，故受之以丰。丰者，大也。"

③《合订删补大易集义粹言》卷五十九："伊川先生曰：'丰，《序卦》得其所归者必大，故受之以丰。物所归聚必成其大，故归妹之后受之以丰也。丰，盛大之义，为卦震上离下。震动也，离明也，以明而动，动而能明，皆致丰之道。明足以照，动足以亨，然后能致丰大也。'"

④《周易·丰》："日中则昃，月盈则食，天地盈虚，与时消息。而况于人乎？况于鬼神乎？"孔颖达《周易正义》疏："此孔子因丰设戒，以上言王者以丰大之德照临天下，同于日中。然盛必有衰，自然常理。日中至盛，过中则昃；月满则盈，过盈则食。天之寒暑往来，地之陵谷迁贸，盈则与时而息，虚则与时而消。天地日月，尚不能久，况于人与鬼神，而能长保其盈盛乎？勉令及时修德，仍戒居存虑亡也。"

不食，人未尝奢侈，故能尝丰。

吴大澂批语：人之处境，或丰或啬，亦天地盈虚消息之理，丰者不能无啬，啬者可以复丰，人能兢兢自守，则可丰可啬，可富可贫，可贵可贱，有保丰之道，而不能必丰盛之常保。

作福作威玉食，此在上之权，而臣民之所不敢妄干者也。颇僻[1]者不安其分，僭忒[2]者或逾其常，《洪范》之戒[3]，万世之大防也。

旅獒之贡[4]，召公戒之，谓方物之献，惟服饰器用之常耳，岂可作"无益以害有益"，"贵异物而贱用物"[5]哉？然而人心之侈，以为此小节耳，何害大德？一事如此，事事如此，遂至不可禁遏，岂不因小节贻之害乎？故曰"不矜细行，终累大德。为山九仞，功亏一篑"[6]，其致戒严矣。后世士庶之家，乃以珍禽奇兽丧志荡心，岂于此篇独未尝

---

[1]颇僻：邪佞，不正。《文选·思玄赋》："行颇僻而获志兮，循法度而离殃。"

[2]僭忒（jiàn tè）：越礼逾制，心怀疑贰。《隋书·经籍志一》："周衰，诸侯僭忒，恶其害己，多被焚削。"

[3]《尚书·周书·洪范》："惟辟作福，惟辟作威，惟辟玉食。臣无有作福、作威、玉食。臣之有作福、作威、玉食，其害于而家，凶于而国。人用侧颇僻，民用僭忒。"孔颖达《周易正义》疏："既言君臣之交，刚柔递用，更言君臣之分。贵贱有恒，惟君作福得专赏人也，惟君作威得专罚人也，惟君玉食得备珍食也。为臣无得有作福、作威、玉食，言政当一统，权不可分也。臣之有作福、作威、玉食者，其必害于汝臣之家，凶于汝君之国。言将得罪，丧家且乱邦也。在位之人，用此大臣专权之故，其行侧颇僻；下民用在位颇僻之故，皆言不信而行差错。"

[4]《尚书·周书·旅獒》："西旅献獒，太保作《旅獒》。"孔颖达《尚书正义》注，"西戎远国贡大犬"，"召公陈戒"。

[5]《尚书·周书·旅獒》："玩人丧德，玩物丧志。志以道宁，言以道接。不作无益害有益，功乃成；不贵异物贱用物，民乃足。"

[6]见卷三《尚书·周书·旅獒》注。

肄业①及之耶？

吴大澂批语：召公之戒，直言之曰"不宝远物"，而终之曰"所宝惟贤"，旨深哉！

"不贵异物贱用物"，真西山②先生曰："工商之巧，不如农桑之朴。锦绣之奢，不如布帛之温。"③ 推类而言，最为明畅。

桧风始于《羔裘》④，衣服光泽，乐游燕而好逍遥，此桧之所以亡也。曹风始于《蜉蝣》⑤，衣裳鲜明，玩细娱而忘远虑，此曹之所以亡也。夫以衣服之盛，似非大故，而诗人且为之忧思而伤恻焉，何也？饰于外者荒于内，溺其小者忘其远，而欲责其事之必举，职之无阙，断断不能，况以一人之侈，渐染众人，大为人心风俗之累，其弊可胜言耶？读《诗》者其留意焉。

吴大澂批语：衣服饮食之奢侈，人之所易忽。防微杜渐，习染之关乎风气者，其弊甚大。

---

①肄业（yì yè）：修习课业。《陈书·王胤传》："胤性聪敏，好学，执经肄业，终日不倦，博通大义，兼善属文。"

②真西山：真德秀，见卷十二注。

③《大学衍义》卷三十一："世之人主于有益之事多不肯为，而惟无益者是为，故心志分而功不成；于有用之物多不知贵，而惟无用者是贵，故征求多而民不足。惟知本务实者不然。工商之巧，不如农桑之朴。锦绣之奢，不如布帛之温。推类而言，莫不然也。"

④《羔裘》：《诗经·国风·桧风》之诗，其辞曰："羔裘逍遥，狐裘以朝。岂不尔思？劳心忉忉。羔裘翱翔，狐裘在堂。岂不尔思？我心忧伤。羔裘如膏，日出有曜。岂不尔思？中心是悼。"毛诗序曰："《羔裘》，大夫以道去其君也。国小而迫，君不用道，好洁其衣服，逍遥游燕，而不能自强于政治，故作是诗也。"桧国国君耽于奢华而忽视政治，国势日衰，桧国大臣谏而不听，被迫离去。周平王东迁不久，郑武公灭桧。

⑤《蜉蝣》：《诗经·国风·曹风》之诗，其辞曰："蜉蝣之羽，衣裳楚楚。心之忧矣，于我归处。蜉蝣之翼，采采衣服。心之忧矣，于我归息。蜉蝣掘阅，麻衣如雪。心之忧矣，于我归说。"毛诗序曰："《蜉蝣》，刺奢也，昭公国小而迫，无法以自守，好奢而任小人，将无所依焉。"周敬王三十三年，宋景公灭曹。

童子不衣裘裳，一则嫌其温，所以保盛阳之体；一则嫌其侈，所以杜骄佚之情。

名分者，上下之定制也。春秋时，习为奢侈，名分之干，恬然不以为怪，即鲁之三家①，视桓楹②而设拨，其葬也僭③；舞八佾④而歌《雍》⑤，其祭也僭。事生之僭，即此可推。故懿子问孝⑥，夫子特以礼示之，且又谆谆然为天下告也。曰："奢则不孙，俭则固⑦。"非不知固之非礼，特以不孙之弊，其害更大耳。呜呼！人至不孙，岂复知有名

---

①鲁之三家：鲁之大夫季孙氏、孟孙氏和叔孙氏，为鲁国强宗。

②桓楹（huán yíng）：天子、诸侯入葬下棺之柱，其上有孔，以穿绳索，悬棺而下，取其安审，事毕即闭圹中。《礼记·檀弓下》："公室视丰碑，三家视桓楹。"

③僭（jiàn）：超越本分，在下者冒用在上者之名义、礼仪和器物等行事。《公羊传·昭公二十五年》："诸侯僭于天子。"

④《论语·八佾》："孔子谓季氏：'八佾舞于庭，是可忍也，孰不可忍也？'"朱熹《四书集注》注："佾，舞列也。天子八、诸侯六、大夫四、士二，每佾人数，如其佾数。季氏以大夫而僭用天子之礼乐，孔子言其此事尚忍为之，则何事不可忍为？或曰：'忍，容忍也。'盖深疾之之辞。"

⑤《论语·八佾》："三家者以《雍》彻。子曰：'"相维辟公，天子穆穆。"奚取于三家之堂？'"朱熹《四书集注》注："三家，鲁大夫孟孙、叔孙、季孙之家也。《雍》，《周颂》篇名。彻，祭毕而收其俎也。天子宗庙之祭，则歌《雍》以彻，是时三家僭而用之。相，助也。辟公，诸侯也。穆穆，深远之意，天子之容也。此《雍》诗之辞，孔子引之，言三家之堂，非有此事，亦何取于此义而歌之乎？讥其无知妄作，以取僭窃之罪。程子曰：'周公之功固大矣，皆臣子之分所当为，鲁安得独用天子礼乐哉？成王之赐，伯禽之受，皆非也。其因袭之弊，遂使季氏僭八佾，三家僭《雍》彻，故仲尼讥之。'"

⑥懿子问孝：《论语·为政》："孟懿子问孝。子曰：'无违。'樊迟御，子告之曰：'孟孙问孝于我，我对曰："无违。"'樊迟曰：'何谓也？'子曰：'生，事之以礼；死，葬之以礼，祭之以礼。'"

⑦《论语·述而》："子曰：'奢则不孙，俭则固。与其不孙也，宁固。'"孙，通"逊"，恭顺、卑顺。朱熹《四书集注》注："孙，顺也。固，陋也。奢、俭俱失中，而奢之害大。"

分哉？

吴大澂批语：名分之僭越，始于卿大夫，及于士、庶人，不以礼节之，则漫无限制矣。

先进后进，野人君子之称，此正关系风俗。今子弟与前辈近者，便有一段淳厚意味，与后辈近者，便有一段浮夸意味，"吾从先进"是夫子现身说法①。

吴大澂批语：人家子弟喜与前辈交游者，便是佳子弟。前辈亦乐与之交接，有忘年交之目。

有泰然夸大之心，有余者矜其势耀，不足者强为张皇，故凡事从其大者为奢，有嚣然侈肆之意；宜简者变本加饰，已丰者踵事而增，故凡事从其多者为侈。

位过其德，禄过其才，任过其力，言过其行，此奢侈之大也。

吴大澂批语：古圣贤之不得禄位者多矣，既得禄位而不称其职，所谓力小而任重也。

为天下用财者惠，不妨于丰。为一己用财者礼，必严其过。

吴大澂批语：用财之权衡，不可不审，当丰则丰，当俭则俭，吝于用财者反是。

有世家之名，当顾惜祖宗体面；有公子之名，当顾惜父母体面。愈收敛，愈觉矜贵；愈侈肆，愈觉卑污。

饮宴嬉游，坏多少子弟。行步出入，无得入茶肆、酒肆，此语最宜谨守。

---

① 《论语·先进》："先进于礼乐，野人也；后进于礼乐，君子也。如用之，则吾从先进。"朱熹《四书集注》注："先进、后进，犹言前辈、后辈。野人，谓郊外之民。君子，谓贤士大夫也。程子曰：'先进于礼乐，文质得宜，今反谓之质朴，而以为野人。后进之于礼乐，文过其质，今反谓之彬彬，而以为君子。盖周末文胜，故时人之言如此，不自知其过于文也。'用之，谓用礼乐。子子既述时人之言，又自言其如此，盖欲损过以就中也。"

吴大澂批语：吾乡风气近十年来愈趋愈下，子弟入茶坊酒肆，不以为异，甚至教读之师亦以茶馆为聚谈之所，日以为常，旷课、荒功、废时、失业，自以为小节耳，而流弊甚大。

丝竹陶写性情，大雅所不废，而或按谱调笙，审音度曲，操其艺者既妨职业之常，恒舞于宫，酣歌于室；荡其心者又开淫佚之窦，究观流弊，可为悚然。

蒲博①，戏具也，其未得时，奢望侈心，攫财如饿虎；其既得时，奢情侈态，挥金如泥沙。恣意怠荒，徒为此豪举以败行检、以丧身家，正复何益？

吴大澂批语：赌风之甚，莫甚于今日，世家子弟陷溺于其中，而荡俭逾闲者不少。

声伎游宴，此中浪费，伊于胡底②？而能淡然无所好，如吕正献公③者不惟省费，兼以养心，可谓卓然自立者矣。④

缝人掌缝线之事⑤，屦人掌舄繶之事⑥，隶于冢宰⑦，此王者之制也。若士庶之家，则皆成于妇功。后世妇职不勤，而缝屦之事有不习其业者，不害于逸乎？

---

①蒲博：见卷十三注。

②伊于胡底：不知将至何处为止，不堪设想之意。《诗经·小雅·小旻》："我视谋犹，伊于胡底？"

③吕正献公：吕公著，见卷五注。

④《宋史·吕公著传》："公著自少讲学，即以治心养性为本，平居无疾言遽色，于声利纷华，泊然无所好。暑不挥扇，寒不亲火，简重清静，盖天禀然。其识虑深敏，量闳而学粹，遇事善决，苟便于国，不以私利害动其心。"

⑤《周礼·天官·缝人》："缝人掌王宫之缝线之事。"

⑥《周礼·天官·屦人》："屦人掌王及后之服屦，为赤舄、黑舄、赤繶、黄繶、青句、素屦、葛屦。"舄（xì），重木底鞋。繶（yì），饰屦的圆丝带。

⑦冢宰：周官名，为六卿之首，亦称太宰。《尚书·周官》："冢宰掌邦治，统百官，均四海。"

妇人主中馈①,居室之大端也,亲历庖厨,可知物力艰难,可防仆婢偷盗,可以供宾祭,可以奉师友。若茫然不知,百端废弛,何贵有此妇人?昔某官以贪劣查抄原籍家产,其居室壮丽,百物具备,而独无厨灶,问之则门外酒肆领本开张,宅中饔飧食物皆给单支算,不自举火。呜呼!侈汰如此,岂独妇人不习中馈之劳,并不见有厨灶之设,其败也宜哉!

吴大澂批语:此等奢侈之习,骇人听闻。

"一斗珍珠,不如升米。织金妆花,再难拆洗;刺凤描鸾,要他何用?使的眼花,坐成劳病。妇女妆束,清修雅淡,只在贤德,不在打扮。不良之妇,穿金戴银,不如贤女,荆钗布裙。"②此吕近溪③先生语也。教女子者,日以此讲论熏陶,自知奢侈之弊。乃或不以德行相责,而以冶容相先,编珠缀玉,压彩盘金,互羡争夸,日新月异。无识男子,以悦妇人,惟恐其不当也。妇人不足责,为男子者独未之思耶?

吴大澂批语:女子能明此义,便是贤女。幼时全赖父母之教,既嫁从夫,尤在丈夫之董、陶、涵、育矣。

"工事竞于刻镂,女事繁于文章④。"此管子之言,盖古今之通病也。世俗以华屋相矜,大兴土木,穷丽极工,稍不如式,辄为拆改,

---

①中馈:指家中供膳诸事。王粲《出妇赋》:"竦余身兮敬事,理中馈兮恪勤。"

②见《女小儿语》。

③吕近溪:吕得胜,字近溪,明河南宁陵人,吕坤之父。著《小儿语》《女小儿语》,语言浅近,益于蒙学修身。

④《管子·立政》:"五曰工事竞于刻镂,女事繁于文章,国之贫也。"文章,刺绣之花纹,古以青与赤相配合为文,赤与白相配合为章。《楚辞·九章·橘颂》:"青黄杂糅,文章烂兮。"

经年累月，繁费不赀①，往往工匠尚未出门，而楼阁则已易主，愚孰甚焉？女子服饰之侈，比之男子，不啻百倍，首戴昆冈②之璀璨，身被骊颔③之晶莹，论价方珍，难以数计，一旦囊空财尽，而珠不可衣，玉不可食，始悔当初侈汰之过，抑已晚矣，然则刻镂文章，果何益哉？

吴大澂批语：尝见中落之家，饥不得食，寒不得衣，其妇人犹自夸耀嫁时服饰之奢、珠玉之富，旁人窃非，笑之，而恬不知耻，宜其晚境之穷，无聊赖也。噫，一富一贫，回首不过二十年，何如寒门朴素之风，始终如一哉！

中国之物，布帛菽粟，日用之所不可离者也。西洋之物，奇技淫巧，日用之所不必有者也。乃或群相宝爱，习焉成风，岂不因西洋不急之物而耗中国有用之财乎？

厕内以绛纱为帐④，其居室可知。军中以函水养鱼⑤，其平时可想。此等暴殄之徒，天岂能宽其罚哉？

晋王济字武子，性豪侈，时洛京地贵，济好马射，买地作埒，编

---

①赀（zī）：计量、计算。《后汉书·陈蕃传》："食肉衣绮，脂油粉黛，不可赀计。"

②昆冈：昆仑山，盛产美玉。《尚书·夏书·胤征》："火炎昆冈，玉石俱焚。"《千字文》："金生丽水，玉出昆冈。"

③骊颔：骊龙颔下，借指宝珠。《庄子·列御寇》："夫千金之珠，必在九重之渊而骊龙颔下。"

④《晋书·刘寔传》："及位望通显，每崇俭素，不尚华丽。尝诣石崇家，如厕，见有绛纱帐，裀褥甚丽，两婢持香囊。寔便退，笑谓崇曰：'误入卿内。'崇曰：'是厕耳。'寔曰：'贫士未尝得此。'乃更如他厕。"绛纱，红纱。纱，绢之轻细者。

⑤《北史·虞庆则传》："庆则子孝仁，幼豪侠任气，拜仪同，领晋王亲信，坐父事，除名。炀帝嗣位，以藩邸之旧授候卫长史，兼领金谷监，监禁苑。有巧思，颇称旨。大业九年伐辽，迁都水丞，充使监运，颇有功。然性奢华，以骆驼负函盛水养鱼而自给。后或告其为不轨，遂见诛。"函，匣子。

钱匝地,时人号曰"金沟"。① 又武子以人乳饮独②,肥美异于常味,此自古罕闻之事,殊堪骇异!

勿坏古制。即如器具,旧者朴素浑坚,新者工巧轻薄,与其巧而薄,不如朴而坚。

吴大澂批语:喜新厌故之心,不如守旧之可久。

勿随流俗。滔滔者日下,砥柱可以回狂澜;靡靡者日颓,隆栋可以支广厦。

吴大澂批语:踵事增华之习,不如返朴之葆真。

"不恨我不见石崇,恨石崇不见我。"③ 此争胜自豪之语也,凡事争胜,已属不可,况奢侈乎?

奢贵戒其渐。象箸始于商,前此未尝有也。箕子叹曰:"今为象箸,必为玉杯。玉杯象箸,必将食熊蹯④豹胎,他物又将称是。"⑤ 吾

---

①《世说新语·汰侈第三十》:"王武子被责,移第北邙下。于时人多地贵,济好马射,买地作埒,编钱匝地,竟埒。时人号曰'金沟'。"埒(liè),骑射场地四周的矮墙。

②《世说新语·汰侈第三十》:"武帝尝降王武子家,武子供馔,并用琉璃器。婢子百余人,皆绫罗纨绮,以手擎饮食。烝独肥美,异于常味。帝怪而问之,答曰:'以人乳饮独。'帝甚不平,食未毕,便去。王、石所未知作。"独(tún),古同"豚"。

③《洛阳伽蓝记》卷第四:"诸王服其豪富。琛常语人云:'晋室石崇,乃是庶姓,犹能雉头狐腋,画卵雕薪,况我大魏天王,不为华侈?'造迎风馆于后园,窗户之上,列钱青琐,玉凤衔铃,金龙吐佩。……自余酒器有水晶钵、玛瑙杯、琉璃碗、赤玉卮数十枚。作工奇妙,中土所无,皆从西域而来。又陈女乐及诸名马。复引诸王按行府库,锦罽珠玑,冰罗雾縠,充积其内,绣缬、紬绫、丝采、越葛、钱绢等,不可数计。琛忽谓章武王融曰:'不恨我不见石崇,恨石崇不见我!'融立性贪暴,志欲无限,见之叹惋,不觉生疾。还家,卧三日不起。"

④熊蹯(fán):熊掌。蹯,兽之脚掌。

⑤《纲鉴易知录·商纪》:"纣性汰侈,好酒色,始为象箸,箕子叹曰:'今为象箸,必为玉杯。玉杯、象箸,必将食熊蹯、豹胎,他又将称是。王求是欲,天下殆哉!'"

观箕子之言，而知圣人之防其渐也。渐之既开，其流必甚。象箸玉杯，在常人见得甚小，在圣人见得甚大，在常人依违目前，在圣人力防流弊。

吴大澂批语：玉杯象箸，古帝王之所戒者，今则习以为常，而不觉其奢侈，世风之所以日下也。

奢贵绝其诱。曾有仕宦之家子弟，颇聪慧，而自甘暴弃，侈汰性成，见有道君子，缪为恭敬，貌合神离，而所与交好者，皆匪辟①浮华之士，所与讲求者，皆逾越闲检之端，奸声乱色，无所不为，自诩一时豪迈，及解组②赋闲，立形拮据，向所称交好者，云散风流，漠然不顾。呜呼！冷暖人情，此时之不顾本无足怪，独奈何昔日肯与之游哉？故诱我者当绝也。

奢足以折福。老年享福福在，少年享福福消，盖盈虚之定数也。老者劳心劳力，子孝孙贤，衰暮之时，受用丰足，其分宜然。少年过分，非所宜也。汪龙庄先生曰："昔吾浙有达官生子，属吏凡献蟒袍③二百余件，皆定制顾绣④，其长不逾二尺。余曰：'蟒袍非常服可比，计二十岁状元及第，三十岁作太平宰相，八十岁荣归，亦不能衣蟒至二百余件之多，今襁褓⑤中遽受此数，恐福已消尽耳。'不数岁，达官

---

①匪辟：通"匪僻"，邪恶不端。《明史·刘最传》："寻请帝勤圣学，于宫中日诵《大学衍义》，勿令左右近习诱以匪僻。"

②解组：解除印绶，指去官。组，授属，拴于印纽之丝带。

③蟒袍：袍服名。明万历时阁臣多赐蟒衣，衣上绣蟒，蟒形与龙相似而少一爪，清代称之蟒袍。自公侯至七品官，凡遇典礼，皆穿蟒袍，地蓝色或石青，通身以金线绣蟒，蟒数自九至五，按等级为差。

④顾绣：刺绣名。创始于明嘉靖时进士顾名世家，故称。顾名世筑露香园于上海，其子顾会海之妾所刺绣人物字画，极为工巧，露香园顾氏绣自是驰名。后其技艺广传苏、松一带，亦称苏绣、松绣，与湖南之湘绣并称于世。明代崇祯《松江县志》："顾绣，斗方作花鸟，香囊做人物，刻划精巧，为他郡所未有。"

⑤襁褓（qiǎng bǎo）：背负小儿之背带与布兜。泛指出生不久之婴儿。《汉书·宣帝纪》："曾孙虽在襁緥，犹坐收系郡邸狱。"

贿败，其子亦殇。"即先生之言推之，人有定分之福，当存过分之戒，一事消磨，良可惧也。

吴大澂批语：老年享福一生，勤俭之所积也。少年享福，祖父荫庇之所贻也。袭祖父之余泽而不自爱惜，不复栽培，断无久享之理。

奢足以招尤。宫室车马，衣服饮食，违其常而趋异，其指为不祥，舍其旧而图新，皆斥为过饰。甚至天资可学，而有德者以纨绔①鄙之，竟外于门墙。阀阅②虽高，而抱道者以豪华薄之，不登于荐剡③。一念侈汰，尤悔丛生，徒与浮薄子弟连袂摩肩，夸多斗靡，卒至断送一生，岂不可惜？

吴大澂批语：切指奢之流弊，历历如绘，旁观者为之可惜，当局者竟不自悟。

奢则必懒。伺候者衣轻食鲜，奔走者颐指气使，外长其傲慢之态，内生其淫佚之心，艰于语言，几同缄口，迟其步履，宛若痿痹，此等行为，无复生理，遂至妇女怠荒，日三竿而未起；子弟懈弛，酒百榼④以常酬。及乎典藏屡空，补苴⑤无术，不知此时亦有悔心否？

奢则必贪。自古俭吏未有不廉者，自古奢吏未有不贪者，何也？非贪无以济其奢也。人一而我百，人十而我千，所费者既已加倍于人，

---

①纨绔（wán kù）：细绢裤，泛指富家子弟。绔，又作"袴"。杜甫《奉赠韦左丞丈二十二韵》："纨绔不饿死，儒冠多误身。"

②阀阅：世宦门前旌表功绩之柱，引申为家世门第。《后汉书·韦彪传》："士宜以才行为先，不可纯以阀阅。"

③荐剡（jiàn yǎn）：荐举人材之公牍，引申为推荐。吾丘瑞《运甓记·太真绝裾》："如今虽蒙刘公荐剡，薄沾寸禄，无甚烦难职守。"

④榼（kē）：古代盛酒或贮水器具。《左传·成公十六年》："使行人执榼承饮。"

⑤补苴：补缀，缝补。刘向《新序·刺奢》："今民衣敝不补，履决不苴。"引申为弥补缺陷。韩愈《进学解》："抵排异端，攘斥佛老。补苴罅漏，张皇幽眇。"

人十而我十，人千而我千，所入者岂能独倍于我？不节之用，莫能塞其漏卮①；无厌之求，乃至开其贿孔。呜呼！脂膏沾润，或滥取于闾阎②，粮饷侵渔，或剥削乎军士，亦复何所不为哉？

吴大澂批语：每见州县之豪奢者，一任之中亏空至盈千累万，幸而不致褫职，剜肉补创，终其身不得优裕，何挥霍之不留余地哉？

其害必至于丧身。晋散骑常侍石崇，前扬州都督苞之子也。与中护军羊琇③、后将军王恺④三人皆富于财，竞以奢侈相高。后孙秀⑤收石崇，崇叹曰："奴辈利吾财耳。"收者曰："知财为祸，何不早散之？"⑥崇不能答，遂族诛。呜呼！积而能散，财岂足为身累哉？乃徒

---

①漏卮：渗漏之酒器。《淮南子·泛论训》："今夫溜水足以溢壶榼，而江河不能实漏卮。"

②闾阎：见卷九注。

③羊琇：字稚舒，西晋泰山南城（今山东新泰市）人。景献皇后之从父弟。父羊耽，官至太常。兄瑾，尚书右仆射。少与武帝司马炎相洽，为其画策，及帝即太子位，擢左卫将军，封甘露亭侯。帝践阼，累迁至中护军，加散骑常侍，典禁兵。为人奢侈放恣，名闻京师。太康三年，降为太仆，不久去世。卒后谥"威"，追赠辅国大将军、开府仪同三司。《晋书》有传。

④王恺：字君夫，西晋外戚，曹魏司徒王朗之孙，文明皇后王元姬之弟，武帝司马炎之舅父。以讨杨骏勋，封山都县公。迁龙骧将军，领骁骑将军，加散骑常侍，寻坐事免官。后起校尉，转后将军。性豪侈，得武帝之助，与石崇斗富。卒后谥"丑"。《晋书》有传。

⑤孙秀：字俊忠，西晋琅琊（今山东临沂）人，少为司马伦小吏，因得宠。司马伦封赵王，用之为侍郎。伦迁车骑将军，秀随入洛，密谋篡位，诛杀异己。伦僭位称帝，秀为侍中，领中书监、骠骑将军。齐王司马冏、河间王司马颙、成都王司马颖三王起兵讨伦，左卫将军王舆反戈攻秀，秀被诛。

⑥《晋书·石崇传》："崇正宴于楼上，介士到门。崇谓绿珠曰：'我今为尔得罪。'绿珠泣曰：'当效死于官前。'因自投于楼下而死。崇曰：'吾不过流徙交、广耳。'及车载诣东市，崇乃叹曰：'奴辈利吾家财。'收者答曰：'知财致害，何不早散之？'崇不能答。崇母、兄、妻、子无少长皆被害，死者十五人，崇时年五十二。"

奢侈自肆，极一己之欲，而无济人之心，其及于祸也，不亦宜乎？

其害必至于破家。晋之何曾①，日食万钱，犹云无下箸处，奢豪之性，已实作俑，子弟有不化之者乎？故曾之子劭遂至日食二万钱，其孙绥及机与羡②汰侈尤甚，皆不克终。永嘉之末，何氏竟无遗种。③司马温公曰："何曾讥武帝偷惰，取过目前，不为远虑。知天下将乱，子孙必与其忧，何其明也④！然身为僭侈，使子孙承流，卒以骄奢亡族，其明安在哉？"⑤

吴大澂批语：丧身破家，伤风败俗，流害伊于何底？祖父以节俭贻子孙，子孙尚不能守况。导之以骄奢淫逸，而能长保其富贵乎？读史者当究其祸乱之所由生，即知其灭亡之所自取。涓涓不息，将成江河，其几至微，可不慎之又慎哉？

其害必至于败俗。方石崇、王恺之争为奢靡也，恺以饴沃釜，崇以蜡代薪，恺作紫丝步障四十里，崇作锦步障五十里，崇涂屋以椒，

---

①何曾：字颖考。曹魏陈郡阳夏县（今河南太康）人，太仆何夔之子。少袭父爵，好学博闻。明帝即位，累迁散骑常侍、拜侍中。嘉平中为司隶校尉，曹爽专权，司马懿称疾，曾亦谢病，预谋诛爽。后迁尚书、镇北将军。武帝即位，拜为晋丞相，加侍中，进位太傅。卒后谥"孝"。《晋书》有传。

②《晋书·何曾传》："二子，遵、邵。邵嗣。"又："遵字思祖，邵庶兄也。……四子，嵩、绥、机、羡。"

③见《晋书·何曾传》。

④《晋书·何曾传》："初，曾侍武帝宴，退而告遵等曰：'国家应天受禅，创业垂统。吾每宴见，未尝闻经国远图，惟说平生常事，非贻厥孙谋之兆也。及身而已，后嗣其殆乎！此子孙之忧也。汝等犹可获没。'指诸孙曰：'此等必遇乱亡也。'及绥死，嵩哭之曰：'我祖其大圣乎！'"

⑤《资治通鉴》卷八十七："臣光曰：'何曾议武帝偷惰，取过目前，不为远虑。知天下将乱，子孙必与其忧，何其明也！然身为僭侈，使子孙承流，卒以骄奢亡族，其明安在哉？且身为宰相，知其君之过，不以告而私语于家，非忠臣也。'"

恺用赤石脂①。其时互相争尚，靡靡成风。车骑司马傅咸②上书曰："先王之治天下，食肉衣帛皆有其制，奢侈之费，甚于天灾！古者人稠地狭，而有储蓄，由于节也；今土广人稀，而患不足，由于奢也。欲时人崇节俭，当诘其奢，奢不见诘，转相高尚，无有穷极矣。"③呜呼！奢侈之费，甚于天灾！傅咸之言，诚万世之格言也，谁实为之而贻风俗之累乎？

《左传》："齐庆封④来聘，其车美，孟孙谓叔孙⑤曰：'庆季之车，不亦美乎？'叔孙曰：'豹闻之，服美不称，必以恶终，美车何为？'"⑥后庆封来奔，献车于季武子，美泽可以鉴，展庄叔⑦见之曰："车甚泽，人必瘁，宜其亡也。"⑧夫俭，德之共也；侈，恶之大也。其外有骄奢淫佚之态，其内即有怙侈灭义之心。《书》称："欲败度，纵败礼，以

①《世说新语·汰侈第三十》："王君夫饴精澳釜，石季伦用蜡烛作炊。君夫作紫丝布步障碧绫里四十里，石崇作锦步障五十里以敌之。石以椒为泥，王以赤石脂泥壁。"赤石脂，硅酸类风化石，以色理细腻者为胜，可用作涂饰墙壁，也可入药，为道家炼丹所用物。

②傅咸：字长虞，西晋北地泥阳（今陕西铜川耀州区东南）人。曹魏扶风太守傅干之孙，司隶校尉傅玄之子。袭父爵，拜太子洗马，历司徒左长史、车骑司马、尚书左丞、御史中丞等职。执正敢言，长于文论。卒于官，谥"贞"。《晋书》有传。

③见《纲鉴易知录·晋纪》。

④庆封：齐国大夫，拥立景公，时为齐左相。耽于酒色，因国内祸乱而奔鲁，又奔吴。昭公四年。楚率诸侯伐吴，杀庆封，灭其族。

⑤孟孙、叔孙：孟孙，孟孝伯，又称仲孙羯（jié）。叔孙，叔孙豹。二人皆为鲁国大夫。

⑥见《左传·襄公二十七年》。

⑦展庄叔：鲁国大夫，柳下惠（展获）之子。

⑧见《左传·襄公二十八年》。

速戾于厥躬。"① 躬之，速戾安在，其能久耶？故叔孙则曰"必以恶终"，庄叔则曰"人必瘁"，皆即外以知其内，即物以推其心。泱咎之来，岂或爽哉？

吴大澂批语：一车之美，尚不能保其身。奢俭之几，即兴衰之兆，即此可以类推。

后汉梁冀②为大将军，权震中外，大起第舍，妻孙寿对街为宅，殚极土木，互相夸竞，堂寝皆有阴阳奥室，连房洞户，柱壁雕镂，加以铜漆，绮疏青琐③，图以云气仙灵。台阁周通，更相临望，飞梁石磴，陵跨水道。骇鸡犀、夜光璧充实帑藏，名驹龙马秣于内厩，鸣钟吹竽，日夜相继。及桓帝诛冀，收其资产以实国库，诏减天下一岁租税之半，散其苑囿以业穷民。按梁冀跋扈，极恶大罪，东汉之贼也，岂独奢侈之罪而已哉？顾桓帝所与诛梁冀者，唐衡、单超、左悺、徐璜、贝瑗④，皆封列侯，而五侯者又复侈汰横肆，岂不大可异哉！

---

①《尚书·商书·太甲中》："欲败度，纵败礼，以速戾于厥躬。天作孽，犹可违；自作孽，不可逭。"孔颖达《尚书正义》注："速，召也。言己放纵情欲，毁败礼仪法度，以召罪于其身。"逭（huàn），逃避。

②梁冀：字伯卓。东汉安定乌氏（今甘肃泾川）人。大将军梁商之子，汉顺帝顺烈皇后之兄。初为黄门侍郎，永和元年拜河南尹，父病逝后接任大将军。立质帝，后毒杀质帝，复立桓帝，专权暴恣，穷奢极欲。延熹二年，梁皇后死，桓帝与宦官单超、徐璜、贝瑗、左悺、唐衡等合谋除冀，梁氏被灭族。

③绮疏青琐：绮疏，宫廷户窗上镂刻的空心花纹。青琐，宫廷户窗上镂刻的青色连环花纹。《洛阳伽蓝记·永宁寺》："僧房楼观一千余间，雕梁粉壁，青琐绮疏。"

④唐衡、单超、左悺、徐璜、贝瑗：桓帝时宦官，任中常侍。因诛灭梁冀有功，五人同日封侯，世称"五侯"。

北史魏崔冏①戒其子曰："恭俭，福之舆；傲侈，祸之机。乘福舆者浸以康休，蹈祸机者忽而倾覆。"② 此言自有至理，历观古今，未有恭俭而不获福者，未有傲侈而不取祸者。

唐裴冕③为相，性本侈靡，好尚车服及营珍馔名马，每会宾客，滋味品数，坐客有昧于名者。自创巾子，其状新奇，市肆因而效之，呼为"仆射巾"④。呜呼！裴冕身为仆射，以俭率下，将使敦尚朴质，俗登淳古，岂不美哉？乃仅以巾子新奇名其仆射耶！

唐史称元载⑤恣为不法，侈僭无度，代宗十二年诛元载，有司籍其

---

①崔冏：字法峻，清河东武城人，北魏御史中丞崔逞玄孙。幼好学，泛览经传，多伎艺，性廉谨，恭俭自修。仕魏为司空参军，齐天保初为尚药典御，历高阳太守、太子家令，武平中为散骑常侍、假仪同三司，终鸿胪卿。冏尤工相术，尝谓中书侍郎李德林曰："比日看高相王以下文武官人相表，俱尽其事，口不忍言。唯弟一人更应富贵，当在他国，不在本朝，吾不及见也。"《北史》有传。

②《北史·崔逞（玄孙冏）传》："临终，诫其二子曰：'夫恭俭福之舆，傲侈祸之机。乘福舆者浸以康休，蹈祸机者忽而倾覆，汝其诫欤！吾没后，敛以时服，祭无牢饩，棺足周尸，瘗不泄露而已。'"

③裴冕：字章甫，唐河中河东（今山西永济）人，以门荫入仕，历渭南尉、京畿采访使判官、殿中侍御史、御史中丞，劝进肃宗即位，拜中书侍郎、同中书门下平章事。两京平，封冀国公。后坐罪贬施州刺史，徙澧州。元载秉政，举冕左仆射同中书门下平章事。不逾月卒，赠太尉。《旧唐书》《新唐书》有传。

④见《新唐书·崔苗二裴吕传》。

⑤元载：字公辅，唐凤翔岐山（今陕西岐山）人。天宝元年，举策试中第，补新平尉。肃宗时累官至户部侍郎、度支江淮转运使。肃宗病重，宦官李辅国得势，因与元载妻同宗，举载同中书门下平章事。代宗即位，进拜中书侍郎。后诛除李辅国、鱼朝恩，独揽朝政，聚敛无涯。大历十二年，代宗收捕元载，赐自尽。《旧唐书》《新唐书》有传。

家财，胡椒至八百石，他物称是①。当是时，杨绾②相继为相，清简俭素，制下之日，朝野相贺，孰不好俭而恶奢哉？

吴大澂批语：近有浙人，以暴富起家，奢淫无度，冒功保至道员，不数年而败。闻其籍没时珊瑚、顶珠有百余颗，貂褂五六十件，岂非石崇、元载之流亚与？史册所书，当时实有其事，非言之过甚也。

杨绾之为相也，郭子仪方宴客，减坐中声乐五分之四；京兆尹黎干驺从甚盛，即日省之，止存十骑；中丞崔宽第舍宏侈，亟毁撤之。③胡致堂④先生曰："郭公、黎干、崔宽，事类而情殊。子仪，成人之美者也。干与宽，则畏之者也。"⑤吾尝读史至此，窃叹绾之俭德于是为至矣，成其美者与畏其威者虽其情或有不同，要皆善补过之君子也。

吴大澂批语：以一己之清风亮节，能使同官争自敛抑，风化之所关不浅，公美之曰"善补过之君子"，后之人当知所取法也。

唐史臣裴垍⑥称，"郭汾阳权倾天下而朝不忌，功盖一世而上不疑，

---

①见《新唐书·元王黎杨严窦传》。

②杨绾：字公权，唐华州华阴（今陕西华阴）人，武后时户部侍郎杨温玉之孙。少孤，勤学不倦，中第后补太子正字。以科考玄宗加试诗赋得第一，擢右拾遗。肃宗时累迁中书舍人兼修国史、礼部侍郎、吏部侍郎。元载获罪，拜中书侍郎同中书门下平章事兼修国史。因素有痼疾，未几而卒。代宗痛悼曰："天不使朕致太平，何夺绾之速邪？"诏赠司徒，谥"文简"。《旧唐书》《新唐书》有传。

③《新唐书·李杨崔柳韦路传》："始辅政，御史中丞崔宽本豪侈，城南别墅池观堂皇，为当时第一，即日遣人毁之；京兆尹黎干，出入从驺驭百数，省损才留十余骑；中书令郭子仪在邠州行营，方大会，除书至，音乐散五之四；它闻风靡然自化者，不可胜纪。世以比杨震、山涛、谢安云。"

④胡致堂：胡寅，见卷一注。

⑤见《致堂读史管见》卷第二十二"代宗下"。

⑥裴垍（jǐ）：字弘中，唐绛州闻喜（今山西闻喜县）人。进士及第。以贤良方正对策第一补美原尉。元和初召为翰林学士，迁中书舍人。元和三年拜中书侍郎同中书门下平章事加集贤殿大学士兼修国史。为官清风凛然，勤于职守，有功于唐之中兴。元和五年卒，赠太子太傅。

侈穷人欲而议者不之贬"。① 夫汾阳再造唐室，大难削平，回纥②感诚，朝恩服善；田承嗣跋扈强藩，接其书即拜。虽齐桓、晋文，比之为褊，厚奉养，多侍妾，将相王侯之位，亦非过分，岂得谓侈穷人欲哉？后之人，功勋不逮万一，而援汾阳以肆侈汰，多见其不知量也。

明王弇州③云："严世蕃④积赀满百万，辄置酒一高会，其后四高会矣，而干没不止。尝与所厚客屈指天下富家，居首等者凡十七。虽溧阳史恭甫⑤最有声，亦仅得二等之首。"⑥又世蕃穷极奢侈，有金丝帐，累金为之，轻细洞彻。有金溺器、象牙厢之类。按嘉靖之时，严嵩当国，世蕃实济其凶，所谓小儿"东楼"者也，贿赂通行，侈肆无状，卒至世蕃伏诛，财产抄没，嵩且寄食故旧以死，果何为哉？

---

①《旧唐书·郭子仪传》："史臣裴垍曰：'汾阳事上诚荩，临下宽厚，每降城下邑，所至之处，必得士心。……权倾天下而朝不忌，功盖一代而主不疑，侈穷人欲而君子不之罪。富贵寿考，繁衍安泰，哀荣终始，人道之盛，此无缺焉。'"

②回纥（hé）：古代民族部落名，其先为匈奴，北魏时称高车部，或敕勒，讹为铁勒。散居漠北，以游牧为生。唐大业中，回纥灭突厥，统一铁勒诸部。唐德宗贞元四年，回纥改名回鹘。后被灭，西迁一支至今为维吾尔族。

③王弇州：王世贞，字符美，自号凤洲，又号弇州山人，明苏州府太仓州（今太仓市）人。嘉靖二十六年进士，官至南京刑部尚书。在京师与李攀龙、宗臣、谢榛、梁有誉、徐中行、吴国伦等文士称"后七子"。世贞与攀龙为首领，时称王、李。攀龙殁，独主文坛二十年，才最高，声望最显，卒赠太子少保。《明史》有传。

④严世蕃：字德球，号东楼，明江西新余人，嘉靖首辅严嵩之子。短项肥体，眇一目，以父荫入仕，入国子监读书，累迁至工部左侍郎。贪财纳贿，富可敌国，后因罪问斩。见《明史·奸臣传·严嵩》。

⑤史恭甫：溧阳人，嘉靖名士，受学于甘泉先生湛若水。又购得唐刺史李幼卿之别业宜兴玉潭庄旧地，筑玉潭院、玉光阁等，文徵明受邀游此地，作《玉潭仙居记》。

⑥见《弇州史料后集》卷三十六之"严氏富贵"。

丙戌冬，家大人就养京师，一日有二客来见，侈陈①肴馔燔炙②之精，大人曰："子不见康骈《剧谈录》乎③？乾符中，洛中有豪贵子弟，承籍勋荫，物用优足，饮馔华鲜，极口腹之欲，有李使君出牧罢归，居止亦在东洛，深感其家旧恩，欲召诸子。有爱敬寺僧圣刚者，常所往来，李因以具宴为说，僧曰：'某每见其饮食，穷极水陆滋味，常馔必以炭炊，往往不惬其意，此乃侈肆成性，使君召之，可乎？'李曰：'若求象白猩唇，恐不可致，止于精洁，未为难事。'于是广求珍异，俾妻孥亲为调鼎④，备陈绮席雕盘。选日为请，兄弟列坐矜持，俨若冰玉，肴羞⑤每至，曾不下箸，主人揖之再三，唯沾果实而已。"

吴大澂批语：余在北洋会办防务时，寓中所用庖人皆北方人，不善煮大米饭，一日有族弟自南中来者，留之午餐，觉其食不下咽，既而曰："吾兄惯食此饭乎？"余笑而不答。

"及至水餐俱致，一匙于口，相盼良久，咸若餐荼食蘖⑥，李莫究其由，以失饪为谢。明日复见圣刚，备述诸子情貌。僧曰：'某前所说岂缪哉？'因造其门以问之，曰：'李使君特备一筵，庖膳可谓丰洁，何不略领其意？'诸子曰：'燔炙煎和，未得其法。'僧曰：'他物纵不

---

①侈陈：夸谈。侈，夸大、过度。陈，述说。《四库总目提要·大唐西域记》："此书侈陈灵异，尤不足稽。然山川道里，亦有互相证明者。"

②燔炙（fán zhì）：烧与烤，泛指烹饪。《战国策·魏策二》："齐桓公夜半不嗛，易牙乃煎熬燔炙，和调五味而进之。"

③康骈：字驾言，唐池阳（今安徽贵池）人。与杜荀鹤同为宣州刺史田頵之幕僚，乾符四年登进士第，官至崇文馆校书郎。著有《剧谈录》三卷，乃避黄巢乱于池阳山中所作传奇小说。

④调鼎：烹调食物。宋吴曾《能改斋漫录·事始一》："《左传》：'晏子曰："水火酰醢盐梅，以烹鱼肉。"'是古人调鼎用梅醢也。"

⑤肴羞：美味菜肴。肴，鱼肉类荤菜。羞，通"馐"，美味食品。韩愈《上巳日燕太学听弹琴》诗序："樽俎既陈，肴羞惟时。"

⑥餐荼食蘖：形容味道难吃。荼，苦菜。蘖，通"檗"，黄檗，也称黄柏，树皮入药，味极苦。

可食，炭炊之饭，又何嫌乎？'曰：'上人未知，凡以炭炊饭，先烧炭令熟谓之炼火，方可入爨①，不然犹有烟气。李使君宅炭不经炼，是以难于餐啖。'僧抚掌大笑曰：'此非贫道所知也。'"

吴大澂批语：此等子弟，置之不理可也，何必与之殷勤交好哉？

"及寇陷瀍洛②，财产剽掠俱尽，兄弟数人与圣刚同时窜避，潜伏山草，不食者三日。贼锋稍远，徒步将往河桥，道中小店始开，以脱粟为餐，僧囊中有钱数文，买于土杯同食，腹枵③既甚，粱肉④之美不如。僧笑而谓曰：'此非炼火所炊，不知可与诸郎君吃否？'俱低首惭腼，无复对词。"时大人危坐正襟，辞色严栗，一客悚⑤然谢教，一客微笑而已。后皆官粤东，笑者累亏钜万，而谢者改行节俭，有廉声，卓荐⑥来京，犹备述其事云。

男林翼校字

---

①爨（cuàn）：炊，烧煮。《孟子•滕文公上》："许子以釜甑爨，以铁耕乎？"

②瀍洛：瀍水和洛水。洛阳地处瀍水两岸、洛水之北，故多以二水连称谓其地。刘孝标《辩命论》："遂覆瀍洛，倾五都。"

③腹枵（fù xiāo）：通"枵腹"。空腹，指饥饿。陆游《幽居遣怀》："大患元因有此身，正须枵腹对空囷。"

④粱肉：以粱为饭，以肉为肴，谓精美膳食。《韩非子•五蠹》："故糟糠不饱者不务粱肉，短褐不完者不待文绣。"

⑤悚（sǒng）然：惊惧貌。王符《潜夫论•慎微》："人君闻此，可以悚惧。"

⑥卓荐：其人未详。

卷十五　扩才识

益阳胡达源清甫

《蒙》,"君子以果行育德"①。德可育,才亦可育。《大畜》,"君子以多识前言往行,以畜其德"②。德可畜,才亦可畜。才之存,主处是德；德之发,见处是才,故君子德备而才全。

吴大澂批语：君子但言育德,富德者德有余则才自裕,才尤于德非干事之大才。

---

①《周易·蒙》："《象》曰：山下出泉,蒙。君子以果行育德。"王夫之《周易内传》卷一下："'泉'者,水始出之细流,故于山下之水,不言水而言泉。泉方出山,而放乎四海,无所止息,'果'矣。曲折萦回,养其势以合小为大,'育'也。君子之行,成于勇决,而德资于涵养。勇决则危行而不恤利害,涵养则成章而上达天德。"

②《周易·大畜》："《象》曰：天在山中,大畜。君子以多识前言往行,以蓄其德。"王夫之《周易内传》卷一下："天者,资始万物之理气也。山虽地之形质,而出云蒸雨,生草木,兴宝藏,皆天气沦浃其中以成化。故天未尝不在山中,岂徒空虚上覆者之为天哉？山之广大,其蓄天之气以荣百昌者,厚矣。"孔颖达《周易正义》疏曰："'君子以多识前言往行以蓄其德'者君子则此大畜,物既大蓄、德亦大蓄,故多记识前代之言、往贤之行使多闻多见,以蓄积己德,故云'以蓄其德也'。"

九德、六德、三德①，未尝言才而才在其中矣。有才而无德，其体不立；有德而无才，其用不全②。

天资英拔，才识通明者，此生质之美也。讲习扩充，才识老炼者，此学问之功也。或问："'君子不器'③是就格物致知上做工夫，看得道理周遍亲切，故施之于用，无所不宜否？"朱子曰："也是如此，但说得著力了。"④吾谓学者未到君子地位，正须著力扩充。

经以断理，史以断事，是非得失之几，可一言而决矣。平日读一经，便精究其理，了然无疑；读一史，便研穷其事，若我当面处置。久久融洽，猝然遇有事理，迎机剖决，自然无不妥当。

吴大澂批语：见理不明，则遇事不能决，"明""决"二字交相为

---

①《尚书·皋陶谟》："皋陶曰：'都，亦行有九德，亦言其人有德，乃言曰：载采采。'禹曰：'何？'皋陶曰：'宽而栗、柔而立、愿而恭、乱而敬、扰而毅、直而温、简而廉、刚而塞、强而义，彰厥有常，吉哉！日宣三德，夙夜浚明有家。日严祗敬六德，亮采有邦。翕受敷施，九德咸事，俊乂在官。'"案孔颖达《周易正义》注，"宽而栗"：性宽弘而能庄栗。"柔而立"：和柔而能立事。"愿而恭"：悫愿而恭恪。"乱而敬"：乱，治也；有治而能谨敬。"扰而毅"：扰，顺也；致果为毅。"直而温"：行正直而气温和。"简而廉"：性简大而有廉隅。"刚而塞"：刚断而实塞。"日宣三德，夙夜浚明有家"：三德，九德之中有其三；宣，布；夙，早；浚，须也；卿大夫称家，言能日日布行三德，早夜思之，须明行之，可以为卿大夫。"日严祗敬六德，亮采有邦"：有邦，诸侯；日日严敬其身，敬行六德，以信治政事，则可以为诸侯。"翕受敷施，九德咸事，俊乂在官"：翕，和也；能合受三六之德而用之，以布施政教，使九德之人皆用事，谓天子如此，则俊德治能之士并在官。

②体、用：物之本原、本性为体，物之外象、外能为用。

③《论语·为政》："子曰：'君子不器。'"朱熹《四书集注》注："器者，各适其用而不能相通。成德之士，体无不具，故用无不周，非特为一才一艺而已。"

④《朱子语类》卷二十四"论语六"："问：'君子所以不器者，缘是就格物、致知上做工夫，看得道理周遍精切；及廓然贯通，有以尽其心之全体，故施之于用，无所不宜，非特一才一艺而已。'曰：'也是如此，但说得著力了。成德之士，自是不器。'"

用，读经所以精其识，读史所以坚其识，如读律之熟，悉例案，断事较有把握。

《论语》一书，切近平实，是家国之模范，事物之权衡。言虽至近，理自该通，岂可以平易忽之？

《大学》由"明德"①起至于平天下，《中庸》自"率性"②起至于天下平，具言天德王道，广大精微，曾子③、子思④，学有本原，举而措之，规模宏远矣，学者童而习之，切勿滑口读过。

孔、颜⑤而后孟子⑥，才识自是第一，程子谓其有英气，便有圭角，然惟有此英气，乃能担当。

吴大澂批语：孟子当战国时世道人心有江河日下之势，不能不痛切言之，障百川而挽狂澜，非孟子无此力量。

---

①《大学》开篇："大学之道，在明明德，在亲民，在止于至善。"

②《中庸》开篇："天命之谓性，率性之谓道，修道之谓教。"

③曾子：名参（shēn），字子舆，春秋末年鲁国南武城人（山东嘉祥县）。与其父曾点同师孔子，曾子作《大学》，传述孔门心法，后世尊称"宗圣"，配享孔庙，为四配之一。

④子思：孔伋，字子思，孔子嫡孙、孔鲤之子，受教于曾参。子思作《中庸》，上承孔子中庸之学，下开孟子心性之论，后世尊称"述圣"，配享孔庙，为四配之一。

⑤颜：颜回，字子渊，春秋末期鲁国人。师从孔子，以德行著称，又最为好学，不幸早夭。后世尊称"复圣"，配享孔庙，为四配之一。

⑥孟子：名轲，战国邹城（今山东邹城市）人，受业于子思之门人。儒学由孔子传曾参，曾参传子思，子思之门人传孟子，一脉相承。后世尊称"亚圣"，配享孔庙，为四配之一。

孟子当礼法废坏之后，制度节文不可复考，而以丧礼①、经界②告滕文③，因略以致详，推旧而为新，不屑屑于既往之迹，而能合乎先王之意，朱子称为命世亚圣之才，信哉！

颜子与诸葛武侯皆有王佐之才，颜子未及用，武侯未尽其用，其气象规模可以想见。

---

①《孟子·滕文公上》："滕定公薨。世子谓然友曰：'昔者孟子尝与我言于宋，于心终不忘。今也不幸至于大故，吾欲使子问于孟子，然后行事。'然友之邹问于孟子。孟子曰：'不亦善乎！亲丧，固所自尽也。曾子曰："生，事之以礼；死，葬之以礼，祭之以礼，可谓孝矣。"诸侯之礼，吾未之学也；虽然，吾尝闻之矣。三年之丧，齐疏之服，飦粥之食，自天子达于庶人，三代共之。'然友反命，定为三年之丧。"朱熹《四书集注》："世子，太子也。""然友，世子之傅也。""齐，衣下缝也。不缉曰斩衰，缉之曰齐衰。疏，粗也，粗布也。飦，糜也。丧礼：三日始食粥。既葬，乃疏食。此古今贵贱通行之礼也。"又曰："当时诸侯莫能行古丧礼，而文公独能以此为问，故孟子善之。又言父母之丧，固人子之心所自尽者。盖悲哀之情，痛疾之意，非自外至，宜乎文公于此有所不能自已也。但所引曾子之言，本孔子告樊迟者，岂曾子尝诵之以告其门人欤？三年之丧者，子生三年，然后免于父母之怀。故父母之丧，必以三年也。"

②《孟子·滕文公上》："滕文公问为国。……孟子曰：'子之君将行仁政，选择而使子，子必勉之！夫仁政，必自经界始。经界不正，井地不钧，谷禄不平。是故暴君污吏必慢其经界。经界既正，分田制禄，可坐而定也。'"朱熹《四书集注》注曰："井地，即井田也。经界，谓治地分田，经画其沟涂封植之界也。此法不修，则田无定分，而豪强得以兼并，故井地有不均；赋无定法，而贪暴得以多取，故谷禄有不平。此欲行仁政者之所以必从此始，而暴君污吏则必欲慢而废之也。有以正之，则分田制禄，可不劳而定矣。"

③滕文公：战国时滕国国君，名宏，滕定公之子。太子时两次拜见孟子，当国后响应善国之治，推行仁政，滕国自始人丁兴旺，国富民强，远近都称滕文公为贤君。

"学须静也，才须学也，非学无以广才，非静无以成学。"① 诸葛武侯戒子之书，真格言也，切实用功，反复寻讨，方得其言之妙。

吴大澂批语：武侯之学得力于静，此圣贤根柢工夫。武侯之戒子书，乃自道其生平用力处。

大则旋乾转坤，密则分条析缕，坐户庭而知九州岛四海，居今日而知数世百年，才识充周，流通无间。

无成见则通，无俗见则大，无私见则公，无偏见则平。

吴大澂批语：圣人之"勿意、勿必、勿固、勿我"，与此四语相类，"意"与"我"皆私见也，"必"与"固"即成见、偏见也，而俗见亦在"意""必"之中。

才识不逮古人，可以救弊补偏，莫轻言兴利除害。据目前之利，不数年而害已迭生，据目前之害，不数年而害将更甚，以此见古人之远大，后人之浅近。

吴大澂批语：救弊补偏即兴利除害之本，如何能救得，如何能补得，用心尤为细密，与好大喜功者不同。

"胆欲大而心欲小，智欲圆而行欲方"②，如此便觉高人一等。

吴大澂批语：心不小则不能遗大投艰，行不方则不能通权达变，尽此二语便是大学问、大经济，不止高人一等矣。

可与守经，可与达权，可与安常，可与应变，方见才识之大。

蔑古非才，泥古亦非才。自用自专者固不可，若使拘文牵义，亦

---

① 诸葛亮《诫子书》："夫君子之行，静以修身，俭以养德。非淡泊无以明志，非宁静无以致远。夫学须静也，才须学也，非学无以广才，非志无以成学。淫慢则不能励精，险躁则不能冶性。年与时驰，意与日去，遂成枯落，多不接世，悲守穷庐，将复何及！"

② 《大唐新语·隐逸》："孙思邈，华原人。……又曰：'胆欲大而心欲小，智欲圆而行欲方。'《诗》曰'如临深渊，如履薄冰'，谓小心也；'赳赳武夫，公侯干城'，谓大胆也。不为利回，不为义疚，行之方也。见几而作，不俟终日，智之圆也。"

属缪辀①难行，故曰："化而裁之，存乎变；推而行之，存乎通；神而明之，存乎其人。"②

有君子之才，有小人之才，才识同而所用不同。君子之才公而正，小人之才私而偏。公正者，天下受其福；偏私者，天下受其殃。

吴大澂批语：古之大奸慝皆中偏私之病。

华士，齐之高士也，而太公诛之③。少正卯，鲁之闻人也，而孔子

---

①缪辀：见卷十三注。

②《周易·系辞上》："是故夫象，圣人有以见天下之赜，而拟诸其形容，象其物宜，是故谓之象。圣人有以见天下之动，而观其会通，以行其典礼，系辞焉以断其吉凶，是故谓之爻。极天下之赜者，存乎卦；鼓天下之动者，存乎辞；化而裁之，存乎变；推而行之，存乎通；神而明之，存乎其人；默而成之，不言而信，存乎德行。"案孔颖达《周易正义》，"化而裁之，存乎变"：因而制其会通适变之道也。"推而行之，存乎通"：乘变而往者无不通也。"神而明之，存乎其人"：言人能神此易道而显明之者，存在于其人。若其人圣，则能神而明之；若其人愚，则不能神而明之；故存于其人，不在易象也。

③《韩非子·外储说右上》："太公望东封于齐，齐东海上有居士曰狂矞、华士昆弟二人者立，议曰：'吾不臣天子，不友诸侯，耕作而食之，掘井而饮之，吾无求于人也。无上之名，无君之禄，不事仕而事力。'太公望至于营丘，使吏执而杀之，以为首诛。周公旦从鲁闻之，发急传而问之曰：'夫二子，贤者也。今日飨国而杀贤者，何也？'太公望曰：'是昆弟二人立议曰："吾不臣天子，不友诸侯，耕作而食之，掘井而饮之，吾无求于人也。无上之名，无君之禄，不事仕而事力。"彼不臣天子者，是望不得而臣也；不友诸侯者，是望不得而使也；耕作而食之，掘井而饮之，无求于人者，是望不得以赏罚劝禁也。且无上名，虽知，不为望用；不仰君禄，虽贤，不为望功。不仕，则不治；不任，则不忠。且先王之所以使其臣民者，非爵禄则刑罚也。今四者不足以使之，则望当谁为君乎？不服兵革而显，不亲耕耨而名，又非所以教于国也。今有马于此，如骥之状者，天下之至良也。然而驱之不前，却之不止，左之不左，右之不右，则臧获虽贱，不托其足。臧获之所愿托其足于骥者，以骥之可以追利辟害也。今不为人用，臧获虽贱，不托其足焉。已自谓以为世之贤士，而不为主用，行极贤而不用于君，此非明主之所臣也，亦骥之不可左右矣，是以诛之。'"

诛之①。不臣天子，不友诸侯，召之三不至，是逆民也，太公以比定华士罪。案心达而险、行僻而坚、言伪而辩、记丑而博、顺非而泽，是小人之桀雄也，孔子以此定少正卯罪。案高士闻人，当时翕然称之，惟圣人乃能有此卓识。

鲁国之法，鲁人为臣妾于诸侯，有能赎之者，取金于府。子贡②赎鲁人于诸侯而让其金，孔子曰："赐失之矣，鲁国富者寡而贫者多，取其金，无损于行，不取其金，则不复赎人矣。"子路③拯溺者，其人拜之以牛，子路受之，孔子喜曰："鲁人必多拯溺者矣。"④盖偿之以金，则赎人者多；拜之以牛，则拯溺者劝。夫子责赐而取由，意深哉！

吴大澂批语：拘文牵义之士当以此意化之，圣人之所以为"时中"也。

---

①《荀子·宥坐》："孔子为鲁摄相，朝七日而诛少正卯，门人进问曰：'夫少正卯，鲁之闻人也，夫子为政而始诛之，得无失乎？'孔子曰：'居！吾语汝其故。人有恶者五而盗窃不与焉：一曰心达而险；二曰行辟而坚；三曰言伪而辨；四曰记丑而博；五曰顺非而泽。此五者，有一于人，则不得免于君子之诛，而少正卯兼有之。故居处足以聚徒成群，言谈足以饰邪营众，强足以反是独立，此小人之桀雄也，不可不诛也。是以汤诛尹谐，文王诛潘止，周公诛管叔，太公诛华仕，管仲诛付里乙，子产诛邓析、史付。此七子者，皆异世同心，不可不诛也。《诗》曰：'忧心悄悄，愠于群小。'小人成群，斯足忧矣。"

②子贡：端木赐，复姓端木，字子贡，春秋末卫国（今河南鹤壁市浚县）人，孔门十哲之一。能言善辩，有经济才，曾任鲁、卫之相。善货殖，经商而富致千金，开儒商之先。

③子路：仲由，字子路，春秋末鲁国卞（今山东泗水县）人，孔门十哲之一。以政事见称，为人伉直，好勇力，初仕鲁，后事卫。卫乱，子路死于难。

④《吕氏春秋·先识览·察微篇》："鲁国之法，鲁人为人臣妾于诸侯，有能赎之者，取其金于府。子贡赎鲁人于诸侯，来而让，不取其金。孔子曰：'赐失之矣。自今以往，鲁人不赎人矣。取其金则无损于行，不取其金则不复赎人矣。'子路拯溺者，其人拜之以牛，子路受之。孔子曰：'鲁人必拯溺者矣。'孔子见之以细，观化远也。"

韩国忠献王赵普①深识远虑，太祖问曰："唐季以来数十年间，兵革不息，苍生涂地，何也？"普曰："节镇太重，君弱臣强，惟稍夺其权，制其钱谷，收其精兵，则天下自安矣。"② 上乃与石守信③等饮酒，具道所以，遂各释去兵权，以散官就第，赐赉甚厚，与结婚姻。又置转运使，主诸道钱粮，收选天下精兵以备宿卫，而诸功臣亦以善终，子孙富贵。吾尝叹赵普抑节镇、制钱谷、收精兵，强干弱枝，措天下于盘石之安，其功可谓伟矣。且自古功臣，身蹈鼎镬，戮及子孙，虽大度如汉高，获免者盖鲜，而石守信等福禄令终，延及苗裔，普之德岂不大哉？

---

①赵普：字则平，五代末幽州蓟人，北宋开国勋臣。周显德初，永兴军节度使刘词辟为从事，宋太祖领同州节度，辟为推官，后任掌书记，参预陈桥事变。宋代周禅，普授谏议大夫。乾德二年，拜门下侍郎、平章事、集贤殿大学士。太平兴国初，迁太子太保。俄拜司徒兼侍中，封梁国公。淳化三年，拜太师，封魏国公，未几卒，谥"忠献"，太宗亲撰神道碑铭，写八分书以赐之。《宋史》有传。

②《涑水记闻》卷第一："太祖既得天下，诛李筠、李重进，召赵普问曰：'天下自唐季以来，数十年间，帝王凡易十姓，兵革不息，苍生涂地，其故何也？吾欲息天下之兵，为国家建长久之计，其道何如？'普曰：'陛下之言及此，天地人神之福也。唐季以来，战斗不息、国家不安者，其故非他，节镇太重，君弱臣强而已矣。今所以治之，无他奇巧也，惟稍夺其权，制其钱谷，收其精兵，则天下自安矣。'"

③石守信：五代末开封浚仪（今河南开封）人，北宋开国名将。初事周太祖郭威，广顺中，累迁亲卫都虞侯。从周世宗征晋阳、淮南、关南，以功累迁至殿前都虞候，转都指挥使，领洪州防御使。宋开国，迁侍卫亲军马步军副都指挥使，改领归德军节度使。率军讨平泽州、潞州、扬州叛乱，建隆二年，镇郓州，兼侍卫马步军都指挥使。宋太祖杯酒释兵权后，以散官就第，专务聚敛，积财钜万。开宝六年，加守信兼侍中。太平兴国初，加兼中书令。二年，拜中书令，行河南尹，充西京留守。三年，加检校太师。四年，进封卫国公。七年，徙镇陈州，复守中书令。九年卒，赠尚书令，追封威武郡王，谥"武烈"。《宋史》有传。

吴大澂批语：裁抑节镇，保全功臣，此古今第一大手笔。

济阳武惠王曹彬①，初克成都，有获妇女者，悉闭于一第，窍以度食，且戒左右曰："是将进御，当密卫之。"洎②事罢，访其亲以还之，无者备礼以嫁之。及师还，辎重甚多，或谮言奇货，太祖密令伺之，图书也，无铢金寸锦之附焉。③ 攻金陵垂克，忽称疾，诸将来问，彬曰："余之疾非药石可愈，唯须诸公共发诚心，自誓以克城之日，不妄杀一人，则自愈矣。"诸将焚香为誓，及克金陵，城中安堵如故④。夫定天下以武，安天下以仁，彬前后征讨，未尝杀一无辜，且保全所获妇女，以故诸子玮、琮、璨、玘⑤，继领旄钺，追封王爵，非元功阴

---

①曹彬：字国华，五代末真定灵寿（今属河北）人，北宋开国名将。父曹芸，成德军节度都知兵马使。从母张氏，周太祖贵妃。后汉乾祐中，为成德军牙将。周太祖即位，擢河中都监。显德五年，出使吴越，累迁引进使。乾德初，改左神武将军。二年，以都监参预伐蜀，不滥杀，授宣徽南院使、义成军节度使。开宝七年率水陆军伐江南，次年灭南唐，拜枢密使、检校太尉、忠武军节度使。太宗即位，加同平章事。太平兴国三年，进检校太师，从征太原，加兼侍中。八年，进封鲁国公。雍熙三年，从太宗伐辽，兵败降职。淳化五年，复起为侍中、武宁军节度使。真宗即位，复检校太师、同平章事。卒后赠中书令，追封济阳郡王，谥"武惠"。《宋史》有传。

②洎（jì）：到，及。苏洵《六国论》："洎牧以谗诛，邯郸为郡，惜其用武不终也。"

③《国老谈苑》卷一："曹彬初克成都，有获妇女者，彬悉闭于一第，窍以度食，且戒左右：'是将进御，当密卫之。'洎事宁，咸访其亲以还之；无亲者，备礼以嫁之。彬平蜀回，辎重甚多，或言悉奇货也，太祖令伺之，皆古图书，无铢金寸锦之附。""是将进御"，原文作"是将御"，文义未通，据《国老谈苑》改。

④见《宋史》列传第十七"曹彬"传。

⑤诸子玮、琮、璨、玘：案《宋史·曹彬传》，彬子璨、珝、玮、玹、玘、珣、琮。璨，累迁至东京旧城都巡检使，连拜彰国、保静、武宁、忠武等军节度使，在禁卫十余年。天禧三年，授河阳节度使、同平章事，年七十卒，赠中书令，谥"武懿"。玮，官至彰武军节度使，卒赠侍中，谥"武穆"。玘，封吴王，玘之女，即慈圣光献皇后。琮，官至陕西副都总管、经略安抚诏讨副使，拜步军副都指挥使，卒赠安化军节度使兼侍中，谥"忠恪"。

德，享报深厚，何以至此？

吴大澂批语：绝大议论，绝大见识。

李文正公昉①相太宗，有求差遣者，见其人材可取，将收用，必正色拒之。已而擢用，或不足收用，必和颜温语待之。子弟问其故，公曰："用贤，人主之事，我若受其请，是市私恩也，故峻绝之，使恩归于上。若其不用者，既失所望，又无善辞，此取怨之道也。"公常期王旦为相，自为小官荐进之。公病，召旦，勉以自爱，既退，谓其子弟曰："此人后日必为太平宰相，然东封西祀，亦不能救也。"② 自古相业，莫大于荐贤，莫先于知人，若文正者，其知所本矣。顾东封西祀，能于十数年之前，豫为断定，亦智矣哉！

吴大澂批语：为天下荐贤而已，不受其功；为天下退不肖，而人亦无所怨公而已。

吕文穆公蒙正③夹带中有册子，每四方人谒见，必问其有何人才，客去随即疏之，悉分门类，或有一人而数人称之者，必贤也。朝廷求

---

①李文正公昉：李昉，字明远，五代末深州饶阳（今河北饶阳县）人，宋初名相。后汉乾祐中，登进士第，授秘书郎，累官至右拾遗、集贤殿修撰。后周时任屯田郎中、翰林学士。宋初拜中书舍人。宋太宗即位，加户部侍郎。太平兴国中拜参知政事、平章事，兼修国史。淳化二年，以中书侍郎、平章事再拜相。淳化三年，以特进司空致仕。至道二年卒，年七十二，赠司徒，谥"文正"。《宋史》有传。

②见《宋稗类钞》卷十之"鉴识"。

③文穆公蒙正：吕蒙正，字圣功，五代末河南洛阳人。太平兴国二年擢进士第一，累迁至左谏议大夫、参知政事。李昉罢相，拜中书侍郎兼户部尚书、同平章事、监修国史。坐事罢为吏部尚书，淳化四年，复以本官入相。至道初，以右仆射出判河南府兼西京留守。真宗即位，进左仆射，咸平四年，以本官同平章事、昭文馆大学士第三次入相。六年，授太子太师，封莱国公。卒赠中书令，谥"文穆"。《宋史》有传。

贤，取之囊中，故公为相，文武百官，各称其职。① 富韩公②十许岁，公见之，惊曰："此儿他日名位与吾相似。"亟令诸子同学，供给甚厚③。呜呼！文穆与文正虚怀荐贤，藻鉴不爽，诚不愧宰相矣！

吴大澂批语：夹袋中人才，亦必详细斟酌而用之。故必有知人之明，乃可收荐贤之效，夫岂易言哉！

张文定公齐贤④真宗时戚里有争分财不均者，更相诉讼。又因入宫时，自理于上前，更十余断，不能服。齐贤请自治，乃召诸讼者曰："汝非以彼所分财多，汝所分财少乎？"皆曰："然。"即命各供状结实，乃遣两吏趋归其家，令甲家入乙舍，乙家入甲舍，货财皆安堵如故，分书则交易之，讼者乃止。⑤此等才识，那得不令人称快！

---

①见《宋名臣言行录》前集卷一之"吕蒙正许国文穆公"。

②富韩公：富弼，字彦国，北宋洛阳人，宰相晏殊之婿。以制科举茂材异等，庆历二年，为知制诰。奉使契丹，不辱使命。三年，拜枢密副使，与范仲淹等推行新政。至和二年，召拜同中书门下平章事、集贤殿大学士。熙宁二年，以左仆射、门下侍郎同平章事，复入相。元丰六年卒，年八十，赠太尉，谥"文忠"。

③见《宋史》列传第二十四"吕蒙正"传。

④张文定公齐贤：张齐贤，字师亮，五代末曹州冤句（今山东菏泽南）人。太平兴国二年登进士第，以大理评事通判衡州。六年，迁江南西路转运使。雍熙三年，授给事中、知代州，宋辽交兵，多谋敌致胜。端拱二年，入拜刑部侍郎、枢密副使。淳化二年，拜吏部侍郎、同中书门下平章事。真宗即位，召拜兵部尚书、同中书门下平章事。大中祥符五年，以司空致仕。七年卒，赠司徒，谥"文定"。《宋史》称"四践两府、九居八座，以三公就第，康宁福寿，时罕其比"。

⑤《宋史·张齐贤传》："时戚里有分财不均者更相讼，又入官自诉。齐贤曰：'是非台府所能决，臣请自治。'上俞之。齐贤坐相府，召讼者问曰：'汝非以彼所分财多、汝所分少乎？'曰：'然。'命具款。乃召两吏，令甲家入乙舍，乙家入甲舍，货财无得动，分书则交易之。明日奏闻，上大悦曰：'朕固知非君莫能定者。'"

刘忠定公器之①论宰相得大体者惟李文靖公②，公每谓人曰："沆在政府，无以补报国家，但诸处有人上利害，一切不行耳。"此似失言，然有深意，祖宗所立法度极是稳便，正如老医看病极多，故用药不至孟浪杀人，且其法度不无小害，但其利多耳。后人不知，遂欲轻改，此其害所以纷纷也。每朝谒奏事毕，必以水旱、盗贼、恶逆之事奏闻，同列以为非，公曰："人主岂可一日不知忧惧，不知忧惧则无所不至矣。"惟此两事，最为得体，在汉时惟魏相能行此两事。③后之为相者则或不然，好逞私智，喜变祖宗之法度，欺蔽人主，恶言天下之灾异。喜变法度则纲纪乱，恶言灾异则人主骄，此大患也。按忠定此论，可知文靖相业之大，可以为天下万世相业之准。

吴大澂批语：喜变法度，如王荆公之行新法，不但坏朝廷之纪纲，实以兆天下之祸乱。老成谋国，务持大体，他事亦皆类此。

真宗尝夜遣使持手诏问："欲以某氏为贵妃，如何？"公对使者引烛焚其诏书，附奏曰："但道臣沆以为不可。"其议遂寝。④吾尝窃念此事，未尝不罘⑤然远想文靖固贤臣，真宗亦明主哉！

吴大澂批语：君明臣良，天下之福。

---

①刘忠定公器之：刘安世，字器之，号元城、读易老人，北宋魏县（今河北馆陶县）人。熙宁六年登进士第，不就选。从学于司马光，光入相，荐为秘书省正字，光薨，擢右正言。累迁左谏议大夫，召拜宝文阁待制、枢密都承旨。章惇为相，三贬新州别驾，又徙梅州。徽宗即位，以集贤殿修撰知郓州真定府。蔡京为相，连七谪至峡州羁管。稍复承议郎，卜居宋州州城，年七十八而卒。至淳熙七年，宋孝宗下诏，赐谥"忠定"。

②李文靖公：李沆，见卷八注。

③见《宋名臣言行录》前集卷二之"李沆文靖公"。

④见《宋名臣言行录》前集卷二之"李沆文靖公"。

⑤罘：见卷十二注。

吕正惠公端①相太宗，保安军奏获李继迁②母，太宗甚喜，时寇准③为枢密副使，上独召准与之谋，准退，自宰相幕次前过，端使人邀至幕中，曰："上召君何为？"准以获继迁母告。曰："君何以处之？"准曰："欲斩于保安军北门之外。"端曰："若此，非计之得也。端将覆奏之。"即召合门④吏，奏宰臣吕端请对。上见之，端具道准言，且言："昔项羽得太公，欲烹之，汉高祖曰：'愿遗我一杯羹。'夫举大事者，固不顾其亲，况继迁悖逆之人哉！且陛下杀继迁之母，继迁可擒乎？不然，徒树怨仇而坚其叛心耳。宜置于延州，使善养视之，以招徕⑤继迁。虽不能即降，终可以系其心，而母死生之命在我矣。"上抚髀称

---

①吕正惠公端：吕端，字易直，五代末幽州安次（现河北廊坊）人，后晋兵部侍郎吕琦之子。以荫补千牛备身，累迁著作佐郎、直史馆。北宋开国，迁太常丞、知浚仪县，同判定州。开宝八年，知成都府，以善政闻。太宗时，累迁右谏议大夫、参知政事。至道元年，擢拜户部侍郎、同平章事，又升门下侍郎兼兵部尚书。太宗驾崩，吕端力挫阴谋，扶立太子真宗即位，以功加右仆射、兼修国史。咸平二年以太子太保致仕，卒年六十六，赠司空，谥"正惠"。《宋史》有传。

②李继迁：西夏太祖，本姓拓跋氏，北魏鲜卑后裔，宋初银州（今陕西）人。曾祖李仁颜，仕唐，为银州防御使。祖李懿景，嗣于晋。父光俨，嗣于周。开宝七年，授定难军管内知蕃落使。太平兴国七年，族兄李继捧归宋，继迁与党出立，袭据银州。雍熙三年，辽以义成公主嫁继迁，册为夏国王。咸平五年，攻陷灵州，以为西平府。六年，建都灵州，宋割河西银、夏等五州议和。率众攻入吐蕃，陷西凉府。吐蕃首领潘罗支诈降，暗集六谷诸部合击夏军，继迁口流矢而亡。

③寇准：见卷八注。

④合（gé）门：唐宋官职名，设合门使，司掌供奉乘舆，朝见游幸、礼宾赞引、纠弹失仪等事。宋吴自牧《梦粱录·合职》："合门，在和宁门外，掌朝参、朝贺、上殿、到班、上官等仪范。有知合、簿书、宣赞及合门祗候、寄班等官。"

⑤招徕：招引，延揽。《汉书·公孙弘传》："招徕四方之士，任贤序位，量能授官，将以厉百姓、劝贤材也。"

善，即用端策。① 夫才识如莱公，可谓大矣，而所以处继迁母者，计虑粗浅，视正惠之深识远猷，奚啻②霄壤？太宗尝曰"吕端大事不糊涂"③，于兹信矣。

吴大澂批语：有过人之识，乃可为百僚之师。

钱宣靖公若水④为同州推官，有富民家女奴逃亡，奴父母讼于州，命录事鞠⑤之，录事尝贷钱于富民不获，乃劾富民父子共杀女奴，弃尸水中，失其尸，富民不胜榜楚，自诬服，具上州官。若水独疑之，留其狱，数日不决。录事诣若水，诟之曰："若受富民钱，欲出其死罪耶？"若水笑谢曰："今数人当死，岂可不少留，熟观其狱词耶？"留之旬日，上下皆怪之，若水一旦诣州，屏人言曰："若水所以留其狱者，密使人访求女奴，今得之矣。"知州惊曰："安在？"若水因密使人送女奴于知州所。知州乃垂帘引女奴父母问曰："汝今见汝女，识之乎？"曰："安有不识也。"因从帘中推出示之，父母曰："是也。"富民父子泣曰："微使君，族矣。"知州曰："是推官之赐也。"知州欲奏论其功，若水固辞曰："若水但求狱事正，人不冤耳，论功非其本心也，若以此

---

①见《宋史》列传第四十"吕端传"。

②奚啻（xī chì）：何止，岂但。啻，但、止。《吕氏春秋·当务》："跖之徒问于跖曰：'盗有道乎？'跖曰：'奚啻其有道也？夫妄意关内，中藏，圣也；入先，勇也；出后，义也；知时，智也；分均，仁也。不通此五者，而能成大盗者，天下无有。'"

③《宋史·吕端传》："时吕蒙正为相，太宗欲相端。或曰：'端为人糊涂。'太宗曰：'端小事糊涂，大事不糊涂。'决意相之。"

④钱宣靖公若水：钱若水，字澹成，一字长卿，河南新安人。雍熙中举进士，释褐同州观察推官，听决明允。淳化初，擢秘书丞、直史馆，累迁右谏议大夫同知枢密院事。真宗即位，加工部侍郎，充集贤院学士，修《太宗实录》。从真宗幸大名，陈御敌安边之策。出知天雄军兼兵马部署，还拜邓州观察使、并代经略使、知并州事。若水有器识，精术数，能断大事。事继母以孝闻。知年寿不永，故恳避权位。咸平六年病卒，年四十四，赠户部尚书，后追谥"宣靖"。

⑤鞠（jū）：审讯、查问。《新唐书·李朝隐传》："不经鞠实，不宜轻用刑。"

为若水功,置录事于何地耶?"知州叹曰:"如此尤不可及矣。"太宗闻之,骤加褒擢,二年中为枢密副使。① 吾观若水之断斯狱也,始则疑,继则留,终乃得之,其才识何周且密也?且其心只求正其狱、理其冤,而非以邀其功,录事闻之,得不愧且感乎?

吴大澂批语:疑之而留其狱,人情之常也。密访得之,乃至诚之所感,其才亦不可及矣。天下有疑狱而终不得白者,安得钱公之神明,一一为之申理哉?

王文正公旦②相真宗,契丹奏请岁给外别假③钱币,上以示旦,旦曰:"东封甚近,车驾将出,以此探朝廷之意耳。"上曰:"何以答之?"旦曰:"微物耳,可于岁给三十万物内各借三万,仍谕次年额内除之。"契丹得之大惭。次年复下有司,契丹所借金帛六万,事属微末,仍依常数与之,今后永不为例。又宦者刘承规以忠谨得幸,病且死,求为节度使,上曰:"承规待此以瞑目。"旦执以为不可,曰:"他日将有求为枢密使者,奈何?"至今内臣官不过留后④。又宫禁火灾,旦曰:"臣备位宰相,当罢免。"上表待罪,上乃降诏罪己,后有大臣言非天灾,乃某王宫失火,请置狱,出其状,当斩决者数百人。旦曰:"初火灾,陛下降诏罪己,臣上表待罪,今反归咎于人,何以示信?果欲行法,愿治臣以明无状。"上欣然听纳,减死者几百辈。⑤ 其识虑通达深远,大率如此。

吴大澂批语:宫禁有火灾而宰相上表待罪,忠也。既降罪己诏,

---

① 见《宋名臣言行录》前集卷二之"钱若水宣靖公"。

② 王文正公旦:王旦,见卷五注。

③ 假:借。王安石《乞制置三司条例》:"宜假以钱货,继其用之不足。"

④ 留后:官名。中晚唐时藩镇强大,朝廷力不能制,故节度使出征或入朝,多有以子侄、亲信为留后者,亦有军士、叛将自立为留后。北宋置节度观察使留后,政和七年改名承宣使,留后之名遂废。

⑤ 以上三事见《宋名臣言行录》前集卷二之"王旦魏国文正公",又见《宋史》列传第四十一"王旦传"。

即不得咎于人，信也。减死者几百辈，则以忠信成其仁矣。古大臣之爱君爱民，实以仁义忠信为本。

张忠定公咏①守蜀，兵火之余，人怀反侧。一日合军大阅，始出，众遂嵩呼②者三，公亦下马，东望而三呼，复揽辔行，众不敢哗。或以告魏公③，公曰："当是时，琦亦不敢措置。"④夫兵怀反侧，至敢以嵩呼爱戴之名，哗然动众，非有敏才，断不能妥为措置，公乃下马，东望三呼，众遂肃然。呜呼！此魏公所以服公措置之当也与？

吴大澂批语：诚则能明，智本于诚。公则生明，智本于公。思之思之，鬼神通之，神而明之，存乎其人。非至诚不能通其理，非大公不能神其用，是之谓大智。

公谓李畋⑤曰："大小之事，皆须用智，智犹水也，不流则腐，凡百不用智，则临大事，岂有智来？"⑥按智有裕于用之先者，不外读书明理。有神于用之际者，不外察势审几。

曹武穆公玮⑦在泰州，有士卒十余人叛赴虏中。军吏来告，玮方与客围棋，不应。吏亟言之，玮怒叱之曰："吾固遣之去，汝再三显言

---

①张忠定公咏：张咏，见卷五注。
②嵩呼：《汉书·武帝纪》："翌日亲登嵩高，御史乘属，在庙旁吏卒咸闻呼'万岁'者三。"后臣下祝颂帝王，高呼万岁，亦谓之"嵩呼"。吴自牧《梦粱录·元旦大朝会》："禁卫人高声嵩呼，声甚震，名为'绕殿雷'。"
③魏公：韩琦，见卷八注。
④见《宋名臣言行录》前集卷三"张咏忠定公"。
⑤李畋：事迹未详。案《宋史·张咏传》："初，蜀士知向学，而不乐仕宦。咏察郡人张及、李畋、张逵者皆有学行，为乡里所称，遂敦勉就举，而三人者悉登科，士由是知劝。"又《文献通考》卷一百九十八经籍考二十五（传记）："《张忠定公语录》四卷，晁氏曰：'皇朝张忠定公守蜀，有善政，其门人李畋纪其语论可以垂世者。'"
⑥见《宋名臣言行录》前集卷三之"张咏忠定公"。
⑦曹武穆公玮：曹玮，字宝臣，北宋开国名将曹彬第四子。御边用兵近四十年，战功赫赫，以三都谷之战名垂青史。参见本卷"诸子玮、琮、璨、珝"注。

耶?"虏闻之,亟归告其将,尽杀之。① 此玮之警敏处。又河西赵德明之子元昊②方十余岁,玮知其有异志,使善画者图其貌,而属王鬷③预讲边备,此玮之远虑处④。

吴大澂批语:警敏处若以无心出之,不可以学而能。

韩魏国忠献王琦⑤[一]驻延安,忽有人夜携匕首至卧内,褰⑥帷帐,公起坐问曰:"谁何?"曰:"某来杀谏议。"又问曰:"谁遣汝来?"曰:"张相公遣某来。"盖是时张元⑦,夏国正用事也。公复就枕曰:"汝携予首去。"其人曰:"某不忍,愿得金带足矣。"遂取带而去,明

---

① 见《宋名臣言行录》前集卷三之"曹玮武穆公"。

② 元昊:原名拓跋元昊,党项族人,北魏鲜卑族拓跋氏之后,西夏开国之君。远祖拓跋思恭,唐时因功被赐李姓。祖父李继迁,父亲李德明,宋时又被赐赵姓,《宋史》又称其父赵德明,元昊又称赵元昊。

③ 王鬷(zōng):字总之,北宋赵州临城人(今河北邢台市临城县)人。举进士,授婺州观察推官,累迁,以左司郎中、枢密直学士知益州。景祐五年,拜参知政事。宝元初,迁尚书工部侍郎、知枢密院事。后罢知河南府,得暴疾卒,赠户部尚书,谥"忠穆"。

④ 见《宋名臣言行录》前集卷三之"曹玮武穆公"。又《宋史·王鬷传》:"天圣中,鬷尝使河北,过真定,见曹玮,谓曰:'君异日当柄用,愿留意边防。'鬷曰:'何以教之?'玮曰:'吾闻赵德明尝使人以马榷易汉物,不如意,欲杀之。少子元昊方十余岁,谏曰:"我戎人,本从事鞍马,而以资邻国,易不急之物,已非策,又从而斩之,失众心矣。"德明从之。吾尝使人觇元昊,状貌异常,他日必为边患。'鬷殊未以为然也。比再入枢密,元昊反,帝数问边事,鬷不能对。及西征失利,议刺乡兵,又久未决。帝怒,鬷与陈执中、张观同日罢,鬷出知河南府,始叹玮之明识。"

⑤ 韩魏国忠献王琦:韩琦,见卷八注。

⑥ 褰(qiān):撩起。《诗经·郑风·褰裳》:"子惠思我,褰裳涉溱。"

⑦ 张元:西夏宰相。

日亦不治此事。俄有守陴卒报城橹上得金带者,纳之。时范纯佑①亦在延安,谓公曰:"不治此事为得体,今乃受其带,是堕贼计中矣。"公叹曰:"非琦所及。"② 此等事,时尝展玩,增人多少见识!

吴大澂批语:刺客多义气,岂肯祸及忠良,况未必真刺客耶!处此等事,须有真胆、有真度、有真识。

刘舜卿③知雄州,虏夜窃其关锁去,吏密以闻,舜卿不问,但使易其门锔④,大之。后数日,谍送盗者,并以锁至。舜卿曰:'吾未尝亡锁。'命加于门,则大数寸,并盗还之。虏大惭沮,盗反得罪。⑤ 此与曹武穆⑥同一警敏。

---

①范纯佑:字天成,范仲淹长子,苏州吴县(今江苏苏州)人。《宋史·范仲淹(子纯佑)传》:"宝元中,西夏叛,仲淹连官关陕,皆将兵。纯佑与将卒错处,钩深擿隐,得其才否。由是仲淹任人无失,而屡有功。……纯佑事父母孝,未尝违左右,不应科第。及仲淹以谗罢,纯佑不得已,荫守将作监主簿,又为司竹监,以非所好,即解去。从仲淹之邓,得疾昏废,卧许昌。……凡病十九年卒,年四十九。"

②见《宋名臣言行录》后集卷一之"韩琦魏国忠献王"。

③刘舜卿:字希元,开封人,北宋良将。父兄皆战死,年十岁录为供奉官。神宗经略西边,被荐,命训京东将兵。出知原州、代州、雄州,元祐初,进龙神卫四厢都指挥使、高州刺史,知熙州。以功迁马军都虞侯,再迁徐州观察使、步军副都指挥使、知渭州。卒赠奉国军节度使,谥"毅敏"。

④锔:安锁的环状物。《庄子·胠箧》:"将为胠箧、探囊、发匮之盗而为守备,则必摄缄縢、固扃锔。"门锔,原本作"门缺",意难解,据《宋史·刘舜卿传》改,详见下。

⑤《宋史·刘舜卿传》:"辽遣谍盗西关锁,舜卿密易旧锔而大之。数日,虏以锁来归,舜卿曰:'吾未尝亡锁也。'引视,纳之不能受,遂惭去,诛谍者。"原本引自《石林燕语》卷十:"元丰间,刘舜卿知雄州,虏寇夜窃其关锁去,吏密以闻。舜卿亦不问,但使易其门锔,大之。后数日,虏牒送盗者并以锁至。舜卿曰:'吾未尝亡锁。'命加于门,则大数寸,并盗还之。敌大惭沮,盗者亦得罪。"

⑥曹武穆:曹玮,见本卷注。

吴大澂批语：处军事可用机智，处民事则否。

寇莱公①在澶渊，承制专决，号令明肃，士卒喜悦，每夕与杨亿②饮博讴歌，谐谑喧呼达旦，或就寝则鼾息如雷，上使人觇之，喜曰："得渠如此，吾复何忧？"③莱公才大识大，可谓千古伟人。

王文正公曾④祥符中在掖垣⑤时瑞应沓臻，公尝请对，上语及之，公奏曰："斯诚国家承平所感而致，然愿推而勿居，异日或有灾沴⑥，则可免夫舆议。"退又白于执政，及后飞蝗旱暵⑦，乃亟被擢用⑧。夫喜言祥瑞，讳言灾沴，人情大抵然也。粉饰祥瑞之事，虽过其实，尚无所损。至以灾沴为讳，则聪明蔽于上，闾阎⑨困于下，其害可胜言哉？况喜言祥瑞，未有不讳言灾沴者也。

吴大澂批语：喜言祥瑞其失小，讳言灾沴其害大，但两事实相因耳。惟有澹灾之实政，始足以感召天和，其理亦相因也。

范文正公领浙西，吴中大饥，殍殣⑩枕路，公发粟赈民，为术甚备。吴人喜竞渡，好为佛事。公乃纵民竞渡，太守日宴于湖上，自春

---

①寇莱公：寇准，见卷八注。

②杨亿：见卷五注。

③见《宋名臣言行录》前集卷四之"寇准 莱国忠愍公"。

④王文正公曾：王曾，见卷十二注。

⑤掖垣（yè yuán）：唐代指门下省、中书省，分别在禁中左右掖，故称。后世借指中央部门。《新唐书·权德舆传》："左右掖垣，承天子诰命，奉行详覆，各有攸司。"

⑥灾沴（zāi lì）：旧指阴阳之气不和为害。《旧唐书·五行志》："得其理则阴阳以调，失其和则灾沴斯作。"

⑦旱暵（hàn hàn）：亦作"旱熯"，干热不雨。《周礼·地官·舞师》："教皇舞，帅而舞旱暵之事。"暵，干枯、干燥。

⑧见《宋名臣言行录》卷五之"王曾沂国文正公"。

⑨闾阎：见卷九注。

⑩殍殣（piǎo jìn）：饿死之人。《梦溪笔谈·官政一》："皇佑二年，吴中大饥，殍殣枕路。"

至夏，居民空巷出游。又召诸佛寺主首，谕之曰："饥岁工价至贱，可以大兴土木之役。"于是诸寺工作鼎兴，又新敖仓①吏舍，日役千夫，监司奏劾杭州不恤，荒政嬉游不节，公私兴造，伤耗民力，公乃自条叙所以宴游及兴造，皆欲发有余之财以惠贫者，贸易、饮食、工技、服力之人，仰食于公私者，日无虑数万人，荒政之施，莫此为大。是岁两浙惟杭州晏然，民不流徙，皆公之惠也。②吾观范公为参政，叹其才识之周；为西帅，叹其才识之大；领浙西，叹其才识之通。论者推为有宋大人物，良不诬也。

吴大澂批语：范文正为明体达用之才，故可经、可权、可常、可变，而智、仁、勇三者无一不备。

交趾③贡异兽谓之麟，温公言："诚伪不可知，使其真，非自至不为瑞，若伪，为远人笑，愿厚赐而还之。"又故事日食不满分，或京师不见，皆贺，公以为日食四方见京师不见，于意人君为阴邪所蔽，天下皆知而朝廷独不知，其为灾益甚，皆不当贺④。诏从之，后遂以为常。此二事，见识高远，自是关系大体。

吴大澂批语：此二事即不言祥瑞、不讳灾沴之明证，正君心以正百官，其所见为尤大。

王安石曰："善理财者不加赋而国用足。"司马温公曰："天下安有此理？天地所生，财货百物，止有此数，不在民则在官，譬如雨泽，

---

①敖仓：秦代所建仓名，亦称敖庾，在河南荥阳市东北敖山上，山上有城，秦于其中置仓，故曰敖仓。《史记·项羽本纪》："汉军荥阳，筑甬道属之河，以取敖仓粟。"后泛指粮仓。

②见《梦溪笔谈》卷十一"官政一"。

③交趾：又名交址，汉武帝时所置十三刺史部之一，辖境为今广东、广西大部及越南北部、中部。东汉末改为交州。越南建国后，宋亦称其国为交趾。

④见《宋史·司马光传》，"又故事日食不满分"，《宋史》作："有司奏日当食，故事食不满分。"

夏涝则秋旱，不加赋而国用足，不过设法阴夺民利，其害甚于加赋。"① 如此正大议论，明白晓畅，而卒不能挽回新法，何哉？

吴大澂批语：不加赋而甚于加赋，可谓言之痛切矣。温公之用心公而怨，安石之用心私而刻，此君子小人之异也。

唐节度使李愬②既平蔡，械吴元济③送京师，屯兵鞠场④以待招讨使裴度，度入城，愬具櫜鞬⑤出迎，拜于路左，度将避之，愬曰："蔡人顽悖，不识上下之分数十年矣，愿公因而示之，使知朝廷之尊。"度乃受之。⑥是役也，愬之功甚大，而能櫜鞬迎度，正上下，定尊卑，使顽悖者知所儆焉，愬贤矣哉！

吴大澂批语：将不居功，是谓大将。胡文忠、曾文正皆有此风度，为大臣者当以古名臣为法。

---

①见《宋史·司马光传》。案清人蔡上翔著《王荆公年谱考略》，为王安石辩诬，述之甚详。

②李愬（sù）：字符直，唐洮州临潭（今属甘肃）人，西平郡王李晟第八子，唐代名将。以父荫起家，有筹略，善骑射，元和十一年以隋唐邓节度使讨蔡州，次年雪夜袭蔡州，生擒吴元济，平定淮西，封凉国公。十五年，授检校左仆射同中书门下平章事。长庆元年卒，赠太尉。《旧唐书》《新唐书》有传。

③吴元济：唐宪宗时淮西节度使吴少阳之长子，元和九年，吴少阳死，吴元济据蔡州而叛。元和十二年十月，李愬奇袭蔡州，生擒吴元济，十一月，吴元济被斩于长安。

④鞠场：球场，蹴鞠场地，平坦大广场，三面矮墙，一面为殿、亭、楼、台，可作看台。《旧五代史·唐书·庄宗纪六》："召从臣击球于鞠场。"

⑤櫜鞬（gāo jiān）：藏箭和弓的器具。《左传·僖公二十三年》："对曰：'若以君之灵，得反晋国。晋楚治兵，遇于中原，其辟君三舍。若不获命，其左执鞭弭，右属櫜鞬，以与君周旋。'"

⑥见冯梦龙《智囊补》卷一"李愬"。

赵清献公抃①出察青州，每念一人入狱，十人罢业，株连波及，更属无辜，且狱禁中，夏有疫疾湿蒸，冬有瘒瘃②冻裂，或以小罪经年桎梏，或以轻系迫就死亡，狱卒囚长，需索凌辱，尤可深痛。时令人马上飞取监簿查勘，以狱囚多少定有司之贤否，行之期年，州县属吏，无敢妄系一人者③。使有司皆能如此，则天下之用刑不滥而百姓之受福无穷，此尧夫先生所以称道其事也。

吴大澂批语：州县为民造福，以勤理词讼为第一善政，大澂每与丞倅、牧令剀切言之。民犹有羁累数月而不结之案，可悯亦可愧也。

少从四叔特堂公④读书家塾，兄弟辈同诣叔祖诚斋公⑤问安。公举文潞公⑥灌水浮球⑦、司马温公取石击瓮二事⑧以训之，且曰："事虽儿戏，其才识警敏，已在成人之上，异日功业彪炳，岂偶然哉？"

家大人讲论史事，每撮举一端，辄再三究诘当如何处置，而后以古人处置之法示之，有深识远猷度越寻常者，有临机立断出人意表者，随事指陈，娓娓不倦。又恐学者之才识或流于诈也，乃为辞以箴之曰："惟明惟公，我取其通。或操或纵，我取其正。识卓才奇，阖辟⑨惟

---

①赵清献公抃（biàn）：赵抃，字阅道，衢州西安（今浙江省衢州市）人，北宋名臣。景祐元年登进士第，任益州转运使，以一琴一鹤自随，为政简易。宋神宗时官至右谏议大夫、参知政事。元丰二年以太子少保致仕，卒赠太子少师，谥"清献"。《宋史》有传。

②瘒瘃（wén zhú）：指皮肤受冻坼裂，生冻疮。

③见冯梦龙《智囊补》卷一"赵清献"。

④特堂公：胡显璋，字特堂，胡达源叔父，清嘉庆间候选教谕，纂修县志。道光间掌教龙洲书院。

⑤诚斋公：胡显璋之父，字诚斋，其名未详。

⑥文潞公：文彦博，见卷八注。

⑦球：鞠丸。古代习武用具，以皮为之，中实以毛，足踏或杖击为戏。白居易《落桥寒日作》诗："蹴球尘不起，泼火雨新晴。"

⑧二事：文彦博灌水浮球与司马光砸缸故事。

⑨阖辟：闭合开启，指变化。《周易·系辞上》："一阖一辟谓之变。"

时。"毋虞诈,是尚惟圣贤之我师。

吴大澂批语：**通而不流于诈,奇而不诡于正,豪杰、圣贤之气概,此才识之最大者。当书此箴,悬于座右。**

男林翼校字

【校记】

［一］忠献王：原作"忠宪王",案《宋史》,韩琦谥"忠献",正之。

卷十六 裕经济

益阳胡达源清甫

有尧舜君民之心，即有尧舜君民之事。伊尹①以天下自任者也②，而乐尧舜之道于畎亩之中③，此其志量廓然，其措施了然，虽匹夫之贱，而治天下之道如指诸掌，故一旦推而行之，裕如也。学者不自菲薄，须知廊庙④之经济备于草野之讲求，不可以不豫焉。

吴大澂批语：自古名臣以天下自任者，伊尹、诸葛武侯、范文正数人而已。伊尹居畎亩而乐尧舜之道，武侯躬耕南阳而心存汉室，范

---

①伊尹：商汤时贤相，辅汤灭夏。

②《孟子·万章上》："万章问曰：'人有言，伊尹以割烹要汤，有诸？'孟子曰：'否，不然。伊尹耕于有莘之野，而乐尧舜之道焉。非其义也，非其道也，禄之以天下弗顾也，系马千驷弗视也。非其义也，非其道也，一介不以与人，一介不以取诸人。汤使人以币聘之，嚣嚣然曰："我何以汤之聘币为哉？我岂若处畎亩之中，由是以乐尧舜之道哉？"汤三使往聘之，既而幡然改曰："与我处畎亩之中，由是以乐尧舜之道，吾岂若使是君为尧舜之君哉？吾岂若使是民为尧舜之民哉？吾岂若于吾身亲见之哉？天之生此民也，使先知觉后知，使先觉觉后觉也。予，天民之先觉者也。予将以斯道觉斯民也，非予觉之而谁也？"思天下之民，匹夫匹妇有不被尧舜之泽者，若己推而内之沟中，其自任以天下之重如此！故就汤而说之以伐夏救民。'"

③《孟子·告子下》："舜发于畎亩之中。"朱熹注曰："舜耕历山，三十登庸。"

④廊庙：廊，殿四周之屋体；庙，太庙。古代帝王大臣议事之所，后称朝廷为廊庙。《后汉书·孟尝传》："廊庙之宝，弃于沟渠。"

文正为秀才时即以天下为己任，苟非裕之于草野，何以成一代之相业哉？故曰：志伊尹之所志。

天地只是个生物之心，尧舜只是个并生之心，要使吾君为尧舜，则仁民爱物最是第一要著。

慈母之爱子，有一片真挚之心，故疴养皆悉其隐。好官之爱民，有一片恻怛之意，故恫瘝①切于乃身。《书》曰："如保赤子②。"张子曰："民胞物与③。"似此心肠，何等亲切。

"天地交而万物通，上下交而其志同④。"君子道长，明良交会而泰运成焉。自古君子得位则天下之贤萃于朝廷，同志协力以成天下之泰，故曰："拔茅茹，以其汇，征吉⑤。"未有君子而不为天下汲汲求贤者也。

吴大澂批语：自古未有君子而独为君子者也，有一君子出即有众君子为之辅佐而同心干济。朝廷于是有得人之庆，天下于是知尊贤之道，岂非君子道长之运会乎？

持盈保泰，有包含之量，无忿疾之心，有深沉之谋，无纷扰之患，故"包荒"所以示宽也。而或优容姑息，不能奋发果决，则必至于废

---

①恫瘝（tōng guān）：病痛，疾苦。恫，痛。瘝，病。《尚书·康诰》："呜呼，小子封，恫瘝乃身，敬哉！"

②《尚书·周书·康诰》："若保赤子，惟民其康乂。"孔颖达《尚书正义》注："爱养人如安孩儿赤子，不失其欲，惟民其皆安治。"

③张载《西铭》："民，吾同胞；物，吾与也。"民与我为同胞，物与我为同类，谓泛爱万物。

④《周易·泰》："《象》曰：'泰，小往大来，吉，亨。'则是天地交而万物通也，上下交而其志同也。内阳而外阴，内健而外顺，内君子而外小人。君子道长，小人道消也。"

⑤《周易·泰》："初九：拔茅茹，以其汇，征吉。"孔颖达《周易正义》注："茅之为物，拔其根而相牵引者也。茹，相牵引之貌也。三阳同志，俱志在外，初为类首，已举则从，若茅茹也。上顺而应，不为违距，进皆得志，故以其类征吉。"案泰卦上坤下乾，三阳聚于下。

弛，"用冯河"所以示断也。而或狃①于浅近，忽于远图，则事物之隐微，人才之僻远，所遗者必多，"不遐遗"而后明无不照。而或植党树私，昵情徇欲，有柔道之牵，乖正大之体，其能久乎？必"朋亡"而后公，无或偏。有此四者，则以刚中之才，合时中之道，故曰："得尚于中行。"② 然则泰岂易言保哉？

吴大澂批语：《易》之道，所包甚广而条目甚详。

"无平不陂，无往不复"③，天道之必然也。人方泰时，而能不弛其艰难之心，谨守其正固之道，可以常保其泰焉。圣人戒之以艰贞，则天道之必然者不足忧，而人事之当尽者有可据，故无咎而有福也。

吴大澂批语：富贵福泽，自古无久享之理。但富贵而能保其泰，即贫贱亦不失为泰，穷达者气运之自然也，穷不失义，达不离道，人事之当然也，人定可以胜天。

---

①狃：见卷四注。

②《周易·泰》："九二：包荒，用冯河，不遐遗。朋亡，得尚于中行。"孔颖达《周易正义》疏："'包荒，用冯河'者，体健居中而用乎'泰'，能包含荒秽之物，故云'包荒'也。'用冯河'者，无舟渡水，冯陵于河，是顽愚之人，此九二能包含容受，故曰'用冯河'也。'不遐遗'者，遐，远也；遗，弃也。用心弘大，无所疏远，弃遗于物。'朋亡'者，得中无偏，所在皆纳，无私于朋党之事，亡，无也，故云'朋亡'也。'得尚于中行'者，'中行'谓六五也，处中而行，以九二所为如此。尚，配也，得配六五之中也。"

③《周易·泰》："九三：无平不陂，无往不复。艰贞无咎，勿恤其孚，于食有福。"孔颖达《周易正义》疏："'无平不陂'者，九三处天地相交之际，将各分复其所处。乾体初虽在下，今将复归于上，坤体初虽在上，今欲复归于下，是初始平者必将有险陂也，初始往者必将有反复也。无有平而不陂，无有往而不复者，犹若元在下者而不在上，元在下者而不归下也。'艰贞无咎'者，已居变革之世，应有危殆，只为己居得其正，动有其应，艰难贞正，乃得'无咎'。'勿恤其孚，于食有福'者，恤，忧也；孚，信也。信义先以诚著，故不须忧其孚信也。信义自明，故于食禄之道，自有福庆也。"

治之几,生于乱。乱之几,伏于治。惟圣人思患而豫防之。《临》①,十二月之卦也,当阳刚浸长之时,即以八月阳消阴长为戒,其意深矣。

以人才为重者,衡鉴②之精,不可淆也;以天下为公者,黜陟③之权,不可私也。朱子曰:"做宰相只要办一片心、一双眼。眼明则能识得贤不肖,心公则能进退得贤不肖。"④

吴大澂批语:以一双眼观人,而人不能蔽其明;以一片心用人,而人无不服其公。宰相之责,尽于是矣。

颜孟之学术,推之即伊周之相业也。伊周之相业存之,即颜孟之学术也,故曰:"易地则皆然。"⑤ 三代之辅弼,本道德以为事功,后世

---

①《周易·临》:"临:元亨利贞,至于八月有凶。"孔颖达《周易正义》疏:"案《序卦》云:'临,大也。'以阳之浸长,其德壮大,可以监临于下。故曰'临'也。刚既浸长,说而且顺,又以刚居中,有应于外大,得亨通而利正也,故曰'元亨利贞'也。'至于八月有凶'者,以物盛必衰,阴长阳退。临,为建丑之月,从建丑至于七月建申之时,三阴既盛,三阳方退,小人道长,君子道消,故八月有凶也。以盛不可终保,圣人作《易》以戒之也。"

②衡鉴:通"衡镜",衡可以量轻重,镜可以照美丑,指辨别是非善恶。宋人避宋太祖之祖赵敬讳,改"镜"字作"鉴"。范仲淹《上执政书》:"赏罚者,天子之衡鉴也。衡鉴一私,则天下之轻重妍丑从而乱焉。"

③黜陟:进退人材。降官曰黜,升官曰陟。韩愈《送李愿归盘谷序》:"理乱不知,黜陟不闻。"

④《朱子语类》卷七十二:"前辈尝言:'做宰相只要办一片心,办一双眼。心公则能进贤退不肖,眼明则能识得那个是贤,那个是不肖。'此两言说尽做宰相之道。"

⑤《孟子·离娄下》:"孟子曰:'禹、稷、颜回同道。禹思天下有溺者,由己溺之也;稷思天下有饥者,由己饥之也,是以如是其急也。禹、稷、颜子,易地则皆然。'"

之宰衡①，恃才气以为事业，其本源不同，其措施亦异，而其风化亦各殊焉。

勤以成天下之务，早作夜思，慎终如始，何事不可为？一懒便皆废弛。公以合天下之心，顺理近情，豫说以动，何人不可感？一私便多间隔。

吴大澂批语：敏则有功，公则说古今为政之大要，圣王以此定天下，贤臣以此安天下。

李文靖公沆为相，王旦参政，沆日取四方水旱盗贼奏之，旦以为细事，不足烦上听，沆曰："人主少年，当使知四方艰难，不然血气方刚，不留意声色犬马，则土木、甲兵、祷祠之事作矣。吾老不及见，此参政他日之忧也。"及旦亲见王钦若、丁谓等所为，欲谏则业已同之，欲去则上遇之甚厚，乃叹曰："李文靖有先知之明也。"②夫人处艰难则惕畏生，处安乐则佚欲肆，况少年方刚之气，尤易萌侈汰之志者乎！若文靖者，可谓格君心之非者矣。

吴大澂批语：诚至则有先见之明，识浅则无远大之虑。

韩魏公③临大节，处危疑，苟利国家，知无不为，若湍水之赴深壑，无所忌惮。或谏曰："公所为如是，殆非明哲之所尚。"公叹曰："为人臣者尽力以事其君，死生以之，顾事之是非何如尔？至于成败，天也，岂可豫忧其不成，遂辍不为哉？"④按英宗即位之初，惊疑得疾，有不逊语，太后呜咽流涕，大臣有不预立太子者阴进废立之说，惟公确然不动，调护其中，有同列缩颈流汗，而公独敢言者，卒使太后英

---

①宰衡：殷汤时伊尹为阿衡，周武王时周公为太宰。汉王莽专权，汉平帝合二人称号加王莽为宰衡，位上公。后世泛称宰相为宰衡。庾信《哀江南赋》："宰衡以干戈为儿戏，缙绅以清谈为庙略。"

②见《宋史·李沆传》。

③韩魏公：韩琦，见卷八注。

④见《宋名臣言行录》后集卷一之"韩琦魏国忠献王"。

宗慈孝兼得①。呜呼！古所谓社稷臣者，韩公近之矣。

吴大澂批语：处人家国事，其难百倍于常情，惟持正可以定大计，惟精诚可以格君心。

或问欧阳文忠公："为政宽简而不废弛，何也？"曰："以纵为宽，以略为简，则废弛而民受其弊。吾所谓宽者，不为苛急耳。所谓简者，不为繁碎耳。"识者以为名言②。

吴大澂批语：欧阳宽简不苛，急不繁碎，故人多乐为之用，非曰能之，愿学焉。

"德惟善政，政在养民。"③ 民不足而可治者，未之有也。《管子》曰："岁有凶穰，故谷有贵贱。令有缓急，故物有轻重。"④ 民有余则轻之，故敛之以轻；民不足则重之，故散之以重。凡轻重敛散之时，即准平。守准平，使万室之邑，必有万钟之藏；千室之邑，必有千钟之藏。故大贾蓄家，不得豪夺吾民矣。又曰："国之广狭、壤之肥硗有数，终岁食余有数，彼守国者，守谷而已矣。"⑤ 管仲相桓公，仅能致君于伯耳，而守谷之说则王道足民之至计也。岁穰者谷必轻，为敛而籴⑥之，岁凶者谷必重，为散而粜⑦之，谷价常平。民食常足，"仓廪

---

① 《宋名臣言行录》后集卷一"韩琦　魏国忠献王"："后数日，独见英宗，帝曰：'太后待我无恩！'公曰：'自古圣帝明王，不为少矣。然独称舜为大孝，岂其余皆不孝耶？父母慈爱而子孝，此常事，不足道。惟父母不慈，而子不失孝，乃可称。但恐陛下事之未至尔，父母岂有不慈者？'帝大悟，自是不复言太后短矣。熙宁中，欧公退居颍上，间言及此，曰：'古所谓社稷臣，韩公近之。'"
② 见《宋名臣言行录》后集卷二之"欧阳修　文忠公"。
③ 《尚书·大禹谟》："禹曰：'于！帝念哉！德惟善政，政在养民。'"
④ 见《管子·国蓄》。
⑤ 见《管子·山至数》。
⑥ 籴（dí）：买进（粮食）。
⑦ 粜（tiào）：卖出（粮食）。

实而知礼节"①,岂非唐虞厚生正德之遗意哉?厥后李悝②行之于魏,耿寿昌③行之于汉,历有成效,故曰"积贮者,天下之大命也"。④

吴大澂批语:岁俭粜谷,岁丰积谷,可以备荒,可以平价,管子守谷之说,实万世足民之计。

河北自五代末算田镈⑤。吕夷简⑥曰:"王道本于农,此何名哉?"因表除之,朝廷推其法他路,自是农器无征。⑦祥符末,王沂公⑧知制诰,朝望日重,王文正公⑨曰:"君识吕夷简否?此人异日与舍人对秉钧轴⑩。"沂公曰:"何以知之?"曰:"如不税农器等事。"⑪后果与沂公并相。农者,天下万姓衣食之源也,田畴治则仓廪实,仓廪实则礼义兴,此治天下之大本也。农器无征,吕文靖见识之远、经济之大,具见于此矣。

吴大澂批语:重农为国家之大本,恤农为政治之大端,能见其大,天下受其福。宋代名臣后先济美一时,嘉言懿行流传至今,犹可想见

---

①《管子·牧民》:"仓廪实而知礼节,衣食足而知荣辱。"
②李悝(kuī):先秦法家代表人物,相魏文侯,富国强兵。
③耿寿昌:汉宣帝时位至大司农中丞,设"常平仓",稳定粮价。
④《汉书·食货志》:"夫积贮者,天下之大命也,苟粟多而财有余,何为而不成?"
⑤镈(bó):锄头。《管子·小匡》:"先雨芸耨,以待时雨。时雨既至,挟其枪刈耨镈,以旦暮从事于田野。"
⑥吕夷简:字坦夫,北宋寿州(今安徽凤台)人。进士及第,仁宗即位,进右谏议大夫。先后三次入相,卒赠太师、中书令,谥号"文靖"。《宋史》有传。
⑦《宋史·吕夷简传》:"选知滨州,代还奏:'农器有算,非所以劝力本也。'遂诏天下农器皆勿算。"
⑧王沂公:王曾,见卷十二注。
⑨王文正公:王旦,见卷五注。
⑩钧轴:钧以制陶,轴以转车,喻执掌国政,指宰相之职。韩愈《酒中留上襄阳李相公》诗:"知公不久归钧轴,应许闲官寄病身。"
⑪见《龙川别志》卷上。

当时同朝之盛。

黄霸①为颍川太守,为条教,班行于民间,劝以为善防奸之意,力行教化,而后诛罚,务在成就安全,凡治道去其太甚,外宽内明,得吏民心治为天下第一。天子诏曰:"颍川太守霸,宣布诏令,百姓向化,孝子、弟弟、贞妇、顺孙日以众多,田者让畔,道不拾遗,养视鳏寡,赡助贫穷,吏民向于教化,兴于行谊,可谓贤人君子矣,其赐爵关内侯,金百斤,秩中二千石。"颍川孝弟、义民、三老、力田②,皆以差赐爵及帛。后数月,征霸为太子太傅,迁御史大夫。③古者太守之职,教化为先,其宣布诏令者凡以期吾吏民成就安全之耳。霸之治为天下第一,庶几哉!贤人君子矣,而宣帝诏以褒之,且赐爵增秩,并推及其郡民之贤者,以风示而激劝之,此诚鼓励振兴之要道也。

吴大澂批语:太守以教化得吏民之心,故治为天下第一。试问今之郡守、牧令,能如此用心否?欲效黄霸之治法,以"内明外宽"四字为大要。

"明道先生为泽州晋城令,民以事至邑者,必告之以孝弟忠信,入事父兄、出事长上之道,度乡村远近为伍保,使之力役相助,患难相恤,而奸伪无所容。凡孤茕残废者,责之亲戚乡党,使无失所。行旅出于其途者,疾病皆有所养。诸乡皆有校,暇时亲至,召父老与之语。儿童所读书,亲为正句读,教者不善,则为易置。择子弟之秀者,聚

---

①黄霸:字次公,西汉淮阳阳夏(今河南太康)人,武帝末以代诏入钱,赏官补侍郎谒者。后任扬州刺史、颍川太守,治政宽和,得吏民心。五凤三年,出任丞相,封建成侯。卒于任,谥"定侯"。自汉兴言治民吏,以霸为首。《汉书》将霸列入循吏传。

②《汉书·循吏传第五十九》作:"颍川孝弟有行、义民、三老、力曰,皆以差赐爵及帛。"

③见《汉书·循吏传第五十九》。

而教之。乡民为社会，为立科条，旌别善恶，使有劝有惩。"① 夫邑令，民之父母也，有父母之名，贵有父母之心，且有父母之事。先生视晋城之民，直如子弟，教诲之，保恤之，劝惩之，委曲详尽而出之以诚心，故为令三年而百姓感化，浃髓沦肌。诗曰"乐只君子，民之父母②"，先生有焉。

吴大澂批语：父母之心，慈爱之心也。父母之事，教养之事也。慈爱出于至诚，教养乃有实际。父母之于子饮食教诲，非欲子之感戴我也，为民父母之饮食教诲，欲民之感戴我而始尽其心即非父母爱子之诚矣。

浙东大饥，朱子提举常平茶盐，拜命即移书他郡，募米商，蠲其征。及至，客舟已辐辏③。日与僚属钩访民隐，至废寝食。分画既定，案行所部，穷山长谷，靡所不到，拊问存恤，所活不可胜计。每出，皆乘单车，屏徒从，一身所需，皆自赍以行，毫不及州县，以故所历虽广而人不知，郡县官吏惮其风采，仓皇惊惧，常若使者压其境，由

---

①《近思录》卷九："《明道先生行状》云：先生为泽州晋城令，民以事至邑者，必告之以孝弟忠信，入所以事父兄、出所以事长上。度乡村远近为伍保，使之力役相助，患难相恤，而奸伪无所容。凡孤茕残废者，责之亲戚乡党，使无失所。行旅出于其途者，疾病皆有所养。诸乡皆有校，暇时亲至，召父老与之语。儿童所读书，亲为正句读，教者不善，则为易置。择子弟之秀者，聚而教之。乡民为社会，为立科条，旌别善恶，使有劝有耻。"

②《诗经·小雅·南山有台》："南山有台，北山有莱。乐只君子，邦家之基。乐只君子，万寿无期。南山有桑，北山有杨。乐只君子，邦家之光。乐只君子，万寿无疆。南山有杞，北山有李。乐只君子，民之父母。乐只君子，德音不已。南山有栲，北山有杻。乐只君子，遐不眉寿。乐只君子，德音是茂。南山有枸，北山有楰。乐只君子，遐不黄耇。乐只君子，保艾尔后。"

③辐辏（fú còu）：车辐集中于车毂，喻人或物集中一处。《淮南子·主术训》："夫人主之听治也，清明而不暗，虚心而弱志。是故群臣辐辏并进，无愚智贤不肖，莫不尽其能。"

是所部肃然，而尤以戢盗、捕蝗、兴水利为急①。夫赈济之策，莫先于募米商，客舟辐辏，办理便已裕如，而又单车减从，拊问存恤，靡所不周，此救世之婆心而济物之仁术也。

吴大澂批语：米商云集则谷价自平，民食自足，此救荒第一善政。

林希元②上《荒政丛言》："救荒有二难：得人难，审户难。有三便：极贫民，便赈米；次贫民，便赈钱；稍贫民，便赈贷。有六急：垂死贫民急馆粥，疾病贫民急医药，病起贫民急汤米，既死贫民急墓瘗，遗弃小儿急收养，轻重系囚急宽恤。有三权：借官钱以粜籴，兴工作以助赈，贷牛种以通变。有六禁：禁侵渔，禁攘夺，禁遏籴，禁抑价，禁宰牛，禁度僧。有三戒：戒迟缓，戒拘文，戒遣使。"上以其切于救民，从之。世皆云"救荒无善策"，此特未尝尽心去救耳。诚有救民之心，自有救民之策。今即所谓二难三便诸条，一一而举行之，以我人事济彼，天灾未必不有补万一，彼坐视鸠形鹄面，漠然不动于心者，辄以无策为辞。呜呼！岂真无策耶？

吴大澂批语：三便六急，救荒之策备矣；三权六禁，推广荒政之法，慎之以二难，惕之以三戒，民有不被其泽者乎？

人人能如此尽心，天心亦必为感格。

唐德宗时宰相陆贽③以"关中谷贱，请和籴，可至百余万斛。一年和籴之数当转运之二年，一斗转运之资当和籴之五斗，减转运以实边，存转运以备时"，亦足国之一助也。"宪宗即位之初，有司请畿内和籴，而府县配户督限，有稽迟则迫促鞭挞，甚于赋税，名为和籴，其实害

---

① 见《朱熹年谱·附录一》之"朝奉大夫文华阁待制赠宝谟阁直学士通议大夫谥'文朱先生'行状"。

② 林希元：字懋贞，号次崖，明福建同安县人。正德十二年进士，历官云南佥事，坐考察不谨罢归。所著《易经存疑》《四书存疑》《荒政丛言》等，为儒林所宗。明史列传第一百七十"儒林一"有记。

③ 陆贽：见卷一"陆宣公"注。

民"。① 夫和籴者，上出钱以易谷，下出谷以受钱，如市之交易而退各得其所也，乃配户督限，且迫促之、鞭挞之，岂和籴之本意乎？故法立而弊生，人存则政举，未有不得其人而能行其法者也。

吴大澂批语：甘肃之采买军粮，有配户督限之弊，甚至上出钱以易谷，民出谷而不得钱，州县视为利薮，其为害可胜言哉？

汉待诏②贾让③言："治河有上中下三策，夫土之有川，犹人之有口也。治土而防其川，犹止儿啼而塞其口，岂不遽止，然死可立待也。今徙冀州之民当水冲者，决黎阳，遮害亭，放河使北入海。河西薄太山，东薄金堤，势不能泛滥，此功一立，河定民安，千载无患，谓之上策。多穿漕渠于冀州地，使民得以溉田，分杀水势，从淇口以东为石堤，多张水门，旱则开东方下水门溉冀州，水则开西方高门，分河流，民田适治，河堤亦成，谓之中策。若乃缮完故堤，增卑培薄，劳费无已，数逢其害，此最下策。"④ 夫以黄河之水，源远而高，流大而疾，质浑而浊，兼以中原沙土疏松，平旷夷衍，无名山以为之束，无大川以为之汇，横决之患，岂能免哉？汉唐以来，皆出贾让下策，亦其时势使然，顾其所谓增卑者，欲其高也，培薄者，欲其厚也，果能高且厚矣，堤防坚实如金城之固，无蚁穴之罅，而又兢惕未遑，巡防不懈，人事既尽，天灾亦消，岂必数逢其害耶？是或亦下策中之稍有补于万一者乎？

吴大澂批语：今之治河者但能尽心于下策，可无溃决之虞，民之受福不浅矣。

---

①上述两段引文见《新唐书·食货志第四十三》。
②待诏：等待天子之诏命，汉时以才技征召未有正官者，使之待诏公车、待诏金马门等，以备顾问，后遂以待诏为官名。《前汉书·王莽传中》："莽诛灭待诏，而封告者。"
③贾让：西汉人，哀帝时为待诏。时黄河从魏郡以东，北多溢决，因博求能浚川疏河者。贾让奏以治河三策，由是知名。
④见《前汉书·沟洫志第九》，有删改。

疏、浚、塞三者，治河之大要也。"酾河之流，因而导之，谓之疏。去河之淤，因而深之，谓之浚。抑河之暴，因而扼之，谓之塞"，"水工之功，视土工为难。中流之功，视河滨为难。决河口，视中流又难。北岸之功，视南岸为难。用物之效，草虽至柔，柔能狎水，水渍之生泥，泥与草并力，重如碇①。维持夹辅，缆索之功实多"。② 此贾鲁③之言，皆经阅历，似为近理。

吴大澂批语：黄河无疏浚之法，旋浚旋淤，或一夕而淤至一丈，或一日而刷去一丈，有不可以人力争者。御小之法有三：筑坝为上，抛石次之，镶埽又次之。溜逼于堤则堤危，但于顶冲处筑一挑水斜坝，能挑大溜，使入中泓，此保堤之上策也。

镶埽以保堤筑坝，以拦溜，二者互用而河治然，细审治河之法，以多筑顺水霸最有明效。

有议北方开水田，种稻谷者，其说非也。稻田宜水，南方天气，四时有雨。北方则夏雨为多，自秋至春，雨泽常少，于稻不宜，此限于天时也。南方涂泥，水易渟涵④。北方沙土，水易渗漏，大雨时行，涸可立待，此限于地利也。北方麦黍粱菽，树艺甚多，每岁所收，足供食用。即无稻谷，生计有余，且农民不习沾体涂足，布种以后，较

---

①碇（dìng）：石锚或岸边系绳用的石墩。《三国演义》："至操寨边，瑜命下碇石。"

②上述两段引文见《元史·志第十七下河渠三》。

③贾鲁：字友恒，元河东高平（今属山西晋城）人。以明经领乡贡，恩授东平路儒学教授，诏修辽、金、宋三史，召鲁为《宋史》局官。迁中书省检校官，俄拜监察御史。至正四年，迁右司郎中，十一年，以工部尚书、总治河防使，进秩二品，授以银章。治河功成，拜荣禄大夫，集贤大学士，并赠鲁先臣三世。拜中书左丞，从脱脱平徐州、分攻濠州，病卒于军中。

④渟涵（tíng hán）：水积聚。《徐霞客游记·滇游日记六》："水嵌西崖足，西面阔约三丈，南北二面，渐抱而缩，然三面皆绝壁环之，无有旁窦，水渟涵其间，俨若月牙之抱魄也。"

南方劳逸迥殊，此则验之人事，亦有不相宜者。或曰："北方近多水害，潴①而为田，不亦利乎？"抑思有水则为稻田，无水则为麦土，潴田之费钜万，不数年仍为麦土，且或大水填淤，沙石积压，竟成旷土，孰利孰害，不较然可睹乎？

吴大澂批语：近来北地稻田，行之渐广，民情亦转惰为勤，古今时局之变，亦有不可思议者。

沟洫②之制，西北之古法也，可以正经界，可以通水道，可以溉田畴，可以限戎马，此法不修，不惟无四者之利，即往来大路，水无所泄，积而成川，行旅甚苦。近日河南、山东、直隶皆于大路雨傍，浚为沟渠，以资蓄泄，此善政也。

吴大澂批语：沟渠之利，事半而功倍，近来各省多有防军以勇力之余闲，行沟渠之善政，与农田水利均有裨益。

屯田之设，自汉文帝从晁错③言，募民徙塞下，始也④。昭帝时调

---

①潴（zhū）：水停积处，陂塘之类。《周礼·地官·稻人》："以潴畜水。"

②沟洫（gōu xù）：田间水道，沟渠。《论语·泰伯》："卑宫室而尽力乎沟洫。"

③晁错：西汉颍川（今河南禹州）人，学申商之术。文帝时，任太常掌故，诏为太子舍人，迁中大夫，景帝即位，任内史，迁御史大夫，愈贵。景帝二年，上《削藩策》，遂使吴楚七国以"诛错"为名反，景帝被迫无奈，从袁盎之计，斩晁错于东市。

④晁错上《守边劝农疏》，主张移民实边，抵御外患，为汉文帝采纳。见《前汉书·爰盎晁错传第十九》。

故吏将^①屯田张掖郡^②。宣帝时赵充国^③击先零羌^④，上《留田便宜十二事》^⑤。曹操请屯田许下，得谷百万斛^⑥。诸葛公从斜谷伐魏，分兵屯

---

①将（jiàng）：统帅（军队），带领（兵）。《史记·绛侯周勃世家》："吾尝将百万军。"

②《前汉书·昭帝纪第七》："二年春正月……冬，发习战射士诣朔方，调故吏将屯田张掖郡。"

③赵充国：字翁孙，西汉陇西上邽（今甘肃天水）人，御边名将。始以六郡良家子善射补羽林，历事武帝、昭帝、宣帝三朝，甘露二年卒，年八十六，谥曰"壮侯"。甘露三年，宣帝将其列入"麒麟阁十一功臣"。

④先零羌：两汉时西羌族一支，由部落首领滇零建立。

⑤见《前汉书·赵充国辛庆忌传第三十九》。

⑥《三国志·魏书一·武帝纪第一》裴松注："《魏书》曰：自遭荒乱，率乏粮谷。诸军并起，无终岁之计，饥则寇略，饱则弃余，瓦解流离，无敌自破者不可胜数。袁绍之在河北，军人仰食桑椹。袁术在江、淮，取给蒲蠃。民人相食，州里萧条。公曰：'夫定国之术，在于强兵足食，秦人以急农兼天下，孝武以屯田定西域，此先代之良式也。'是岁乃募民屯田许下，得谷百万斛。于是州郡例置田官，所在积谷。征伐四方，无运粮之劳，遂兼灭髃贼，克平天下。"

田,为久驻之计①。羊祜②镇襄阳,垦田八百余顷③。唐李绛④请开营田,岁收粟二十万石,省度支二千余万缗⑤。兵可为农,农即为兵,且耕且戍,以省飞挽⑥,此良法也。宋太宗以陈恕⑦为营田使,恕乃密

---

①《三国志·蜀书五·诸葛亮传第五》:"九年,亮复出祁山,以木牛运,粮尽退军,与魏将张郃交战,射杀郃。十二年春,亮悉大众由斜谷出,以流马运,据武功五丈原,与司马宣王对于渭南。亮每患粮不继,使己志不申,是以分兵屯田,为久驻之基。耕者杂于渭滨居民之间,而百姓安堵,军无私焉。"

②羊祜,字叔子,魏晋泰山南城(今山东新泰市)人,蔡邕外孙,景献皇后同父之弟,娶夏侯霸之女为妻。公车征拜为中书侍郎,迁给事中、黄门郎。武帝即位,拜尚书右仆射、卫将军,都督荆州诸军事。布信施德,开设庠序,使远近翕然悦服,称为羊公。又缮甲训卒,广为戎备,奏请王浚监益州军事,举杜预自代,定策灭吴。卒后二岁,晋灭吴。《晋书》有传。

③《晋书·羊祜传》:"吴石城守去襄阳七百余里,每为边害,祜患之,竟以诡计令吴罢守。于是戍逻减半,分以垦田八百余顷,大获其利。祜之始至也,军无百日之粮,及至季年,有十年之积。"

④李绛:字深之,唐赵郡赞皇(今河北赞皇人)人,举进士登宏辞科。贞元末拜监察御史,元和二年以本官充翰林学士,五年迁本司郎中、知制诰,六年以中书侍郎同中书门下平章事拜为宰相。大和二年,以检校司空出为兴元尹山南西道节度使,大和四年,为兵变乱军所害,赠司徒,谥曰"贞"。《旧唐书》《新唐书》有传。

⑤《新唐书·食货志第四十三》:"元和中,振武军饥,宰相李绛请开营田,可省度支漕运及绝和籴欺隐。宪宗称善……垦田三千八百余顷,岁收粟二十万石,省度支钱二千余万缗。"

⑥飞挽:急速运送,也指运送粮草之徭役。唐元稹《范季睦授尚书仓部员外郎制》:"而况于戎车未息,飞挽犹勤,新熟之时,岂宜无备。"

⑦陈恕:字仲言,五代洪州南昌人。太平兴国二年进士,以大理评事通判澧州。迁工部郎中,知大名府。又以右谏议大夫知澶州,召为河北东路营田制置使。淳化二年,迁给事中,参知政事。出知江陵府,召还,先后任工部、礼部、吏部侍郎,卒赠吏部尚书。《宋史》有传。

奏："戍卒游惰，若使冬被甲兵，春执耒耜，恐至变生不测。"① 此不知立国之计者矣。琼山②先生曰："天下无田不税，而吾求无税之田以耕之；无农不耕，而吾借不耕之人而役之；无兵不战，而吾乘不战之时而用之。内以实京师，外以实边储。"③ 岂非经世之至言乎？

吴大澂批语：足兵足食，省转运之费，尽旷土之利，莫善于屯田。

《禹贡》④各州贡赋，叙其达河之路，即后世漕运所由昉⑤也。秦汉以来，飞刍挽粟⑥，转输不绝。隋开广通渠、通济渠、永济渠，以通天下之漕。唐裴耀卿⑦请于河口等处置仓，使江南之舟不入黄河，黄河

---

①《宋史·河渠志第四十五》："雍熙后数用兵，岐沟、君子馆败衄之后，河朔之民，农桑失业，多闲田，且戍兵增倍，故遣恕等经营之。恕密奏：'戍卒皆惰游，仰食县官，一旦使冬被甲兵，春执耒耜，恐变生不测。'乃诏止令葺营堡，营田之议遂寝。"

②琼山：丘浚，字仲深，明琼山人。幼孤，过目成诵。景泰五年进士，历任翰林院编修、侍讲学士、翰林院学士、国子监祭酒、礼部右侍郎、礼部尚书。弘治四年，加太子太保兼文渊阁大学士，参预机务，年七十六卒，赠太傅，谥号"文庄"。著有《大学衍义补》《五伦全备记》等。《明史》有传。

③《大学衍义补》卷第三十五"制国用屯营之田"："今天下无田不税，而吾求无税之地而耕之；无农不耕，而吾借不耕之人而役之；无兵不战，而吾乘不战之时而用之。内以实京师于常数之外，外以实边储于常用之余，臣故于'治国平天下之要制国用'之下首举'贡赋之常'，而以'屯营之田'终焉，以见国用所出虽非一途，而田为之本。"

④《禹贡》：见卷十注。

⑤由昉：发端、起始。《少室山房笔丛·经籍会通二》："六艺，经也；诸子、兵书、术数、方伎，四略皆子也；诗赋一略，则集之名所由昉。"

⑥飞刍挽粟：通"飞挽"，指迅速运送粮草。刍，饲料；挽，拉车或船；粟：小米，泛指粮食。《汉书·主父偃传》："又使天下飞刍挽粟。"

⑦裴耀卿：字焕之，唐绛州稷山（今山西稷山）人，宁州刺史裴守真之子。历任秘书省正字、相王府典签、国子主簿、詹事府丞、长安令、济州刺史、宣州刺史、户部侍郎等职，开元二十一年以黄门侍郎、同平章事拜相，二十二年沿黄河置仓，治漕称善。二十四年罢为尚书左丞相，天宝二年病卒，赠太子太傅，谥曰"文献"。《旧唐书》《新唐书》有传。

之舟，不入洛口，水通则舟行，水浅则寓于仓以待①。刘宴②领漕事，"江南之运积扬州，汴河之运积河阴，河船之运积渭口，渭船之运入太仓"③，此转运法也。今改转运为长运，漕渠亦多窄浅，或船有沉溺，米有飘散，宜如刘宴法以布囊盛米，遇浅则分载小船，或舁④置岸上，过浅则复归本舟，不幸沉溺，捞而出之，亦可他用，此漕运之大略也。

吴大澂批语：汉、唐建都于西北，故江南之漕运须由黄河以达渭，转输洵不易也。

琼山先生曰："海运自秦已有之，而唐人亦转东吴粳稻以给幽燕，然止以给边方之用，元始用以足国。洪武中海运粮七十万石给辽东军

---

①《新唐书·食货志第四十三》："开元十八年，宣州刺史裴耀卿朝集京师，玄宗访以漕事，耀卿条上便宜曰：'江南户口多，而无征防之役。然送租、庸、调物，以岁二月至扬州入斗门，四月已后，始渡淮入汴，常苦水浅，六七月乃至河口，而河水方涨，须八九月水落始得上河入洛，而漕路多梗，船樯阻隘。江南之人不习河事，转雇河师水手，重为劳费。其得行日少，阻滞日多。今汉、隋漕路，濒河仓廪，遗迹可寻。可于河口置武牢仓，巩县置洛口仓，使江南之舟不入黄河，黄河之舟不入洛口。而河阳、柏崖、太原、永丰、渭南诸仓，节级转运，水通则舟行，水浅则寓于仓以待，则舟无停留，而物不耗失。此甚利也。'"

②刘宴：字士安，唐曹州南华（今东明县）人。玄宗封泰山，宴始八岁，献颂，帝称奇，授太子正字。历侍御史、度支郎中、陇华二州刺史、河南尹、户部侍郎兼御史中丞度支铸钱盐铁使、京兆尹等，官至吏部尚书同中书门下平章事，以盐法、漕运、赋税、铸币之改革善政而闻名于世。后贬忠州刺史，建中元年七月，被诬赐死。《旧唐书》《新唐书》有传。

③《新唐书·食货志第四十三》："及代宗出陕州，关中空窘，于是盛转输以给用。……凡漕事亦皆决于晏。……江船不入汴，汴船不入河，河船不入渭；江南之运积扬州，汴河之运积河阴，河船之运积渭口，渭船之运入太仓。岁转粟百一十万石，无升斗溺者。"

④舁（yú）：扛、举。《三国志·魏书·钟繇传》："时华歆亦以高年疾病，朝见皆使载舆车，虎贲舁上殿就坐。"

饷,永乐初海运七十万石至北京,后开会通河,始罢海运。"① 窃谓自古运道有三,曰陆、曰河、曰海,河漕视陆,运费省什三四,海运视陆,运费省什七八。今漕河通利,固无资于海运,然会通一河,譬则人之咽喉也,一日不下咽,事即可虑,请于无事时寻元人海运故道,别通海运一路,与河漕并行。江西、湖广、江东之粟,照旧河运,浙西东濒海一带,则由海运使入,习知海运,一旦漕渠少有滞塞,此不来而彼来是,亦思患豫防之先计也。按道光四年冬,大风决高堰,明

---

①《大学衍义补》卷第三十四"制国用漕挽之宜下":"臣按海运之法,自秦已有之,而唐人亦转东吴粳稻以给幽燕,然以给边方之用而已,用之以足国则始于元焉。……故终元之世,海运不废。我朝洪武三十年海运粮七十万石给辽东军饷,永乐初海运七十万石至北京,至十三年会通河通利,始罢海运。"

年漕船浅滞，英煦斋①相国②、琦静庵③制军④、陶云汀⑤中丞⑥备筹海运

①英煦斋：索绰络•英和，字煦斋，索绰络氏，清满洲正白旗人，礼部尚书德保之子。乾隆五十八年进士，选庶吉士，授编修，官至军机大臣，户部尚书，协办大学士兼翰林院掌院学士，加太子太保衔。后被革职，道光二十年卒，赠三品卿衔。《清史稿》有传。

②相国：清代对内阁大学士和军机大臣执政尊称相国。

③琦静庵：博尔济吉特•琦善，字静庵，博尔济吉特氏，清满洲正黄旗人。世袭一等侯爵，父成德，热河都统。嘉庆十一年琦善由荫生授刑部员外郎，历任按察使、布政使、巡抚等职，道光五年擢两江总督兼署漕运总督，又任四川总督、直隶总督，拜协办大学士、文渊阁大学士。道光二十年，以钦差大臣接替林则徐署理两广总督兼粤海关监督，因割让香港求和，被革职问罪。后获赦免，二十六年授四川总督，二十九年调陕甘总督，因妄杀被革职。洪杨起事，咸丰二年复被起用，四年病死于江北大营，赠太子太保、协办大学士，依总督例赐恤，谥"文勤"。《清史稿》有传。

④制军：明、清时期对总督尊称制军。

⑤陶云汀：陶澍，字云汀，清湖南安化人。嘉庆七年进士，选庶吉士，授编修，历任道员、按察使、布政使，道光三年，擢安徽巡抚，五年，调江苏巡抚，兴水利，通海运。道光十年，加太子少保衔，实授两江总督，任内整顿盐政，裁减陋规，使库府充盈。十八年卒，赠太子太保衔，依尚书例赐恤，谥"文毅"，入祀名宦祠。所著《印心石屋诗抄》《蜀辀日记》《陶文毅公全集》等并行于世。《清史稿》有传。

⑥中丞：汉代御史大夫下设两丞，一称御史丞，一称中丞。东汉以来，御史大夫转为大司空，以中丞为御史台长官。明初设都察院，副都御史职位相当御史中丞。明、清常以副都御史或佥都御使出任巡抚，清代各省巡抚例兼右都御史衔，因此，明、清巡抚也称中丞。

维时,贺耦庚①方伯②协力同心,大小文武夙夜将事,自六年二月放洋③,至六月上旬往返两次,安抵天津,共计海船一千五百六十二号,载米一百六十三万三千余石,海若效灵,盗贼无警,通变宜民,莫大于此,然则海运之事,岂可不讲也哉?

吴大澂批语:"云帆转辽海,粳稻来东吴",杜少陵诗亦以海运为便。

自中国有轮船,而海运之漕粮便于河运多矣,有复河运之说者皆不识时务之迂谈。

盐铁者,天下之所利也,以山海之利④利天下者,天地养民之心也。建山泽之官,掌其政令者,先王养民之制也。自管仲专之以富国⑤,后世踵事而增,遂为理财之大计焉。夫财者,上下同之者也,上有余则下不足。管子曰"十口之家,十人食盐,百口之家,百人食盐",是无人不在苛计之中。又曰"一女必有一针一刀,耕者必有一耒

---

①贺耦庚:贺长龄,字耦耕,清浙江会稽人。嘉庆十三年进士,选庶吉士,授编修。道光元年,出为江西南昌知府。历道员、江苏按察使、江苏布政使,佐巡抚陶澍创办海运。十六年,擢贵州巡抚,治黔九载,振兴文教。二十五年,擢云贵总督兼署云南巡抚,肃清回叛。二十七年乞病归,因滇回余孽复叛,被褫职,次年卒。《清史稿》有传。

②方伯:殷周时代一方诸侯之长称方伯,后泛指地方长官。明清时期尊称布政使为方伯。

③放洋:船舶出海。《铁围山丛谈》卷四:"大观末,从尚书王宁、中书舍人张邦昌使高丽,为上节人,至四明则放洋而去。不十日,四明忽传副使舶坏,众为痛之。"

④山海之利:山产铁、海产盐,盐铁为人类生活所必需,故云山海之利。《管子·海王》:"桓公曰:'然则吾何以为国?'管子对曰:'唯官山海为可耳。'"

⑤见《管子·海王》。

二耙一铫①"，②是无物不在苟计之内，民不几困乎？又况孔仅③、桑宏羊④之属又从而重之乎？惟能随地制法，因时制宜，必使下足以裕民，上足以裕国，则理财之大道也。

吴大澂批语：本朝盐政为国家利源之所在，无庸改弦更张，惟铁矿尚未广开，熔炼之法未精，能用西法推广行之，尚有可兴之地利。南皮尚书于湖北创设铁政局，为中原大开风气，实与国计民生大有关系。

古未尝有饮茶者，始见于王褒⑤《僮约》⑥，盛著于陆羽⑦《茶经》⑧，唐宋以来，遂为人生日用之所需也。唐德宗时赵赞⑨议税茶以

---

①铫（yáo）：古时一种平刃农具，用以铲地除草。《盐铁论·申韩》："犀铫、利锄，五谷之利而闲草之害也。"

②以上两段引文见《管子·海王》。

③孔仅：汉武帝时大农丞、大司农，领盐铁事，以官营盐铁而取利。

④桑宏羊：汉武帝时历任大农丞、治粟都尉、大司农，以兴盐铁、设酒榷、置平准而广开财源，使民不益赋而天下用饶。与霍光、金日磾等受武帝遗诏，同为辅政大臣，后以谋反罪被霍光诛杀。

⑤王褒：字子渊，蜀人，西汉辞赋家，与扬雄并称"渊云"。著有《圣主得贤臣颂》《甘泉赋》《洞箫赋》等行于世，所作《僮约》为记载茶史最早之文献。《汉书》有传。

⑥《僮约》：西汉王褒作，记茶两处，其一："筑肉臛芋，脍鱼炰鳖，烹茶尽具，已而盖藏。"其二："牵犬贩鹅，武阳买茶。"

⑦陆羽：字鸿渐，一名疾，字季疵，唐复州竟陵人。竟陵禅师得之水滨，育为子弟。既长，以《易》自筮，得蹇之渐曰："鸿渐于陆，其羽可用为仪。"因取名陆羽。上元初，结庐苕溪上，闭门读书。名僧高士，谈谑终日，自称桑苎翁，又号东岗子，与皎然上人等为友，贞元末卒。羽嗜茶，著《茶经》，使天下益知饮茶，时号"茶仙"。《新唐书》归入隐逸传，《唐才子传》亦有传。

⑧《茶经》：唐陆羽著，共三卷，详言茶之原、茶之法、茶之具等，为最早之茶学专著。

⑨赵赞：唐建中三年以中书舍人擢户部侍郎、判度支。建中四年六月，初税屋间架、除陌钱，巧法聚敛，峻法绳之，天下愁怨。十二月，赞被贬播州司马，参见《旧唐书·德宗本纪上》。

为常平本钱①，贞元九年张滂②请税茶③，若诸州水旱，以此钱代其赋，然遭水旱处，究未尝以税茶钱拯赡。穆宗时王播④为盐铁使，增天下茶税⑤，及播为相，置榷茶使⑥，自领之，其法益密矣。陈恕⑦为三司使，立茶法第为三等⑧，语副使宋太初曰："上等取利太深，此可行之商贾，不可行之朝廷。中等之说，吾裁损之，公私皆济，可以经久。"⑨ 历考赵赞、张滂、王播榷茶，皆谓取此济彼，讬甚美之名，无致用之实，

---

①《旧唐书·食货志第二十九下》："四年，度支侍郎赵赞议常平事，竹、木、茶、漆尽税之。茶之有税，肇于此矣。"

②张滂：贞元八年为户部侍郎，转诸道盐铁转运使。参见《旧唐书·德宗本纪下》。

③《旧唐书·食货志第二十九下》："九年，张滂奏立税茶法。自后裴延龄专判度支，与盐铁益殊途而理矣。"《旧唐书·德宗本纪下》："九年春正月……癸卯，初税茶，岁得钱四十万贯，从盐铁使张滂所奏。茶之有税，自此始也。"

④王播：字明扬，唐太原（今山西太原）人。贞元中与弟王炎起并擢进士，以善治狱荐为监察御史，历驾部员外郎、刑部侍郎领诸道盐铁使、剑南西川节度使，穆宗即位，长庆初召为刑部尚书复领盐铁，进中书侍郎同中书门下平章事。嗜权专营，居位无补，出为淮南节度使，仍领使职，以掊敛为务。敬宗即位，以王涯代使。太和元年入朝拜左仆射，复辅政，居位四年卒。赠太尉，谥曰"敬"。《新唐书》《旧唐书》有传。

⑤《旧唐书·李珏传》："长庆元年，盐铁使王播增茶税，初税一百，增之五十，珏上疏论之曰：'榷率救弊，起自干戈，天下无事，即宜蠲省。况税茶之事，尤出近年，在贞元元年中，不得不尔。今四海镜清，八方砥平，厚敛于人，殊伤国体，其不可一也。'"

⑥榷（què）茶使：唐职官名，负责对茶叶专卖征税。榷，征收、征税。《文献通考》："其擅加杂榷，率一切宜停。"

⑦陈恕：见本卷前注。

⑧《宋史·陈恕传》："恕将立茶法，召茶商数十人，俾各条利害，恕阅之第为三等，语副使宋大初曰：'吾观下等固灭裂无取。上等取利太深，此可行于商贾，不可行于朝廷。惟中等公私皆济，吾裁损之，可以经久。'于是始为三法行之，货财流通。"

⑨以上见《大学衍义补》卷第二十九"制国用山泽之利下"，有删改。

及其税额既定，有增无减，而民已伤矣。夫税有其举之，未易罢也，特不可重以伤民，惟"公私皆济"之言，最为平允，况所谓"可行之商贾，不可行之朝廷"，尤为识大体者乎？

吴大澂批语：茶税至今日有增无减，然尚不致病民也。湘中茶市坏于英商之抑价，而茶商之亏折累千百万，湘民于是大困，竟无良策以补救之，奈何奈何！

唐德宗建中四年，初行税间架、除陌钱法。时诸道军出境，常赋不能支，判度支赵赞乃奏行二法。税间架者每屋两架为间，上屋税钱二千，中税千，下税五百，吏执笔握算，入人室庐计其数，敢匿一间，杖六十，赏告者钱五十缗。除陌钱者公私买卖每钱一缗，官除五十，敢隐钱百，杖六十，罚钱二千，赏告者钱十缗。其赏钱皆出坐事之家，于是愁怨之声，闻于远近①。及李希烈②围襄城，姚令言③将泾原兵至京师，犒赏甚薄，兵遂作乱，百姓骇走，贼大呼告之曰："汝曹勿恐，

---

①见《资治通鉴》卷第二百二十八唐纪四十四之"德宗神武圣文皇帝三"。"除陌钱者公私买卖每钱一缗，官除五十"，《通鉴》作"所谓除陌钱者，公私给与及卖买，每缗官留五十钱"。缗（mín），穿铜钱用的绳子，每缗串铜钱一千文。

②李希烈：唐燕州辽西人。唐德宗初拜为淮西节度使，建中三年，李希烈与李纳、田悦、朱滔、王武俊叛唐，各僭称王，贞元二年被部将陈仙奇毒死。《旧唐书》《新唐书》有传。

③姚令言：唐河中府人。少应募，起于卒伍，唐德宗建中元年，拜北庭行营泾原节度使、泾州刺史兼御史大夫。四年，泾原兵变，遂与源休拥朱泚为王，朱泚败，至泾州，为守将田希鉴诱擒，与泚俱斩首。《旧唐书》《新唐书》有传。

不税汝间架陌钱矣。"① 呜呼！二法之为民害，盖不胜其苦矣，彼乱兵者且藉口除此，以纾民怨，岂作佣如赵赞者独不惭且惧乎？岂立法之初，独不思病民即所以覆国乎？

吴大澂批语：言利之臣病民，即以误国，间架、陌钱皆敛怨之道，今之税契犹是陌钱之遗政，特行之日久，习焉不察，不知其为弊政耳。

刑者不可复续，死者不可复生。《书》曰："钦哉钦哉，惟刑之恤哉！"②此万世慎刑之始也，明则情伪皆知，允则轻重悉当。《书》曰："惟明克允。"③此万世用刑之准也。率教者有所畏而专于为善，违教者有所惩而不敢为恶。《书》曰："明于五刑以弼五教，期于予治，刑期

---

①《资治通鉴》卷第二百二十八唐纪四十四之"德宗神武圣文皇帝三"："八月丁未，李希烈将兵三万围哥舒曜于襄城，……上发泾原诸道兵救襄城。冬，十月丙午，泾原节度使姚令言将兵五千至京师。军士冒雨，寒甚，多携子弟而来，冀得厚赐遗其家，既至，一无所赐。丁未，发至浐水，诏京兆尹王翃犒师，惟粝食菜啖。众怒，蹴而覆之，因扬言曰：'吾辈将死于敌，而食且不饱，安能以微命拒白刃邪！闻琼林、大盈二库，金帛盈溢，不如相与取之。'乃擐甲张旗鼓噪，还趣京城。令言入奏，尚在禁中，闻之，驰至长乐阪，遇之。军士射令言，令言抱马鬣突入乱兵，呼曰：'诸君失计！东征立功，何患不富贵，乃为族灭之计乎！'军士不听，以兵拥令言而西。上遽命赐帛，人二匹。众益怒，射中使。又命中使宣慰，贼已至通化门外，中使出门，贼杀之。又命出金帛二十车赐之。贼已入城，喧声浩浩，不复可遏。百姓狼狈骇走，贼大呼告之曰：'汝曹勿恐，不夺汝商货僦质矣！不税汝间架陌钱矣！'上遣普王谊、翰林学士姜公辅出慰谕之。贼已陈于丹凤门外，小民聚观者以万计。"

②《尚书·虞书·舜典》："钦哉，钦哉，惟刑之恤哉！"孔颖达《尚书正义》注："舜陈典刑之义，敕天下使敬之，忧欲得中。恤，峻律反，忧也。"

③《尚书·虞书·舜典》："帝曰：'皋陶，蛮夷猾夏，寇贼奸宄。汝作士，五刑有服，五服三就。五流有宅，五宅三居。惟明克允！'"孔颖达《尚书正义》注："言皋陶能明信，五刑施之远近蛮夷猾夏，使咸信服，无敢犯者。"又疏："所以轻重罪得其宜，受罪无怨者，惟汝识见之明，能使之信服，故奸邪之人无敢更犯，是汝之功，宜当勉之。"

于无刑。①"此万世刑措②之本也。

吴大澂批语：用刑尚严则邻于刻，尚宽则嫌于纵，惟明允则刑当其罪，得宽严之中。若以教化行之，能使民知法而不犯法，此刑措之意也。

魏毋丘俭③族④，其孙女适刘氏，当死，以孕系廷尉，主簿程咸⑤议曰："女适人者若已产育，则成他家之母，男不遇罪于他族而女独婴戮于二门，非所以哀矜女弱，均法制之大分也。臣以为在室之女可从父母之刑，既醮⑥之妇则从夫家之戮。"朝廷从之，著于律令⑦。唐穆

---

①《尚书·大禹谟》："帝曰：'皋陶，惟兹臣庶，罔或于予正。汝作士，明于五刑，以弼五教。期于予治，刑期于无刑，民协于中，时乃功懋哉。'"孔颖达《尚书正义》注，"弼，辅，期当也。叹其能以刑辅教，当于治体"，"虽或行刑，以杀止杀，终无犯者。刑期于无所刑，民皆命于大中之道，是汝之功，勉之。"

②刑措：亦作"刑厝""刑错"，无人犯法，刑法搁置不用。《史记·周本纪》："故成、康之际，天下安宁，刑错四十余年不用。"

③毋丘俭：字仲恭，汉末魏初河东闻喜人。袭父爵，历平原王文学、尚书郎、羽林监、洛阳典农、荆州刺史、幽州刺史、豫州刺史，转镇南将军，屡建军功。正元二年，感魏明帝之顾命，不满司马氏篡魏，与曹爽之邑人扬州刺史文钦起兵谋反，兵败被射杀，夷三族。

④族：灭族，古代酷刑，一人犯死罪而连及家族成员皆被诛。《后汉书·杨终传》："秦政酷烈，违忤天心，一人有罪，延及三族。"

⑤程咸：字延休，魏正元中为何曾司隶校尉府主簿。入晋，历黄门郎、散骑常侍、左通直郎，累迁至侍中。

⑥醮（jiào）：古代冠礼、婚礼的一种仪式。《仪礼·士冠礼》："若不醴，则醮用酒。"

⑦见《三国志·魏书十二·何夔传》，裴松之注曰："干宝《晋纪》曰：曾字颖考。正元中为司隶校尉。时毋丘俭孙女适刘氏，以孕系廷尉。女母荀，为武卫将军荀顗所表活，既免，辞诣廷尉，乞为官婢以赎女命。曾使主簿程咸为议，议曰：'大魏承秦、汉之弊，未及革制。所以追戮已出之女，诚欲殄丑类之族也。若已产育，则成他家之母。于法则不足惩奸乱之源，于情则伤孝子之思，男不御罪于他族，而女独婴戮于二门，非所以哀矜女弱，均法制之大分也。臣以为在室之女，可从父母之刑，既醮之妇，使从夫家之戮。'朝廷从之，乃定律令。"

宗长庆中,羽林官骑康宪男买得①年十四,以其父被力人张莅所拉,气将绝,持木锸击其首,见血死,有司当以死刑。刑部员外郎孙革奏:"买得救父难,非暴击。王制称五刑之理,必原父子之亲,春秋之义,原心定罪。今买得幼孝,宜在哀矜,伏冀②下中书门下商量。"敕旨:"买得尚在童年,能知子道,虽杀人当死,而为父可哀,若从沉命之科,恐失原情之义,宜付法司,减死罪一等处分。"③按此二事,皆属原情定罪,审理制刑,权衡于轻重之情,斟酌于律令之正。类而推之,即凡天下之谳狱④者,无不平也。

吴大澂批语:刑戮及于既嫁之女,可谓酷矣。程咸之议为天理人情之至,乃出之于主簿,而不出之于廷尉,亦可异矣。

"法无可恕,情有可原"八字为千古断狱之权衡。

濂溪先生为南安司理时,郡狱有囚,法当不死,运使王逵欲深治之,先生独力争,不听,置手板归,取告身⑤,委之而去,曰:"如此尚可仕乎?杀人以媚人,吾不为也。"逵感悟,囚得不死。⑥呜呼!媚人者,虽杀人亦为之,先生以去就争之,可谓贤矣,而逵终听之,不亦贤于刚愎自用者哉!

吴大澂批语:逵之感悟亦周子积诚之所动。

---

①康宪男买得:康宪之子康买得。男,儿子。杜甫《石壕吏》:"听妇前致词,三男邺城戍。一男附书至,二男新战死。"
②伏冀:下级对上级的敬词辞。伏,恭敬貌;冀,希望。《清史稿·徐乾学传》:"皇上覆载之仁,不加谴责,臣复何颜出入禁廷,有玷清班?伏冀圣慈放归田里。"
③见《旧唐书·刑法志第三十》。
④谳狱(yàn yù):刑狱审案。谳,议罪。严复《救亡决论》:"谳狱无术,不由公听,专事毒刑榜笞。"
⑤告身:委任官职之凭信。王世贞《委宛余编》:"唐时将相告身用金花五色绫纸,至宋则用织成花绫,以品次有差。"
⑥见《宋史》列传第一百八十六"周敦颐传",又见《宋元学案》卷十一"濂溪学案上"。

《六韬》曰:"将不仁,则三军不亲;将不勇,则三军不锐;将不智,则三军大疑;将不明,则三军大倾;将不精微,则三军失其机;将不常戒,则三军失其备;将不强力,则三军失其职。故将者,人之司命,三军与之俱治,与之俱乱。得贤将者兵强国昌,不得贤将者兵弱国亡。"① 夫兴师动众,以正为本,而帅师总众,以得人为先。《易》曰:"师:贞,丈人吉。"② 三锡③之宠,万邦之怀,夫岂易易哉!

吴大澂批语:天下无不可用之兵,有不可用之将。

荀子曰:"制号政令,欲严以威;庆赏刑威,欲必以信;处舍收藏,欲周以固④;徙举进退,欲安以重、欲疾以速⑤;窥敌观变,欲潜以深、欲伍以参⑥;遇敌决战,必道吾所明,无道吾所疑。是谓六术。"⑦ 又曰:"虑事欲熟,用财欲泰。"⑧ 又曰,"虑必先事而申之以敬⑨,慎终如始,终始如一","凡百事之成也,必在敬之;其败也,必

---

① 见《六韬·龙韬·奇兵》。

② 《周易·师》:"师:贞,丈人吉,无咎。"孔颖达《周易正义》疏:"师,众也。贞,正也。丈人谓严庄尊重之人。言为师之正,唯得严庄丈人,监临主领,乃得吉,无咎。若不得丈人监临之,众不畏惧,不能齐众,必有咎害。"

③ 三锡:古代帝王尊礼大臣所赐三种器物,比喻高贵。徐渭《代贺张相公启》:"赐物骈繁,直逾三锡。"

④ 处舍收藏,欲周以固:《荀子》杨倞注:"处舍,营垒也;收藏,财物也。周密牢固则敌不能陵夺矣。"

⑤ 徙举进退,欲安以重、欲疾以速:《荀子》杨倞注:"静则安重而不为轻举,动则疾速而不失机权。"

⑥ 窥敌观变,欲潜以深、欲伍以参:《荀子》杨倞注:"谓使间谍观敌,欲潜隐深入之也。伍、参,犹错杂也。使间谍或参之,或伍之于敌之间而尽知其事。韩子曰:'省同异之言以知朋党之分,偶参伍之验以责陈言之实。'又曰:'参之以比物,伍之以合参也。'"

⑦ 见《荀子·议兵》。

⑧ 见《荀子·议兵》,《荀子》杨倞注:"熟谓精审,泰谓不吝赏也。"

⑨ 虑必先事而申之以敬:《荀子》杨倞注:"谋虑必在事先,重之以敬,常戒惧而有备也。"

在慢之"，"战如守，行如战，有功如幸①，敬谋无圹②（同旷），敬事无圹，敬吏无圹，敬众无圹，敬敌无圹"，"是谓天下之将，通于神明矣"③。此荀卿论为将之言，尚有得于临事而惧、好谋而成之意，非仅以诈力胜也。

吴大澂批语：成事在敬、败事在慢，治天下之要。用之朝廷为良相，用之军中为良将。

汉严尤④曰："匈奴为害，所从来久矣。未闻上世有必征之者也。后世三家，周、秦、汉征之，周得中策、汉得下策、秦无策焉。周宣王时，猃狁⑤内侵，至于泾阳，命将征之，尽境而还，其视猃狁之侵，譬犹蚊虻，殴之而已，故天下称明，是为中策。汉武帝选将练兵，深入远戍，兵连祸结二十余年，中国罢⑥敝，匈奴亦创艾⑦，而天下称武，是为下策。秦始皇筑长城之固，延袤万里，转输之行，起于负海，疆境既完，中国内竭，以丧社稷，是为无策。"⑧吾尝读书至"惟德动天，无远弗届"，又曰："至诚感神，矧兹有苗"，而叹舜"文德诞敷"、

---

①有功如幸：《荀子》杨倞注："不务骄矜。"
②敬谋无圹：《荀子》杨倞注："无圹，言不敢须臾不敬也。圹与旷同。"
③以上引文见《荀子·议兵》。
④严尤：字伯石，王莽时名将，善于征战，著《三将》。地皇四年，与大司马王邑、大司徒王寻合兵围昆阳，两献计，皆未允，招致昆阳之战惨败。后投汉钟武侯刘望，聚众汝南称尊号，任大司马，兵败而死。参见《汉书·王莽传下》。
⑤猃狁（xiǎn yǔn）：古代北方少数民族名。《史记·匈奴传》："匈奴，其先祖夏后氏之苗裔也，曰淳维。唐虞以上有山戎、猃狁、荤粥，居于北蛮，随畜牧而转移。"
⑥罢：通"疲"，惫乏。《左传·昭公三年》："庶民罢敝，而官室滋侈。"
⑦创艾：亦作"创刈"。受惩治而畏惧，戒惧。《汉书·冯奉世传》："羌虏破散创艾，亡出塞。"
⑧见《资治通鉴》卷第三十七"王莽始建国三年"。

"班师振旅"①，其操之为有本也夫。夫德，可以动天，诚，可以感神，而况于人乎？呜呼！此岂非上策也哉！

吴大澂批语：敷文德而有苗格，可谓神武。三代以下，无此德化矣。特忠信笃敬，蛮貊可行，千古更无二理。

富韩公②再聘契丹，受书及口传之辞于政府，行次乐寿，谓副使曰："吾为使者，而不见国书，万一书辞与口传者异，吾事败矣。"发书视之，果不同，乃驰还奏曰："政府故为此，欲置臣于死，臣死不足惜，奈国事何？"吕夷简曰："恐是误，当令改定。"公益辩论，仁宗问晏殊③，殊曰："夷简决不为此。"公曰："晏殊奸邪，党夷简以欺陛下。"④ 公，晏之婿也，其忠直如此。尝考公使契丹，责其败盟之罪，斥其得地之谋，夺其求婚之议，理直辞明，虏大感悟，且"献"、"纳"

---

①《尚书·大禹谟》："益赞于禹曰：'惟德动天，无远弗届。满招损，谦受益，时乃天道。帝初于历山，往于田，日号泣于旻天，于父母，负罪引慝。祇载见瞽瞍，夔夔斋栗，瞽亦允若。至诚感神，矧兹有苗。'禹拜昌言曰：'俞！'班师振旅。帝乃诞敷文德，舞干羽于两阶，七旬有苗格。""至诚感神，矧兹有苗"，孔颖达《尚书正义》注："诚，和；矧，况也。至和感神，况有苗乎？言易感。诚，音咸；矧，失忍反。""诞敷文德"，孔注："远人不服，大布文德以来之。"

②富韩公：富弼，见卷十五注。

③晏殊：字同叔，北宋抚州临川人。景德初，以神童与进士千人并试廷中，赐同进士出身，擢秘书省正字，累迁至左庶子、翰林学士。仁宗即位，迁右谏议大夫兼侍读学士，预修《真宗实录》，进礼部侍郎。康定初，以枢密使进同中书门下平章事。及为相，务进贤材，范仲淹、韩琦、富弼皆得其进用，又以闲雅之词著于文坛。卒赠司空兼侍中，谥"元献"。《宋史》有传。

④见《宋史纪事本末》卷二十一"契丹盟好"。

二字，力争拒之，房气已慑，可谓折冲尊俎①之间②，而政府且以国书陷公，果何心也？吾服公见理之明，尤服公处事之敏。

吴大澂批语：国书何等郑重，而不令出使之大臣知之，陷忠良而伤国体，非奸邪而何？非富公见理之明，不几为政府所误矣。

安定先生③之教，以明体适用为主。在湖州置经义、治事二斋，故

---

①折冲尊俎（zūn zǔ）：原指诸侯国会盟宴席上制胜对方，后泛指外交谈判。折冲：使敌人的战车后撤，指抵御、击退敌人。尊，盛酒器皿。俎，载肉之具。尊俎后作宴席代称。《吕氏春秋·召类》："夫修之于庙堂之上，而折冲乎千里之外者，其司城子罕之谓乎？"

②《续资治通鉴长编》卷一百三十七"仁宗庆历二年"："翌日，引弼等见契丹国主，太弟宗元子梁王洪基侍，萧孝思孝穆、马保忠、杜防分立帐外。国主曰：'姻事使南朝骨肉睽离，或公主与梁王不相悦，则将奈何？固不若岁增金帛，但无名尔，须于誓书中加一"献"字乃可。'弼曰：'"献"字乃下奉上之辞，非可施于敌国。况南朝为兄，岂有兄献于弟乎？'国主曰：'南朝以厚币遗我，是惧我也，"献"字何惜？'弼曰：'南朝皇帝守祖宗之土宇，继先皇之盟好，故致币帛以代干戈，盖惜生灵也，岂惧北朝哉？今陛下忽发此言，正欲弃绝旧好，以必不可冀相要尔，则南朝亦何暇顾生灵哉？'国主曰：'改为"纳"字如何？'弼曰：'亦不可。'国主曰：'誓书何在？取二十万者来。'弼既与之，国主曰：'必与寡人加一"纳"字，卿无固执，恐败乃主事。我若拥兵南下，岂不祸乃国乎？'弼曰：'陛下用兵，能保其必胜否？'国主曰：'不能。'弼曰：'胜未可必，安知其不败邪？'国主曰：'南朝既以厚币与我，"纳"字何惜，况古有之。'弼曰：'自古惟唐高祖借兵于突厥，故臣事之。当时所遗，或称"献""纳"，亦不可知。其后颉利为太宗所擒，岂复更有此理？'国主默然，见弼词色俱厉，度不可夺，曰：'我自遣使与南朝皇帝议之，若南朝许我，卿将何如？'弼曰：'若南朝许陛下，请陛下与南朝书，具言臣等于此妄有争执，请加之罪，臣等不敢辞。'国主曰：'此乃卿等忠孝为国之事，岂可罪乎！'弼退而与刘六符言，指帐前高山曰：'此尚可逾，若欲"献""纳"二字，则如天不可得而升也。使臣颈可断，此议决不敢诺。'于是敌留所许岁增金帛二十万誓书，复遣耶律仁先、刘六符赍其国誓书以来，仍求"纳"字，二十万誓书盖明著令夏国纳款事。国主不悦，欲令弼改之，弼不可，敌亦卒不肯报其事于誓书，但于国书中叙述耳。"

③安定先生：胡瑗，见卷七"胡瑗"注。

其门人读书穷理,有稽古之功,存心济世,有爱民之具,往往取高第。及为政,多适于用,若老于吏事者,由讲习有素也。神宗尝召见刘彝①,问其门人,对曰:"若钱藻②之渊笃,孙觉③之纯明,范纯仁④之直温,钱公辅⑤之简谅,皆陛下所知也。其在外,明体适用,润泽斯民者,殆数十辈,其余政事、文学,粗出于人者不可胜数⑥,此天下四方所共知而叹美之不尽者也。"上悦。⑦

吴大澂批语:经义、治事虽分二斋,亦可兼习。考究经义者不可不通治事,讲求治事者不可不知经义。安定之门人知稽古爱民,故人才辈出,为独盛也。

范文正公处南都学舍,往往饘粥不充,日昃始食。同舍生或馈珍膳,皆拒不受。少有大节,其于富贵贫贱、毁誉欢戚,不一动其心,而慨然有志于天下。常自诵曰:"士当先天下之忧而忧,后天下之乐而乐也!"⑧

---

①刘彝:字执中,北宋福州人。少从胡瑗学,登进士第。为官惠民一方,邑人目曰"治范"。神宗时,除都水丞,以善治水知名。《宋史》有传。

②钱藻:字醇老,翰林学士、知州钱明逸从子。幼孤,刻厉为学,登进士第。知开封府,为政简静有条理,不肯徇私取显。以翰林侍读学士知审官东院,年六十一卒,赠太中大夫。见《宋史·钱易传》。

③孙觉:字莘老,北宋高邮人,少从胡瑗学,登进士第。熙宁二年,诏知谏院,同修起居注,知审官院。徙知湖州、庐州、润州、苏州、福州、亳州、扬州、徐州等,又知应天府。哲宗立,迁右谏议大夫,进吏部侍郎,擢御史中丞,年六十三卒。《宋史》有传。

④范纯仁:见卷五注。

⑤钱公辅:字君倚,北宋常州武进人。少从胡瑗学,有名吴中,登进士第。神宗立,拜天章阁待制、知邓州,复知制诰。出知江宁府,徙知扬州,年五十二卒。《宋史》有传。

⑥《宋史·胡瑗传》:"礼部所得士,瑗弟子十常居四五,随材高下,喜自修饬,衣服容止,往往相类,人遇之虽不识,皆知其瑗弟子也。"

⑦见《宋名臣言行录》前集卷十之"胡瑗 安定先生"。

⑧见《宋名臣言行录》前集卷七之"范仲淹 文正公"。

吴大澂批语：公之学问经济，事事以范文正为法，而未竟其用。有宫詹公为之父，即有文忠公为之子，吾不知胡氏父子与范氏父子为何如耶？

男林翼校字

附　录

箴言书院记[①]

　　林翼读先宫詹《弟子箴言》书，谨追述先宫詹之志，作箴言书院于邑治之南。今两江总督曾君涤笙、太常寺卿左君季高既赐之序铭，垂之贞石。林翼乃复推本先宫詹教学之指归，所以佑启我后人，与林翼之所以祗承先人遗训，而惧弗克嗣者具著于篇，既用自咎责，亦庶以迪夫来者。

　　先宫詹生林翼也晚，林翼哺褓褓，先宫詹以优贡生就京兆试，族戚之祖者咸集。先宫詹抱林翼谒于先祠，而告于先大父赠光禄律臣公[②]曰："是儿状貌类颖慧者，他日幸赖先人遗泽，或能自立。然豫教之道，某其无敢废。"

　　及林翼稍长，先宫詹命之学，早夜督责无稍暇。盖先宫詹之学，由宋五子[③]，上推孔孟之旨，而尤严于公私义利之际，始于切近，以致远大。尝谓"为学自蒙养始"，故其教人必以朱子《小学》《近思录》

[①]原文录自《湖南通志》（光绪）卷六十八，并以《胡林翼集》所收"箴言书院序"参校。

[②]律臣公：胡显韶，字嗣音，号律臣，为胡达源之父、胡林翼祖父。详见卷一注。

[③]宋五子：周敦颐、张载、程颢、程颐、邵雍并称"北宋五子"。

诸书为先。及林翼受书，则一以是为教。然林翼方稚昧，弗克率。迨先宫詹以岁辛丑弃养，林翼年及壮矣。经历世故险阻，退旁稽于圣籍，乃知向时矫焉，以求异于一世之不足据。而为学之道，必断然一本于诚，虽躬豪杰之资，任天下之重，未有违此而不败者。因是追省先宫詹之言，确乎其不可易。后之君子，诚深念乎此，则知先宫詹之所以学与所以教，固修己治人之要，苟有志于斯道，其弗慎其所之哉？

呜呼！先宫詹仕于嘉、道之际，实当海内富庶、国家隆平之日。然其时，士之学亦少变矣。先宫詹独以有宋诸儒之学，力践诸其躬，盖所谓卓然不惑者。今自四方盗贼起，疆事日益坏而俗日益衰，天下扰攘兵革之间，而学士殆于废业。然人不知学，则乱之生将无日可已，将欲弭天下之乱，终必自正学术、培人材始。林翼思从事于此，以绍先宫詹之志业，而从戎十载，寇乱迄不得平，重以疾病侵加，惴惴不自保，大惧先泽之坠湮，则异时私恨，将遂无穷。然使学于斯者刻意励行，不与时之污隆转移，而得失一主于己，成德达材，以储当世之用，是固先宫詹夙昔之所深期。虽林翼之德薄，不足逮此，区区之心，未尝以一日忘也。

胡林翼自记

箴言书院记[①]

国藩以道光戊戌通籍于朝，湘人官京师者多同时辈流。其射策先朝，耆年宿望，凋散略尽，而少詹事益阳胡云阁先生，独为老师祭酒，乡之人就而考德稽疑，如幽得烛，众以无陨。而哲嗣润之，亦以编修趾美名父，回翔馆阁，今兵部侍郎、湖北巡抚，海内称为宫保胡公者是也。

少詹君晚而纂《弟子箴言》十六卷，国藩实尝受而读之，自洒扫应对以及天地经纶、百家学术，靡不毕具。甄录古人嘉言，衷以己意，辞浅而旨深，要使学者自幼而端所习，随其材之小大，董劝渐磨，徐底于成而已。

窃尝究观夫天之生斯人也，上智者不常，下愚者亦不常，扰扰万众，大率皆中材耳。中材者，导之东而东，导之西而西，习于善而善，习于恶而恶。其始瞳焉，无所知识，未几而骋嗜欲，逐众好，渐长渐贯，而成自然。由一二人以达于通都，渐流渐广而成风俗。风之为物，控之若无有，鳅之若易靡，及其既成，发大木，拔大屋，一动而万里应，穷天人之力而莫之或御。先王鉴于此，欲民生早慎所习，于是设为学校以教之。琴瑟钟鼓以习其耳，俎豆登降以习其目，诗书讽诵以习其口，射御投壶以习其筋力，书升以奖其能，而郊遂以作其耻，故其高材则道足济天下而智周万汇，其次亦不失为圭璧自饬之士。贾生有言："习与正人居之，不能毋正，犹生长于齐，不能不齐言也。"其

[①]原文录自《湖南通志》（光绪）卷六十八，并以《曾文正公全集：曾氏家藏本》所收"箴言书院序"参校。

不然与？

　　侍郎自开府湖北以来，即以移风易俗为己任。自部曲之长、郡县之吏暨百执事，片善微长，不敢自襮而褒许随之，曰："尔之发见者微，而善端宏大，不可量也。"或有过差，方图盖覆，谴亦及之，曰："此犹小眚，过是，诛罚重矣。"与其新，不苛其旧；表其独，不遗其同。上下兢兢，日有课，月有举，当世推湖北人才极盛，侍郎则曰："吾先人箴言中育才之法如此，吾讵能继述直什一耳？"

　　咸丰十年，侍郎治鄂六载矣，功成而化洽，又以一湖之隔吾，教成于北而反遗吾父母之邦，其谓我何？于是建箴言书院，将萃益阳之士而大淑之。置良田以廪生徒，储典籍以馈孤陋，宽其途辙而严其条教，崇实而黜华，贱通而尚介。循是不废，岂惟一邑之幸，即汉之十四家法，宋之洛闽渊源，于是乎在。后有名世者出，观于胡氏父子仍世育才肫肫之意与余小子慎其所习之说，可以兴矣。

　　　　　　　　　　　　　咸丰十一年六月　大学士湘乡曾国藩记

箴言书院记[①]

咸丰十年,太子少保、兵部侍郎、湖北巡抚益阳胡公奉命起复督师。时将东征,于故居资水之阳建诰赠光禄大夫、故詹事府少詹事先公祠堂,旁为书院,藏赠公所著《弟子箴言》,因颜曰"箴言书院"。别庋书若干卷,俾同里承学之士聚读其中。买田若干亩,岁取其出饩之,规画甫毕,语其友湘阴左宗棠叙而铭之。

余惟詹事公积学累善,信于家邦,笃生巨人,为国藩辅。侍郎读其遗书,罔敢失坠,用能殄寇息民,流惠南纪。又推其学所自出,公之邑人士冀得与闻至道之要,俾学于兹者辨志笃行,储为良材,各致其用。大哉!其与人为善之心乎!自顷学术陵迟,风俗颓敝,士竞科名利禄之途,靡靡然无所止极。一旦豀洞群蛮盗兵以逞,流毒遂半天下,而湖湘诸君子独发扬蹈厉,慨然各毕其志力以当世变而扶其衰,忠义之风照耀寰宇。揆厥由来,非本其先世积累之厚、教诲之勤所贻,则亦乡里老生流风余韵所渐被而成者也。然则箴言书院之设,侍郎岂徒然哉?故第谓詹事公"有穀贻孙子",侍郎善则归亲者犹浅之为见也。铭曰:

公昔在野,读书岳麓,稽经诹律,用宏厥蓄。首以学行,贡于明堂,联掇甲科,望实益彰。庆光之际,回翔馆阁,秉道砥节,含冲守约。校士滇黔,讲学城南,祖汉祢宋,精义是耽。余游京师,亲公杖履,勖言谆谆,以故人子。物滋于稚,圣养于蒙,节性日迈,其道自

[①] 原文录自《湖南通志》(光绪)卷六十八,并以《左宗棠全集》所收"箴言书院碑铭并序"参校。

充。箴言之作，公意在兹，悯彼习非，牖其心知。余与侍郎，年齐逾冠，意气方新，不可抑按。公引墨徽，更落以斧，矫轻警惰，饬其气宇。哲人云徂，古型靡企，遗书在匮，百世以俟。阴阳之沴，实生螟螣，盗起岭峤，祸及下国。侍郎奉命，自黔来楚，建旆徂征，磔彼穴鼠。江汉再平，遂规淮甸，目营九垠，气雄百战。幕府祁祁，群英是趋，勇爵举雄，礼罗致儒。得人其昌，造士斯极，我里悠悠，曷所矜式？珍涟山麓，资水之湄，经堂肇开，斯其取斯。烝我髦士，有图有书，有田可食，有庐可居。绎厥庭闻，以训以徇，以保其华，以瀹其润。毋侪于俗，毋荒于嬉，毋画乃成，惟公是师。

　　　　　　　　　　陕甘总督湘阴左宗棠记

征引书目

《河南二程全书》，[宋]程颐、程颢撰，清文渊阁四库全书本。

《朱子语类》，[宋]黎靖德编，清文渊阁四库全书本。

《周元公集》，[宋]周敦颐撰，清文渊阁四库全书本。

《晦庵集》，[宋]朱熹撰，清文渊阁四库全书本。

《张子全书》，[宋]张载撰，清文渊阁四库全书本。

《小学》，[宋]朱熹编，清光绪元年湖北崇文书局刻本。

《大易缉说》，[宋]王申子撰，清文渊阁四库全书本。

《宋名臣言行录》（前集、后集），[宋]朱熹编，清文渊阁四库全书本。

《宋名臣言行录》（续集、外集、别集），[宋]李幼武补编，清文渊阁四库全书本。

《西山文集》，[宋]真德秀撰，清文渊阁四库全书本。

《益阳县志》，[清]姚念杨、吕懋恒修；赵裴哲纂，清同治十三年刻本。

《湖南通志》，[清]李瀚章等修；曾国荃等纂，清光绪十一年刻本。

《松阳讲义》，[清]陆陇其撰，清文渊阁四库全书本。

《重修安徽通志》，[清]吴坤修等修；何绍基等纂，清光绪七年刻本。

《言行龟鉴》，[元]张光祖编，清文渊阁四库全书本。

《父师善诱法》（附区田成法），[清]唐彪辑，光绪乙未冬柏经正堂刻本。

《三鱼堂文集》，［清］陆陇其撰，清文渊阁四库全书本。

《杨园先生全集》，［清］张履祥撰，清刻本。

《延平答问》，［宋］朱熹撰，清文渊阁四库全书本。

《榕园汇辑日记故事·新订启蒙注释二十四孝》，清康熙二十七年刻本。

《官箴》，［南宋］吕本中撰，清文渊阁四库全书本。

《童蒙训》，［南宋］吕本中撰，清文渊阁四库全书本。

《戒子通录》，［宋］刘清之撰，清文渊阁四库全书本。

《江西通志》（雍正），［清］谢旻等修；陶成、恽鹤生纂，清雍正十年刻本。

《训俗遗规》，［清］陈宏谋编，民国上海扫叶山房印本。

《古列女传》，［西汉］刘向编，清文渊阁四库全书本。

《郭氏传家易说》，［宋］郭雍撰，清文渊阁四库全书本。

《孟子集疏》，［宋］蔡模撰，清文渊阁四库全书本。

《宋宰辅编年录》，［南宋］徐自明编，清文渊阁四库全书本。

《课子随笔钞》，［清］张师载编，清道光四年刻本。

《通书述解》，［明］曹端撰，清文渊阁四库全书本。

《纯正蒙求》，［元］胡炳文撰，清文渊阁四库全书本。

《书仪》，［宋］司马光撰，清文渊阁四库全书本。

《鹤林玉露》，［宋］罗大经撰，清文渊阁四库全书本。

《家礼》，［宋］朱熹撰，清文渊阁四库全书本。

《吕新吾先生闺范图说》，［明］吕坤撰，清刻本。

《女子四书读本·曹大家女诫》，［清］王相笺注，民国上海锦章书局印本。

《女子四书读本·宋若昭女论语》，［清］王相笺注，民国上海锦章书局印本。

《诗解颐》，［明］朱善编，清文渊阁四库全书本。

《大学衍义》，［宋］真德秀撰，清文渊阁四库全书本。

《东轩笔录》，［宋］魏泰撰，民国上海进步书局印本。

《居业录》，［明］胡居仁撰，清同治五年福州正谊书院重修本。

《教女遗规》，［清］陈弘谋编，清道光十年培远堂刻本。

《致堂读史管见》，［宋］胡寅撰，清刻本。

《宋稗类钞》，［清］潘永因编，清文渊阁四库全书本。

《智囊补》，［明］冯梦龙编，清刻本。

《大学衍义补》，［明］丘浚撰，清文渊阁四库全书本。

《六韬》，［周］吕望撰，清文渊阁四库全书本。

《春秋左氏经传集解》，［晋］杜预注，清汲古阁翻刻本。

《温国文正司马公文集》，［宋］司马光撰，四部丛刊初编本。

《十三经注疏》（清嘉庆本），［清］阮元校刻，北京：中华书局，2009。

《大戴礼记解诂》，［清］王聘珍撰，北京：中华书局，1983。

《二十五史》，［汉］司马迁、班固等撰，上海：上海古籍出版社，1986。

《四书集注》，［宋］朱熹撰，南京：凤凰出版社，2005。

《宋史》，［元］脱脱等撰，北京：中华书局，1985。

《周敦颐集》，［宋］周敦颐撰，北京：中华书局，1990。

《宋元学案》，［清］黄宗羲、全祖望编，北京：中华书局，1986。

《欧阳修全集》，［宋］欧阳修撰，北京：中华书局，2001。

《易程传》，［宋］程颐撰，上海：商务印书馆，1936。

《船山易学》，［宋］王夫之撰，北京：中央编译出版社，2011。

《礼记集说》，［元］陈澔撰，南京：凤凰出版社，2010。

《续近思录》，［清］张伯行撰，上海：商务印书馆，1936。

《唐鉴》，［宋］范祖禹撰，上海：商务印书馆，1937。

《宋元学案补遗》，［清］王梓材、冯云濠编，北京：中华书局，2012。

《闻过斋集》，［元］吴海撰，上海：商务印书馆，1936。

《呻吟语》，［明］吕坤撰，南京：江苏古籍出版社，2002。

《家塾教学法》，［清］唐彪撰，上海：华东师范大学出版社，1992。

《明儒学案》，［清］黄宗羲编，上海：商务印书馆，1933。

《邵氏见闻录》，［北宋］邵伯温撰，北京：中华书局，1983。

《张载集》，［宋］张载撰，北京：中华书局，1978。

《庄子今注今译》，陈鼓应注释，北京：中华书局，1983。

《周易本义》，［宋］朱熹撰，北京：中华书局，2009。

《逊志斋集》，［明］方孝孺撰，上海：商务印书馆，1929。

《小儿语 续小儿语》，［明］吕得胜、吕坤撰，上海：商务印书馆，1936。

《伤寒论新注》（附针灸治疗法），承澹盦注解；朱襄君参订，南京：江苏人民出版社，1956。

《说苑校证》，向宗鲁校证，北京：中华书局，1987。

《宋本国语》，韦昭注，北京：国家图书馆出版社，2017。

《三国志》，杨耀坤、揭克伦校注，成都：巴蜀书社，2013。

《晋书》，［唐］房玄龄等撰，北京：中华书局，1974。

《隋唐嘉话》，［唐］刘𬩽撰；程毅中点校，北京：中华书局，1979。

《司马光年谱》，［清］顾栋高编；冯惠民点校，北京：中华书局，1990。

《陆游全集校注·老学庵笔记》，钱仲联、马亚中主编，杭州：浙江教育出版社，2011。

《东观汉记校注》，吴树平注释，北京：中华书局，2008。

《新序校释》，石光瑛校释；陈新整理，北京：中华书局，2009。

《颜氏家训 朱子家训》，张玲主编，珠海：珠海出版社，2002。

《李延平集》，［宋］李侗撰，上海：商务印书馆，1935。

《王荆公年谱考略》，［清］蔡上翔编，上海：上海人民出版社，1973。

《续资治通鉴长编》，［宋］李焘撰，北京：中华书局，2004。

《郎潜纪闻初笔 二笔 三笔》，[清]陈康祺撰，北京：中华书局，1984。

《渔樵对问》，[宋]邵雍撰，长沙：商务印书馆，1939。

《近思录》，[宋]朱熹、吕祖谦编，南京：江苏古籍出版社，2001。

《资治通鉴》，[宋]司马光撰，北京：中华书局，2011。

《说文解字》，[东汉]许慎编撰，北京：中华书局，1989。

《孔子家语》，[三国]王肃注，上海：大中书局，1933。

《五种遗规》，[清]陈弘谋编，上海：中华书局，1927。

《宋本荀子》，[唐]杨倞注，北京：国家图书馆出版社，2017。

《扬子法言》，[汉]扬雄撰，上海：扫叶山房，1929。

《龟山先生语录》，[宋]杨时撰，上海：商务印书馆，1934。

《晏子春秋》，[清]孙星衍等校，上海：商务印书馆，1937。

《续藏书》，[明]李贽撰，北京：中华书局，1974。

《宋本范文正公文集》，[宋]范仲淹撰，北京：国家图书馆出版社，2017。

《历代小史》，[明]李栻编，北京：商务印书馆，2018。

《归田录》，[宋]欧阳修撰，上海：商务印书馆，1925。

《小学集注》（附忠孝经），[宋]朱熹撰，上海：大达图书供应社，1935。

《管子（附校正）》，[清]戴望校正，上海：商务印书馆，1934。

《宋本老子道德经》，[宋]范应元注，北京：国家图书馆出版社，2017。

《吕坤全集·吕书四种合刻·女小儿语》，[明]吕坤、吕得胜撰，北京：中华书局，2008。

《世说新语译注》，岳希仁等编，桂林：广西师范大学出版社，1998。

《洛阳伽蓝记校笺》，杨勇校笺，北京：中华书局，2006。

《纲鉴易知录》，[清]吴乘权编，北京：中华书局，1960。

《大唐新语译注》，何正平等译注，桂林：广西师范大学出版社，1998。

《韩非子全译》，张觉译注，贵阳：贵州人民出版社，1992。

《吕氏春秋》，庄适选注，上海：商务印书馆，1930。

《涑水记闻》，［宋］司马光撰，北京：中华书局，1989。

《国老谈苑》，［宋］王君玉编，北京：中华书局，2012。

《文献通考》，［宋］马端临撰，北京：中华书局，2011。

《梦溪笔谈》，［宋］沈括撰，上海：商务印书馆，1934。

《龙川略志 龙川别志》，［宋］苏辙撰，北京：中华书局，1982。

《朱熹年谱》，［清］王懋竑撰，北京：中华书局，1998。

《宋史纪事本末》，［明］陈邦瞻撰，北京：中华书局，2015。

《胡林翼集》，［清］胡林翼撰，长沙：岳麓书社，2008。

《曾文正公全集：曾氏家藏本》，［清］曾国藩撰，北京：中国华侨出版社，2011。

《左宗棠全集》，［清］左宗棠撰，长沙：岳麓书社，2009。

后　跋

曩读胡文忠公之《全集》，奏议、书牍、批札、家书、诗文联语，靡不器识卓绝、运筹于心，而其行文淑畅，言语精警，又独让于公之至情至性，闾闾如，恻恻然，何其感人之甚也！

考公卒于咸丰十一年八月二十六日。是年七月二十七日，公上《奏陈病势增剧恳请开缺调理疏》，其辞曰："近日以来，多方医治，原期及早痊可，庶竭驽钝，力遏贼氛，以纾圣主南顾之忧。无如欬逆弥甚，呕血日至升余，形销神瘁，气息奄奄。据医云积劳内伤，肝胃损败，久病之后，攻补两穷。非专心静养服药，刻难奏效。督臣官文，数视臣疾，辄为流涕。即同官来见，无不悲臣之志而忧臣病之危也。臣受恩至深，负罪至重，虽肝脑涂地，未堪自赎，何敢稍顾微躯！……"仁人君子读之，能无悲涕乎？至八月十三日，公上《十七次续请旌恤节年阵亡殉难官绅士庶疏》；八月二十二日，又上《再陈湖北危窘情形吁恳减成收捐疏》。公于病笃垂危之时，犹自深惧于报效无日，轸念士庶官绅，而忧心于世风之升降，民心之顺逆，用意深而存虑远，又何暇自顾哉？呜呼！仁之溥、德之厚、功之著者，其惟胡文忠公乎！倘出乎同世，余虽为之执鞭，所忻慕焉！

公之府君宫詹公著《弟子箴言》十六卷行于世，公承其志，建箴言书院，病革，曰："吾死，诸君赙吾，惟修书院，无赡吾家。"每念及斯语，不觉潸然。既读《箴言书院记》及《箴言》，得知公之为学自蒙养始，所学由宋五子，上推孔孟之旨，由诚意、正心、修身、齐家而至治国、平天下,始于切近,终致远大。圣贤之学、性理之教,融贯古今,综罗百代,诚不昧之王道也!近世湖南麦田胡氏宗族益阳一派卓然不惑于有宋诸儒之学,以五代之躬行厚积而成宫詹公、文忠公两代之发隆,家道气运之变,岂偶然哉?

世道盛衰系乎教化人心,童蒙之所学所教,岂可不重乎?吴公大澂先于同治九年庚午覆刻《箴言》于吴门,及官湖南,仕至中丞,抚湘余暇,批识于眉端,于光绪二十一年乙未又重刻以广其传,历久而弥笃,其服膺之心炯然可鉴。余不揣谫陋,为是书校释,牵强附以己意。顾吾华夏之文明递衍,悠悠五千载,孔孟圣贤之学奚以西风东渐而旁移,宫詹公、文忠公、吴中丞世教之泽岂因时迁日久而中斩乎?

诸公伟烈,彪炳千秋。瞻其遗容,慕其为人。值《箴言》付梓重版之日,余安敢妄言以弁其首,故略述始末,恭跋于后,愿附骥尾而足矣。

岁次辛丑 孟春庚寅月吉旦
后学冯一　谨识